共识与秩序

中国传播思想史

胡百精 著

中国人民大学出版社
·北京·

本成果受到中国人民大学科学研究基金重大规划项目
"中国传播思想史与古典文献研究"支持

前　言

　　本书将在第一章详述写一部中国传播思想史专著的意义。意义并非总是自明，而须在历史脉络上去蔽，在逻辑上垒筑，在价值上开显。历史提出问题，逻辑担保致知，价值则指向古今中西对照与对话。在学术实践中，此皆属谈且不易、行之更难之事。仅就对待古典文献而论，远之未免疏隔，近之则溺于其中；总揽或将流于空疏，执定一隅又常致片面深刻。有鉴于此，本书尝试呈现、解释和证成三个一体关联的问题：

　　一是构建中国自主的传播学知识体系须辟出历史向度的研究和书写，统观传统与现代的传播问题，或传播视角下的传统与现代，以对民族复兴和国家现代化进程中传播的角色、作用与价值，获得整体性的历史理解。传播学借此可介入对重大、基本历史问题的解释和解决。历史的行动者是人，传播要关怀宏大历史场景下的个体存在与命运，亦应介入共同体价值的生成与升进。依此整体的历史眼光，传播学是行为科学，而首先是人学。

　　二是以逻辑视角察之，中国传播思想史的书写应觅得操舟得舵的方法，即确认思想史的基源问题。所谓基源问题，乃历代持存或反复涌现且延展至今的历史母题，可以之统领传统观念世界内部对话和古今对话。

思想的源头不是概念，而是人——共在的交往者对所遭遇的宇宙自然和社会人生问题的反应。传播思想亦非始自文明童年期的某个概念，那些有关言说、交往的机会和困境，譬如自我心灵安顿、我他关系调适、共在世界与共同生活建设、人天沟通的可能性等，唤起了人对传播问题自觉、主动的省思。而在值得省思的诸多问题中，必有刊落枝叶而为根本者，亦即基源问题。马克思将此方法称为寻找"普照的光"，以之照亮历史研究之路。

三是中国传播史基源问题乃传播与秩序的互构关系，即传播何以成就秩序、秩序何以规约传播。此一问题关涉言说与行动、存在与价值、器物与意义、权力与话语、修己与安人、多元与一体、理性与共识等复杂的观念范畴及其相互关系。传播与秩序之间紧密又紧张的动态关系，不仅是传统思想关切的"古典问题"，亦为今日个体生存和公共生活务须直面的"现代问题"。唯坚实握住基源问题之机柄，思想史之门才会敞开，避过观念迷障、话语歧途及其诱导的支离外索。

由基源问题牵引，本书深究了言说与存在、交往与礼制规范、辩论与真理、言路与政治认同、舆论与社会整合、公共性与价值认同诸子题。这些子题从个体立身行世、人际与社会交往、政治与公共传播等维度切入，铺展传统传播思想的创生、冲突与融贯进路。在存在论、价值论、功夫或方法论层面，前述母题与子题观照传统思想的内在理路和独特禀赋，亦如实展现其断裂和局限。此等观照和展现不仅仅是对孤悬的古代知识的清理、回望，更重要的任务是促成有生机的对话。

自 20 世纪后期传播学被引入中国以来，不少先行者致力于构建中国自主的传播学知识体系，传播思想史的书写亦早已起笔，且在文献集纳、专题研究和主动向历史发问方面产出了丰富成果。这些先行者和他们的智慧，引发、充实了本书的问题意识及对一些关键问题的解释。在此，我要郑重向他们致谢致敬，并恳请批评指正。同时，感谢四年来对本书成稿和出版给予直接帮助的人们，感谢编辑翟江虹和黄超老师。

我把它献给我的父亲，本想送给他一本，没来得及。

我还要预先为本书的所有疏漏、偏谬、过与不及之处道歉。一本书亦有它的历史命运，希望它有持续更新的好运气。

胡百精

2022 年 4 月于人大明德楼

目　录

第三章　礼治、交往规范与共同生活

第七章 共识、公共性及其价值基础

第一章　传播与秩序：重返基源问题

《尚书·虞书·大禹谟》：嘉言罔攸伏，野无遗贤，万邦咸宁。

《申子·君臣》：一言正而天下定，一言倚而天下靡。

作为一个学科或专门学术领地的传播学，已从西方引入中国四十余年。此间，中国与世界相互介入，在政经、社会、文化和思想诸领域形成了多维的交往斜坡。此一斜坡的基址，实可远溯至 19 世纪中后期。一批先锋分子于国门初开之际，见它险峭立在目前。历经洋务、维新、立宪、共和等艰辛尝试，斜坡之巅应许的现代化盛景犹遥不可及。及至 20 世纪七八十年代，国门重开，又见斜坡。作为现代化的跟随者，中国在主动的拥抱和攀升中，收获了中西会通的一些果实，亦未免承受先行者据于思想、理论和价值高地的俯冲。传播学亦为俯冲之物，我们开门迎纳了西学的概念、知识和方法，直至它们形成了某种程度上的"话语霸权"。

伴随现代化之路的铺展，中国渐行至平视西方的历史时刻，且辟出不同的道路。平视与仰望，所见殊异。早前巍巍然立于斜坡之上的西学，一经平视审辨，便顿时显露自身局限及对中国语境之不适。这唤起了反思中国知识体系主体性、构建中国现代化理论范式的普遍自觉。在传播学领域，此等自觉激发了三项作为：一是重返西方传播学本源——芝加哥学派、哥伦比亚学派、耶鲁学派、多伦多学派、欧洲诸批判学派等，或挺进学术史的"灰色地带"，以重彰那些"不应退出历史舞台的范式"①，或重估西方理论的解释效力②；二是主张以中国问题而非西方知识为逻辑起点开拓学术，"我们的'本土化'研究应该是从提问开始，是从中国的现实传播问题开始"③，改变中国问题沦为西方理论之案例佐证、思想佐料的窘境④；三是连接政治话语与学术话语，强调用学术讲政治，倡导"把论文写在中国大地上"，构建中国特色新闻传播学的学科、学术和话语体系。

此三项努力大抵可概括为重返西学本源、重返现实问题和重返中国立场，反映了学科主体性自觉的向度和进路。而在此之外，尚须辟出重返中国传统这一脉络，以补阙、理解历史，为学科、学术和话语体系建构提供可接续、转化的传统思想资源。本章试图解决三个问题：面对传统的态度和方法，这是书写中国传播思想史的前件准备；开显中国传播思想史的"基源问题"——言说、交往与秩序的关系及其若干子题，以整体呈现传统思想的本来面目和发生机制；探讨传统思想创造性转化的可能性。

---

① 胡翼青．试论社会学芝加哥学派与传播学技术主义范式的建构［J］．国际新闻界，2006（8）：49-53.

② 刘海龙．重访灰色地带：传播研究史的书写与记忆［M］．北京：北京大学出版社，2015：1.

③ 黄旦．问题的"中国"与中国的"问题"：对于中国大陆传播研究"本土化"讨论的思考［M］//黄旦，沈国麟．理论与经验：中国传播研究的问题及路径．上海：复旦大学出版社，2013：55.

④ 李金铨．视点与沟通：中国传媒研究与西方主流学术的对话［J］．新闻学研究，2003（4）：1-21.

一、重返传统的态度与方法

自 19 世纪中后期始，知识界惯以古、今、中、西"十字路口"的说法比拟中国近现代思想和学术处境。之后百余年间，向"西"、向"今"的维度持续铺展，向"中"的自觉亦日趋强烈，遂形成以西学解释今日中国问题的理论局面。比照之下，向"古"的进路则未免迢阻曲折。在清末民初和 20 世纪二三十年代的思想论争中，"古"——传统一度被视为国族积弱与社会罪恶之源，是涤荡现实、开辟未来的障碍。一些激进分子认为，传统之路不可能通往现代化，线装书上的人天论、心性论和道德哲学长不出真理、民主、科学、实业和市场的思想种子。西方指示的现代化是一个新世界，"之乎者也"不堪为新世界的基底。在激烈的反传统浪潮中，积淀数千年的古典思想被称为"玄学""专制的迷药""穿戏服的老鬼"，是科学、民主、理性等一切现代之物的敌人，是国族现代化的"文化累赘"[①]。故对待传统，不单是告别的问题，而必欲"打倒"和"摧毁"。一如查拉图斯特拉从山上走下来，宣告"上帝死了"[②]，中国的启蒙与现代化亦须烧掉"孔家店"，将孔丘打成"丧家犬"。

现代化与告别传统

在持续"革命"的 20 世纪，知识界中的激进派固守一种归因定式：将中国现代化进路中的命运挫折，主要归罪于传统思想文化，视传统和现代为水火难容之物。这对革命动员和思想启蒙——唤醒现代意识固有其历

[①]　孙毓棠. 新中国与旧传统 [N]. 自由论坛，1945 - 05.
[②]　尼采. 上帝死了：尼采文选 [M]. 戚仁，译. 上海：上海三联书店，1989：267.

史价值，但实属初步且粗糙的二元论和线性史观。譬如对现代化及其进展程度的评判，常与传统"残余"之扫除境况挂钩，仿佛距传统愈远，便离现代愈近。久之，在传统退场后的留白处，历史虚无主义混合西方中心主义滋生蔓延、疯长连天。面向自家传统的虚无主义情绪"褊急、浅薄而精神完全坠入幽暗"①，抬眼尽望思想斜坡之上西方既成的现代化范式，遂以之为走出幽暗而待急逐的光。

事实上，一些有识之士早对中国现代化之路有冷静的省思。在 19 世纪末，即有人警示急切告别传统的中国士人，"现代性并不应许更加完美，反而常致漠视旧时传统"②，"当促成中国现代化与其既往伟大历史的连接"③。惜乎此等论调，很快湮没于时势急流之中。梁漱溟、冯友兰等在 20 世纪二三十年代有关现代化并不等同于全盘西化，更非与传统对垒为敌的呼声，亦因其温和"保守"而遭变革巨浪席卷。梁漱溟相信西学专擅"对物质世界的满足"，而东方文化尚有"求与他人他心的沟通，求生命的永久"之关怀④。中国现代化自然也要走科学、民主、工业化道路，但抛却对"心"与生命的临照，必致空心无人的现代化。冯友兰认为中国现代化并非一个"东西问题"，而是一个"古今问题"。故现代化之路并非全盘西化，亦非自弃传统，而当于中西互镜中由古及今自塑国族命运。"我们要'工业化'，即与工业化有关者皆要，否则不要，则主张'全盘西化'与'部分西化'者大约都可满意了。而主张'中国本位'者也该满意了，以中国为本位，与'工业化'冲突者去之，不冲突者则存之。"⑤

---

① 徐复观. 中国思想史论集 [M]. 北京：九州出版社，2014：306.

② CLAFLIN T C. Moderation [N]. The North-China herald，1895 - 07 - 12.

③ SEIN-KO T. The international institute at Peking [N]. The North-China herald，1895 - 07 - 02.

④ 梁漱溟. 东西文化及其哲学 [M] // 梁漱溟全集：第 1 卷 . 2 版. 济南：山东人民出版社，2005：379 - 381.

⑤ 冯友兰. 中国现代民族运动之总动向 [J]. 社会学界，1936（9）：257 - 265.

在 20 世纪 80 年代的思想解放浪潮中，古今中西之争又起，传统再度成为"渴求现代化的焦虑"急欲告别的对象。"20 世纪各个时期对中国文化的检讨往往是当时强烈的现代化受挫感的表现"，如此造成的文化后果是，"在发生学上，反传统主义总是主动的、主导的，而反-反传统主义则是对反传统主义的回应和抗争"①。恰在此局面下，传播学作为一套指涉"进化"和"现代化"的理论被引渡至中国。同很多学科一样，传播学长期"拿来""移植"的学术进路，实有西学单向俯冲之势。

传播学的引入促进了中国传播研究的理论化、科学化，为中西共性传播问题的解释和解决提供了思想资源。但是，单向引入终难避开三个问题：西方传播学自身远称不上成熟圆融，譬如中心理论匮乏、主体性虚弱和学科边界泛化；以西学理论和方法观照中国问题渐成支配之势，未免造成学术话语权旁落——用百年前中西论战的语言来说就是遭逢"文化夺席之忧"；中国自身的真问题、大问题，尤其是那些不能被装载至西方学术发表平台的理论和实践问题，较少得到原创性的学术体贴和关怀。正是这三个问题，唤起了前述重返西学本源、直面现实问题和提振中国立场三重努力。此等努力虽然可贵，却犹未给传统辟出一席之地。在古今中西的十字路口，传统——来时路的街灯依然晦暗不明。

此间虽有少数雄心勃勃者复兴中国传统传播思想的努力，但毕竟未能标划完整的思想地图，尚处清理宗家文存、诠释只言片语阶段，总体上"依然是一棵幼苗"②。单就知识生产而论，这固然与西学强势有关，但亦须深切省思学界对待自家传统的态度和方法。西学强势的成因早有公论，诸如世界格局之变、中国现代化进路中的挫折命运、西学在思辨和方法上

---

① 陈来．传统与现代：人文主义的视界［M］．北京：生活·读书·新知三联书店，2009：355.

② 谢清果．2011—2016：华夏传播研究的使命、进展及其展望［J］．国际新闻界，2017（1）：101－117.

的相对优越，以及本土学界的主动跟随、迎纳和移植等，此皆无须赘言。而本土学界对传统思想的疏离、偏见和忧惧，成因则更为复杂，迷障甚多，亟待明辨。

传播学界虽未出现指向传统问题的旷日持久的论战——至少不像哲学、文化史、思想史界那般激烈，但对待传统的态度亦明显受到后者影响，或与后者所执定式大抵一致。譬如当代学术旨趣与传统思想的疏离，包括客观上的时空距离和主观上的心理障碍，以及李金铨等坦率指出的"阅读古籍的能力一代不如一代"①造成的断裂。在因疏离而悬置传统之外，学界尚流行三种对传统思想的强烈偏见：一是传统已死，不可复活。二是传统无用——难道要用"噫兮呜呼"解释互联网世界？三是传统并非"科学的理论"，躺在古典文献中的直觉主义体认、契悟和箴言式论断，不足以挺立、创生由思辨逻辑和实证方法打底的严整理论体系。另一种不容回避的情绪是忧惧，即对复兴传统是否不可避免地伴随着以理杀人、钳制舆论等糟粕的"回魂"或复活，心怀疑虑和怖畏。

今日中国开启了新时代，民族复兴与国家现代化成为同核并进的历史主题。在历史逻辑、价值逻辑的选择与诠释上，现代化不再以告别传统为前提，而是植根于传统之上。同时，民族复兴并非踏上复古之路，而是托寄于国家现代化。这是一个可以平和对待传统价值，平视西学及其致思理路的历史时刻。在主流意识形态建设上，马克思主义中国化获得了两个指向："同中国具体实践相结合""同中华优秀传统文化相结合"。第二个"结合"使传统的创造性转化和创新性发展上升为新时代思想、学术和文化建设的战略主题。

---

① 李金铨. 视点与沟通：中国传媒研究与西方主流学术的对话 [J]. 新闻学研究，2003（4）：1-21.

同情、理解与复造传统

历史的钟摆，终于回到是其所是的位置。当此之际，20 世纪"反-反传统主义"话语是值得重温的。前文已述及梁漱溟、冯友兰等在 20 世纪早期表达的文化立场，以下讨论 20 世纪后半段以来思想史领域复造传统的尝试。一些思想史学者面对世界格局之变和中国现代化境遇，开始自觉反思、矫正清末以降"全盘反传统"的激进取向。他们的努力虽未足抵消百余年来对传统思想的疑虑，却于辩论中造成了早前激进否定传统的思维定式的松动，其中部分共识值得传播学界借鉴。

一是对传统是否断裂、已死或无用问题的回应。几乎所有思想史研究都面临远距离发问、破除时空障碍、弥合思想断裂的任务，不唯传播学如此。疏隔所带来的现实与传统的对话张力，恰是历史研究的动力所在。有些传统固已消散，有些则根深蒂固，伸展至目前。我们天然生活于传统遗存——哪怕是在废墟之上——以之为理解现实、开启未来的起点。思想史研究的使命是再度亲近、同情和理解历史，复兴传统思想中独特、合理、优越的质素。诚如韦政通所言："历史上许多思想家所处理过的问题和遭遇过的难题，依然是我们正面临的问题和难题。历史的特殊事件不会重演，但人类却一直被一些基本的问题和共同的难题困扰着、挑战着。"[①] 林毓生认为中国现代化须补足传统课业，重返"有生机的传统"，促成传统的创造性转化（creative transformation），以维持社会稳定和文化认同[②]。全盘否定传统不仅无法解决由历史延展至今的老问题，且将导致全

---

① 韦政通. 中国思想史：上 [M]. 长春：吉林出版集团有限责任公司，2009：2.
② 林毓生. 中国传统的创造性转化 [M]. 增订本. 北京：生活·读书·新知三联书店，2011：4-5.

盘西化、断裂的现代化等新问题。林氏举证说，欧洲现代化并未让传统退场，而是贯通了传统与现代。"却顾所来径"，理应与开启有生机的未来对等齐观。唯有接续、转化传统，方能避免断裂、"空心"的现代化。

至于传统的有用性，"历史乃生命之师"①，虽不能预设和决定未来，却可减少未来之路不必要的错误和浪费。无论传统思想中知识、经验、体悟和信条的成分各占多少，皆为今日学界所应面对的致知对象和资源。数千年间积累的思想史文本遗存既是历史的一部分，也是透过历史看未来的户牖。文明进路中的某些隘口、迷障和幻象，早已为历史之镜所照见；某些方向、通途和必由之路，历史亦有明确的昭示或提供了线索。前人的终点乃今人的起点。"几千年来反复思索的问题以及由此形成的观念，多少代人费尽心思苦苦追寻的宇宙和人生意义，多少代人费尽心思寻找的有关宇宙、社会、人生问题的观念和方法"，依然影响着今世的观念与实践，"历史不断地重叠着历史"②。抛开所谓古为今用、取精去粕的实用主义考量，与历史对话的旨趣本身即值得学者寄托一生。西方大量学者将精力投向古希腊和拉丁文献，亦未必全为经世济用之功。

二是对传统的学理性、理论化问题的回应。对于中国传统思想在智性、思辨性上是否够得上"科学的理论"，思想史界早有诚实、深切反思。唐君毅认为，西学筑基于论理学（逻辑学）、认识论以达于形而上学、人生哲学，中国哲学立论则直由本体论、宇宙论以通于人生哲学、政治学和社会学，"罕有如西方哲人之一以纯粹真理为鹄的者"③。韦政通慨叹中国思想缺乏独立的"纯智性活动"，亦较少讲求系统的理论分析，"不足以培

① 韦政通. 中国思想史：上 [M]. 长春：吉林出版集团有限责任公司，2009：2.
② 葛兆光. 思想史的写法：中国思想史导论 [M]. 上海：复旦大学出版社，2004：2.
③ 唐君毅. 中西哲学思想之比较研究集 [M]. 台北：正中书局，1943：349.

养出戕天役物的动机"①。同时，唐氏、韦氏等亦呼吁深观问题的另一面——中国传统思想的独特禀赋和气质，如整体论、秩序观、人文主义、经世主义、生命直觉意识、自心与他心的相通等。他们相信，传统之复正与再造，与自求主宰文化命运、避免外来文化夺席之忧、开辟切己合身的现代化道路干系重大。

徐复观愤懑指出，当代知识界"对古人的不忠不恕"，已到了"肆无忌惮"的地步。他认为，以儒学为代表的传统思想虽短于思辨和实证，却是中国人于千百年间不逃向自然、虚空和观念游戏，"硬挺挺的站在人类的现实生活中"的实存智慧和经验。中国人以之安身立命，渡过眼前的苦难，答复终极追问，"担当人类现实生存发展的命运"②。西学的科学主义、实证主义并非人类致知的唯一路径，或获取真理的唯一凭据，中国思想在洞察、理解宇宙人生方面亦有其独到的运思价值。中西两厢各有其所擅之长和局限，长短映照、取补之间，正是今日创生新理论、新知识和新方法的下手处。故复兴传统并非建造一个脱离现实与世界的"中国传统思想中心"，而当促成古今中西对话。"理想社会之造成，则有待于固有学术之复兴与西方文化之吸收。"③ 获得传统滋养的中国思想可与西学形成辉映、环抱的人类文明整体气象，造福本土且关怀世界。

三是对重返传统的风险问题的回应。直面传统并非复古或招魂，不是把古人拉到现在来改造，或回头扮演古人。徐复观的建议是："我们的责任，是要在时间之流中，弄清楚它们的起源、演变、在当时的意义及在现代的意义。"④ 林毓生的态度更为明朗，他认为明智之选是优先"创造性

① 韦政通.中国思想史：上 [M].长春：吉林出版集团有限责任公司，2009：14.
② 徐复观.中国思想史论集 [M].北京：九州出版社，2014：11-12.
③ 同①.
④ 徐复观.徐复观文集：第2卷 [M].武汉：湖北人民出版社，2002：29.

转化一些传统文化的符号和价值"①。优先者即优秀者，将传统文化中的
"优秀成分"变成有利于国家现代化变迁的种子，并于变迁中保持文化认
同。有的传统成分值得且可以转化，自然也有传统需要考察和批判。接近
和审辨方可避免糟粕复活，视而不见反可能于失察中放任"老鬼"还魂。

同时，复兴传统亦应节制过剩的文化怀旧情绪和过激的民族主义情
绪，不应为传统思想的所有要素和面向辩护。林毓生、徐复观、韦政通等
人皆提醒说，"在反-反传统主义"的过程中，当避免走向另一极端：看见
西洋有好的东西，就说我们自己也有，且早已有之。这种虚妄的自信自
尊，只能制造出强行安排附会的"思想史"，躲在似是而非的故纸堆或溺
于只言片语向历史"找安慰"。思想史首先是"史"，而后才考量"思想"
的理路和特质。这就要有史家的精神和功夫，察有无、辨真伪、观同异、
通古今。

以上讨论也为传播思想史——中国思想史的一条支脉——明确了态度
和调性：亲近、同情、理解、批判、中西互镜、创造性转化，为生产具有
全球价值的在地知识提供思想资源。此一态度已为部分传播学者所接受。
对中国引入传播学做出直接贡献的威尔伯·施拉姆（Wilbur Schramm）
和余也鲁早就提出，当重视"令人肃然起敬的中国传播技艺"和"长春的
中国文化"②，要在中国的泥土上"复验""光大"传播学③。汪琪等主张
既要借鉴西学，又当开掘传统思想价值，养成中国传播学"理论的胚
胎"④。陈国明主张借由研判经典确立中华传播理论的原则与典范，建立

---

① 林毓生. 中国传统的创造性转化 [M]. 增订本. 北京：生活·读书·新知三联书店，2011：
328.
② 宣伟伯（施拉姆）. 传学概论：传媒、信息与人 [M]. 余也鲁，译. 北京：中国展望出版
社，1985：5.
③ 同②.
④ 汪琪，沈清松，罗文辉. 华人传播理论：从头打造或逐步融合 [J]. 新闻学研究，2002
(1)：1-15.

自我文化认同，进而放眼全球社会，"提供与接收必要的双向贡献"①。关绍箕认为，应基于对两千余年中国传播思想文献的全面清理，构建"概念清晰、体系井然的中国传播理论"，以期"中西并用"而非"全盘西化"②。华夏传播论的主要倡导者孙旭培强调既要改变"传播学只是西方传播学"的窘境，也要避免"创立一套完全不同于西方传播学的中国传播学"③。祝建华亦称："无论是盲目、机械地搬用西方理论，抑或狭隘、排他性地追求本土理论，均是不明智的。"④ 持此论者颇多，共识是向历史讨要资源，补给在地知识生产，助益中西对话，而非独占或防卫于人类文明的某个角落。

寻找基源问题

态度明确后，便是方法的选择和苦功的付出。苦功自不待言，文本通读即需皓首穷经之志，遑论累若贯珠的历史解释和理论建构。近年学界重返传统传播思想的努力之所以未尽人意，除前述疏离、偏见和忧惧外，另一主因便是面对浩瀚的思想史，尚未获得全局观照、操舟得舵的知识建构方法。姚锦云、邵培仁注意到本土传播理论建设的知识论和方法论局限，认为若犯下方法论错误，则本土化理论尝试的热情不过是"盲目跟进"的冲动⑤。传播思想史研究的确面临显见的方法困境：要么被海量文献直接拒诸门外，要么入门即被吞没而失其方向和路径。方法之困导致既有研究

① 陈国明. 中华传播理论与原则 [M]. 台北：五南图书出版公司，2004：17-21.
② 关绍箕. 中国传播理论 [M]. 台北：正中书局，1994：11-13.
③ 孙旭培. 华夏传播论 [M]. 北京：人民出版社，1997：4.
④ 祝建华. 中文传播研究之理论化与本土化：以受众及媒介效果的整合理论为例 [J]. 新闻学研究，2001 (7)：1-22.
⑤ 姚锦云，邵培仁. 华夏传播理论建构试探：从"传播的传递观"到"传播的接受观" [J]. 浙江社会科学，2018 (8)：120-128，159.

成果与传统思想谱系未免相即相离：隔空听取一些历史的回响，或陷入寻章摘句式的琐细清理，而鲜见整全的历史解释和理论安排。

治思想史的方法既要符合史学通则，如梁启超（1873 年—1929 年，字卓如，一字任甫，号任公，又号饮冰室主人）所谓实事求是、系统贯通，以不辜负"故家遗泽，积厚流光"①；亦应考量思想史之特质，如冯友兰、唐君毅、熊十力、韦政通等人操持的系统研究法、发生研究法、解析研究法等。劳思光在综合比较系统、发生、解析等多重研究路径的基础上，提出了治哲学史、思想史的基源问题法。他认为"好方法"应满足三个条件：事实叙述的真实性，理论阐释的系统性，全面判断的统一性。将此三个条件融合在一处，便形成了以开显基源问题为中心的得力方法，具言如次：

既然"一切个人或学派的思想理论，根本上必是对某一问题的答复或解答"，那么治哲学史、思想史的第一步便是寻找、确认真实的基源问题；基源必有分流，引出许多次级问题，"每一问题皆有一解、一答，即形成理论的一部分"，此为第二步——子题阐释与局部理论铸造；第三步是将各时代的基源问题排布一体，循证思想脉络生成、延展的整体趋势，再施加治史者的合理"设推"，便可形成统摄事实与阐释的统一判断②。

在劳思光之前，梁启超已阐明中国道术（哲学）史研究的"主系""闰系"和"旁系"三系法。主系即中国哲学思想中"有价值有权威"的主脉，闰系乃对主系的继承、响应和持续"整理解释"，旁系如佛教和近世某些西学思想，"经过民族的脑筋一趟"而转化为"自己的所有物"③。

① 姚锦云，邵培仁. 华夏传播理论建构试探：从"传播的传递观"到"传播的接受观"［J］. 浙江社会科学，2018（8）：120－128，159.

② 劳思光. 新编中国哲学史［M］. 北京：生活·读书·新知三联书店，2015：10－13.

③ 梁启超. 道术史的做法［M］//韦政通. 中国思想史方法论文选集. 上海：上海人民出版社，2009：51.

梁氏三系法与劳氏基源问题法颇有近通处，可为传播思想史研究提供如下参照：

首先，当确认中国传播思想史的基源问题——什么问题于历代持续、显著存在或反复涌现，且被循环追问和回应？此即直捣思想史原初母题和连贯线索，持续纵深发问，给出多维解释，舍此则流于支离末流。其次，基源问题又可分解为哪些关键子题？历代对子题的响应，如何铺展、连缀了传播的观念世界和意义之网？此即从根本至枝叶的努力，重在察知根本伸展的方向和枝叶扩出的空间。最后，对基源问题及其子题的排布、统观，可达成怎样的整体理解和判断？此即尽揽思想史之树，觉解春秋暖寒，体悉荣枯生灭。而对基源问题及其子题的讨论，贵在明辨、诠释其间的主系思想，再清理、发显"也有相当的成绩"的闰系思想，且须以旁系思想为映照或佐证。

若将前述创造性转化的态度与基源问题法连接起来，则可形成操作化的理论设计：开显基源问题并以之为统领，铺展子题、旁枝并以之为经络，勾连中国传播思想史知识谱系；由基源问题和关键子题牵引，促成共时和历时的思想对话。本书倾向于将传统的创造性转化理解为一种对话方案，即推进传统思想诸范畴之间、传统思想与历史实践之间、传统思想与现实问题之间、传统价值灯火点亮后中西观念之间的对话，以重建、转化有生机的传统。就思想史而论，所谓"有生机"就是"可对话"，不可对话者多为已死、无用的传统。既有传播思想史研究恰失之于此：基源问题缺失，主脉不清，而求诸杂散的子题、旁枝；从基源问题出发的古今中西对话尚未系统发生，未免付苦功于孤悬的历史文本。

传播作为人之存在境况

在提出、论证传播思想史基源问题之前，须先行交代本书对传播、传播思想两个概念的理解。中国古代有多种近通今日传播或特定传播形态的指称，如言、辞、说、传、布、扬、诏、辩、宣、告、檄、交、约交、交通，用以指涉从日常言说和人际交往，到政治、社会交往和邦交等公共沟通情境。其中，古语"交通"既指物质空间上的相互连接、抵达，如阡陌交通；亦指符号、意义或传统语境下天道、心性、情志的彼此会通、感通，如自心与他心的交通。此双重含义由先秦一直沿用至民国。可知传统"交通"一词与今言"沟通""传播"相对最接近，且含纳了符号互动之外的物质性范畴。古典文献中亦零星可见"传""播"二字并用者，如《北史·突厥传》谓"宜传播天下，咸使知闻"，《唐才子传·高适》言"每一篇已，好事者辄传播吟玩"，与今日"一对多"撒播之意相近。

自芝加哥学派开启专门化的现代传播研究始，对传播概念的阐释形成了多元路向。譬如，传播即信息的传递、传输；传播即撒播；传播即包括教化、教育、灌输，以及文化、价值和社会整合在内的社会控制；传播即权力话语的构建；传播乃共在者之间的一种游戏；传播即互动、分享；传播即关系的连接与维持。兹举中西两个著名定义察之。芝加哥学派的引领者之一查尔斯·霍顿·库利（Charles Horton Cooley）认为："传播是指人与人关系赖以成立和发展的机制——包括一切精神象征及其在空间中得到传递、在时间上得到保存的手段。"[①] 郭庆光提出："传播即社会信息的传递或社会信息系统的运行。"[②] 此二种定义，实包容了传递、撒播、互动、游戏、权力、控制、连接诸路向。

彼得斯（John Durham Peters）将库利一类定义归为对传播的复数理解，即符号、关系互动之手段、方式、过程和机制的集合（communica-

<hr>

① COOLEY C H. Social organization：a study of the larger mind［M］. New York：Charles Scribner's Sons，1929：45.

② 郭庆光. 传播学教程［M］. 2 版. 北京：中国人民大学出版社，2011：10.

tions）。而从传播思想史的书写需要出发，彼得斯认为传播当复返其单数义涵（communication），即"我与他者之间实现调和的努力"①。单数定义实质上是将传播还原为人之存在的一般境况，此乃"人类境况的一种视野，这种视野认为人在某种根本意义上就是'交流性的'，正如希腊语'逻各斯'（logos）所具有的含义一样"②。此等复返，实将"人"重置于传播研究的中心领地，关怀传播与人之存在的互构。

本书亦将传播视为人——共在者的一般存在境况。理由无外乎如实观照历史，如实理解传播，如实关怀人之存在。以儒家为例，先贤认为人生的"大根本"问题是修己安人，社会建设所贵者是"能群"，邦国天下治理之道在于"协和""大公"。同时，古人相信天地万物——人亦在其间——皆可一体交通，所谓"山川涵落，天气下，地气上，万物交通"（《管子·度地》）。在自我养成、我他沟通、公共交往和人天往来中，传播乃个体安身立命和共同体创生存续的基本依凭、保证与动力之源。在思想建构层面，从《论语》切近关怀的自我确立——"学而时习之"、遭遇他者——"有朋自远方来"、共在共生的核心困境——"人不知"，到孟子心性论主张的"心所同然"、性天合一，再到荀子提出偏向制度主义的隆礼正法、"相与群居而无乱"，直至《礼记》接续天下归仁之论而提出"天下为公"，传播、交往乃贯通其间的存在和创生机制。

语言——符号与意义、关系、权力、规范等问题固然重要，但人——作为共在的交往者及其命运才是传播研究的致思重心。当人重获主体地位，传播便不仅是功能性、经验性的连接、互动手段或过程，而且是指向形上与形下、内在与外在、个体与共同体，贯通天命、世道与人伦，关涉多元与一体、离散与共识、自由与秩序的社会历史展开方式。与此相应，

① 彼得斯. 对空言说：传播的观念史［M］. 邓建国，译. 上海：上海译文出版社，2016：14.
② 同①15.

传播思想史研究亦当获得"人学"意识，向大处领会借由书写言说、交往的观念谱系，重现人之共在的可能性。此又牵出传播思想史的定位问题。

至少有如下概念常与思想史纠缠不清：观念史、哲学史、概念史、文化史。本杰明·I. 史华慈（Benjamin I. Schwartz）认为："思想史的中心课题就是人类对于他们本身所处的'环境'（situation）的'意识反应'（conscious responses）。"① 作为对生存环境的意识反应，人之思想必是多面、复杂的，故思想史研究的使命是呈现此等复杂性，而未必承诺"因果解释"和"价值判断"。观念史研究则更在意传统思想诸范畴之间的连贯性、逻辑性，尤重观念谱系自身的生成与演化，而非着意将之贴附于特定时代环境。用斯蒂芬·科里尼（Stefan Collini）的话说，观念史处理的是某些"自成一体的抽象物，它们在时间之流中独立航行"②。哲学史乃观念史的典型代表，讲求以邃密的体系、逻辑和方法对待观念史中的宇宙论、人生论和知识论问题。概念史实为观念史的延展和矫正，昆廷·斯金纳（Quentin Skinner）等质疑观念的自成一体、永恒传递和"连贯性神话"③，而将精力置于对某些关键概念的历史语义分析，考辨其偶在性、流变性和实践性。晚近的文化史研究对语言与非语言、物与词关系的兴趣日增，同思想史研究的边界亦呈"相互跨越"④ 之势。

本书不拟陷入思想史、观念史、哲学史、概念史和文化史的边界之争。思想的沉积远比自然矿层的形成更为复杂，过度敏感的边界意识必致思想史全貌的模糊和整体脉络的残断。中国传统思想的生成、演化和沉

---

① 史华慈. 关于中国思想史的初步考察 [M] // 韦政通. 中国思想史方法论文选集. 上海：上海人民出版社，2009：242-245.

② 丁耘. 什么是思想史 [M]. 上海：上海人民出版社，2006：4.

③ SKINNER Q. Visions of politics: regarding method [M]. Cambridge：Cambridge University Press，2002：57-89.

④ 伯克. 什么是文化史 [M]. 蔡玉辉，译. 北京：北京大学出版社，2009：154.

积，经历了人类文明史上罕有的悠长进路，更养成了自身独特的禀赋和气质。譬如，若全然以西方哲学的分畛标准和方法书写中国传统思想，则要么得出"中国古代无哲学"之鄙论，要么勉强架构、削足适履。故治中国哲学史，须从中国思想自身的主题、特质和进路出发，兼顾庞大、复杂思想体系的开放性和哲思上的邃密精微。实际上，劳思光以基源问题法书写的中国哲学史就是思想史："整个哲学史的功能，在于描述人类智慧之发展，内在的心灵境界、外在的文化成果，都要统摄于此。"①

基于前述考量，加之中国古代传播思想普泛杂糅于宇宙论、人生论、伦理学、政治学和社会学观念之中，以单一视角和方法至多求得"片面深刻"，本书将尝试一种偏向观念史的思想史写作策略。此一策略以中国传播思想史基源问题为主轴，直面基源问题的多重面向及其子题的复杂性，标划思想史铺展中那些连贯未辍的主调、主脉和内在理路；同时，在言说与存在、礼与社会交往、理性与公共性等问题上，试图以哲学史视野深究其间的形而上存在论预设；在有关辩论、舆论、言路思想的清理上，则又借鉴概念史、文化史的某些解释方案。

二、传播与秩序

从先秦典籍可察，中国文化自童年期始，便将言说、交往观念纳入对如下重大、基本问题的讨论：宇宙论之人天关系、政治学之治乱关系、社会学之群己关系、伦理学之我他关系，以及人生论层面的自我体认和日常生活安排。此中，传播与秩序的交互建构乃历代反复求索、优先响应的基源问题。在纵贯数千年的传统观念世界，此一问题普遍、稳定、显著地存

---

① 劳思光. 新编中国哲学史：第1卷 [M]. 桂林：广西师范大学出版社，2005：10.

在着，要求人们在不同时势下重返传统，或给出新的解释。

道德、言说与秩序

《尚书·虞书·舜典》开篇讲尧禅位于舜，此前经过三年"询事考言"，循名责实，方许以"汝陟帝位"。"言"何以成为与"事"（政绩）同等重要的考察标准？言说的目的、功能是什么？何为合格、胜任的言说？作为中国现存最早的经典，《尚书》大体回答了这三问，也牵引了传统言说、传播思想的原初线索。

通观《尚书》对上古政治的叙述，行事或事功并非权力合法性的唯一来源，天命、道德及其承载、彰化的工具——言说亦为合法性的柱石。赵鼎新等认为，"在西周之前的古代中国，政绩合法性并不是政权合法性的一个重要方面"，所谓殷革夏命、周代商命之"天命流转"才是合法性的核心依据①。由天命出发，允恭克让、克明俊德的个体德性，光被四表、亲睦九族的人伦，平章百姓、协和万邦的公德同为合法性的关键支撑。而落实到政治、社会和人生实践，天命、道德何以显化作用？一是借由言说承载、表达、建构天命与道德；二是敬天保民的行事实绩。《尚书》所称"考言"，实乃通过对言说及其与天命、道德、行事关系的考察，评价掌权者的胜任资质。言与事皆关乎政治合法性和权力秩序。

《尚书·虞书·大禹谟》云："嘉言罔攸伏，野无遗贤，万邦咸宁。"倘若嘉言无遮、贤人尽用，则天下安宁秩序可期。何谓嘉言？上应于天、下合于德，格于上下、与道相接之言。这就牵涉天命、道德和言说的关系问题。中国上古所称的天命，既与古希腊的诸神意志——神格化上苍主宰

---

① 赵鼎新，龚瑞雪，胡婉．"天命观"及政绩合法性在古代和当代中国的体现 [J]．经济社会体制比较，2012（1）：116-121，164.

有相通之处，也指向了不可悖逆的宇宙自然法则。天道毕竟玄远，似难直接临照、协调世间繁复的关系和秩序，古人便将神谕和自然法则转化为以道德为中心的人间规范。言说乃转化的媒介，表达天命、道德所向，且照应、连接二者。如将"天行健"与"自强不息"之君子人格，"天地不言"与"讷于言"之君子操行接榫并置。而言说本身亦受天命、道德规约，以成就合乎规范的嘉言，塑造人天、人我秩序。

如此便形成了一个清晰的观念链条：天命主导道德，道德规约言说，言说又反身建构前二者。三者同源相应，却非简单的决定论关系。"天聪明，自我民聪明；天明畏，自我民明威。达于上下，敬哉有土！"（《尚书·虞书·皋陶谟》）天之明察一切，乃于民众意见中得来；天之扬善惩恶，亦从民之所愿。天命显现与民意表达交感互通，持国者理应敬天保民。《尚书》再三强调天命、民意一体关联，如"天畏棐忱，民情大可见"（《尚书·周书·康诰》），"天视自我民视，天听自我民听"（《尚书·周书·泰誓中》）。在操作方案上，《尚书》建议通过体察人心来觉解天命，即所谓"稽于众，舍己从人"，"无稽之言勿听，弗询之谋勿庸"（《尚书·虞书·大禹谟》）。周公在告诫康叔何以避免亡国之险时，甚至直接以民意替代了天命："人无于水监（通鉴，下同），当于民监。"（《尚书·周书·酒诰》）

《尚书》对夏商周政权更迭的解释，莫不以天命、道德和言说一体同构思想为理据。为政者顺承天命、克明俊德、广布嘉言、稽于民意，则可维系权力秩序，反之则获罪于天、招怨于民。后世经典对《尚书》言说思想借用、转化颇多。《诗·大雅·板》云："天之方难，无然宪宪。天之方蹶，无然泄泄。辞之辑矣，民之洽矣。辞之怿矣，民之莫矣。"前半句言天道昭彰，后半句则将言说、修辞问题上升至安邦定国大计。唐孔颖达疏曰："王者若出教令，其辞气之和顺矣，则下民之心相与合聚矣。其辞气之悦美矣，则下民之心皆得安定矣。"（《毛诗正义·卷十七·十七之四》）《左传》《战国策》记述了大量借由观察言辞以论人之福祸、事之成败、国之兴亡的故事，且多采用"其辞顺，犯顺不祥"（《左传·襄公二十五年》）或反向的命定型叙事。孔子就此发出一句千古之叹："一言而可以兴邦"，"一言而丧邦"（《论语·子路》）。法墨诸家也有类似说法，如申不害谓："一言正而天下定，一言倚而天下靡。"（《申子·君臣》）言说不但关乎个体安身立命、人伦亲睦，而且是影响邦国兴亡、天下治乱的关键因素。

中国文化素有强烈的秩序主义情结，"中国的哲学家普遍相信政治的目标是形成'治世'而避免'乱世'"①。太平、和谐秩序乃理想政治和社会的基本预设，传统宇宙论、政治学、社会学、伦理学、人生哲学亦以之为运思纲目和重心，以期塑造自觉对秩序负责的个体和共同体。传播思想亦非例外，且因言说、交往——特别是公共表达和公共交往——同兴亡治乱关联切近，传播何以护持权力秩序、避免颠覆失序成为历代的普遍关切。赵汀阳认为传统观念中的"天下"，不只是受命于天的人类所居住的世界，而且包含"所有土地上所有人的心思"，人心甚至比土地更重要，"得天下"主要是指"获得绝大多数人的民心"②。荀子早就说得明白："取天下者，非负其土地而从之之谓也，道足以壹人而已矣。"（《荀子·王霸》）孟子是反着说的："失天下也，失其民也；失其民者，失其心也。"（《孟子·离娄上》）《国语》云："民所曹好，鲜其不济也；其所曹恶，鲜其不废也。故谚曰：'众心成城，众口铄金。'"故天下治道、为政之则，在于上从天命，内修其德，还要好好说话——嘉言纳言、体察人心、响应民意。

秩序主义之预设，根源于中国传统思想谱系的逻辑起点——道。先秦

---

① 赵汀阳．天下体系的一个简要表述 [J]．世界经济与政治，2008（10）：57-65，5.
② 同①.

百家殊方，却共同指认"道"为世界生成和发展的终极依凭。诸子论道，至少存在如下共识：相信世界有一终极存在，以道——或天道、天命、天志（勉强）名之；道是"一""本""体"，创生世界，统理万殊，化用天下；道在人间的大用是德，道德内铄心灵，外成礼法（价值或制度性规范），约束个体之思、言、行，规范共同体之结构与功能，构建"一""多"均衡、天下太平的理想秩序。尽管此一理想秩序从未真正临世，或仅存于知识分子对上古德邦的美好想象之中，但道本身是圆融、完满、和谐的。大道之行，生生不息，通往万物并育而一体、天下熙熙而共济的秩序乌托邦。钱穆谓："'大道之行'四字，即是说世界人类已共同达到了一个最合理想最伟大的文化境界。"① 故依先贤眼光，理想秩序设计本身并无问题。问题出在人身上，是人在体道、行道上的局限，导致了人间秩序的缺憾。有道君子的平生志业，正是损有余而补不足，克服过与不及之偏，奔往和谐的人生之路和家国天下秩序。

作为域外观察者，史华慈认为中国古代思想存在三个核心预设：一是以宇宙论为基础，以普世王权为中心，遍摄一切的"社会政治秩序观念"；二是无论对宇宙的感知，还是对人类行动领域的理解，皆奉持"秩序至上的观念"；三是整体主义的"内在论（immanentist）秩序观念"。② 三个预设表明，中国人相信天、人和社会皆有其秩序且一体相应，即宇宙秩序、世俗政治和社会——权力秩序、人之道德心灵秩序混合同一。何以如此？因为此三者在根底处由贯通天、地、人的道通约着。自孔孟始，儒家即已铺陈天道与心性不二之论，强调宇宙之道体与人心之性体合一。道家与后来的佛家总体上亦属心性哲学一脉——宋明三家更显合流之势，皆主张此心此身与天地万物同运。

---

① 钱穆. 中国文化十二讲 [M] //钱宾四先生全集：第 38 册. 台北：联经出版公司，1998：7.
② 史华兹（史华慈）. 古代中国的思想世界 [M]. 南京：江苏人民出版社，2004：425 - 426.

一如前述，在由道而德、由道德而礼法、由规范而秩序的观念之链中，言说乃连接、转化的媒介。这就生发了此后两千余年一贯的传播观念：言以载道，道以言成。言以载道即言说乃显化道——天命、世理、人伦的载体和工具；道以言成即道依靠言说阐释、确立和存续，直至道本身也成为一套言说体系或策略。基于载道成道，言说服务于并反身建构日常生活、公共交往和天下秩序。道既是言说抵达共识与秩序的前提依凭，"充当不证自明的'预设'或不言而喻的'共识'"①，亦为言说的最终归宿——给出宇宙自然和社会人生秩序的终极解释。在代相祖述中，秩序获得了来自道的合理性、正当性支持。道对秩序的支持是终极性的，"天不变，道亦不变"（董仲舒《举贤良对策》）隐含的主张是秩序至上，一些秩序价值因为表征道而变得"天经地义"。而此等支持和表征，非由传播——言说、交往而无以达成。

经由春秋诸子阐发，道、言、秩序之间的逻辑关系最迟在战国后期已然成型，秦汉之际则有更详备的论述。秦短暂统一中国，通过包括"书同文"在内的语文和传播政策促进了社会与思想整合。汉初恢复并强化了先秦天道观，并在某种程度上成功将之由知识分子话语，转换为深度影响帝国秩序的主流意识形态话语。董仲舒及其前后的陆贾、贾谊、公孙弘等人为解决"居马上得之，宁可以马上治之乎"（《史记·郦生陆贾列传》）问题，确立了天命、世道、人伦一体的国家意识形态。②此中，天命是本源，世道为经纬，人伦为日用，三者共同构成了大一统秩序话语。

魏晋、隋唐、五代亦较少逸出始自先秦、成于秦汉的道、言、秩序之论。宋明——广义上包含元、清——的天道观发生重要转向，从传统宇宙论过渡至真理理性，然犹未抛却理一分殊的秩序观念。这并非一个保守的

---

① 葛兆光. 思想史的写法：中国思想史导论 [M]. 上海：复旦大学出版社，2004：44.
② 葛兆光. 中国思想史：第1卷 [M]. 2版. 上海：复旦大学出版社，2013：234-253.

判断。韦政通认为中国思想存在"强烈的合模要求"，"战国之后，基本的变动并不大"①，总是在几个古典问题中打转。而历代时势毕竟不同，思想、文化必有迁转损益。传播思想的保守和流变也印证了这一点：天道之融摄地位坚实稳固，而天道内涵则出现多重所指，且影响到言说建构秩序观念的历史偏向。举证在兹：

一是创生、融摄万有的神格化天道。先秦儒家天道观已展现出鲜明的人文主义取向，但仍存有殷商、周初的宗教性余绪，视天为神圣神秘的万物主宰。本书后面相关章节将详述之。汉初吸取秦朝国祚促绝的教训，君主与儒生联手建立了大一统意识形态。董仲舒在《春秋繁露》中提出"为人者天""天人交感"诸论，认为由天子而至庶民，乃至一切造物，皆由天生，莫不法天。董氏以神格化天道为起点，从阴阳、五行、八卦之宇宙论，到四时、十二纪、二十四节气之自然论，再到人伦、情智、言动之人生论，以及推扩开来的政治、社会和天下观，统合而成融摄宇宙自然与社会人生的"常道"。

常道者，天地人同源互构、恒常不变之道也。常道及其主导的意识形态，乃言说的内容和规范，所谓"天不言，使人发其意"（《春秋繁露·深察名号》）。同时，常道亦为言说的产物，基于日益完整、周全的言说策略而得以表达、凝固、常识化和制度化。此一常识的证式是，天道乃多元共在、万物齐一的终极价值所在，"多"乃"一"在自然和人间的显现与作用。尽管天生万物纷杂，世上名实繁复，但天人究竟合而为一、同而通理、顺而相受。

二是作为宇宙自然法则的天道。先秦儒家、道家皆有视天道为客观、超越性存在的自然论倾向，两汉、魏晋的神格化、玄学化天道观在某种程

---

① 韦政通.中国思想史：上［M］.长春：吉林出版集团有限责任公司，2009：4.

度上阻塞了这一思想源流。当然也有例外，如扬雄、王充、仲长统、范缜等皆欲重彰天道自然论。及至唐，韩愈、李翱等为冲抵佛教思想的凌驾，转而寻求先秦儒家道统支援，为神秘天道、佛性祛魅。如李翱提出："日月星辰经乎天，天之文也；山川草木罗乎地，地之文也；志气言语发乎人，人之文也。"（《李文公集·卷五·杂说》）言语乃人文的表征，与天文、地文同出于自然之理。言说的价值在于阐释宇宙自然之规律、法则和"定数"。天文、地文亦为言说的对象和建构之物，且因言说的介入而与"人文"相接。借此相接，言说参与构造了一个"自然的人化"与"人的自然化"交融的文化图景。这也为个体存在和公共生活提供了先验规范，言说、交往与秩序仍由天道统摄，只是题旨远了神谕，近了自然。

《礼记·中庸》谓"万物并育而不相害，道并行而不相悖"，刻画了和合创生的自然论秩序观。自然的禀赋是创生万物，且生生不息。先贤意识到，"生生"不是独生，亦非整齐一致的"同生"，而是并育不害的互济共生。西周太史伯阳父最早区分了"和"与"同"，"和实生物，同则不继"（《国语·郑语》）。"和"一方面承认万物的差异性、多样性，另一方面则强调万物共生、互生。"同"则不然，趋同、雷同恰可能导致万物无以安养相济、存续与共。"和"对"一""多"关系的处理实乃一种多元普遍主义，主张以一摄多而又各美其美，达及和合创生的理想秩序。中国思想并不否认多元与一体、差异与普遍之间的二元分立和冲突，但致力于在本体层面寻求二元之间的互补、转化、均衡和共济。譬如阴阳、福祸确乎存在对照、对立关系，而二元又是互生的：阴极阳复，阳极阴生；福兮祸伏，祸兮福倚。

在伯阳父之后，孔子提出"君子和而不同，小人同而不和"（《论语·子路》）。"不同"为差异化个体预置了自在、自为、自由空间，"和"则标划了此一空间的边界，这个边界就是不失序。而秩序亦有其限度，即不强求同一。和而不同表征了既不失序——多元主体和谐交往，亦不强为秩序——强制相率以一的秩序观。为落实此一本体论预设，孔子将之操作化为仁与恕的道德精神和交往原则：仁者爱人，"己欲立而立人，己欲达而达人"（《论语·雍也》）；恕者宽容，"己所不欲，勿施于人"（《论语·卫灵公》）。立人标出上线，宽恕确立底线，以调适我他、群际和天下诸方交往关系。此二句被认为是儒家言说、交往思想的金律，清儒孙奇逢谓："仁且恕，世岂有外焉者乎？"（《孝有堂家规》）2001 年，联合国"人类文明对话高峰论坛"专题讨论了儒家恕道，视之为多元文明对话的根本原则。当然，中国传统时代对和谐秩序的追求往往压倒对多元主体自由权利的承认，后者始终缺少权力设计和制度安排上的充分保障。

三是与心性本体相契不二的天道。先秦天道观的人文主义转向，采取的是一种内在化理路，即心性与天道的互通。宋明之后，儒释道三家渐呈汇流心性哲学之势。理学所称的心体、良知、心即理，与禅宗的佛性、如来藏、本来面目，以及道家的道、太极皆指向了人之心性本体。天道不外在于人，而是心性的本然和扩充。天人合一而人居主位。落实到传播思想上，三家皆强调言为心声、言以养心，主张通过善用或节制言说以发明人人本具的心性。如程颢认为"言语必正者，非是道独善其身，要人道如何，只是天理合如此"（《二程遗书·卷第二上·二先生语二上》）。明王阳明亦称"精神、道德、言动，大率收敛为主，发散是不得已，天地人物皆然"（《传习录》卷上）。倘若人人见道知性、契悟本来，则任三千大千世界万象森然，却同归一个理。一即多，多即一。以此为终极价值凭据，芸芸众生可和睦交往相待，和合共生互济。如是，共识与秩序的凭据不再来自外在形而上的神格化天道或宇宙自然法则，而是存乎人人共有的内在心性本体。

由天道与心性合一的整体论和内在化理路，传统人文主义推出宇宙自然秩序、政治和社会秩序、道德心灵秩序一体相连的秩序观。秩序并非托付于上天之主宰或宇宙自然法则，亦非全凭世俗政治权力和社会等级塑造，它并不外在于人之心灵。相反，秩序肇起并复归于心灵。此一内外融贯的秩序观，与现代社会片面寻求外力约束、迫加型的共识与秩序机制，诸如契约、制度和技术理性之下日趋刚性的社会规范，可谓对照鲜明。

在平整心灵秩序的框架下，言说、交往对天道的显发和建构最终被落实为"存性""全性"，即造就道德心灵完满的人，促成真诚、合理的德性交往，构建天下一心的整体秩序。虽以整体秩序名之，但它实不舍个体，不离此心，而直面个体生命境遇。譬如个体何以免于交约不慎、因言招祸，何以健全生存网络、修己安人，何以因应实际交往情境做出沟通伦理和策略选择，乃至借由立言、立德、立功超越"生也有涯"之局限而求生命价值的不朽。这也预设了传统言说观、交往观朝向个体生命体验和日常生活经验的实用日用取向。本书之后的章节将展开对此一取向的讨论，并试图说明中国传统思想并非如反传统主义者宣判的那样，只论整体而不及个体——"吃人"。

以上关于三种天道观的说明，除为之后章节铺垫，主旨仍在于初步证成中国传播思想史的基源问题：传播与秩序的关系，或曰传播成就秩序。秩序生成于道或性——在天与自然为道、在人为性，而传播——言说、交往——乃载道成道、创生秩序的工具。传播成就秩序首先是在本体论层面引发的大问题：传播与道——天命主宰、自然法则和心性本体——贯通同一、体用不二。道预置了传播的价值前提、动力和皈依，传播则参与了自我认同、自他关系、人天关系建构。若无道之体，传播之用便失去了终极凭据、目的和尺度；若无传播之用，则由道生发的价值和意义体系亦不复有解释力、说服力和教化之功。故以本体论观之，传统传播思想的基源问题正是言以载道、道以言成，以言说、交往构建宇宙自然和人间秩序。

历史的秩序与秩序的历史

截至目前，本章对传播载道成道、创生秩序的论证，仍不完整，亦不充分。道是一种观念预设，以之为"传播－秩序"的观念之源并无问题。或者说，以道为元概念建构以秩序为旨归的传播思想史，在逻辑上是通畅的。但本书的一个"野心"是呈现历史实践与历史观念互通的传播思想史，而非织绘虚浮于历史天空的观念之网。由道设推秩序，只铺展了基源问题论证的逻辑之维。而在历史之维，秩序是否为传播实践的本源问题仍然含混不明。这又可分解为如下三问。

一是既然道乃秩序的观念之源，为何以秩序而非道作为传播思想史的基源问题？从发生层面看，思想的源头不是思想本身，更不可能是某个现成概念，即使此一概念被约定好指称某种宏大、终极之存在。人类的思想在源头上只能生发于生存实践中遭遇的问题。赵汀阳认为当代哲学陷入了"思想迷路"，即远离问题——那些"我们如此存在、如此生活、如此思考所造成的根本困惑和悖论"，而耽溺于"话语对话语的解释"①。话语的内卷特别是从概念到概念的知识空转，"虽然产生了虚假的知识增值，却未能解决问题，甚至遗忘了需要解决的问题"②。由概念出发书写思想史是危险的，因为概念本身并不可靠。在历史语境变幻中，概念常失去其实际所指，甚或成为南辕北辙的思想路标。至于那些形而上学概念，本就未必真实对应宇宙自然和人间社会的实存问题，且因"纯思"的主观性、代际

---

① 赵汀阳. 追溯本源的方法和问题的递归性 [J]. 哲学动态，2021 (7)：20-25，128.
② 同①.

思想的断裂而不堪为牢靠的历史之锚。前述三种天道观对道的理解即有明显差异，纵使在同一观念脉络内部，亦有不同解读。譬如孔子的自然论天道偏向先验客观存在，而王阳明则认为自然之理亦不外乎此心，所谓"你未看此花时，此花与汝心同归于寂。你来看此花时，则此花颜色一时明白起来"（《传习录》卷下）。

尽管古人深信不疑，但以今日眼光看，道实为一种思想构设。道被认定为形而上实存和宇宙人生的展开起点，但它确非问题本身。在文明的生成和拔节时刻，人们一定遭遇了某些值得好奇或绕不过去的问题，才为神秘的宇宙自然和充满不确定性的社会人生，找寻了用名词"道"——在古希腊的柏拉图那里为"理念"——指称的终极依凭。所谓终极依凭，抽象论之即元解释，落入凡尘生活便为起码的生命慰藉和值得奔赴的价值灯塔。这也说明道乃问题出现之后的第二义，是被建构的原初预设。故传播思想史的基源问题不是道或类似的包容性概念，而是某种压倒性的实际问题。在先秦百家目中，此一问题即在权力和道德秩序濒临瓦解之际，何以重建个体安身立命、天下平章和谐的新秩序。正是秩序的危机这一存在论事件，让"道"成为一个譬如北辰的预设，导演宇宙自然和人间秩序。

恩格斯指出，"历史从哪里开始，思想进程也应当从哪里开始"[1]。人类言说、交往实践的产生及其观念反思，应与秩序的需求和自觉是同步的，二者皆应早于道或类似形而上概念的提出和阐释。为了汇聚更大的勇气、智慧和力量，以集体化、秩序化的方式克服生存之艰难风险，人类发明了语言。而当语言扩大了交往和协作，建构复杂秩序又成为现实紧迫之需。赵汀阳认为，人类生存的某些"存在论"事件或"创世性"事件引发了历史本源问题，"'创世性'事件在于创造秩序，而创造秩序就是创造历

---

① 马克思，恩格斯. 马克思恩格斯选集：第 2 卷 [M]. 3 版. 北京：人民出版社，2012：14.

史"①。语言的发明和使用显然是一场创世性事件，它在创始时刻便与秩序问题"天然"互构。当语言足够发达，秩序日趋复杂，一批卓越的头脑将人们对天上人间普遍的好奇、迷思和想象提炼出来，建构了"道"这样的概念，以之表征普遍性、创生性、超越性的终极存在。在逻辑上，道作为核心概念和元解释的地位于思想谱系延展中不断提升，出现了以道凝摄一切的整体论秩序观。而以历史视野察之，元概念未必是元问题。道的概念自先秦始撑持了秩序观建构，却非先于言说、交往和秩序而发生的本源问题。

倘以传播与道的关系作为传播思想史基源问题，则不免遭遇话语内卷、循环论证和疏离历史实践等问题。依道的概念论传播，前文一句"言以载道，道以言成"已然说尽。即使道被具化为德——如儒家的仁义礼智信等德性范畴，也不过是陷入更具体的循环论证。举例而言，对仁与传播关系的叙述，实难跳出"两面说"的困境：一面强调以仁指导言说、交往，一面又申明在言说、交往中建构仁。最终不过是概念撞击概念，逻辑线条粗大且封闭，漏掉或遮蔽了那些关涉个体悲喜荣辱和共同体得失兴替的实际传播情境。

秩序则是个体和家国天下最重大、基本的生存问题之一，是从文明源头牵出的线索，是个体言说、政治与社会交往、人天互动时时处处要直面的现实挑战。从"人不知而不愠"（《论语·学而》）之日常交往困境，到"世之听者，多有所尤……因人所喜，与因人所恶，东面望者不见西墙，南乡（通向）视者不睹北方"（《吕氏春秋·有始览》）之人际和社会共识断裂，再到天下万殊而整合至"中国犹一人"（《大学问》）之政治和公共治理压力，传播何以成就秩序始终是伴随人生之路和横亘在历史隘口的大

---

① 赵汀阳.关于形而上学的评论［J］.社会科学战线，2021（7）：12-23.

问题。

以秩序而非道为传播思想史之元问题，似与前文天道凝摄之论相矛盾，亦有压低道在中国思想谱系中的地位之嫌，实则不然。本书拟采取历史与逻辑相结合的方案，让秩序与道在传播思想史书写中各归其位。道位于思想谱系的逻辑中心——元概念，秩序则居于思想史的源头——元问题。我们宣称中国传播思想史基源问题乃传播与秩序互构，主要是就传播作为人之存在境况的历史性关怀而言。言说、交往具有强烈的实践属性，秩序是源于实践的问题，历史本身即为文明实践的创造物。同时，传播思想乃中国思想的一个子集，亦以道为中心设推观念世界和意义网络。故本书各章多以历史实践中某一"传播-秩序"问题为始点，考辨历代对该问题做出的"意识反应"，清理此等反应在道的层面是否获得了自洽的解释。我们会看到，由于道许诺了完满、恒常的宇宙人生秩序，历代思想家总是以卫道的立场反思、批判和试图重构现实秩序。他们心怀大道，直面秩序问题，一厢是思想资源，一厢是实践困境，孰轻孰重不可草率言之。

二是传播与秩序的关系是否具足思想史基源问题的资质？既然好问题跟好答案一样重要——前者实际优先于后者，既然本书将治传播思想史的方法托寄于开显基源问题，那么传播与秩序的关系便应有胜任始基、泉源之问的资质。综合梁启超、劳思光、史华慈、斯金纳、赵汀阳等人的观点，思想史所欲亲近、依附的基源问题，当有源头性、显著性、敞开性、持续性、当代性诸特质。人乃语言、社会和政治的动物。当人类意识到自身的共在属性，决定以协同之力而非孤勇地应对生存风险，并创生属人的文明时，交往与秩序问题便产生了。社会性是人之生存属性，秩序是社会性的必然要求，而言说、交往乃人之为人的独特禀赋，"人之所以为人者，言也。人而不能言，何以为人"（《穀梁传·僖公二十二年》）。故言说、交往与秩序实为人类获得主体意识——将自身从自然万物中相对分离出来，决意构建一个区隔于草木禽兽的文明世界的源头性问题。

埃里克·沃格林（Eric Voegelin）在其著名的《历史与秩序》开篇指出："历史的秩序来自秩序的历史。"① 此论有三个指向：历史的基本问题即创制秩序，"每个社会都承载着在自身的具体境况下创建秩序的责任，这种秩序，基于神的或人的目的，将赋予该社会生存的事实以某种意义"②；历史的秩序以"存在的秩序"，即某种超越性、理想化的秩序为观念原型，前者乃历史上实际发生的秩序境况，后者是以概念、符号系统表征的完满秩序，如神谕、天命或道；现实秩序与理想秩序常相"分化""偏离"，二者彼此斗争和相互符合的努力构成了人类生存的背景、主题和过程——人之存在正涌现于其间③。在沃格林看来，秩序乃历史观念和实践最基本、最显著的主题。这一点在东方文明中体现得更加明显，东方"世俗事业的巅峰"即创建和谐秩序，而最差境况则为"兴衰交替如白驹过隙，没有为帝国的稳定存在留下喘息的空间"④。

秩序问题之显著性，不单表现为连缀了一根历史的粗麻绳——如帝制、宗教或战争等虽重要却属局部性的历史线索，且结成了一张包容、敞开的历史之网。当人们谈论秩序问题时，总是潜运着整体论框架，诸如人世与自然、个体与集体、殊相与共相、事实与规范、结构与功能、思想与行动、表达与交往、庸常与超越等繁复关系的整体状态。秩序于其外部要划定边界，于其内部则须容纳个体存在和公共生活的全部问题。个体生命的塑造，人际与社会关系的维系，政治与权力的运施，利益的生产与分配，语言、文化、信仰的持存，人对自然的适应与改造，等等，莫不容纳

---

① 沃格林. 秩序与历史：卷1：以色列与启示 [M]. 霍伟岸，叶颖，译. 南京：译林出版社，2010：19.
② 同①.
③ 沃格林. 秩序与历史：卷4：天下时代 [M]. 叶颖，译. 南京：译林出版社，2018：47.
④ 同①304.

于"历史的秩序"和"秩序的历史"的整体图景之中。言说、交往伴随、推进了此一图景的展开。在实践之维，传播连接了秩序之网的繁复关系；在观念之维，所谓"存在的秩序"本身即由一套符号和话语系统表征。

赵汀阳认为本源问题当具有"超历史性"，它们不是历史的"偶然故事"。在对历史来路的递归溯源中，本源问题即那些由"历史生成"而又不受限于特定历史片断，"与整个历史同在并且非常可能与未来同在的问题"①。本书所指认的传播思想史基源问题亦有此超历史性，只要传播仍为人之存在的基本境况，秩序仍为人类文明的基石，二者关系建构便持续处于敞开性之中。换言之，传播何以成就秩序不仅是文明源头处的疑问和困境，而且贯通了整个文明史进路，延展至今并将与未来同在。正是由于基源问题的持续性、当代性和敞开性，传播思想史书写才有望重现有生机的传统，获得并超越历史回溯和知识整理的价值，促成古今中西对话，开启有生机的未来。

三是传播成就秩序是中国传播思想史独有的主题吗？人类文明的差异复杂而精妙，但既共有此心此身，共同面对宇宙自然，则必有互通的好奇、解释和价值。在关于存在的终极预设和社会人生的根本理解上，东西方文明于童蒙时期表现出令人震惊的遥契共振。苏格拉底（Socrates）、柏拉图（Plato）、亚里士多德（Aristotle）同老庄、孔孟等大抵同时分别登上古希腊和先秦思想史前台，共同推动了人神揖别的人文主义转向。在挥手告别神祇后，他们又共同指认道或某种纯粹"理念"为世界的终极法则。至于差异，言说、交往观的分殊即最好的一个例证。古希腊智者和先秦思想家皆视语言为人之独特禀赋，是立身行世、治理邦国、人神沟通的重要手段或媒介，却因文化理路不同，形成了各走一端的两种言说取向。

---

① 赵汀阳. 追溯本源的方法和问题的递归性 [J]. 哲学动态，2021 (7)：20-25，128.

在古希腊一端，人们相信真理闪现于意见交换之中，良好的言说、修辞能够促进诸神意志显现于尘世，确保政治清明和公民自由。城邦鼓励公民辩论，真理、知识和美德在辩论中得以开阐，政事、诉讼、征战和交易亦多由辩论决策。雅典公民大会常有两三千人参与，多则六七千人加入，每年召集 40 次以上。① 系统的修辞研究和专门的修辞学校应运而生，训练公民表达和修辞能力。"亚里士多德认为修辞学是重要的，因为真理需要靠修辞学来辩护、部分人需要靠修辞学来认识真理，而且人必须拥有以言辞为自己辩护的能力。"② 政府亦包容自由言说，认为说服是比强制更优的善治。作为哲学家的雅典执政官伯里克利宣称："我们的政治是自由而公开的，我们彼此间的日常生活也是这样的。"③

而在先秦一端，对言说持之以"重"则最终走向了持之以"慎"，开启了影响深远的慎言传统。本书第二章将说明，慎言观的形成与言止于道、理在绝言的认识有关。语言被视为君子返本复初——体道行道途中的造作之物，在语言上用力是弃道而"支离外索"④。故讷于言、寡言乃至无言，成为君子务须涵养的淳厚、贞静之德。在此认识下，慎言观更与"天地不言而万物生"的宇宙观、"巧言令色鲜矣仁"的伦理观、立言不朽的人生观勾连混合，加之"言行，君子之枢机。枢机之发，荣辱之主也"（《周易·系辞上》）的实用主义考量，遂演化出慎言修身、避祸求治的绵密规范。

譬如，汉之后的儒家多力挺《左传》而贬抑《战国策》，一个重要原因便是前者丰德慎言，后者则"教唆"离经叛道、纵辞以辩。至于苏秦、

---

① HANSEN M H. The Athenian democracy in the age of Demosthenes：structure，principles，and ideology [M]. Oxford：Blackwell，1991.

② 游梓翔. 从传播研究角度重读亚里士多德《修辞学》[J]. 传播研究与实践，2011 (1)：239 - 254.

③ 修昔底德. 伯罗奔尼撒战争史：上 [M]. 谢德风，译. 北京：商务印书馆，1960：130.

④ 熊十力. 体用论 [M]. 上海：上海书店出版社，2009：106 - 220.

张仪等职业说客、修辞家，在儒者口中常被叙述为"徒逞口舌锋刃"的诈谲之徒。道家也认为发言如蹈水火，"言者，风波也"（《庄子·内篇·人间世》），故"言有宗，事有本。失其宗本，伎能虽多，不如寡言"（《通玄真经·精诚》）。佛家更立下妄语、恶语、绮语、两舌诸戒，犯之或陷"拔舌""诤论"地狱。时至今日，"不善言辞"仍属带有道德担保色彩的正面词汇。总之，言说之路向上不可害道，向下不可失序，而应稳妥通往道德心灵秩序、人际和社会秩序、国群和天下秩序。

古希腊与先秦一张一合、一逸一敛的文化差异，展现于传播思想构设，便是一个爱自由一个重秩序。西方传播思想总体上是沿着传播何以获得并保障自由权利这一主脉展开的，它的基源问题是何以保障自由言说和通过言说保障自由。比照之下，中国传播思想更在意传播与秩序的互构关系。自由与秩序同为人类文明最可珍视的价值，却常相抵牾。自由的实现未免遭遇失序之风险，秩序的达成则常以压制自由为代价。过度自由主义必致离散，过度秩序主义则导向极权。自由与秩序兼得既难，中西便各走一端。这并不是说西人全无秩序观念，中国人从未伸展自由意志。但自古罗马后，欧洲确无真正的统一时代，中国则自秦汉始总体维持了大一统秩序。对于两种历史路向之别，自由与秩序的观念分野虽非唯一解释，却必为主因之一。

元概念与元问题

以上从道、传播与秩序三者的逻辑关系，传播与秩序在历史实践中的互构关系两个方面，试图论证中国传播思想史基源问题乃传播成就秩序。之所以在论证上有此二分，是为了如实还原道在传播思想史中的元概念地位，以及秩序在传播史实践及在"环境反应意识"中的元问题地位。兹举一例说明此二分是如实的、有意义的。倘若中国传播思想史仅以形而上之道为中心，则很难讲通如下历史事实：

以道的观念推演言说的观念，或由言说的观念解释道的观念，此虽有前述话语内卷之累，却也含藏着基于语言、概念和逻辑构建纯智思辨体系的可能性。苏格拉底、柏拉图恰于此处发展了理性致知的辩证法，即由语言引发，聚焦于概念，基于论证和逻辑而抵达对世界理性认知的对话程式。亚里士多德完善了形式逻辑和修辞逻辑（或然三段论），前者为论证提供普遍的认知基础，后者则假以共识性约定，为西方养成知性、思辨、逻辑化的思想传统奠定了观念基础。在辩证法和逻辑学的助推下，西方构建了纯智的形而上学和认识论系统。此一系统沿着语言和思想的边界一路向上，生成了远离人间烟火的纯粹观念世界。

先秦发展了道的话语体系，却未脱离尘世孤启一个无根的观念世界。本书第四章将论及，墨家牵出的逻辑学线头很快折断，名家的语言游戏——建造一个纯概念世界亦因"无道理之较，无益于治"（《论衡·案书篇》）而遭弃绝。孔孟之道的灵感虽来自天上，却直奔眼前人事而去，关切实用日用的现实政治和人生。道无所不在，融摄一切，但不拥有属于自己的领地。即使存在此一领地，语言也不能亦无须抵达，唯以有限的隐喻表征之。言说可作为的空间，是连接由道而德、由仁义而礼法、由规范而秩序的观念和生存网络。形而上之道未在语言和逻辑上充分展开，实为一种体认真理而非思辨真理。体道是一种生命实践，归处不在无尘的天空之城，而是追寻道所应许的完满有序的生活。道不孤悬，道在日用，眷顾心灵，调理人间。

传统言说、交往观念源出天道而朝向世用，表现出对安顿个体生命和构建共同体秩序的不竭热情。历史实践中的秩序追求而非思辨逻辑之驱力，支配了中国传播思想的发展。譬如虽有不少士人持自然论天道观，但他们并未花太多心力构建纯粹自然之理的话语体系，而将重点放在了借由言说、交往促成自然的人化和人的自然化，以指导人的现世生活——闻道、嘉言、懿行以参配天地。在政治和社会交往中，脱实向虚、自成一体、背离现实秩序的思想和言论世界常被认为不仅无益，甚或有害。一个典型事件是，北宋以富弼、司马光、欧阳修、邵雍等为代表的洛阳知识分子集团自恃"道统-学统"话语权，挑战汴梁皇权"治统"，被认为是离散中央意志、导致变法失败的主因之一①。王安石对此悲叹曰："一人一义，十人十义，朝廷欲有所为，异论纷然，莫肯承听。"（《文献通考·选举考四》）

合而观之，中国传播思想史在逻辑之维的元概念是道，在历史或曰实践之维的元问题是秩序。道本身即意味着遍摄一切的完满宇宙秩序，但它是观念性的，给人间秩序一张可描摹的蓝图。而在历史实践的展开中，先是秩序的需求和危机挑战了人类的生存，引发了关于理想秩序及其终极凭据的设计——道，即元问题召唤了元概念。当元概念在代相祖述中，经由持续的肯认、称颂和阐释变得日益完整、圆融，现实、具体的描摹者便努力穿越历史的山河岁月，试图让"历史的秩序"贴合"秩序的历史"，建构合乎道与道统的秩序。在此穿越、贴合之中，言说、交往扮演了无可替代的重要角色：载道承道，建构秩序。

三、观念世界与意义之网

马克思在其博士论文和《资本论》中提出了历史分析的"从后思索法"。面对已经消逝、变化的历史分析对象，马克思主张从后思索其前因，

---

① 葛兆光. 中国思想史：第 2 卷 [M]. 2 版. 上海：复旦大学出版社，2013：164-193.

"从已经完全确定的材料、发展的结果开始"，遵循"一条同实际运动完全相反的道路"①。后思法"不仅是逻辑的，也是历史的，是逻辑方法与历史方法的统一"②。逻辑不能替代历史，反之亦然。道与秩序在传播思想史书写中各有其位置，且应关联一体。传播成就秩序这一基源问题，包含了道、传播、秩序三者关系。前二者关系是逻辑的，后二者关系是历史的。以道为元概念的逻辑线索，同以秩序为元问题的历史脉络不可相互替代，二者交汇于作为人之存在境况的传播思想和实践之中。

普照的光

后思法得到了另外两个方法——"普照的光"和"从抽象上升至具体"的支撑。马克思指出："在一切社会形式中都有一种一定的生产决定其他一切生产的地位和影响……这是一种普照的光，它掩盖了一切其他色彩，改变着它们的特点。"③ 在后思历史的过程中，当拣择占支配地位的问题逆向溯因。此类问题有如"普照的光"，可透视"一切重要历史事件的终极原因和伟大动力"④。对"普照的光"的把握，在思维展开上须走两条路："在第一条道路上，完整的表象蒸发为抽象的规定；在第二条道路上，抽象的规定在思维行程中导致具体的再现。"⑤

这也为本书借基源问题——"普照的光"点亮传播思想史提供了方法论支持。此中的"第一条道路"即传播成就秩序，而由此一"抽象的规定"上升，则可行至"第二条道路"——具体阐释传播思想史诸子题。从

① 马克思，恩格斯. 马克思恩格斯全集：第43卷 [M]. 2版. 北京：人民出版社，2016：69.
② 杨耕. 论马克思的"从后思索法" [J]. 学术月刊，1992 (5)：10-15.
③ 马克思，恩格斯. 马克思恩格斯选集：第2卷 [M]. 3版. 北京：人民出版社，2012：707.
④ 马克思，恩格斯. 马克思恩格斯选集：第3卷 [M]. 3版. 北京：人民出版社，2012：760.
⑤ 同③701.

基源问题出发，中国传播思想史可辟出个体表达与人际交往、社会互动及其规范——礼与礼治、政治传播——言路与舆论，以及公共协商——理性、公共性及其价值来源等指向不同传播情境或领域的若干子题。各子题的设问和思想史上的主要回应如下。

子题一关怀的是个体存在与人际网络建构，核心设问是何以通过言说、交往达及修己安人的理想生命状态和共在关系。先哲对人之为人的凭据有充分认识：道德、言说、"能群"。据此，先秦以降形成了必欲嘉言、言行相顾、修辞立诚、言以全性等稳定的言说观念。言说乃最紧要的生命事务之一，"人生惟有说话是第一难事"（《呻吟语·修身》）。言说之难体现于个体立身、社会交往、邦国治理，以及超越性的哲学生活——体道全性等各个方面，"乱之所生也，则言语以为阶"（《周易·系辞上》）。此等语言的忧思，形塑了强烈的慎言取向。慎言并非不说，实则也不能不说，但须以道为自心与他心相通的担保，维持人天、人我和家国天下秩序。同言说之难紧密相关，交往亦非易事。以修己安人、成己成物为宗旨，先哲针对言者与听者的道德、智识资质，言说、交往的理性规范和策略选择，言与道、心、礼、物、环境关系的调适铺展了绵密讨论。

子题二聚焦最能彰显中国文化特质的交往规范体系——礼，核心设问是礼何以由内而外、自上而下地絜矩传播行为。礼最初反映的是人天沟通秩序："礼，履也，所以事神致福也。"（《说文解字·示部》）孔子发起了春秋复礼运动，将礼阐释为仁的外化，且将之建构为立身和德治规范。后经战国和汉初的损益，礼依于而又逸出价值之域，成为维系人伦和社会关系的程式、规则与惯习。在观念层面，礼连接了形而上价值与形而下规范、内在情智与外在程式、精神象征与制度器物、道德理想与交往实践。经由知识、道德和权力精英漫长的制礼实践和教化弘扬，礼被全面扩充为"定亲疏、决嫌疑、别同异、明是非"（《礼记·曲礼上》）的人伦规范，

"经国家，定社稷，序民人，利后嗣"（《左传·隐公十一年》）的政治纲纪。同时，礼也提供了实用日用的微观方案，周详规定了日常交往中的言动、仪节、符号和意义。

假以"元传播"视角，所有传播思想和活动皆有两项核心关切：信息传递与关系建构。① 西方传播理论偏重对信息生产、流通及其效果的分析，而中国传播观念则更在意关系的建立、维持和平衡。在中国文化语境下，关系影响甚或决定符号选择和意义输出，故关系调适在传播行为中往往比信息传递更具优先性和基础性。从单一信息之维考察中国人的沟通、交往，未免片面、错置或劳而无功。礼在本质上是一套关系协调规范。在历代的复造和修补中，礼及其与仁义、法度的结合编织了一张将天地人尽覆其中的意义网络，塑造了本来如此、尽皆认同的规范世界。基于礼的价值和程式，华夷、邦国、君臣、父子、夫妇、兄弟、朋侪、宾客、乡党、陌生人获得明确的交往尺度，协调自他情感和利害关系，以期济于大同和大公。

子题三深究先秦开启的五脉辩论思想源流及其历史境遇，核心设问是何以平衡辩论中道德共识与真理共识之间的关系。辩论乃人际和公共传播的一种特殊形态，强调以周延的说理论证展开意见竞争。虽言特殊，却不离道、传播、秩序三者关系主调。道家辩论观与其超语言主义一脉相应，由道不可言、万物齐一推演出"无辩"和"辩无胜"的整体主张。儒家的态度则较为纠结：一面倡导"不辩"，反对"哓哓强口而逞辩以自是"（《呻吟语·谈道》）；一面为了明理存道而又主张不得不辩——特别是在某些"道统时刻"或"秩序之端"，要求"君子必辩"（《荀子·非相》）。儒家之不辩与必辩皆以道德主义为中心，向上讨要存在论依据，向下以

---

① BATESON G. A theory of play and fantasy [M] //BATESON G. Steps to an ecology of mind. San Francisco：Chandler Publishing Company，1973：178.

"辩"为"辨"——辨析公私、义利、王霸、群己关系，以安顿王道、世教、人伦秩序。纵横家则抱持强烈的功利主义意志，腾说争讼，舌动天下，势位富贵。及至汉代大一统帝国秩序创成，天下已无战国策士纵横驰辩的空间。

墨辩、名辩取得了传统逻辑学的最高成就，前者辟出经验主义和逻辑主义之路，后者踏上纯语言反思和逻辑致知之路。惜乎墨名辩学遭遇儒道诸家激烈围攻，且因脱离世用，遂毁废于秦汉，未及建造以语言和逻辑为柱石的认识论世界。在今日社会交往和公共辩论中，无辩、不辩、辩无胜之"避辩"，道德情绪炽盛之"必辩"，功利主义主导之"逞辩"，以及逻辑意识稀薄之"强辩"，仍存其惯习或积弊。而在问题的另一面，传统辩论观亦留下了可珍视的思想遗产，如对辩以求和之宗旨的设定，对辩论伦理的持守，对察道、明心、体情的强调等。

子题四考察传统言论政策、言路制度安排及其背后的主导观念设计，核心设问是王道政治理想与言路建设之间如何两相"符合"又彼此"分化"。言路关乎政纲国本与兴亡治乱。历代皆以言路之宽猛张弛作为政治得失的评判标准，视开明言制为王道政治的要件。这在"恒恐上不称天心，下为百姓所怨"而"欲令耳目外通"（《贞观政要·求谏第四》）的盛唐，"誓不诛大臣、言官"（曹勋《前十事》）、奉持"天下道理最大"（《齐东野语·理度议谥》）的两宋自不待言，即使一些乱世政权亦将行王道、施仁政、开言路视为一体相应的政治伦理和定国安邦之策。然而，有此政治襟抱同承受广开言路的政治代价——如"异论相搅"之下的纲纪摇荡，确属二事。毕竟后者潜隐着令人忧惧的政治风险：过度宽弛奔逸的言路，或将帝国载往废墟。

以两宋为例，赵宋承继始自先秦的"王道-仁政-言谏"同构的政治思想与制度遗产，形塑了以"不杀言事者"为政治伦理底线，以"共定国是"为政治和言路建制目标，以"异论相搅"为手段，以"道理最大"为基准的言路和言制思想。由此导引，两宋推进谏院独设、台谏合一、风闻言事、给舍封驳、百官轮对和登闻鼓院等言制建设，创造了汉唐罕有、明清难及的协商政治格局。但是，每一项制度皆有其成本和风险，譬如台谏合一未免带来谏权滥用，风闻言事常致流言暴肆，"异论相搅"本意是促成不同意见交锋以明辨是非，实则造成君臣之间、士人群体之间共识易碎，国家动员能力极度虚弱。

子题五爬梳传统舆论观念史演进及其近现代转型脉络，核心设问是何以养成舆论的理性品质，走出"疏"与"堵"之价值二难。先秦奠基了传统舆论观的多重面向：以"载舟之喻"表征的民本主义舆论观——民心至上，以"防川之喻"表征的保守主义舆论观——民意可惧，以"婴幼之喻"表征的精英主义舆论观——民智不堪用。三种观念交错缠结，制造了堵则危脆、疏则失序的"疏堵悖论"。此一悖论始终盘桓于历史岔口，引发忽然而至的倾覆之险，或早候在彼处的天命流转。历代皆有针对舆论治理问题的丰富讨论和实践，却终未跳脱疏堵二难。清末舆论观发生现代转型，初步标划了以舆论进化促成国族进步的观念地图，而在历史实践中并未走通。启蒙先锋激荡家国情怀，糅合东西思想，但未能化解舆论观念史的旧题：民心、民意和民智未必总是相应相称，舆论未必反映公意，公意未必抵达公共利益。

子题六讨论理性与公共性问题，核心设问是如何开掘公共交往与社会共识的价值之源。中国传统共识观经历了由"公道凝摄-天下归仁"，到"公理体认-理一分殊"，再到"公议确证-以礼代理"，即公道共识、公理共识、公议共识的重要转向。由先秦至汉唐，天道被建构为普纳一切的公道，而仁乃人天合契之全德、公德。天道凝摄即天下归仁，天下归仁即天下为公。宋明理学为汉唐神格化天道观祛魅，将之改造为真理性天理。

"理"代替神秘之"天"成为普遍性、超越性的存在论依据，共识与秩序借由"理一分殊"而达成。此理乃古今共由之公理，须从格物致知、心性存养中得来。倘若天下人人体契、认得此理，则可"相安相养"，"济于大同"（《传习录·卷中·答聂文蔚一》）。

明末和清代一批士人——如黄宗羲、戴震获得了近现代意识，发现由心体认的"理"不过是一种主观的"意见之理"。真理不在此心，实乃通过理性识断而确证的万物法则。这一方面要求个体克己复礼，养成德性上的正见和智识上的正知；另一方面亦应拓展公议——基于公共讨论寻求对真理"心所同然""不得不然"的共识。天道、天理在不同历史阶段为社会共识建构提供了公共价值基准，而公议则将共识之源导向了协商价值。

以上六个子题分别指向了言说与存在、礼制规范与社会交往、辩论与说服伦理、言路建设与政治认同、舆论与共识建构、公共性与公共生活。它们并非传播成就秩序这一基源问题可分解出的全部子题。譬如以清议——朝议和乡议——为代表的传统协商观念和实践，虽已被纳入前述相关子题之中，实则亦可单列一个子题。中国古代确未建立西方意义上的民主制度，却形成了具有鲜明中国文化特色的协商政治体系。从上古政治咨议到两汉魏晋成型的清议，近通今日协商民主的政治安排，从未断辍。

梁启超对照中西历史，提出开明专制与野蛮专制、完全之专制与不完全之专制两组概念，认为中国古代政治思想偏向开明专制或不完全之专制，是为"中国式专制"。在梁氏看来，儒道墨法诸家皆非野蛮或完全专制主义者，尤其后来占据意识形态主流地位的儒家素持开明专制论，"纯以人民利益为标准"[1]，"以发达人民为目的"[2]。钱穆进一步"于古人稍作

---

① 梁启超. 开明专制论 [M] // 吴松，等. 饮冰室文集点校：第5集. 昆明：云南教育出版社，2001：1387-1429.

② 同①.

平反"，认为中国传统贤能政治、"学术指导政治"的运施非全然专制，相反，"乃为一种自适国情之民主政治"，"即所谓公忠不党之民主政治"①。梁氏、钱氏之论皆为"反-反传统主义"而作，他们相信"取中""执中"的中国传统思想，在民主与专制问题上亦非只走一端，而是稳健舒齐地行于中道。

《礼记》论及"天下为公"，紧接着一句便是"选贤与能"。贤能、士人以道统为资，介入权力建构、咨谏和批判，形塑了"贤能-协商"式的政治体制和文化。在王道政治理想与贤能政治体制的混合架构中，道、君、士三者并非垂直支配关系，而是呈现为一个权力三角形：道显于君心和士人精神，君以道为权力合法性来源，士以道为依凭节制君权。道、君、士三角形虽非等边对称，却以协商之力维持动态连接和互动关系。这一政治设计，承认多元意见及其承载的复杂利益和价值诉求，通过拥有政治胜任力的贤能的咨谏、清议、公论和识断，达成共同或公共偏好，凝结共识与秩序。此中要旨有三：

在定于一尊的权力体系内部，秩序为要，多元为次，但亦留有自由表达空间；由精英分子而非普罗大众主导决策协商，前者常自视或被认为代表了后者的意志与意见；协商的民主价值在于精英代议、意见表达和导向共识，而非基于程序公正、机会平等、简单多数的意见表达——如西方式票决。先贤相信，士人——道德、知识和权力精英——能够上承天道、下征民心，将和而不同、和合创生之理想秩序落实于世俗政治和社会。在绵延数千年的中国政治实践中，士人群体世代接续筑造其思想基底，甚或不惜身命，扑身于此一理想的达成。

---

① 钱穆.中国传统政治与五权宪法［M］//钱宾四先生全集：第 40 册.台北：联经出版公司，1998：2-4.

整全秩序

前述诸子题彼此交叠辉映，且皆投射着中国传播思想史"普照的光"——传播成就秩序。诚如池三贤孝所言，中国及亚洲传播思想之全体大用皆在于建构和谐秩序，"追求人与人、人与物、人与自然、过去与现在、现在与未来，以及不同空间之间的和谐"①。所谓月映千江，千江映月，一即是多，多即是一。而此中不免生出一个新的疑问：中国传统思想文化大多以观念上的道和实践中的秩序问题为前提、动力和依皈，言说、交往观在其间的特殊性何在？

钱穆将中国传统学术划分为"两大纲"：心性之学和治平之学②。前者关怀由内而外的人生实际问题，尤重"人类所共同并可能的一种交往感应的心理"；后者则欲解决个人"欲投入人群中去实践"的问题，即何以基于心性之学——修身齐家，推扩至治国平天下③。在此两大纲之外，实有另一纲——天人之学，旨在为人生和社会问题提供存在论依据，搭建人天交往的阶梯。究其根本，心性、治平、天人三学无非人学，亦为关系之学、交往之学。三学宗旨互通，即关怀人群中的人——共在者的命运可能性。这些可能性包括人何以行于天地，修己安人，健全生存网络，构建融贯宇宙、人生与社会的和谐秩序。此乃一种整全秩序，旨在促进天上与人间、心灵与社会、个体与共同体之间，生成融贯的关系网络。人间秩序与天道秩序相匹，社会秩序乃心灵秩序的外显，共同体秩序则应许个体各素其位、共生互济。

---

① 三池贤孝. 传播理论的亚洲中心典范 [M] //陈国明. 中华传播理论与原则. 台北：五南图书出版公司，2004：62.
② 钱穆. 中国历史研究法 [M]. 北京：生活·读书·新知三联书店，2005：83.
③ 同②.

传播既是创生整全秩序的手段之一，也是诸如信仰、道德、权力、礼法等其他手段的手段。作为手段，传播促成自我省思和对话、自他相互敞开和连接，以及人天道交感应。作为手段的手段，是指制礼作法、权力运施、文德教化等其他秩序手段须以言说为媒介，诉诸交往才能转化为普泛的社会约定或通则。秩序建构所依凭的真理话语、道德话语和权力话语，实由言说、交往而得以成就。在道所昭示的完满的宇宙秩序、清明的心灵秩序、和谐的社会秩序中，传播扮演了连接者、转化者和融贯者角色。

此一复合角色非同小可。言说、交往将道由杳渺的形而上致思和高悬的意识形态话语拉入人间世界，达成道与秩序的实用连接。若非如此，道就成了仅供士人咏叹的超越性价值理想，无以平治人间秩序——连接政治和社会现实，涵化日常生活方式和实用交往规范。同时，传播凭借说服而非压服建构秩序，其所成就的秩序植根于共识，而非放任强力迫加或假道之名的权力规训。前者实为一种"共识-秩序"，远比后者——"权力-秩序"更加深沉坚韧。

在传播成就秩序这一命题中，传播不只是工具，秩序亦非静态的权力结构，道不曾遗世而独立。道、传播、秩序三者关系并非总是均衡的，而常处于紧张状态。道与秩序规约传播，但传播可载道成道亦可倾覆、解构之，可创制秩序亦可越轨而致失序。传播的解构、离散之力使道和秩序务须足够开放、包容，接纳多元意见，预置必要的自由表达和行动空间。故传播一方面承应道与秩序——求"和合"，另一方面又以其张力节制道与秩序——存"不同"。两面交相为用，通往和而不同之理想秩序。

重申人学意识

行文至此，有关中国传播思想史基源问题——传播成就秩序及其子题的讨论暂告一段落。且将视线重新拉回到对待传统的态度上来。中国古代关于传播与道（今日常表述为天下大势、历史使命、客观规律、自然法则、主流价值或精神谱系等）、传播与秩序（如政治和权力合法性、人伦和社会关系、个体存在和日常生活规范等）关系的持续阐释，积累了厚实的精神遗产，它们仍可启迪传播研究的未来之路。传播思想史的书写不是为了表达对传统的乡愁式眷恋，亦非掘出古典思想的旧陶片装饰今日理论景观。它的任务是辟出一条开阔、通达的思想史之路，于古今中西"十字路口"的对照、对话中，促成兼备中国特色与全球价值的知识生产。

在 20 世纪 80 年代初，林毓生提出要"迈出'五四'，光大'五四'"，即放下五四对传统的激进否定，而光大五四追求国族现代化的进步和创造精神。林氏主张"站在关怀未来思想与文化发展的立场上"，重返"有生机的传统"[①]，以维持社会和文化的稳定而又促成思想的现代化。及至新世纪新时代，面对现代化、全球化洪流中复杂的思想境况，国家层面亦基于"国之大者"的考量提出"推动中华优秀传统文化创造性转化、创新性发展"[②]，判定"一个不记得来路的民族，是没有出路的民族"[③]。

继之而来的问题是，何以促成传统的创造性转化？思想史界在处理这一问题时，大多采取了"既……又"的思路和叙述方案。如林毓生、徐复观等强调既要校正五四以来全盘反传统的倾向，又不可滑向另一极端——看见西洋有好的东西，就说我们亦曾拥有且早已有之，实不曾有便道不屑为之。又如韦政通、劳思光等主张既要同情理解古人对宇宙人生的体契和"无意识的心灵习惯"，体认他们对生命与世界透亮的直觉，又要严格批判

---

① 林毓生.中国传统的创造性转化［M］.增订本.北京：生活·读书·新知三联书店，2011：4-5.

② 2017 年 1 月，中共中央办公厅、国务院办公厅印发了《关于实施中华优秀传统文化传承发展工程的意见》，提出推动传统文化创造性转化、创新性发展问题，十九大报告重申了这一意见。

③ 2016 年 10 月 21 日，习近平在纪念红军长征胜利 80 周年大会上的讲话。

直觉主义潜隐的某些伪饰和幻象。再如牟宗三、葛兆光等认为既要重视一般知识、思想与信仰——通史研究和书写，又要"细密求索"某些核心观念、代表人物和关键事件。"既……又"照顾了问题的两头，或有整体观照之功，却难以提供可实际把握的机柄。

前文已提出将传统的创造性转化理解为一场对话运动，即转化乃由对话得来。自马丁·布伯（Martin Buber）、巴赫金（M. M. Bakhtin）于20世纪中前期提出对话理论，经由卡尔-奥托·阿佩尔（Karl-Otto Apel）、伊曼努尔·列维纳斯（Emmanuel Levinas）、汉斯-格奥尔格·伽达默尔（Hans-Georg Gadamer）、尤尔根·哈贝马斯（Jürgen Habermas）等人拓展，哲学社会科学领域出现了对话主义（dialogicalism）转向。此一转向意在解决极端一元论、简单二元论和过度多元论等问题。极端一元论的话语形式是独白，如西方自视其价值堪为普世之用。简单二元论即非此即彼，如要么西化，要么未经省思地复归传统。过度多元论即在"一""多"关系中极端强调后者，放任多元主义，乃至滑向幻灭虚无。对话主义反对独白论和唯我论，反对主从、我他和"中央-边缘"关系，反对退回自我和放任共同体衰落；承认多样性、差异性和独立性，倡导主体间性和必要的同一性，强调重振共识和共同体；主张借由对话弥合主体视域剩余，寻求更完整的理解和答案。对话主义者相信，只要有生机的对话尚可持续，超越的可能性便一直存在。

若以对话观念操持传统的创造性转化，则传播思想史研究当对如下多重对话负责：共时和历时的观念之间的敞开对话，以呈现观念之间呼应、交织、融汇所生成的意义之网，而非孤立、静态地清理一家一宗一时的文本遗存；传播观念与历史实践的对话，审辨传播观念与特定文化价值、历史情境、关键事件和代表人物之间的逻辑关联，而非如现象学一般分置观念与实践、意识与实存，张扬前者而悬搁后者；基源问题与子题、子题及其旁枝之间的对话，以综观思想史之骨骼和经络，而非不顾问题导向，溺于表面、片面或时兴问题而唐捐其功。概言之，书写传播思想史就是重现有生机、可对话的传统思想现场，让历史行动者和他们的观念重启对话。

更开阔的对话，当发生于古今中西"十字路口"。古代传播思想唯有处于同"今""西"问题的连接和对话中，方能真正被激活复造，化成可踏实安立的"中国泥土"。正是在此坚实大地上，中国传播学理论有望培植安养，生产在地知识并涵养世界意义。这就要开拓古今中西观念之间、观念与实践之间的对话理路、逻辑和方法，创生多样、自主、平等、敞开、复调，且具超越性的对话网络。故传播思想史的书写过程，实为双重复返：逆溯至历史现场，再顺流重归目前。而复返本身并不是目的，更重要的是构建中国传播思想、理论和话语体系。

一是重返基源问题，构建中国传播思想体系。传播作为人之存在境况——成就自我、参与公共生活、运施社会系统、生成并连接多元文化，无疑是人类文明的重大、基本问题。传播研究亦应在"大根本处"运思发力，而非仅耽溺于对微观现象和问题的追问。传统传播思想的一个卓越禀赋是关怀重大、基本问题，强调产出思想、道理和价值。此等关怀试图融贯道、传播、秩序一体互构关系，在本体论、价值论和日常生活层面寻求整体的理解和判断。今日由西方尤其是美国范式主导的传播学则更多用力于中层理论，专注微观情境和问题，重视产出特定且确定的知识。就知识生产而论，理论对微观确定性的执着必不可少，却应避免过犹不及之憾。当学术的目光羁縻于琐细概念或问题，难免对治国理政、社会整合和全球治理等重大、主流问题，对人之在世和生活世界的基本问题缺少整体理解，更难有所作为。

传统致知之道与今日学术理路各有所擅，但皆不圆满。王元化认为，"思想可以提高学术，学术也要深化思想"，相反，"没有学术的思想"或

"没有思想的学术"则不可想象①。倘若传统传播思想的"大问题意识"、整体论智慧、价值创生观念能与今日传播学持续对话，则或可形成顶天立地的共创格局，改变传播研究道与术、体与用分离之困。

对话首先要在基源问题上破题。中国传播思想抱定不放的传播与秩序关系问题，不仅今日犹存，且因现代认同危机加剧而上升为民族国家和全球社会的普遍关切。传统整全秩序观——融贯天道与世俗、心灵与社会、个体与共同体的致思理路，可在观念上弥补今日秩序规范的外在化、工具化和场景化之憾。此一秩序的理想状态即前文再三论及的和而不同。费孝通认为中华民族的基本格局乃多元一体，"多元"甚至先于"一体"，"一体"是社会历史渐进演化的产物②。两厢平衡，多为太平开明盛世；若乃失衡，则多为暴政之下的暗世或乱世。在 20 世纪 80—90 年代，费孝通基于国家现代化和全球化未来趋势，多次重申三个概念：和而不同、多元一体、天下大同。从他讨论三个概念的原初语境看，和而不同着眼于人际和社会关系处理，多元一体旨在建构民族国家秩序，天下大同偏向多元文明与国际关系协调。三者——后二者实为和而不同观念的递进扩充——为在现代语境下重构个体、族群、国家间的"一""多"关系提供了思想参照。

自 21 世纪以来，国家现代化和人类文明交往的新境况印证了费孝通的预判。何以尊重"多"且维持必要的"一"，再度成为重大、基本的理论和现实问题。"多"及其冲突不可自由放任，"一"及其统摄不可片面强力。在"一""多"之间和"多"的内部，只能是一种理性交往、对话关系，以维持自由与秩序动态均衡。和而不同思想的珍贵之处，正在于许诺了由修己安人设推出的自由与秩序的动态平衡：个体保全其道德心灵自

---

① 林毓生. 中国传统的创造性转化 [M]. 增订本. 北京：生活·读书·新知三联书店，2011：4-5.

② 费孝通. 中华民族的多元一体格局 [J]. 北京大学学报（哲学社会科学版），1989（4）：3-21.

由，又依循社会规范而介入外部世界。

此中亦应看清，中国传统思想主张秩序优先、和合创生和内在面向的个体心灵自由，而制度安排、权力设计上的表达、行动自由则相对欠缺。个体价值主要体现于"我思"层面的道德心灵完善，至于"我行"，则应服务、服从于共同体意志的达成。"古典公共传播一直徘徊于'家国天下'与独立话语的两难困境之中。"① 古希腊开启了西方自由主义传统，伸张个体言说权利，却也埋藏了自由失序的思想祸根。及至现代，中西皆面临自由与秩序关系高度紧张的困境。在西方，自由主义及与其啮合的个人主义、多元主义渐成泛滥之势。哈耶克（Friedrich August von Hayek）警示说："如果不存在秩序、一贯性和恒久性的话，则任何人都能不从事其事业，甚或不能满足其最基本的需求。"② 而中国在深度推进现代化、卷入全球化、迎纳互联网革命的进程中，亦遭逢国家和社会秩序重构的挑战。譬如大众获得了空前的表达资源、通路和机会，政治、社会、市场和文化话语权重新分配，发展与安全、自由与秩序又处在平衡的百年变局之中。

显然，单一思想方案已难解决今日全球范围内自由与秩序的冲突问题。中西双方都不可能简单引渡根植于对方传统的价值体系，而对话或可促成价值共创，获得整合性的思想方案。这就要以大历史观和大问题意识，会通自由精神与秩序价值，将和而不同的古典理想纳入现代治理目标，并且创造更充分的文化、政治、制度和技术条件。传播学界常自叹学科主体性、正当性、有效性虚弱，主流化程度亦显不足，而解决的方案正是对人的自由、解放和全面发展，对交往、共识和秩序，对国族和人类共

---

① 谢清果，王昀. 华夏公共传播的概念、历史及其模式考索［J］. 华侨大学学报（哲学社会科学版），2016（1）：5-15.

② 哈耶克. 自由秩序原理［M］. 邓正来，译. 北京：生活·读书·新知三联书店，1997：199.

同命运等重大、基本问题，担起思想和理论供给的历史责任。

二是重振人文主义、价值理性与人学意识，构建中国传播学话语体系。同中国思想的"大传统"一样，古代传播思想总体上亦属人文主义一脉：抱持强烈的人文主义立场和致知取向，强调对宇宙自然、社会人生及其价值规范的深层体认。思想家们并不太在意建构一套邃密的知识体系，而将心力花在了通过言说、交往参验天命、道德和心性，建设清明政治、理想社会和君子人格上。对传播本体论尤其是德性本质的追问和实用日用考量，压倒了纯粹智性思辨。在方法选择上，体认倚重的是直觉、参悟和默识，致知与修养不二，形成了张岱年所称的"求知方法与修养方法的同一"①。这一方面导致中国传播思想短于逻辑化、学理化，难以形成西学意义上的严整理论和方法，另一方面却也挺立、存养了丰沛的人文精神和坚实的价值理性。

传统价值理性试图摆放天地人三者的正当位置，提供三参一体的合理化交往规范。这些规范织就了五四激烈批判的"礼教的罗网"，但毕竟凝结了悠远世代的言说、交往智慧，直抵人之存在和命运感，指向了"心灵开拓和精神升进之路"②。确如赵汀阳所言，中国哲学不似西方哲学那样注重"把是的说成是的"——寻求思辨逻辑和确定知识，却因对价值和意义的饱满关切而直面人的命运问题③。今日经验主义、功能主义的传播学范式长于精致的理论化，但过度的实证、计量取向导致工具理性至上，阻塞了超越性价值来源及其与日常生活、社会交往的连接。这也造成传播学日渐远离"人学"——论题繁细、论证周延、方法规范，而"人"却离场了。实证、量化研究天然亲近那些"可测量的问题"，对传播作为人之生

---

① 张岱年. 中国古代哲学的基本特点 [J]. 学术月刊，1983 (9)：5-10.

② 韦政通. 中国思想史：上 [M]. 长春：吉林出版集团有限责任公司，2009：13.

③ 赵汀阳. 知识，命运和幸福 [J]. 哲学研究，2001 (8)：36-41.

命历程和具身体验的大部分问题则高高挂起。

人文主义传统理应成为今日传播学之中国特色、中国气派的重要支撑。此间的核心问题是重申"人学"意识，将"人"请回传播学主场。传播学当关怀人及其作为共在交往者的生命体验，要追问传播境况的变化"对人类究竟意味着什么"①。在方法上，则应推进科技与人文、实证与体认的交融，达成两厢兼资互进。这在新技术革命席卷文明一切角落的历史关头显得更为紧迫——技术对言说、交往的驱策和凌驾越强势，人作为道德主体的直觉和体认之功就越重要。传统思想中价值理性、价值共识与价值秩序一以贯之的主调，可中和今日工具、程序理性之炽盛，为传播研究和实践涵养整全、充盈的理性精神。

另须指出的是，传统士人将学问视为在世修行和人生圆满之道，而不只是面向世界的致知方法。孟子曰："学问之道无他，求其放心而已矣。"（《孟子·告子上》）今日学问则与学人自身修养相离，窄化为外在的生业。虽则下笔千言万语，却于自家心地上无涉。故呼吁复苏人学意识，亦包括倡导学人与学问复合同一，使学问再度熨帖生命。

三是重申现实问题，生产在地知识与开显全球价值。传播思想的古今对话，不应止步于相近观念范畴之间的勾连拼接。此等努力即或成功，亦属思想史内部建设，且有知识空转风险。传统思想若欲摆脱孤悬状态，重获介入当下生活的生机，则须参与对现实问题的解释和解决。故现实问题应成为发问之源，向历史求索可能的答案，考辨传统思想可作用、转化之处，或避开传统早已昭示的"浪费"和陷阱。譬如历代探寻恒常价值及其凝聚共识、整合社会、协和天下之功，"通过传播为社会所共享，从而形

---

① 黄旦，沈国麟. 理论与经验：中国传播研究的问题及路径 [M]. 上海：复旦大学出版社，2013：55.

成一种共同的文化，实现文化的重建和社会的整合"①的理路，仍有补于今时治道。面对现代社会的"浅交往""消极信任"和各种陌生人困境，仁恕、诚敬和体契同情等传统礼义规俗，犹能滋养当世人际和社会交往。对照古今公共讨论的泛德化倾向可知，政治言说和公共表达尚应在正言、嘉言——辩以公心、明理存道之外，补足思辨、逻辑理性训练。

传统思想对现实问题的介入常是间接的，即寻求古今通则和理路的交汇。冯友兰在 20 世纪 50 年代提出对待传统的"抽象继承法"②，即未必"照着讲"传统的具体知识，却可以"接着讲"那些有用的抽象意义和普遍规范。他在《新原人》中举证说，传统时代的一些经典伦理纲目和生命原则——知常、节俭等，若与进步、成功等现代价值会通，则可成就类通西方新教伦理的中国式现代化伦理基础③。这也适切于复造传统传播思想。譬如传统礼式节文不必也不可能复原于当下，但借由礼制桥接价值理性与日常交往、主流话语与个体表达、横向与纵向社会关系，在大原则、大思路上仍可惠及今日；又如对传统民本主义舆论观的合理成分可以"照着讲"，而更重要的是"接着讲"——挺立人民中心论，以人民性充实公共性；再如对传统言路和言制建设所展现的协商政治观念，可于传承、创造中增进现代协商民主机制。

古今会通应伴以中西互镜，构建兼备中国特色与全球价值的知识体系。此中有两个问题需要强调：一则确立自明、自觉、自信的态度，二则锚定现实问题展开对话。互镜意味着养成基于自明的自觉和自信。费孝通

---

① 邵培仁，姚锦云．传播模式论：《论语》的核心传播模式与儒家传播思维［J］．浙江大学学报（人文社会科学版），2014（4）：56-75.

② 俞吾金．如何继承中国传统哲学的遗产?：从冯友兰先生的"抽象继承法"说起［J］．社会科学，2013（5）：101-110.

③ 冯友兰．三松堂全集：第4卷［M］．郑州：河南人民出版社，2000：463-614.

认为文化自觉并非武断、狂妄的自尊，首先要通过对话、互通获得自知之明①。譬如西学基于概念辨析、逻辑推演或对话、辩论，发展了形而上认识论，共识主要源自论证的逻辑、程式及其抵达的确定知识。中国思想于此存在明显的"智性不及"，但其倡扬天道统摄、眷顾人伦、深耕心性，取超越性与日常性之中道，为言说、交往提供了足以体认同一的价值之源和现实规范。这成功避开了西学通往"无人之地"和"无根的形而上学"的思维陷阱。此一陷阱正是海德格尔极力批判的西方思想危机之源——人脱离诗意的"大地"，游荡于无根的观念虚空之中②。

中西对话亦不可仅在观念层面论计异同短长，此将重蹈类似新儒家知识空转的覆辙。新儒家为重彰传统思想价值付出了殷勤可贵的努力，却深陷中西观念异同之争而难以超越。传播理论建构当以此为鉴，要在观念对话之外，奔着现实问题去，辟出两厢理性讨论与会合的余地。换言之，当以现实问题为起点和落点，进而"既照顾文化的特殊性，又彰显理论的普遍性；最后依平等地位和西方主流学术对话与沟通"③。中国传播学当然要关怀中国自己的现实问题，生产在地知识；同时亦应关怀人类共同的命运，生成全球价值。譬如以新冠疫情防控为对话主题，可观中西对待自由与秩序的不同偏好，证成自身道路合理性，并觅得互镜互通的整合方案。

本章提出，构建中国传播学知识体系须补足历史向度的思想资源。离开丰厚深长的传统，既无法完整理解现实，亦难平衡观照中西，遑论开启有生机的未来。在面对传统的态度问题上，我们主张抱以同情理解之心，

① 费孝通. 关于"文化自觉"的一些自白 [J]. 学术研究，2003（7）：5-9.

② HEIDEGGER M. Hölderlins Hymnen "Germanien" und "Der Rhein" [M]. Frankfurt am Main：Vittorio Klostermann，1980：36.

③ 李金铨. 视点与沟通：中国传媒研究与西方主流学术的对话 [J]. 新闻学研究，2003（4）：1-21.

于亲近、传承和批判中实现传统的创造性转化。在方法选择上，鉴于中国传播思想史的悠长跨度和复杂面向，开显基源问题及其子题，为历史旧尘中的观念世界和意义之网解蔽，乃相对周全而可行的知识建构方案。

中国传播思想史的基源问题乃言说与秩序的关系，或曰人何以通过传播成就自我、我他、社会、政治和人天整全秩序。真理之间总是互为条件。传播观参与了传统宇宙观、人生观、政治学与伦理学建构，形成了道、传播、秩序一体互构的核心观念。从基源问题出发，传统时代针对个体存在、人际与社会交往、政治认同与合法性、天下秩序、人天关系等子题，产出了丰厚且独特的言说观、交往观、共识观和秩序观。这些观念展现出强烈的秩序优先、价值共识优先、关系调适优先、和合创生优先等禀赋和特征。

在创造性转化传统思想方面，本章提出了三种可能方案：重返基源问题，介入关乎人之存在、社会发展和文明进步的重大、基本问题；重振人文主义、价值理性和传播学的"人学"意识，构建中国传播学话语体系；重申现实问题，促进古今会通、中西对话，将"十字路口"坐成齐举在地知识与全球价值的学术道场，而非古今疏隔、西学凌驾的思想斜坡。

第二章　言说、交往与存在

《春秋榖梁传》：人而不能言，何以为人？

《呻吟语·修身》：人生惟有说话是第一难事。

在两千余年悠长岁月的历次编订、注疏中，《论语》首章《学而》从未被挪移改造过。《学而》开篇道："学而时习之，不亦说（通悦）乎？有朋自远方来，不亦乐乎？人不知而不愠，不亦君子乎？"章末又言："不患人之不己知，患不知人也。"开篇与章末之间共十四条，论及三个主题：自我学习、省思，以及个体与家庭、朋侪、"上下泛众"之间关系的处理；仁、义、礼、忠、信、孝、悌、敬、爱等交往德性和原则；言说之道，即"巧言令色，鲜矣仁""信近于义，言可复也""敏于事而慎于言"（《论语·学而》）。朱熹（1130 年—1200 年，字元晦，号晦庵）注《学而》曰：

"此为书之首篇，故所记多务本之意，乃入道之门、积德之基、学者之先务也。"（《四书章句集注·论语集注卷一·学而第一》）全篇无一句高深玄奥，尽皆安身立命、修己安人之平常语。诚如程颐（1033年—1107年，字正叔，世称伊川先生）所言："孔子言语，句句是自然。"（《二程遗书·卷第五·二先生语五》）

《学而》吐露了孔子和儒家人生论的基底和门径：人生务本之道，在于修己安人。中西文明在其童年期，在众神沉潜后，皆萌发了以人为中心的人文主义。但西方人学专注于独领禀赋的个体，而中国传统观念中的人，从来不是独名、独思、独行的个体。《学而》提示说，人乃共在之存在，于共在的亲疏关系网络中省思、言说和交往，以成己成物、修己安人。此中关涉言说与存在、交往的德性或理性、自他关系的生成与调节等传播学理应关切的重大、基本问题。在个体生命层面，这些问题遥契了苏格拉底之问——"什么样的生活值得过"①；在政治和社会交往层面，它们则指向了共同体价值养成和秩序构建。

一、言说：人之道，仁之文

关于人之为人的根本凭据，先秦儒家有明确判断。孟子曰："人之所以异于禽兽者几希，庶民去之，君子存之。舜明于庶物，察于人伦，由仁义行，非行仁义也。"（《孟子·离娄下》）人与禽兽所异者甚微，无外乎人能够明断万物理则，察乎人伦关系，循心性本怀之仁义而行，而非勉强行以仁义之术。荀子曰："（人）力不若牛，走不若马，而牛马为用，何也？曰：人能群，彼不能群也。"（《荀子·王制》）人之有别于牛马，全然在于

人能创生族群和社会，且"相与群居而无乱"（《荀子·礼论》）。孟子、荀子已言明道德、交往乃人兽殊途分畛之意。《春秋穀梁传》则直白断言，言说乃人之内在规定性："人之所以为人者，言也。人而不能言，何以为人？"

有德者必有言

孟子自认一生有两个长处："我知言，我善养吾浩然之气。"（《孟子·公孙丑上》）关于知言，孟子对提问"夫子恶乎长"的公孙丑说："诐辞知其所蔽，淫辞知其所陷，邪辞知其所离，遁辞知其所穷。生于其心，害于其政；发于其政，害于其事。"（《孟子·公孙丑上》）何谓知言？知偏颇言辞之遮蔽，过激言辞之陷溺，邪曲言辞之背离，闪躲言辞之困顿。诐淫邪遁之辞皆生于心，必害为政和事业。孟子以知言为平生大本事，乃因知言即知其心、知其行。知言者，知人也。言从心和行两个方面表征了人之存在。孟子认为世间若有圣人复起，必也认同此论。谁为圣人？公孙丑以孔门为例，将言辞与德行联系起来评判圣人："宰我、子贡善为说辞，冉牛、闵子、颜渊善言德行。孔子兼之，曰：'我于辞命，则不能也。'"（《孟子·公孙丑上》）孔门弟子有善为说辞者，有善言德行者，唯自谦不擅辞令的孔子嘉言懿德兼备。

孟子言为心声、知言识人之论，实与孔子工具主义语言观一脉承应。子曰："不知言，无以知人也。"（《论语·尧曰》）又谓："有德者必有言，有言者不必有德。仁者必有勇，勇者不必有仁。"（《论语·宪问》）所谓有德者必有言，指明言说乃表德、成德的工具。反之则不成立，有言者未必有德。而推扩开来，道为体，德为用，言说在根本上乃载道之器。故能言只是生而为人的起码条件，更重要的是言以载道。

接下来的问题是，何谓道？先秦百家殊方、旨意不同，却共持殷周传续而来的天道、天命、天志、天意等概念，且以之为宇宙论、人生论、社会学和政治学的逻辑起点。但是，天不说话——"天何言哉？"（《论语·阳货》）孟子认为："天不言，以行与事示之。"（《孟子·万章上》）汉初董仲舒亦称："天不言，使人发其意。"（《春秋繁露·深察名号》）言说乃人所特有的行事工具，因言陈情，以言行事，借言显道。作为终极存在，天道借由言说而发显，且于言说中流行通化。

儒家天道观素有多重面向，且因历史时势而有所迁转。在先秦，天道兼有神格化主宰、道德本体和宇宙自然法则之意，汉唐突出其神性和德性之维，宋明则强调其真理性和德性义涵。此中，道、德乃言说的内容和规范，言说乃载道、表德的工具，几成儒家语言观的定式。前引"有德者必有言"之论，正是主张君子以言说作为存道化人的工具。道德言说——以明道弘德为宗旨的表达，言说道德——因循道德理性的表达，乃君子立身行事的义务。后世儒家亦多持此论。南朝刘勰（约 465 年—?，字彦和）谓："心生而言立，言立而文明，自然之道也。"（《文心雕龙·原道》）程颢提出："言语必正者，非是道独善其身，要人道如何，只是天理合如此。"（《近思录·存养》）言说之"立"与"正"所依循的标准，乃合于天道、天理。

既言标准，便要有切实可验的规矩绳墨，即确立天道临世、道德运施的实际范畴和尺度。按子贡的说法，孔子常言"性与天道"（《论语·公冶长》），天道乃宇宙之体，性乃人心之体。《论语》文辞简赅，但孔子总体上提示了天道与心性一体相应、两不相离的同构关系。孟子则辟出性天合一之道："尽其心者，知其性也。知其性，则知天矣。存其心，养其性，所以事天也。"（《孟子·尽心上》）始自孔子，经由孟子，天道与心性会通一体而为"仁"。仁既是性天合一之道体——仁即是性；亦为统领义、礼、智、信、忠、恕诸德的全德，如朱熹言"仁者，人心之全德，而必欲以身体而力行之，可谓重矣"（《四书章句集注·论语集注卷四·泰伯第八》）。

韦政通认为仁乃"具体的普遍真理"①，何以有一种真理性实存既是具体的又是普遍的？以普遍性而论，仁向上通往形而上终极存在——天道，向内直指人之共通心性——人道。就具体性观之，仁向下、向外化用为可体验、契入和奉持的德性规范，成为"必欲以身体而力行之"的世道。如是，言以载道操作于社会生活实践，便为志于道而发乎性，依于仁而又归乎仁的表达和交往行为。《礼记·儒行》对此有一总赅的说法：

> 言谈者，仁之文也。

这就要进一步追问仁的内涵与价值。樊迟问仁，子曰："爱人。"（《论语·颜渊》）许慎释仁曰："仁，亲也，从人从二。"（《说文解字·人部》）《礼记》云："仁者，人也。"郑玄注《礼记》此义曰："人也，读如相人偶之人，以人意相存问之言。"（《礼记正义·中庸第三十一》）仁是爱、亲，是人与人相互致意、存问、尊敬之道。仁所指示的道，实为一条将人视为复数性的存在——"相人偶"，由亲亲爱人而推及"泛爱众"（《论语·学而》）的德性之路。南宋陈淳（1159年—1223年，字安卿，世称北溪先生）谓："道，犹路也。当初命此字是从路上起意。人所通行方谓之路，一人独行不得谓之路。道之大纲，只是日用间人伦事物所当行之理。众人所共由底方谓之道。"（《北溪字义·卷下·道》）在仁道或曰众人共由之路上，言说（有言、知言）乃行道者修己安人的本事和资质。有鉴于此，儒家发展出一套以仁道为中心的言说规范。其言有四：必欲嘉言、言行相

---

① 韦政通. 中国思想史：上［M］. 长春：吉林出版集团有限责任公司，2009：55.

顾、修辞立诚、言以全性。

嘉言罔攸伏

儒家经典《尚书》极度关切言说问题，最早提出了嘉言观。《尚书·虞书·大禹谟》提出："嘉言罔攸伏，野无遗贤，万邦咸宁。稽于众，舍己从人，不虐无告，不废困穷，惟帝时克。"嘉言无遮，贤能尽用，顺从众意，让无势、困穷者有表达诉求的机会，乃达成万邦安宁、天下和谐之治的途径。嘉言者，上应于天、下合于德，格于上下、与道相接之言。《尚书·商书·太甲下》谓："有言逆于汝心，必求诸道；有言逊于汝志，必求诸非道。"若人言忤逆你心，必权衡以道，不可全凭己意度量之；若人言顺逊你的意志，必审辨其非道与否，邪曲谀媚之辞不可轻纳。子曰："法语之言，能无从乎？改之为贵。巽与之言，能无说（通悦）乎？绎之为贵。"（《论语·子罕》）法言即合乎正道之言，听之岂可不从？巽言即恭敬附和之语，闻之岂能不欣悦？但诚可贵者在于，从正言正道而改造己之言行，欣悦于心而审辨之。

所谓有德者必有言，实为必欲嘉言。到了孔孟那里，嘉言之泛称被充实为以仁为中心、含纳儒家伦理价值的德言，如孔子之法言，孟子之善言。先举《论语》数例如下：

> 子罕言利，与命，与仁。（《论语·子罕》）
>
> 子张问行。子曰："言忠信，行笃敬，虽蛮貊之邦行矣。言不忠信，行不笃敬，虽州里行乎哉？"（《论语·卫灵公》）
>
> 夫达也者，质直而好义，察言而观色，虑以下人。（《论语·颜渊》）

子曰："夫人不言，言必有中。"（《论语·先进》）

子曰："君子不以言举人，不以人废言。"（《论语·卫灵公》）

子曰："可与言而不与之言，失人；不可与言而与之言，失言。知者不失人，亦不失言。"（《论语·卫灵公》）

以上引证表明，孔子主张言说内容当以性命和仁道为重，而不可耽溺于利欲，且必奉持仁德及其细目原则——忠信、笃敬、质直、好义、中和等。第一条讲孔子不谈论利欲，只与人说命、说仁。仁乃立命之本，言之所凭。第二条讲言语忠信，行为笃敬，可行天下；反之，虽州里亦难行。第三条讲真正显达之人，质直好义，体贴察言，观人颜色，周虑谦恭。之所以能够做到这一点，朱熹认为乃因达人"皆自修于内"，故"善其颜色以取于仁"，"审于接物而卑以自牧"（《四书章句集注·论语集注卷六·颜渊第十二》）。第四条讲言说当合于中道，否则不如不言。第五条讲不以言举人，是因为有言者未必有德，怀仁而有言才是察举的依据。最后一条讲与人交往，当说的不说，未免失人；不当说的却说了，实属失言。此论是将仁与智联系起来，确立"仁且智"的交往原则，要求言者以仁心待人、以智识察言。

孟子善言观念大体继承了《尚书》嘉言、孔子法言和仁言之论。如见梁惠王，对方请问"利吾国""利吾家"之道，孟子劈头盖脸回应一句："王何必曰利？亦有仁义而已矣。"（《孟子·梁惠王上》）此正与孔子但言仁、罕言利相契。相较于孔子，孟子以其性善论为善言提供了更充分的本体论支撑。且观《孟子》以下三处论述：

舜之居深山之中，与木石居，与鹿豕游，其所以异于深山之野人者几希。及其闻一善言，见一善行，若决江河，沛然莫之能御也。

（《孟子·尽心上》）

　　言近而指（通旨）远者，善言也。守约而施博者，善道也。君子之言也，不下带而道存焉；君子之守，修其身而天下平。（《孟子·尽心下》）

　　言无实不祥。不祥之实，蔽贤者当之。（《孟子·离娄下》）

　　孟子认为舜和禹皆好善言，尤其是舜本处山野蛮荒之中，闻一善言善行显化、作用的大道至理，其所获之力便若江河决源，沛然浩荡，无所能御。此一沛然澎湃之源安在？孟子解释说，善言的特质是言近而旨远，恰如善道守约而施博。东汉赵岐注曰："言近指远，近言正心，远可以事天也。守约施博，约守仁义，大可以施德于天下也。二者可谓善言善道也。"（《十三经注疏·孟子注疏》）朱熹补充说："古人视不下于带，则带之上，乃目前常见至近之处也。举目前之近事，而至理存焉，所以为言近而指远也。"（《四书章句集注·孟子集注卷十四·尽心章句下》）正心、事天、存道之善言，正是"君子之守"的大本大源，是修齐治平"莫之能御"的动力来源。"言无实不祥"之"实"，或与真实有关，但主要是指质实、充实，即持盈道德仁义之实，而不空洞虚妄。

言行两顾

　　语言学界常用"言行一致"评价古典言行观念，这不符合先哲针对言行关系讨论的实情，交往实践中亦常见言行之间的违离、断裂。孔子确乎在意言行一致，强调言说内容要经得起行为结果的事实检验和道德拷问，所谓"言必信，行必果"（《论语·子路》）。而此论在逻辑展开上存在两个疑问：言必信与行必果之间是否必然一致？二者是否有先后轻重的排序？

言可信未必行有果，反之亦然。即使言可信与行有果皆实际发生，两厢亦未必有绝对因果关联。孔子明确指出了交往实践中的言行断裂问题："始吾于人也，听其言而信其行；今吾于人也，听其言而观其行。于予与改是。"（《论语·公冶长》）孔子自言早前待人，听其言而信其行，如今则改为听其言而观其行。

言行不一有其复杂成因，诸如言者的德性、能力，交往中的关系规范和环境压力等。儒家就此给出的解决方案是正名、正言、正行。正名即明确言者身份及其道义责任，正言即表达可信诺的嘉言、法言和善言，正行即依礼法之道和诺言而行。此即《礼记》所谓"居其位，无其言，君子耻之；有其言，无其行，君子耻之"（《礼记·杂记下》），"修身践言，谓之善行。行修言道，礼之质也"（《礼记·曲礼上》）。总之要"言加信，行加义"（《礼记·儒行》），且慎始而有终，"言必虑其所终，而行必稽其所敝"（《礼记·缁衣》）。此处还应加上老子的不轻诺主张——"轻诺必寡信"（《老子·第六十三章》），即应充分考量自身能力资质和环境提供的表达与行动空间。不轻诺则可免遭言无信、行无果的道德审判。按《礼记》载述，孔子亦有类似建议："口惠而实不至，怨灾及其身。是故君子与其有诺责也，宁有已怨。"郑玄注曰："言诺而不与，其怨大于不许。"（《礼记正义·表记第三十二》）真乃诚实智慧之语。

言行不一不单指表达和行动内容上的不匹配，而且存在两种有意为之的情况：主动的言行价值排序，权变的言说策略选择。儒家存在明显的重行轻言倾向。子曰："君子欲讷于言，而敏于行。"（《论语·里仁》）"君子食无求饱，居无求安，敏于事而慎于言，就有道而正焉，可谓好学也已。"（《论语·学而》）此二句传行千古，至今仍被吾人奉为言行关系协调的圭臬。即使力主"知行合一"的王阳明，也绕过了言行一致而强调"敏于知，健于行"。他仍守护着孔子的信条：行胜于言。在知行合一框架内，言似乎是飘摇无根之物，不足以表征"知"，亦未必与"行"相应。行之于言的优先性导致二者地位并不均衡一致。人生言动之间，要敏行力行，而讷言慎言。

再看第二种情况。倘若脱离语境，孔子有关言行关系的一些观点是矛盾的。他一面宣称"古者言之不出，耻躬之不逮也"（《论语·里仁》），即古人不轻易发言，忧惧言出而行不逮之耻；一面又主张"先行其言，而后从之"（《论语·为政》），即先把话说明白，进而躬行不怠。在历代《论语》注疏中，后一句引发了激烈争议，因为照字面直解"先行其言"，分明不符"先做再说""行而不言"的言行关系定式。为了调顺此间矛盾，注疏者常将"先行其言"强解为"行之于未言之前"。如周敦颐谓："先行其言者，行之于未言之前；而后从之者，言之于既行之后。"（《四书章句集注·论语集注卷一·为政第二》）此一自相矛盾亦发生在孟子身上，且尖锐到难以通过强解文辞来调顺的地步。孟子在《尽心下》提出"言语必信"，《离娄下》则言"大人者，言不必信，行不必果"。

问题出在何处？孟子其实提供了答案："惟义所在"（《孟子·离娄下》）。义者，正当合宜也。行胜于言固为儒家言行观念的成见，但并非不讲权变和实用，而当因应交往行为情境，做出正当合宜的策略选择。孔子亦曾务实提出："邦有道，危言危行；邦无道，危行言孙。"（《论语·宪问》）危，高峻也；孙即逊，卑顺也。国家有道即直言正行，国家无道则正行而言逊。宋代尹焞注曰："君子之持身不可变也，至于言则有时而不敢尽，以避祸也。然则为国者使士言孙，岂不殆哉？"（《四书章句集注·论语集注卷七·宪问第十四》）《礼记》对此有清醒的认识："夫言，岂一端而已，夫各有所当也。"（《礼记·祭义》）"在官言官，在府言府，在库言库，在朝言朝。朝言不及犬马。"（《礼记·曲礼下》）

综上可知，儒家并不强求"将全其两，勿偏于一"（《东莱左氏博议·

卷九·里克谏晋侯使太子伐东山皋落氏》）的言行一致，而是抱持道德主义和实用主义，致力于言行的有机协调匹配。只要符合以下三项原则，即可称之为言行两适：一则言行皆合乎仁道，西汉韩婴将之概括为："言中伦，行中理，天下顺矣。"（《韩诗外传》卷五）二则言行皆可返可验，即言行可复证检验。有子曰："信近于义，言可复也。"（《论语·学而》）《诗经》云："言笑晏晏，信誓旦旦，不思其反，反是不思，亦已焉哉。"（《诗经·卫风·氓》）西汉扬雄亦称："无验而言之谓妄。君子妄乎？不妄。"（《法言·问神》）三则言行尽之于礼。《礼记》谓："作事不以礼，弗之敬矣；出言不以礼，弗之信矣。"（《礼记·礼器》）在此原则下，言行之间多寡先后的取舍，但观机宜方便。《中庸》的主张最切实际："言顾行，行顾言，君子胡不慥慥尔！"慥慥，笃实之貌也。君子笃实而言，正直而行，言行两顾，勿取偏极。

修辞立其诚

陈望道将修辞区分为广狭二义，狭义即具体语词的修饰，广义乃语言的整体调适和适用①。修辞乃人之主体性的体现，是人以语言表达自我、介入世界的自觉。当然，这只是工具主义语言观的一个说法。正如20世纪语言学转向运动所揭示的那样，语言并非简单的工具，言说、修辞反身建构人和世界，形塑存在的家园。后文将展开对建构主义语言观的讨论，此处仍视修辞为基于人之思维自觉、语言自觉的一种反应策略或工具。《尚书》已表达了此等自觉，《尚书·周书·毕命》述及周康王嘱咐毕公："政贵有恒，辞尚体要，不惟好异。"为政贵在恒守常道，言辞重在把握精

---

① 陈望道. 修辞学发凡［M］. 上海：上海教育出版社，1976：1-3.

要，不为求异而滋乱。《春秋》亦经亦史，记事论理长则四十余字，短则一字，其笔法本身即彰显了"微而显，志而晦，婉而成章，尽而不污，惩恶而劝善"（《左传·成公十四年》）的修辞自觉。

必欲嘉言、言行笃实的言说观念，落实至修辞原则，便是由孔子确立的修辞立其诚。孔子的修辞观念，集中表达于三句话：

> 子曰："质胜文则野，文胜质则史。文质彬彬，然后君子。"（《论语·雍也》）

> 子曰："辞达而已矣。"（《论语·卫灵公》）

> 子曰：君子进德修业。忠信所以进德也。修辞立其诚，所以居业也。（《周易·乾·文言》）

第一句来自《论语·雍也》，孔子于此阐发了文质并彰的修辞主张。质者，质实、质朴之内容；文者，文采、文饰；史者，"掌文书，多闻习事，而诚或不足也"（《四书章句集注·论语集注卷三·雍也第六》）。质胜文未免粗鄙，文胜质则沦为浮薄，故文质不可以相胜。君子作文或言说，当损有余而补不足，取乎中道，文质彬彬。也有学者将质理解为朴实心性，文即文教，在更开阔的意义上强调心性之实与文教之风相辅相成，"真正的'君子'必须在'文'、'质'之间配合得恰到好处"[1]。孟子在赞美好善言者乐正子时提出"充实之谓美"（《孟子·尽心下》），美不唯形式上的和谐丽泽，亦指向内容上的充实光辉。荀子主张"言必当理"（《荀子·儒效》），亦强调"言语之美，穆穆皇皇"（《荀子·大略》），同属文质平衡之道。但在随后的《论语·卫灵公》篇，孔子改变了这种"兼两"的

---

[1] 余英时. 中国知识分子论 [M]. 郑州：河南人民出版社，1997：22.

说法，在文质关系上做出了前引第二句——"辞达而已矣"的抉择。文质彬彬固为君子之美，而文的限度是不能因文害意而灭质。言说、修辞不过是表意手段，辞达则止。这也让人联想到老子的名言："信言不美，美言不信；善者不辩，辩者不善。"（《老子·第八十一章》）

第三句是《易传》假借孔子之口讲的。学界对《易传》成书年代及作者素有争论，主流观点认为是孔门后学于战国时期"本于"或"假托"孔子思想解释《易经》。《易传》含《彖》上下、《象》上下、《系辞》上下、《文言》、《说卦》、《序卦》、《杂卦》七种十篇，又称"十翼"。传中留存了丰厚的言说、修辞思想，其中最为后世所贵者即"修辞立其诚"。此论字面易解，即借修辞以立诚，立诚乃修辞之宗旨所在。加之前文以德主言的讨论，立诚实又为修辞之前提。《易传》是在《周易》六十四卦之首——乾卦下论及修辞立诚问题的。乾卦象曰"天行健，君子以自强不息"，卦辞为"元亨利贞"，卦传则将修辞与忠信并置："忠信所以进德也。修辞立其诚，所以居业也。"忠信乃君子增进道德的功夫，修辞为君子持守事业的手段。二者相持相长，成就君子乾健不息之德。

门人彦忠向朱熹请教孔子讲修辞立诚的真意，问曰："修辞立其诚，何故独说辞？得非只举一事而言否？"进德居业乃君子根本大事，何故专门讲到修辞？难道只是举修辞一事为例吗？朱熹驳回了彦忠的看法："人多是将言语做没紧要，容易说出来。若一一要实，这工（通功，下同）夫自是大。"（《朱子语类·易五》）人多以为说话是寻常易为之事，而若将一字一句皆落实到"诚"上去，实为艰难可贵的大功夫。朱熹认为"德是得之于心"，忠信进德是就心上说的内在功夫；"业是见之于事"，修辞立诚乃通过言说确保事业存而不失的外在功夫。内外表里通彻、并不相离，"诚依旧便是上面忠信，修辞是言语照管得到，那里面亦须照管得到"（《朱子语类·易五》）。

进德与居业本来一体关联，立诚也是顺着忠信来的，修辞要借言语之功照管到立诚，亦须照管到内心之忠信。若能时时处处做到不失照管，"今日修辞立其诚，明日又修辞立其诚"，则"昨日是无奈何勉强去为善，今日是心肯意肯要去为善"，"明日方见有一二分，后日便见有三四分"（《朱子语类·易五》）。久之，修辞便成为内应忠信进德，外展立诚居业的"干道"，流行发用，健顺不息。

朱熹将修辞提升至君子立身御世、成己成物的"干道"是有前提的，那就是它必须照管到、服务于立诚。一如文质彬彬而宁质勿文，修辞立其诚亦须以诚主辞。君子修辞，当知其所止——辞达而已。若修辞失了立诚的前提和宗旨，轻则被斥文风浮华不实，重则有道德心灵败坏之嫌，落得"巧言乱德"的罪名。历代以质和诚为内、为本、为根、为实，以文和辞为外、为末、为叶、为空的讨论甚多，诸如：

> 有根株于下，有荣叶于上。有实核于内，有皮壳于外。文墨辞说，士之荣叶、皮壳也。实诚在胸臆，文墨着竹帛，内外表里，自相副称。意奋而笔纵，故文见而实露也。人之有文也，犹禽之有毛也。毛有五色，皆生于体。苟有文无实，是则五色之禽，毛妄生也。（《论衡·超奇篇》）

> 辞语者，以信顺为本，以诡丽为末。（《潜夫论·务本》）

> 言以文远，诚哉斯验。心术既形，英华乃赡。吴锦好渝，舜英徒艳。繁采寡情，味之必厌。（《文心雕龙·情采》）

> 苟意不先立，止以文彩辞句，绕前捧后，是言愈多而理愈乱。如入阛阓，纷纷然莫知其谁，暮散而已。是以意全胜者，辞愈朴而文愈高；意不胜者，辞愈华而文愈鄙。（《樊川文集第十三·答庄充书》）

磨砖砌壁，不涂以垩，恶掩其真也。一垩，则人谓粪土之墙矣。凡外饰者，皆内不足也。至道无言，至言无文，至文无法。（《呻吟语·修身》）

说来说去，儒家最担心的是言说、修辞纵恣脱空，故须扎实、安稳立在诚的根基上。《周易·系辞上》云："鼓天下之动者存乎辞。"言说、辞章所蓄之力，足以鼓动天下纷纭之变。学界常引《系辞上》这一句证明先哲对语言的重视，实则未尽其意。《系辞上》察觉到言辞足以鼓动天下后，随即说道："默而成之，不言而信，存乎德行。"大道之行，非言辞可成就，且为规避鼓动之险，不若默而存德。

朱熹一语道破此一忧虑和期待："人不诚处，多在言语上。""言语丁一确二，一字是一字，一句是一句，便是立诚。若还脱空乱语，诚如何立？"（《朱子语类·易五》）既如是，理解、体认和持存"诚"便是一个大问题了。朱熹在与门人答对中也提出了这个问题：修辞立诚"是做到真实极至处，若不是真实知得，进个甚么？前头黑淬淬地，如何地进得去？既知得，若不真实去做，那个道理也只悬空在这里，无个安泊处"（《朱子语类·易五》）。朱熹要求门人回到"《中庸》之'反诸身而诚'，孟子之'反身而诚'"理解"诚"字，以求"是知得真实了，知得决然是如此，更攧扑不碎了，只欠下手去做"（《朱子语类·易五》）。

《尚书》《论语》及处于二者之间历史跨度的文献，尚未展开对"诚"的深度讨论。如《论语》仅见"诚"字二处，即《子路》篇"善人为邦百年，亦可以胜残去杀矣，诚哉是言也"，《颜渊》篇"诚不以富，亦只以异"，皆作今日"确实""诚然"解。在孔子那里，与"信"相连的是"忠"而非"诚"。之后，《孟子》《中庸》将诚树立为儒家核心道德价值，故"'诚',是后起的儒家伦理哲学范畴"①。

儒家学说的重点是经验主义或曰实践理性取向的道德哲学,关怀人的具体生命状态和公共生活秩序。即使讨论终极存在法则,亦绝少离开洒扫应对、学习交往、修己安人等眼前物事和寻常道理。诚如钱穆所言,《论语》开篇就讲"一种实际人生",提供孔子"切实践履所获得之亲身经验",实为"全部人生提纲挈领的一项叙述"②。此一取向决定了儒家不会选择西方逻辑主义道路,建造无根的形而上学或无人的观念世界。这也导致儒家概念范畴非为严整的逻辑思辨和表达而设,能指与所指皆需主观的体认和契入。"诚"亦如是,多义近乎含混,内涵常逸出文本诠释之外,须以修养实践体契真意。若一定要明察"诚"之所指,可假借三字:

一曰承。孟子曰:"诚者,天之道也;思诚者,人之道也。"(《孟子·离娄上》)诚是天道,投射于心性,人以主体自觉承之思之,便为人道。在此意义上,诚与仁地位相当,性质亦相近,皆属人对天道的承应。只是仁偏重道义中的"亲"与"爱",诚则属对"是"或"实"的关怀,即是其所是、实然如此。天道是其所是,精纯自然,至诚无息,而化育万物。恰因为诚之纯然如是品格,"道家批判了包括仁、义、礼、知、忠、孝在内的整个儒家思维系统,但唯独没批判'诚'"③。后来外来的佛家也讲诚,如《长阿含经》云:"所言诚实,无有虚妄。"与儒家释诚为"真实无妄"同理相契。就此论之,修辞立其诚即承应天道,出乎人道,如是我闻,如是我思,故如是我言,真实无妄。

二曰澄。《中庸》谓:"诚则明矣,明则诚矣。"诚乃心性澄明之道,

---

① 龚建平.先秦儒家"诚"的内涵、思想渊源及其文化意义:以《中庸》为中心 [J].陕西理工学院学报(社会科学版),2011(1):1-7.
② 钱穆.中国历史研究法 [M].北京:生活·读书·新知三联书店,2005:78.
③ 同①.

"反诸身而诚""反身而诚"即正心诚意、重返本心，以求自明。程朱、陆
九渊、王阳明等皆将诚以自明当作修己的基本功夫，相信诚正可达身心一
如、自我同一之境。所谓自我同一，即身与心、知与情、言与行的纯然一
体，是自我内在的和解和谐。王阳明以孝为例，言及孝若不在诚上立定，
则为劳攘负担，若以诚为"端木澄源"，则"诚于孝亲的心，冬时自然思
量父母的寒，便自要去求个温的道理；夏时自然思量父母的热，便自要去
求个清的道理"（《传习录》卷上）。以诚自明，孝心自然增长。"这诚孝的
心便是根，许多条件便是枝叶。须先有根，然后有枝叶。不是先寻了枝
叶，然后去种根。"（《传习录》卷上）同时，自明也意味着不自欺。诚首
先不是何以取信于人，而是自知、自明而不自欺。孟子曰："有诸己之谓
信。"（《孟子·尽心下》）《大学》谓："诚其意者，毋自欺也。"修辞立诚
者之所以能够丁一确二、字句真诚，乃因心底澄明、言语敞亮，"诚于中，
形于外"（《礼记·大学》），言行相匹而不受自欺之苦。

三曰成。今日尚流行的"心诚则灵""精诚所至，金石为开"等古训
箴言，皆属对诚之成物、化人功能的开诠。《中庸》是从成物的角度讲的：
"诚者物之终始，不诚无物。是故君子诚之为贵。诚者，非自成己而已也，
所以成物也。成己，仁也；成物，知也。"诚之道贯穿于万物始终，不诚
则无物存在。以人的主体性察之，不诚则不足以格物、知物、成物。"惟
天下至诚，为能尽其性。能尽其性，则能尽人之性。"（《礼记·中庸》）君
子以诚成就自性仁心，亦以诚尽物之性而成物。孟子则申明了诚的化人之
功："至诚而不动者，未之有也；不诚，未有能动者也。"（《孟子·离娄
上》）至诚之心必能感化人，不诚则不足以动之。荀子在很多关键问题上
与孟子反道而行，却肯认后者诚以化人之论："天地为大矣，不诚则不能
化万物。圣人为知矣，不诚则不能化万民。"（《荀子·不苟》）作如是观，
修辞立其诚不但要言之有物，且应真诚、真实地言以成物；不但要表达、

成就自我，且应以赤诚动人化人，予信以人亦取信于人。

言以全性

统观孟子对诚的讨论与"知言"之说，可合理设推以下结论：言以全性。此一设推包含两个前置步骤：知言养气，以言抒志。孟子将"知言"与"善养浩然之气"并提，视二者同为平生大本事。知言养气论"不仅是《孟子》全书中极为重要的一章，而且是在孟子学解释史上最受东亚儒者注意的一章"①。远者如程朱，近者如冯友兰、徐复观对知言与养气的逻辑关系皆有裁断，但常做出相异甚至相反的解释。须知孟子与公孙丑是在讨论何谓"不动心之道"的语境下论及知言养气问题的。他们提到了三个已得不动心之道的勇者：不受"一豪挫于人"之辱、"恶声至，必反之"、"视刺万乘之君，若刺褐夫"（《孟子·公孙丑上》）的北宫黝，"视不胜犹胜""能无惧"（《孟子·公孙丑上》）的孟施舍，主张屏息外扰、"义外"（《孟子·告子上》）、"不动心"（《孟子·公孙丑上》）的告子。孟子认为北宫黝、孟施舍之勇主要来自血气，告子之勇可归为意欲遗世而独立的意气，而真正的不动心之勇乃生于心性本体的志气。

先秦论"气"多从养生、摄生角度切入，即今日所称血气、元气、精气等，乃一种综合性的生理现象，实为"形于外"的生命力表征②。以心为原点察之，北宫黝、孟施舍之不动心皆属外在血气驱驭的勇敢。告子虽主张内静，却犹未回归本心。告子认为不动心之道"不得于言，勿求于心。不得于心，勿求于气"（《孟子·公孙丑上》），实属刻意疏离、躲避外部世界之纷扰，方法是专注于己、执意求静。他所认定的"心"，不是作

---

① 黄俊杰. 中国孟学诠释史论［M］. 北京：社会科学文献出版社，2004：166.
② 徐复观. 孟子知言养气章试释［M］//中国思想史论集. 北京：九州出版社，2014：172.

为本体的创生性实存，仍属分别、计较外缘的识心。勇毅修心的目的是以强大意志摒绝外缘奔袭。以后世儒家心学、佛教禅宗眼光看，以识心求静并不高明，因其依然囿于意气之中，堕入避世的执迷或曰"我执"，而未在大本大源处——心体上下功夫。

孟子在言与气之间添加了一个范畴：志。志者，心之所向。"夫志，气之帅也。气，体之充也。夫志至焉，气次焉。故曰：持其志，无暴其气。"（《孟子·公孙丑上》）心志乃气之统帅，气是充盈、驱驭身行的力量。心志所向，气因随之。唯有持守其心志，方可不暴乱其气力，达及内外贯通之勇。倘若心体上的功夫到了——本心澄明不动，俯仰天地而不愧不怍，志之所向气亦随之，则有无敌仁勇："虽千万人，吾往矣！"（《孟子·公孙丑上》）

血气、意气与志气的关系，涉及对待言说的态度。有血气者，容不得恶声至，闻恶声而必反之。这是因言乱气，以气驭辞。告子不动心之道"不得于言"，盖以言说亦为纷扰之外缘，须避开乱言侵心。朱熹评价说，"告子之不动心，是粗法。或强制不动"，"既不务知言，亦不务养气"，"更不问言之是非，便错说了，也不省"（《朱子语类·孟子二》）。按告子的"粗法"去修养身心，必落"前后无引助，只恁孤立硬做去"（《朱子语类·孟子二》）的下场。前无言之"知虚识实"的引导，后无心之本源推助，每临大事能否不动心"亦未可知"，"非若孟子酬酢万变而不动也"（《朱子语类·孟子二》）。酬酢万变而应付自如的孟子，不以语言为敌。由善心而发善言，由善言而识人、知己、体道，"前有引导，后有推助"而以自胜，何害何碍何惧之有？

孟子连接了言与心、言与气的互通之路。这条道路就是修辞立其诚。《易传》将修辞立诚之论归于孔子，而恰是孟子开掘了诚的思想之源，确立了诚在天道与人道、成己与成物、自明与化人之间的道德枢纽地位。谓之"互通"或"枢纽"，是因为言与心、气是相互抵达、彼此影响的。朱熹谓："知言，然后能养气"，"孟子说养气，先说知言。先知得许多说话，是非邪正都无疑后，方能养此气也"，缘由是"知言，知理也"（《朱子语类·孟子二》）。此为言与气的连接，先言后气，言能养气。但从孟子对告子的批评看，气也会影响言。气若不随志而发，必暴乱其心，纵恣其言。唯有沛然盛大、"与天地同流"的浩然之气，方能随心依言发用。言与心的连接也不单表现为善心对善言的引导——言为心声，知言既为知理，则意味着立诚之言能够揭解心之所蔽、弥补心之所失。程颐亦提出，"在己者能知言穷理"（《四书章句集注·论语集注卷一·为政第二》）。无论是听闻、学习既成的道理，还是借由语言自我求索、体认道理，穷理都离不开知言，心性亦须由知言存养。此论并不复杂，一个不闻人言，也不表达自己的人，实际上切断了自身同知、理的联系，如何做到明理存道？

当然，孟子是有排序的。由善心发善言、养浩然之气，则有仁勇；若气和言做了主，则未免乱心或失去心助，沦为外在的刚勇或孤勇。但同时，知言亦可存心养气，言不只是从属于心与行的工具。此中发露了一个大消息：最迟至孟子始，儒家语言观及与之密切关联的交往观不唯工具主义，也潜蕴着建构主义理路。言说不但表达心声，而且反过来存养、建构心性。一边是言以载道，一边是道以言成，二者共同铺设了言说与心性或曰言与道之间的双行道。就言以全性、道以言成来看，语言、言说已不再纯为表达工具，而是获得了具有创生性、建构性的主体地位。学界多认为孔孟乃至整个儒家皆持工具论语言观，确乎如此而又不仅如此。在言说、修辞问题上，儒家常兼顾工具论与建构论两种语言观，只是前者为主而显、后者为次而隐。诸如：

天之方难，无然宪宪。天之方蹶，无然泄泄。辞之辑矣，民之洽

矣；辞之怿矣，民之莫矣。（《诗经·大雅·板》）

昔子产修其辞，而赵武致其敬。王孙满明其言，而楚庄以惭。苏秦行其说，而六国以安。蒯通陈其说，而身得以全。夫辞者乃所以尊君、重身、安国、全性者也。故辞不可不修，而说不可不善。（《说苑·善说》）

文之为德也大矣，与天地并生者何哉？夫玄黄色杂，方圆体分，日月叠璧，以垂丽天之象；山川焕绮，以铺理地之形：此盖道之文也。仰观吐曜，俯察含章，高卑定位，故两仪既生矣。惟人参之，性灵所钟，是谓三才。为五行之秀，实天地之心，心生而言立，言立而文明，自然之道也。（《文心雕龙·原道》）

第一段引证来自《诗经·大雅·板》。宪宪，欢欣状；泄泄通呭呭，胡言妄议；辑即有条理，调和有序；怿即败坏；莫通瘼，疾苦、苦患。此言天下若临灾患，则不可逸情作乐、胡言乱语。若言辞政令和顺有理，则民融洽自安。相反，若辞令乱而败德，则民必遭疾苦。第二段援引于《说苑·善说》，刘向以子产、王孙满、苏秦、蒯通为例，论及修辞之于尊君、重身、安国、全性的利害。前二段皆混合、融汇了工具论、建构论语言观，在申明语言对修己安人、治乱存亡之工具性利害的同时，亦强调了语言建构世界——个体、我他和国家之生存境遇的功能。第三段出自《文心雕龙·原道》，表达了刘勰"心生而言立，言立而文明"的语言观。言由心立属工具论，言说创生文明则为建构论。刘勰在《文心雕龙》中专辟《情采》一章，提出"文附质""质待文"的均衡论。涟漪泛于水上，花萼振于木实，是为文附质；虎豹无文则无别于犬羊，犀兕有皮而色资丹漆，是为质待文。仅就后者论，"文"不仅作为符号标识、展示了虎豹犀兕——"其为彪炳"（《文心雕龙·情采》），实则也在人的认识世界命名并建构了它们的存在——"缛采名矣"（《文心雕龙·情采》）。

二、存在：君子所以动天地

前述以德主言、行胜于言、质先于文、言以载道诸论，皆属工具论为主、建构论为辅的语言观。循此理路，极易得出中国传统语言观存有严重"轻言"取向的结论。经典文献中支持轻言论的证据确乎俯拾皆是，如讷言、寡言乃至无言等。后文还将述及道、佛二家的"无言""忘言""理在绝言"诸论。但是，轻言显然无法涵盖传统语言观的复杂面向，甚或非其主调。经典文献——往往在同部同篇之中——常将轻言与重言主张并置，而非独彰前者。类似前引刘向之论，更将言说上升至全性成人、治国安邦之计对待。

今日学界主流之所以单以工具论评判传统语言观，放大其轻言取向，主因之一是执持语言学早期的表征论，认为语言乃对世界的指称和反映。作为一套抽象的符号系统，语言如镜子一般折射世界，呈现世界之镜像。发端于孔子的名实学于战国之后分化为多种流派，其中一派即坚定主张名副其实。世界是实在的，语言则是名——概念、符号及其用法、规则的汇聚。实主名，依实而定名。名只是不太胜任的工具，语言之镜临照世界，又必有模糊和遮蔽。此论最大的局限，乃陷于名与实、语言与世界之二元困局。二元论最终难免落入一元论，即主、显、强的一元压制、征服另一元，故有所谓德主言、质胜文之偏执。

从儒家思想的大传统看，人是一切问题的中心。《论语·学而》开篇即论学习——修己、交往——我他，以及修己安人之挫折——"人不知而不愠"，岂非人之存在的根本问题和困境？抛开言说、交往主体——人及其共在性，兜转于语言与世界的二元关系，实难得出逻辑严整且关怀生命实践的全局判断。语言并不直接与世界发生联系，二者关联的本质亦非简单表征或呈现，是共在的交往者以其身体、心灵创造了连接和意义。"语言的首要功能是交流"，当以"'语言、人（语言的共同体）和世界'的三元关系去取代'语言与世界'的二元关系"①。实际上，问题的关键并不在于二元或三元，而是恢复言说、交往中人之主体地位，体贴作为言者的个体与共同体的命运。

倘若跳脱镜像与实体、表征与被表征之二元论，则可察知中国传统语言观并非惑于轻言、重言两端，实乃关涉人生态度和生命之道的"慎言"。唯以慎言视角切入，方能真切理解孔子之"必有言"（《论语·宪问》）与"讷于言"（《论语·里仁》）、孟子之"岂好辩"与"不得已"（《孟子·滕文公下》）、荀子之"君子必辩"与"不若其默"（《荀子·非相》）的矛盾，而原其中道。在展开对慎言观念的讨论之前，先看《易传》一段总括式论说：

> 子曰："君子居其室，出其言善，则千里之外应之，况其迩者乎？居其室，出其言不善，则千里之外违之，况其迩者乎？言出乎身，加乎民；行发乎迩，见乎远。言行，君子之枢机，枢机之发，荣辱之主也。言行，君子之所以动天地也，可不慎乎？"（《周易·系辞上》）

孔子于此表达了三个观点：言行乃君子之枢机——至关紧要的生命事务，主宰着人之生死荣辱，此就个体切身利害而论；君子以其言行安身立命于天地之间，并影响、改造世界——"动天地"，此言个体与世界的交互关系；言之善者与言不善者皆可远近流播，唤起民心或违离民心，此属

---

① 陈波. 语言和意义的社会建构论［J］. 中国社会科学，2014（10）：121－142，207－208.

对言说传播效果的考量。鉴于言说与立身、行世关联如此切近，言说效果与后果又如此重要而不确定，孔子最后得出结论说：可不慎乎？以下从个体立身、社会交往和体道行道三个层面讨论传统慎言观及其理路。

君子三变，其言也讱

儒家的立身安排实际上是一个养成自我德性，融入共在世界的过程。自孔子始，"修己是一个自我激励且以自我为导向的关涉人类个体道德发展与道德完善的整体规划"①。所欲修养、完善的德性范畴以仁为统领，并随儒家道德哲学的历史展开而逐渐稳定为仁、义、礼、智、信之"五常"。言说依于五常——作为工具之语言，五常亦由言说建构为一套共识性的道德和秩序话语——作为建构者之语言。譬如经过孟子与告子关于"义"的辩论——前者认为义乃内在之"宜"或"理"，后者主张义为外在的道德理则——后世儒者倾向于采取折中策略，将义解释为仁心与言行互通之"户牖"。正是在历代持续辩论和再阐释中，义被建构为居间性的道德调适机制。故言与义之间存在双重关系：依义而言，即言以载义；义因言成，即言说建构义。由此类推，言以载道，道以言成，合而观之便为"道在言中"或曰"理在言中"。言说承载道理，亦成就道理。

明代大学士吕坤（1536 年—1618 年，字叔简，一字心吾）感叹说："人生惟有说话是第一难事。"（《呻吟语·修身》）此可谓千古同情之叹。由五常出发立身、言说，再反身砥砺、增益五常，自非易事。在仁与言的问题上，子曰："仁者，其言也讱。"弟子司马牛问曰："其言也讱，斯谓之仁已乎？"子曰："为之难，言之得无讱乎？"（《论语·颜渊》）朱熹释

---

① 成中英，刘雪飞. 儒家的自我理念：论儒家哲学中的修己与自由意志 [J]. 孔子研究，2019 (2)：5-18.

"讱"为"忍也，难也"（《四书章句集注·论语集注卷六·颜渊第十二》）。司马牛平素浮躁多言，又常因此患得患失、心怀忧恼。孔子因材施教，教导司马牛言之难、须慎言之理。仁者存心养性，深知行亦难、言亦难，"故其言若有所忍而不易发"（《四书章句集注·论语集注卷六·颜渊第十二》）。若能做到心常存、事不苟、慎于言，则可内省不疚、无忧无惧。

义在儒家话语中常与仁、礼相提并论，仁义、礼义共同规约立身与言说。孟子曰："言非礼义，谓之自暴也；吾身不能居仁由义，谓之自弃也。"（《孟子·离娄上》）《礼记》载鲁哀公向孔子请教"何谓敬身"，孔子对曰："君子过言，则民作辞；过动，则民作则。君子言不过辞，动不过则，百姓不命而敬恭。"（《礼记·哀公问》）君子言动皆应合乎义——适当合宜，否则上行下效、过犹不及。《礼记》还专门论及了言与礼的关系："言尽之于礼也。尽之于礼，则内君臣不相陵，而外不相侵。"（《礼记·聘义》）相反，言说若逾越礼制约定的主体身份和交往秩序，必生凌侵之乱。"鹦鹉能言，不离飞鸟。猩猩能言，不离禽兽。今人而无礼，虽能言，不亦禽兽之心乎？"（《礼记·曲礼上》）在儒家道德标准下，无礼之言的交往后果甚至比无理之言更糟糕。至于信言之难，前文有关言行相匹和诚不自欺、取信于人的部分已有阐发，此不赘述。

五常之中智与言的关系较为复杂。在儒家主流的价值排序中，德优先于智，智以德为前提或从属于德。故纯粹致思之智不受欢迎——甚至被认为是危险的，智主要表现为一种基于德性体认的明智和识判。在重大生命抉择和言行判断上，儒家习惯给出的标准是"仁且智"。若无仁的担保，智常沦为机巧、诈谲。这突出表现在儒家对辩论的态度上。"辩"需巧智、急智和纯智，被认为存在败德违道之险。《尚书》云："君罔以辩言乱旧政，臣罔以宠利居成功，邦其永孚于休。"（《尚书·商书·太甲下》）即使不失仁义，明智地说话亦非易事。在《论语·子张》篇，子贡批评陈子禽："君子一言以为知，一言以为不知，言不可不慎也。"君子一言有智，一言或无智，不可不慎。这就要"学而时习之"，遍识诗书礼乐易，获得如山一样笃实的仁德，若水一般明澈的智识，乃至穷究天人之际、察通古今之变。仁智乐山，智者乐水，山高水长，出言有章。孔子教导儿子孔鲤"不学《诗》，无以言"（《论语·季氏》），正是因为《诗经》事理通达、情和志清，教人明智言说。"昔吾有先正，其言明且清，国家以宁，都邑以成，庶民以生。"（《礼记·缁衣》）君子自身诚正，言语清明，则可裨益国宁、邑成与民生。

儒家极少将身心二分，立身与修心本为一事，不似西方身心、灵肉相离的二元论传统。曾子对鲁国大夫孟敬子说："君子所贵乎道者三：动容貌，斯远暴慢矣；正颜色，斯近信矣；出辞气，斯远鄙倍（通悖）矣。"（《论语·泰伯》）君子对道的表达，所贵者有三：郑重其容，则远离粗暴怠慢；端肃脸色，则近乎取信于人；调和语气，则可辟除鄙俗违离。身体本身即是交往的媒介，亦为显道、征心的无言表达。故应先正容止辞气，再发言交往。儒家对交往中的身体在场——具身或曰涉身传播是如此看重，以至于《礼记》及后世绵延不断的礼论和朝礼、乡礼、家礼等制礼实践，对人之容止音声和交往境遇有无微不至的关怀。如《礼记》提出人要保持目光清明："目者气之清明者也，言酌于中而清明于外也。"（《礼记·郊特牲》）孟子也认为听人说话，首先要观察对方的眼眸："存乎人者，莫良于眸子。眸子不能掩其恶。胸中正，则眸子瞭焉。胸中不正，则眸子眊焉。听其言也，观其眸子：人焉廋哉！"（《孟子·离娄上》）人是何等人，心是哪般心，皆自然流露于眸底目光之中。

言说、交往中的身体调适——今日所谓形体和表情管理，在儒家那里绝非外在功夫，实由诚意正心而发显的身体自觉。子夏曰："君子有三变：望之俨然，即之也温，听其言也厉。"（《论语·子张》）君子三变是子夏对孔子的赞美。朱熹释曰："俨然者，貌之庄。温者，色之和。厉者，辞之确。"（《四书章句集注·论语集注卷十·子张第十九》）程颐谓："他人俨然则不温，温则不厉，惟孔子全之。"（《四书章句集注·论语集注卷十·子张第十九》）孔子何以做到俨、温、厉一体全现？实因孔子道行德性存养之正且深、深且明，"此非有意于变，盖并行而不相悖也，如良玉温润而栗然"（《四书章句集注·论语集注卷十·子张第十九》）。内外交修、全用不悖之道，历代多有讨论：

> 衣冠适市，市人避之；袒裼居室，室人戏之。貌之不可不修也如是。信誓于郊，三军听命；戏言于庭，仆妾慢令。言之不可不修也如是。貌言不修，其应若是。内行不修，益可知矣。内外交修，谓之君子；内外交废，谓之小人。修废之顷，间不容发。及其久也，天壤辽绝。君子人欤，可不谨其微，敬所发欤。（《迩言·卷二存心》）

> 今有人焉，其言甚甘，未足信也。必也。察其色，其色甚和，未足信也。必也。究其心，心与色同，色与言合，此必正直忠孝之士也。与之交则无悔，其有欲言不言，而藏钩钳之机，欲笑不笑，而含掉阖之意，此必奸人也。由是而知其心矣。欲与我交，其可哉。远之可也。敬之可也。交乎心，则不可也。（《笔畴·交道》）

> 一字不可轻与人，一言不可轻许人，一笑不可轻假人。（《薛子道论·下篇》）

不唯儒家重视言说、交往中的身心情状，道、法、阴阳诸家亦如是。明代敖英（1479年—约1552年，字子发，号东谷）谓："不宁（儒家）惟是，又尝见医家以色而知人之生死，相家以色而知人之休咎，法家以色而知人之曲直。噫！色之时义大矣哉！"（《东谷赘言》卷下）传统文化中还存在一股驳杂的力量——相学，混合儒道和各种神秘主义乃至迷信之说，但也含有一些旷世体认得来的经验性人生智慧。如《神相水镜集》谓："夫面貌者，相之表也；言行者，相之里也。利人之言，美如珠玉；害人之言，利如刀戟。故言狂者，败名杀身之机也；言慈者，保家之相。言虚浮而不实者，鲜克有终者也。言懃而思奇者，直也，才士也。"又言："学宗孔孟，言慎色真，淡泊宁静，其所遇不论穷达，安顿自然者，有德君子也。言语奸深，穷见事情，议论风发，傍若无人者，不可与交也。语柔顺而遇事执拗不通者，阳愚阴险而最奸极恶，盗名欺世者也。"

存亡之机，谈何容易

在达成自我沟通、完善身心修养之外，人不可避免地与共在的他者交往，共同面对生存之艰难和危机。此乃"人为什么要交往"的一个消极解释，未免轻忽了人之自由道德意志和价值创生能力。柏拉图在《会饮篇》介绍了阿里斯托芬讲述的爱神故事：人被孤独地抛入世间，"世人的自然被切成两半后，每一半都渴望与自己的另一半走到一起"①。幸有爱神恩典人以爱欲，串联单子式个体，赋予人以共在、交往和"灵魂相互缠绕"的动力。而在《斐德若篇》，柏拉图借苏格拉底之口，已将爱欲由神赐予人的激情或疯癫，改造为一种通神而属人的积极的道德意志："最重要的好东西恰恰是通过疯癫来到我们身上的。"② 儒家观念世界并无某个具体

---

① 柏拉图. 柏拉图四书［M］. 刘小枫，译. 北京：生活·读书·新知三联书店，2015：203 - 204.

② 柏拉图. 斐德若［M］//柏拉图四书. 刘小枫，译. 北京：生活·读书·新知三联书店，2015：317.

的神，但有天道指引。天道与心性合一，并由此激发人的本能意志，譬如
"恻隐之心""不忍人之心"人皆有之。此等仁心促成人与人主动交往，修
己安人，相互体恤，同志于道。

无论是消极、被动与人交往，还是基于爱欲、仁心积极寻求与他者的
灵魂缠绕、心心相印，对话总是艰难的。自我与他者永隔深渊，言说总有
其遮蔽和阴影。用传播思想史学者彼得斯的话说，深渊之中盘桓着文字与
语词的"幽灵"，"一切中介化交流都是与死者的交流"[1]。人不得不对空
言说，承受交流的无奈："交流是一种没有保证的冒险。凭借符号去建立
联系的任何尝试，都是一种赌博。"[2] 寄望对话而达成传通、共识和同心，
常为一种虚妄。中国人对于越过交流的深渊有浪漫的想象，诸如"南风知
我意，吹梦到西洲"（《西洲曲》）、"心有灵犀一点通"（《无题·昨夜星辰
昨夜风》）。惜乎谈何容易！《盐铁论·箴石》云："贾生有言，恳言则辞浅
而不入，深言则逆耳而失指。故曰：谈何容易。谈且不易，而况行之乎？"
这是西汉盐铁会议中儒生与公卿辩论时引用贾谊的话，贾谊指出了对话的
两难：恳言辞浅听不进去，深言逆耳则失其旨。

今言"谈何容易"多指行事之难，而汉初则意识到"谈且不易"。《汉
书·东方朔传》载："吴王曰：可以谈矣，寡人将辣意而览焉。先生曰：
於戏！可乎哉？可乎哉？谈何容易！"东方朔仕于吴王刘濞，"默然无言者
三年矣"。刘濞说：我已准备好认真听君之言，谈谈吧！东方朔再三慨叹、
追问说：真的可以了吗？东方朔的忧虑是，"夫谈有悖于目、拂于耳、谬
于心，而便于身者；或有说（通悦）于目、顺于耳、快于心，而毁于行
者"，"非有明王圣主"，孰能听之，谈何容易！除"不入""失旨"和难遇
明智的听者等困境之外，导致"谈且不易"的另一个主要且直接的因素是

---

① 彼得斯. 对空言说：传播的观念史［M］. 邓建国，译. 上海：上海译文出版社，2016：208.
② 同①382-383.

多言招祸。以下箴言式告诫，流布于历代文典教化之中：

乱之所生也，则言语以为阶。君不密，则失臣，臣不密，则失身；几事不密，则害成。是以君子慎密而不出也。（《周易·系辞上》）

夫一出而不可反者，言也；一见而不可得掩者，行也。故夫言与行者，知愚之表也，贤不肖之别也。是以智者慎言慎行，以为身福；愚者易言易行，以为身灾。故君子言必可行也，然后言之；行必可言也，然后行之。（《新书·大政》）

神以感通，心由口宣。福生有兆，祸来有端。情莫多妄，口莫多言。勿谓何有，积怨致咎。勿谓不然，变出无间。勿谓不传，伏流成川。蚁孔溃河，溜穴倾山。病从口入，祸从口出。存亡之机，开阖之术。心与口谋，安危之源。枢机之发，荣辱随焉。（《口铭》）

言者，风也；无足而行，无翼而飞，不可易也。是以圣人当言而惧，发言而忧，如蹈水火，临危险也。礼然后动，则动如春风，人不厌其动；时然后言，则言如金石，人不厌其声。故声无失行，口无过言也。（《刘子·慎言》）

言起于微，而为用且博。能不违于道，可化可令，可告可训，以推于生物。及其纵而不慎，反为祸矣。（《择言解》）

口之罪大于百体，一进去百川灌不满，一出来万马追不回。（《呻吟语·修身》）

以上皆属对人际与社会交往中"病从口入，祸从口出"之祸乱的警告。《周易·系辞上》视言说为生乱之阶，故有前引"言行，君子之枢机"之论。傅玄承袭此论，认为言之宣、变、传乃福祸、安危、荣辱、存亡之端源，稍不节制即积怨致咎。如傅玄一样，韩愈也认为言起于微或"无间"，纵而不慎，反而为祸。贾谊、北齐刘昼、吕坤皆认为言说近风若驷，一言风行不返，驷马难追。《论语·颜渊》早有"驷不及舌"之训，即快马也追不上既出之言，悔之莫及。历代此类说法甚多，如元代陶宗仪谓"驷不及舌，滕口说也，一言之失，悔何追也"（《南村辍耕录·四卦》），明代东鲁古狂生言"酒自外入，机繇内泄。悔从醒生，驷不及舌"（《醉醒石》第十二回），清代和邦额称"今偶脱于口，驷不及舌，悔亦何及"（《夜谭随录·猫怪三则》）。鲁迅在《忆刘半农君》中亦言及："我那时还以老朋友自居，在序文上说了几句老实话，事后，才知道半农颇不高兴了，'驷不及舌'，也没有法子。"① 总之，"天下最易召（通招）祸者莫如口。凡事皆由言起，一出我口，即入人耳，无可挽回"（《治家格言绎义》）。

非但日常交往如此，儒家更将言说及其公共化——舆论抬升为治国理政、定国安邦之大计，关乎政纲国本之利害。《尚书》云"惟口出好兴戎"（《尚书·虞书·大禹谟》），又言"惟口起羞，惟甲胄起戎"（《尚书·商书·说命中》）。戎者，战争、争端之谓。说话最易招致羞辱、纷争和兵祸。孔子对鲁定公说，为君难，为臣亦不易，嘉言正道又是为君为臣的关键，因为"一言而可以兴邦"，"一言而丧邦"（《论语·子路》）。《吕氏春秋·重言》谓："人主之言，不可不慎。"汉初陆贾（约前240年—前170年）亦建议君主："夫持天地之政，操四海之纲，屈申不可以失法，动作不可以离度，谬误出口，则乱及万里之外，何况刑无罪于狱，而诛无辜于市哉？故世衰道失，非天之所为也，乃君国者有以取之。"（《新语·明诚第十一》）世道衰失系于君国者，而君国者不可口出谬言，以免乱及天下。

---

① 鲁迅.忆刘半农君［M］//鲁迅全集：第六卷.北京：人民文学出版社，1981：72.

针对社会和政治交往中乱言为祸的风险——此一风险导致了既要重言又须轻言的悖论——儒家最终的选择是慎言。子曰："多闻阙疑，慎言其余，则寡尤。多见阙殆，慎行其余，则寡悔。言寡尤，行寡悔，禄在其中矣。"（《论语·为政》）《诗经·大雅·抑》云："慎尔出话，敬尔威仪。"《礼记·缁衣》谓："君子道人以言而禁人以行，故言必虑其所终，而行必稽其所敝，则民谨于言而慎于行。"古来慎言之教甚繁，薛瑄总结说："《易》有修辞立诚之训，《书》有惟口出好兴戎之训，《诗》有白圭之训，《春秋》有食言之讥，《礼》有安定辞之训，铜人有三缄之诫，《论语》《孟子》与凡圣贤之书，谨言之训尤多，以是知谨言乃修德之切要，所当服膺其训而勿失也。"①（《读书录》卷二）下文以明代敖英《慎言集训》为例，详解儒家细微至各种交往场景的慎言主张。

敖英自述少年孤苦彷徨，栖身无所，"卖卜江湖以糊口，落莫三祀，疾病半之"②。后中正德辛巳科进士，初授南工部主事，又迁礼部郎中，累官至四川右布政使。仕于地方时，敖英自为督学，慨然力行教化。大约正是由于少年光景——"饥寒沟壑之虑实往来于怀"，以及任职礼部——监管礼则与社会交往、布政教化的经历，敖英对世事炎凉、交离爱恨有深切体认和反思。他与王阳明后学罗念庵、邹守益等相交甚厚，却不似罗、邹那般仰望、悠游于大道心性，而是俯身观察、沉心体贴人之言说和交往的具体困境。这些观察和体贴被汇编为《慎言集训》，论及由"二十二戒"和"十贵"组成的三十二项说话规则。

慎言"二十二戒"讨论了各种常见的言说禁忌。前五戒为多言、轻言、妄言、杂言、戏言。多言，伤烦也；轻言，伤易也；妄言，不忠不信

---

① 其中"铜人有三缄之诫"，应化自《孔子家语·观周》："孔子观周，遂入太祖后稷之庙。庙堂右阶之前有金人焉。三缄其口，而铭其背曰：古之慎言人也。"

② 陶福履，胡思敬.豫章丛书·子部［M］.南昌：江西教育出版社，2002：287.

也；杂言，言不及义也；戏言，谑浪轻浮而失信也。

六至十一戒为直言、尽言、漏言、恶言、巧言、矜言。不可直言人之过失，揄扬人之为善亦当有所顾忌。惟善人能受尽言，亲厚且能委心者亦可尽言，除此之外则不可鲁莽尽言。事以密成，语以泄败，当防隔墙有耳。恶言不出于口，方能攻心而保身。君子之言切中义理，而彼巧饰利口者，看似合乎理义，实则言不由衷，"弥缝""抵当"而故作文彩烂然。自大者常出矜言，得意忘形而显于辞色。圣人不发矜言，因为即使掌握了真理，亦以之为天下古今公共之理，而非以之为独见或自持的私货。

十二至十六戒为谗言、讦言、轻诺之言、强聒之言、讥评之言。谗言者，离间之言。小人谗言失格，以求自安自利，终将害国乱政伤己。讦言者，揭人隐私或毁谤之言。人有隐匿，犹幸人之不知，若昭然揭之讦之，彼将纵心而无忌惮，甚或报复伤人，"贤者往往蹈祸，机多由此"。轻诺者必寡信，初可取悦于人，后则反受毁诺之苦。未可与言而强语之谓聒言，如对未信者强言以求信，对未合者强言"以钩之"，交浅言深则更不可取。人生在世，谁能无过，能勿讥评，实为贤厚。

十七至二十二戒为出位之言、狎下之言、谄谀之言、卑屈之言、取怨之言、招祸之言。出位者，越名分、职守、规矩也。出位之言如不在其位而妄议、位卑而言高、不顾场合而乱言等。狎者，近之也，近之则不逊，不逊必招邪。左右小人最能于言语间窥人浅深而迎合之，"一堕其术，未有不偾事者"。谄谀之言无外乎两种情况：谄谀人者，求人悦己也；好人谄谀者，悦乎人之求己也。二者皆失其正。卑屈之言并非出于谦敬，而是丧其所以自守也，多言则陋。言不可种怨于人，若人言有可怨者，我亦当忘之。怨言蓄怒，刚言流祸，不可逞一时之勇、图一时之快而致祸害。

"十贵"辨析了言说的十项正当原则和机宜，多为对治前述"二十二戒"而发。一曰言贵简。吉人之辞寡，因为德进则言自简。简言乃对治多言、轻言、杂言、尽言、漏言，以及强聒、讥评、出位、狎下之言的良方，"其病可药矣"。二曰言贵诚实。句句脱空入实而"诚意交通"，方能出言取信。诚实之言对治妄言、戏言、巧言、谗言、轻诺之言。三曰言贵和平。心平气和方能与人言，如道寻常事。四曰言贵婉，五曰言贵逊。婉者，不直抒己之意者也；逊者，不激人之怒者也。二者皆因遭遇不可与言之人，又不得不说，故和平、委婉、谦逊地表达，以免直言、恶言、矜言、讦言之险，以及谄谀、卑屈、取怨、招祸之言之害。六曰言贵当理，七曰言贵时。敖英认为即使做到"简矣、实矣、和平矣、婉矣、逊矣"，倘若"发之不当理，出之不以时"，言说仍会失其中道和时机。八曰言贵养心，九曰言贵养气。心气和正则言语自然通达，而无纵恣袭扰。十曰言贵有用。言说当有益于自身、惠及他人——修己安人，直至"一言而全人之社稷"。

敖英知言、慎言之论，每一"戒"、每一"贵"皆以圣人典训为理据，且直契现实交往情境，其间闪耀着世事洞明、人情练达的人生智慧。早在敖英之前，明初王达（1350年—1407年，字达善）已细致讨论了慎言"五戒"（《笔畴·三五》）。一戒以言讥人。大抵好以言讥人者，嫉心必重，见人富贵闻达则忌之疾之。忌疾蓄于平日，讥激言于寻常，不知结怨已深，构祸已稔。二戒言己所长。人之通病在于好谈其所长，如长于功名者夸功名，长于文章者夸文章，长于游历者夸山川之胜，此皆露其所长而不能养其所长。智者不言其所长，故能保其所长。三戒发凶恶之论。人之言语非徒不谀于人，亦不可伤人，言语当充盈蔼然和气，薰然粹然，文质彬彬。四戒有忧国之言。君子可怀忧国之心，却不可有忧国之言，言发于外，则人以为谤，祸必及己，无所控诉。五戒语人隐私、论人机巧。我一时言之，彼一时听之，言者无意，听者有心，不期他日为祸。

当然，敖英、王达的不少主张属明哲保身之术。如敖英虽倡导言贵诚实，但主要是强调道德上的诚敬、充实，而未必是求真务实，直言之戒已明其义。王达所谓怀忧国之心、无忧国之言，实有犬儒之嫌。也正因为类似敖、王二人所持的人生论和交往观，生活实践层面的儒家思想常被视为一套精明、圆滑、实用的道德哲学。这在某种程度上显然是真实成立的，但以今世眼光苛责古人，不顾其涉身的言说、交往境遇，未免缺少必要的体恤同情。

圣人糟粕，理在绝言

本部分将论及体道行道与言说之难。王阳明龙场悟道后，又经多年事上练心、体道存养，临终为"此心无处安放"的弟子们留下一句："此心光明，亦复何言！"儒释道三家人物谱系上，那些被认定悟道得道者，多有"夫复何言"的教导和开示。三家皆主张养静守静居静，宋明以后更于三家合流中共持缄默静坐的修行方法。佛道修行者还专辟了"止语"功夫，极端者三年、十年或终生不开口说话。就此而论，当超越日用而至终极，道与言似是相离的。不仅如此，道在绝言——道之所在，必为言语破灭处。言说无法抵达道，甚或为体道的障碍。在真正的修行者看来，纵然说得千般好，也只是"外面做得好看，却与心全不相干"（《传习录》卷下）。

先看儒家。在《论语·阳货》篇，孔子对子贡说："予欲无言。"子贡曰："子如不言，则小子何述焉？"老师若不开口，我们这些学生如何传述呢？子曰："天何言哉？四时行焉，百物生焉，天何言哉？"作为造物主、宇宙自然法则和道德的本源，天以完满、贞静之德无言而自化——四季轮序，百物萌生。孔子此论与老子的"道可道，非常道；名可名，非常名"（《老子·第一章》）、庄子的"天地有大美而不言，四时有明法而不议，万物有成理而不说"（《庄子·知北游》）是相通的。天道自身无言，亦难以人之言语思议。言说是人通往世界的阶梯，却无法向上抵达终极存在。

在宋明理学目中，孔子的"至圣先师"地位是坚固的，而程朱等对孟子思想却非毫无保留。此中一个显在的理由是孔子之言简约，而孟子则全部"说破"。言简为体道留下了空间，言繁反而遮蔽了大道。朱熹赞扬孔子教人"只据眼前便着实做将去"（《朱子语类·论语九》），而批评孟子将存心养性"大段说破"（《朱子语类·陆氏》），让人勉从强信或食而不化。孔子但云"学而时习之""入则孝，出则弟，谨而信，泛爱众而亲仁""君子食无求饱，居无求安，敏于事而慎于言，就有道而正焉"（《论语·学而》）等寻常事、简约语，"则道理便在其中矣"（《朱子语类·陆氏》）。孟子则滔滔不绝谈天论性，自家虽得了，却为他人寻道之路布下语言的陷阱和荆棘。对于孟子和盘托出存心养性之道而不给他人留有自学、自契、自养余地，朱熹有两个精彩譬喻："譬如旅寓之人，自家不能送他回乡，但与说云：'你自有田有屋，大段快乐，何不便回去？'那人既无资送，如何便回去得？又如脾胃伤弱、不能饮食之人，却硬要将饭将肉塞入他口，不问他吃得与吃不得。"（《朱子语类·陆氏》）总之，孟子在道与言的问题上未免好心误人。

朱熹认为孔子之所以讲"仁者，其言也讱"，实为教诲司马牛据此一语，从慎言做起、诚心体道，"做到彻处，自然纯熟，自然光明"（《朱子语类·论语九》）。道非从言语中得来，只能靠自家点滴修养、如实去做。"做来做去……如人吃饭相似，今日也恁地吃，明日也恁地吃。一刻便有一刻工夫，一时便有一时工夫，一日便有一日工夫。"（《朱子语类·论语九》）通过扬孔抑孟，朱熹给出的结论是："言易得多，故不敢尽"（《朱子语类·论语四》），当慎乎"多言则害道"（《朱子语类·程子之书三》）。在宋明儒者中，多言害道之论应属共识。朱熹同代人李邦献谓："多言则背道，多欲则伤生。""绮语背道，杂学乱性。"（《省心杂言》）明代洪应明（生卒年不详，字自诚，号还初道人）糅合儒佛思想而著成《菜根谭》，亦强调"守静而后知好动之过劳，养默而后知多言之为躁"。吕坤的说法则更直接：

> 言语者，圣人之糟粕也。圣人不可言之妙，非言语所能形容。（《呻吟语·词章》）
>
> 圣人终日信口开阖，千言万语，随事问答，无一字不可为训。贤者深沉而思，稽留而应，平气而言，易心而语，始免于过。出此二者，而恣口放言，皆狂迷醉梦语也，终日言无一字近道，何以多为？（《呻吟语·词章》）
>
> 道不可言，才落言诠便有倚着。（《呻吟语·谈道》）

圣人视言语为糟粕。若不能以言体道行道，则言语不过是庸常智识和德性的皮壳子。只有圣人可以信口腾说，做到千言万语、随事问答，因为圣人体道自如，言语间字字为训，句句中道。贤人逊于圣人，尚能做到深沉思考，有根有据、平心静气、将心比心地谈论应答，从而免于过患。出此圣贤之道，未免放恣言说，如堕迷狂，终日喋喋，全无道理。大道至妙，无言、无形、无对待。以言诠道，"道"就成了可谈论、可度量、可对待的"器"。《周易·系辞上》云："形而上者谓之道，形而下者谓之器。"道可生成并展现于器，但不可沦为器。有形、具体之器不堪为世界的终极本源，亦不足以构成修己安人、成己成物的根本追求。"君子不器"（《论语·为政》），此之谓也。道在本体层面是反语言的，言说至多是侍道的婢女。

从孔子"天不言"到吕坤"圣人糟粕"之论，儒家对道与言关系的认识同道家是合辙互通的。当然，道家对待语言的批判态度更激烈，常被看作反语言的先锋。道家的慎言主张，亦有避免败德招祸的实用主义考量。庄子认为"凡人心险于山川，难于知天"（《庄子·列御寇》），天犹有春秋冬夏旦暮之期，而人心则反复无端，非慎察不可轻与交往交谈。葛洪（283 年—363 年，字稚川，自号抱朴子）在《抱朴子》中提出，人纵然谨慎一生，亦难救一朝之过，尤其是"不能赎片言之谬"。因为"伤人之语，有剑戟之痛"，一旦积微致著、累浅成深，则似"鸿羽所以沉龙舟，群轻所以折劲轴"（《抱朴子·疾谬》），造成不可收拾的伤害。鉴于"激雷不能追既往之失辞，班输不能磨斯言之既玷"，葛洪提供了"远辱之良术，全交之要道"。全交之道的底线是"虽不能三思而吐清谈，犹可息谑调以防祸萌也"，进而可追求"尊其辞令，敬其威仪，使言无口过，体无倨容"，做到"可法可观，可畏可爱"（《抱朴子·疾谬》）。

　　道家慎言观并非全部出于"祸之所伏"的忧惧，而主要是奔着道与言的冲突去的。在儒家那里，子贡尝言："夫子之文章，可得而闻也；夫子之言性与天道，不可得而闻也。"（《论语·公冶长》）孔子自称："予欲无言。"道不可言说，自然也谈不上听闻。道家将此论推向极致。老子曰："知者不言，言者不知。"（《老子·第五十六章》）真正的智者慎言、无言，唯行"不言之教"（《老子·第四十三章》）。老子的逻辑是，人法地，地法天，而"天之道，不争而善胜，不言而善应，不召而自来，坦然而善谋。天网恢恢，疏而不失"（《老子·第七十三章》）。相反，若将不可道之道强说出来，则"道之出口，淡乎其无味，视之不足见，听之不足闻，用之不可既"（《老子·第三十五章》）。故"多言数穷，不如守中"（《老子·第五章》）。

　　庄子则直视言与道乃互斥的存在。《知北游》篇谓："道不可闻，闻而非也。道不可见，见而非也。道不可言，言而非也。"那些问道即应者，绝非真识道者："有问道而应之者，不知道也；虽问道者，亦未闻道。道无问，问无应。"（《庄子·知北游》）如此妄言大道的人，"外不观乎宇宙，内不知乎大初"（《庄子·知北游》），实未得道也。在《知北游》篇，庄子反复申明此意："彼至则不论，论则不至。明见无值，辩不若默。道不可闻，闻不若塞。此之谓大得。"无论表达还是听闻，在达道、得道问题上，言不如默。《秋水》篇仍纠住此一问题不放："可以言论者，物之粗也。可以意致者，物之精也。言之所不能论，意之所不能察致者，不期精粗焉。"言说只能胜任对"物之粗"的命名和表述，而须止步于道——"物之精"。道之所在乃"意"的领地，唯"意"可及，言则不可及。《外物》篇重申之曰：

> 荃者所以在鱼，得鱼而忘荃。蹄者所以在兔，得兔而忘蹄。言者所以在意，得意而忘言。吾安得夫忘言之人而与之言哉！

后世道家亦多持言不及道、多言害道之论。《太平经》谓："言则道不成，多言则为害；闭口不言，万岁无患。"且殷殷叮嘱学道者："真人为天问事，宜日谨，不可但恣意妄言，言当成法。言不成经，不若默也。举言不中，罪深不除。唯唯！"这种在终极之道上的消极语言观——轻言、反言，于佛教尤其是中国本土禅宗那里亦得到了响应和印证。《璎珞经》曰："言语道断，心行处灭。"道——佛教亦称之为"自性""佛性""如来藏"等——实不可思、不可议，唯在言语之路止断、心识所向破灭处，方可光明自显。《教行信证六要钞会本》谓："大涅槃界第一义谛，妙境界相，理在绝言。"禅宗典籍《五灯会元》则直接提出，道"不立文字"，唯"以心传心"。

不但道与禅相应，宋明理学在持续批判禅宗的过程中亦汲纳了后者的

养料，儒佛语言观渐趋会通。以下"言箴"之训，若隐去程颐名字和第二
段对儒家经典的祖述化用，则难分清儒与禅：

> 人心之动，因言以宣。发禁躁妄，内斯静专。
>
> 矧是枢机，兴戎出好。吉凶荣辱，惟其所召。
>
> 伤易则诞，伤烦则支。己肆物忤，出悖来违。
>
> 非法不道，钦哉训辞！(《四书章句集注·论语集注卷六·颜渊第
> 十二》)

　　以上使用"反语言""消极语言观"等说法为儒释道三家关于道与言
关系的讨论定性，仅为行文的需要——将此类观点集成于此。但此论实在
可疑，一则与事实不符，二则同前文"理在言中"之论相抵牾。按照前文
的方法——筛拣古典文献中的反证，则可疑之处立见。譬如，孔子曰：
"朝闻道，夕死可矣。"(《论语·里仁》)无论"闻"作何解——听取人言、
读人文字或自我沟通，皆表明言与道不相妨害。王阳明认为文字表达本身
并无害于道，只是不可执着不放："文字思索亦无害。但作了常记在怀，
则为文所累，心中有一物矣。此则未可也。"(《传习录》卷下)吕坤亦强
调因文见道："古人无无益之文章，其明道也不得不形而为言，其发言也
不得不成而为文。所谓因文见道者也，其文之古今工拙无论。"(《呻吟
语·词章》)

　　佛道两家亦有不离言说文字之论。老子虽在体道问题上信不过语言，
却也承认言说有近乎不朽的价值："其人与骨皆已朽矣，独其言在耳。"
(《史记·老子韩非列传》)庄子称"道不可言，言而非也"(《庄子·知北
游》)，而《则阳》篇则指出："言而足，则终日言而尽道；言而不足，则
终日言而尽物。道，物之极，言默不足以载。非言非默，议有所极。"言

说若充实而周全，则成日说来亦终不离道，相反则仅停留于事物表面。道乃事物终极之理，无言不足以载道。庄子的根本主张是"非言非默"，多言或"言而不足"不可取，默亦不足征，实又归于慎言矣。禅宗虽力倡不立文字，认为道之所在、心安之处"无地可以栖言语"，但"不可以终去语言也"（《石门文字禅·题百丈常禅师所编大智广录》）。《祖堂集》记述了蕴闻禅师的说法："言语，载道之器，虽佛祖不得而废也。"永明延寿禅师谓："经是佛语，禅是佛意。诸佛心口，必不相违。"（《宗镜录·标宗章第一》）物初禅师则明白指出：

> 心之妙，不可以语言传，而可以语言见。盖语言者，心之缘，道之标帜也。标帜审，则心契。故学者每以语言为得道浅深之候。（《石门文字禅·题让和尚传》）

物初以"心缘""标帜"论语言，已接近今日语言学、符号学言以征心表意的说法。禅宗于此更常见的譬喻是"指月"：道"虽非文字语言所及，而发扬流布，必有所假而后明。譬如以手指月，手之与月，初不相干，然知手之所指，则知月之所在"（《大慧普觉禅师语录·进大慧禅师语录奏劄》）。虽然言不及道，但是道之开显、传播，却必假言说而发明。言如手指，道若明月，非指不知其所在。类似的还有《金刚经》彼岸与舟筏之喻：若无舟筏，则无以渡河，而彼岸既济，还身负舟筏做甚？因言体道恰如以手指月、以舟渡河，或庄子所谓以筌得鱼，离不开手、舟、筌，而当月既指明、河既得渡、鱼既捕捉，则手、舟、筌一时俱忘。达至境界，实则不忘而忘，忘而不忘。若要传道续灯，则非又凭借语言不可，不然何来三藏十二部？

对道与言关系的处理，传统语言观实未偏离慎言主调。先哲对道的重视，伴随着对语言适用性及其局限的警省。道乃至高的形而上实存，无形无迹而周行不殆，超越语言而默然发用。道所应许的终极之地一物不存、一尘不染，确非语言可及和栖居。但是，"玄之又玄"的道又须由言说指示"众妙之门"。相对于道，言虽只是器、标识乃至糟粕，却于闻道之前、传道之中和得道之后皆不可抛。即使孔子、老子和佛祖亦"不得而废也"，他们抵达彼岸后对语言工具的"忘"，实非弃之不用，而是自然挥运、全无计较。若当真反语言，便只有"不许说话不许动"的木人瓦石方能体道了。因此，言不及道与其说是一种反语言态度，毋宁说是一种超语言观。

合而观之，传统语言观实由两个主题构成：体道意义上的超语言观——无言，修己安人、世用交往中的嘉言、善言观——德言。无言处存道，即理在绝言；德言可载道，即理在言中。二者本不相悖，只是后世常有疑惑不明者，生出语言观、交往观领域的矛盾是非。道是中国圣贤一以贯之的追求，并因之成为人生论与宇宙论、政治学与社会学的致思重心，言在多数情况下则皆被视为器，工具论语言观遂为主流。然而，语言及其运用并非全由人说了算，语义和语用反过来建构了世界。宇宙洪荒，四时轮替，日月经天，江河行地，莫不由言说而显明且获得意义。孔孟、佛老和他们追求的道，岂非生成且托寄于言说之中？当他们发出"予欲无言""妙不可言""不可说，不可说"的感慨，既指明了语言的局限性，也建构了道之神秘、绝对的存在属性。故如前述，传统语言观实际包含了两面：工具论——言以载道，建构论——言以成道。不论载道还是成道、德言还是超语言，皆因言说之难而汇流为立身、交往和体道中"谈何容易"的慎言观。

三、交约之道

《圣经·新约·约翰福音》开篇云："太初有道。"此一本体论、形而上断言，与《道德经》相类。但《圣经》所称之"道"，是希伯来文明遭遇古希腊文明后，从后者那里承袭的一个词：逻各斯（logos）。当古希腊的赫拉克利特（Herakleitus）首次使用逻各斯时，是指作为万物本源的"火"依逻各斯的规律燃烧，并因此创生、发动世界。逻各斯乃万物永恒、普遍的主宰，是世界绝对的道理或法则。这与先秦论道确有类通之处，且非巧合。每一种文明在其童年期都未免关怀立于现实之上、超越时空的终极存在，向上追索万物本源，并以之临照眼前的世界。

问题的关键在于对终极存在及其所潜蕴法则的解释。在古希腊，逻各斯指"言语"，尤重"清楚明确，有条不紊的陈述"①，之后引申出说明、解释、理则、理性诸义。可知在逻各斯的本义中，言语与理性并不相斥。海德格尔在考察西方哲学史上逻各斯概念的嬗变后指出："Logos 的基本含义是话语……后世哲学形形色色随心所欲的解释，不断遮蔽着言谈的本真含义。"② 他要恢复语言在逻各斯中的地位，使逻各斯重获言说与理性两兼之意，即理在言中。此"理"不唯形而下的事理——中西语言观所持的"理在言中"于此一层面是互通的，亦包含形而上之道。后者恰为中西语言观分殊所在：一厢认为理在绝言、言止于道、言不及道；另一厢则相信形而上之道亦在言中，即言说能够解释、构建道，为道去蔽。20 世纪中后期，西方哲学发生著名的语言学转向，其核心理据即为语言中心论：世界——包括形而上实存——乃语言的产物，理性含藏于语言及其形式、结构和规则之中。此一转向看似忽然发生，而实为古希腊逻各斯——言道互构理念的复苏。

基于对语言的信任，古希腊积极扩展言与道——言说与真理关系的讨

---

① 姚小平. Logos 与道//左飙. 冲突·互补·共存：中西文化对比研究［M］. 上海：上海外语教育出版社，2009：380.

② 海德格尔. 存在与时间［M］. 王庆节，陈嘉映，译. 北京：生活·读书·新知三联书店，2000：38.

论。从苏格拉底、柏拉图到亚里士多德，这场讨论收获了存在论之外的认识论和方法论成果。在认识论上，他们积极寻求由"纯思纯智"和语言建构的最高理性法则——真理或曰真理性表述。在方法问题上，他们从语言、对话出发确立了辩证法和形式逻辑，使言说得到理性思辨的保障，以通往、抵达理念世界或真理之域。不只是抵达，真理之域简直就是由语言建构的一个形而上世界。这个世界回答"世界的本源是什么"的存在论问题，也提供"我们如何获得知识"的认识论或曰真理性指引。最终，对语言的积极信任促生了人在真理面前的勇敢。亚里士多德表明"吾爱吾师，吾尤爱真理"的心迹，意味着他已经获得了依凭理性、逻辑和思辨求索、表达真理的勇气。理性致知的勇气而非道德义气让他在老师与真理之间做出排序。这大约是子贡、司马牛等不曾想、不敢为之事。前引子贡"一言以为知，一言以为不知"之论，正是批评陈子禽对孔子稍有不恭的态度。

当语言可以建构真理世界，一个"意外"后果发生了。西方的形而上之道愈益脱实向虚，成为纯语言或表征为一套话语体系的无根形而上学。谓之无根，是因其脱离现实具体的人及其栖居的大地，建造了缥缈的天空之城。城中燃烧着理念的火炬，居住着诸神上帝，主宰而又旁观着人间。在通往道——真理之路上，语言可抵达，人却走不通。

中国思想则选择了另一条路。在确认"道"为世界本源之后，先哲们宣告言不及道、道不可言，只透露一些关于道的神秘消息，便转而面向热腾腾的人间生活，发展出基于存在论和经验论的道德话语体系。道不是由言说、思辨得来的真理，而是未经语言深耕、构设和充分解释的体验真理，须经人之内心存养与生命实践来体认、证悟和契入。道高高在上，却不离人间。孔孟将天道直接纳入心性，或要求心性复返天道，二者本不疏隔。荀子则明确提出天生人成观念："天地生之，圣人成之。"（《荀子·王制》）既然天负责"生生"，而由人自身成就之，则须开辟天理、世道、人心贯通的道德之路。在这条路上，语言未必走得通，人却可与天地共往来。

在道与言的关系上，西学对语言的态度确是积极的，故有"西方积极语言观"之谓，但以此简单比照中国传统的言止于道，便将其定性为"消极语言观"① 则有失公正。先秦论道虽止步于形而上存在论或曰本体论，未能伸展认识论之维，却向下拓出发达的道德言说、交往空间。正是在言不及道的信条下，道和真理话语才免于成为无根的智识与语言游戏，而能务实地指导以修己安人为宗旨的言说和交往实践。道之为体不可深言，却可化用为德，要求人们有德性地表达、交往。此中，道所提供的不是逻各斯意义上的真理理性，实乃面向个体存在和公共生活的道德理性。

道及其理性规范是如此重要，以至于志同道合乃中国人际和公共交往的"第一义"。子曰："道不同，不相为谋。"（《论语·卫灵公》）道家的《鹖冠子》亦谓："道异者相戾。"戾者，违逆也。道不同者必相违逆，不可共谋，不可友之。中国人友谊的最高境界谓知音，此"音"非外在动静消息，实为同道相应之心声。知音者，知其心也。《周易·系辞上》云："君子之道，或出或处，或默或语，二人同心，其利断金。同心之言，其臭如兰。"列子与南郭子比邻而居，"连墙二十年，不相谒请；相遇于道，目若不相见"，却可称为知己，只因"得意者无言"，故"用无言为言"（《列子·仲尼第四》）。大道流行，彼此心通，何必多言！灵山会上，佛祖拈花，迦叶微笑，同属道心相通之理。《抱朴子》称"交道可贵"，理由是"单弦不能发《韶》《夏》之和音……独木不能致邓林之茂……达者知其然也，所企及则必简乎胜己，所降结则必料乎同志。其处也则讲道进德，其出也则齐心比翼"（《抱朴子·交际》）。正如单弦不发全音，独木不可成

---

① 赖明芳，郝昕荣. 从"道"与"logos"看其对中西方语言的影响 [J]. 哈尔滨工业大学学报（社会科学版），2002（2）：95-98.

林，人也必有相助相和的同志者，在道德心灵上交相砥砺。《礼记》对此有近通的说法：

> 儒有合志同方，营道同术。并立则乐，相下不厌。久不相见，闻流言不信。其行本方立义，同而进，不同而退。其交友有如此者。温良者，仁之本也。敬慎者，仁之地也。宽裕者，仁之作也。孙（通逊）接者，仁之能也。礼节者，仁之貌也。言谈者，仁之文也。歌乐者，仁之和也。分散者，仁之施也。（《礼记·儒行》）

《礼记》表达了儒家关于友谊的美好理想：交友之道首贵合志同方，营道同术；平素相处，共进则皆大欢喜，有差距亦两不相厌；若遇离别，纵然久未相逢，闻得关于对方的流言亦不听信。同时，彼此相交而不互为负累——各自心行方正、信守仁义便好，道同则深交，道不同则敬而远之。《礼记》从道与仁讲到术与义，交往观即从道体仁心落实到了交往实践的德性规范和策略选择之上，诸如温良、敬慎、宽裕、逊接、礼节、言谈、歌乐、分散（同甘共苦）等。以下从言者、听者与策略等角度切入，归拢浩繁琐细的儒家交往思想。

终身之忧

先看言者的教养与资质。"君子之交"是儒道两家共持的交往理念。子曰："君子坦荡荡，小人长戚戚。"（《论语·述而》）"君子周而不比，小人比而不周。"（《论语·为政》）君子胸怀坦荡、周全公正，小人狭隘计较、结党营私。不唯个体修身如是，君子间的交往亦应坦荡周正，避免患得患失、计较偏私。《庄子·山木》载述了孔子与隐士子桑雽的对话，二人于交谈中提出："君子之交淡若水，小人之交甘若醴。君子淡以亲，小人甘以绝。彼无故以合者，则无故以离。"彼时，孔子颠沛流离于列国而屡逢险患，以致"亲交益疏，徒友益散"。子桑雽安慰孔子说，君子之交若水，淡而亲，绵而恒，澄明无染；小人之交若酒，甘甜、炽烈而易脆断、决绝。无故而合者，亦必无故而散。

此虽庄子或其门人为贬儒扬道而杜撰的故事，但从《论语》有关周与比、荡与戚的讨论可察，孔子会同意"君子之交淡若水"的交往原则。当然，道家以水喻德是为强调其恬淡无为、善下不争、和顺自然的主张，而儒家则更在意水所表征的澄明、包容、行健之德。《论语·子张》有一段专论交往：

> 子夏之门人问交于子张。子张曰："子夏云何？"对曰："子夏曰：'可者与之，其不可者拒之。'"子张曰："异乎吾所闻：君子尊贤而容众，嘉善而矜不能。我之大贤与，于人何所不容？我之不贤与，人将拒我，如之何其拒人也？"

子夏的门人向子张请教交往之道，他是带着老师子夏的成见来的——可交往者则交之，不可交往者则拒之。子张明确反对此论，认为君子对上尊敬圣贤，向下包容大众，称扬善者，悲悯弱者。我若为大贤，则何人不可包容？若我不贤，则人将拒我，谈何我将拒人？君子之交的前提是交往者要养成君子人格。怀仁、守义、持礼、明智、诚信、忠恕、中庸，以及文质彬彬、修辞立诚等皆为儒家君子人格的质素，为有德性的交往提供人格担保。此处仅以诚和恕为例说明之。

诚不只是说话、修辞的态度，且为立身、交往的道德基底。曾子曰："吾日三省吾身。为人谋而不忠乎？与朋友交而不信乎？传不习乎？"（《论语·学而》）此三省全部与诚有关：与人谋之忠诚，与人交之诚信，自我学习、修养之诚实。在交往中，言者之诚外在可示可感——唯诚不可掩，但更重要的不是外示以诚，而是能够反身而诚。孟子曰："君子必自反。"（《孟子·离娄下》）君子至诚而明，时时检视自身不足："我必不仁也，必无礼也。"（《孟子·离娄下》）从修己安人的生命实践看，"君子有终身之忧，无一朝之患"（《孟子·离娄下》）。终身之忧即持续处于以人为镜、反身而诚、唯恐不仁的反思状态；一朝之患即旦夕之间随时罹身的危患。何以免于朝暮之患？恰在心怀终身之忧。故交往之诚，实乃言者自身存在的澄明。至于诚的功能性道德力量，如取信于人、促成合作等，则为言者自明的外在展示和自然之效。

若能内推至诚，"我信得过我"，此心便正大光明起来。吕坤《呻吟语》谓："我信得过我，人未必信得过我，故君子避嫌。若以正大光明之心如青天白日，又以至诚恻怛之意如火热水寒，何嫌之可避。故君子学问第一要体信，只信了，天下无些子事。"（《呻吟语·问学》）天下本无甚劳什子事，我心光明，尘翳自扫，只是庸人无诚而自扰之。薛瑄亦言："大丈夫心事，当如青天白日，使人得而见之可也。"（《读书录》卷三）吕坤认为，读书即与前人沟通，亦应自诚而真诚："学者读书只替前人解说，全不向自家身上照一照。譬之小郎替人负货，努尽筋力，觅得几文钱，更不知此中是何细软珍重。"（《呻吟语·词章》）

在言说、交往中去妄求诚，实为儒家一贯的共识。如皮日休（约838年—约883年，字袭美，号逸少）云："见贤不能亲，闻义不能伏，当乱不能正，当利不能节，此之谓四蔽。道不正不言，礼不正不行，文不正不修，人不正不见，此之谓四正。"（《皮子文薮·鹿门隐书六十篇并序》）出言举事至诚者，方可去"四蔽"、得"四正"。实际上，"诚"在造字上即与言相关：言而无妄以成之。宋儒刘炎谓："妄语初能妄人，终亦自妄。

诡行初能诡人，终亦自诡。人受其祸小，己受其祸大。"（《迩言》卷四）他转述司马光的话说："诚自不妄语始。"（《迩言》卷四）到了明代，有士人干脆把司马光之论当作立身护身箴言——"从身符"，时刻警醒自己"诚自不妄语始，学从求放心来"（《明儒学案·诸儒学案中六》）。

君子必自反，亦必于人宽恕。孔子自称"吾道一以贯之"，门人不解，问曰："何谓也？"曾子曰："夫子之道，忠恕而已矣。"（《论语·里仁》）儒家恕道确立了千古交往的黄金定律：己所不欲，勿施于人。这一定律在《论语》中出现了两次。一次是仲弓（即冉雍）问仁，子曰："出门如见大宾，使民如承大祭。己所不欲，勿施于人。在邦无怨，在家无怨。"（《论语·颜渊》）出门行事如同会见贵宾，动员、役使民众则如承当重大祭礼，皆敬以持己，恕以及物。非己之所愿，亦不施诸人。在邦无怨，在家无怨，内外宽恕，全其心德。程颐认为君子倘能如此行恕道，则"看其气象，便须心广体胖，动容周旋中礼"（《四书章句集注·论语集注卷六·颜渊第十二》），达及进退有度、泰然自如的交往之境。

另一次是子贡问孔子有没有一句话可以用来安顿一生："有一言而可以终身行之者乎？"子曰："其恕乎！己所不欲，勿施于人。"（《论语·卫灵公》）此言看似浅易，实则难行。首难在于推己及人，人常宽己而责人，能将己所不欲，易心换位于人，不强迫、不苛责、不尤怨，甚难；次难在于一生行之，人心刚强难伏，一时欢喜宽裕，一时激切狠戾，忠恕一以贯之，甚难；终难在于朱熹注释此句所称的"无我"（《四书章句集注·论语集注卷八·卫灵公第十五》），所谓"不欲勿施"之道，推而极之便是无我，但有一个"我"字尚存，便难真诚无碍行于恕道。正因其难能而可贵，恕道得到了历代儒者的反复强调。如王达在《笔畴》中提出："处事不可撅撅，亦不可孜孜。孜孜则疲软无力，撅撅则粗硬惹祸。和易其身心，谦恭其言语，近恕而行，则人无怨而躬全矣。"薛瑄谓："接物大宜含弘，如

行旷野，而有展步之地，不然太狭，而无以自容矣。"（《读书录》卷六）

从诚、恕之道可知，儒家交往观怀有强烈的修己自觉，即欲安人而先修己。这种自觉有时甚至近乎宗教徒般热烈和严苛。王达提出："我以厚待人，人以薄待我，匪薄也，我厚之未至也；我以礼接人，人以虐加我，匪虐也，我礼之未至也。厚也，礼也，自我行之；薄也，虐也，由我召之，彼何罪耶？"（《笔畴·三一》）若我厚待、礼遇于人，而人仍然复我以薄虐，"乃我命也，彼何罪耶？是故不怨天，不尤人，庶几君子乎"（《笔畴·三一》）？这样的君子颇似"打我左脸，我将右脸也伸过去"的忍辱行者了。明儒刘宗周（1578 年—1645 年，字起东，号念台）有几乎一致的看法："有胜己者，有憎己者，有疑己者，有异己者，皆吾师也。有胜己者，知我之不若；有憎己者，知我之不肖；有疑己者，知我之未信于人；有异己者，知我之尚未同于人。"（《刘子遗书·学言一》）佛教亦有类似教化，被认为是"和合二仙"转世的寒山、拾得二僧有一段流布甚广的对话："世间有人谤我、欺我、辱我、笑我、轻我、贱我、恶我、骗我，该如何处之乎？""只需忍他、让他、由他、避他、耐他、敬他、不要理他，再待几年，你且看他。"①

面目不可掩

再看听者的条件与要求。言者与听者身份在交往中常互换，故对言者的要求亦多适用于听者。对听者的特殊劝导，主要体现在察人识心上。吕坤认为听言有四要："凡听言，要先知言者人品，又要知言者意向，又要知言者识见，又要知言者气质，则听不爽矣。"（《呻吟语·应务》）人品即

---

① 法清 . 禅意人生 ［M］. 哈尔滨：北方文艺出版社，2016：107.

德性，道同则相交，道不同则不相与谋。意向即动机，评判言者动机的标尺无外乎善恶、义利、公私、王霸等儒家关切的道德利害。识见即智慧与见识，"无识见底人，难与说话；偏识见底人，更难与说话"（《呻吟语·应务》）。气质即性情及其外在呈现的形容举止和风格，如："圆融者，无诡随之态；精细者，无苛察之心；方正者，无乖拂之失；沉默者，无阴险之术；诚笃者，无椎鲁之累；光明者，无浅露之病；劲直者，无径情之偏；执持者，无拘泥之迹；敏练者，无轻浮之状。"（《呻吟语·修身》）至于听者自身的气质情态，则应融入交往情境："坐间皆谈笑而我色庄，坐间皆悲感而我色怡，此之谓乖戾，处己处人两失之。""容貌要沉雅自然，只有一些浮浅之色、作为之状，便是屋漏少工夫。"（《呻吟语·修身》）

前文已简述交往中察言观色的重要性，此处再作补充——因其在古代交往研究文献中实为仅次于交往德性的讨论重心。所谓相由心生，察言观色自先秦始即被视为明辨言者德性和心迹，以慎交慎言、见机行事的直观手段。仅从文献上看，观人识心之术在心学盛行且严重世俗化的明代社会最受欢迎。王达谓："察其言，观其色，究其心，约交之道也。"（《笔畴·八》）吕坤认为，人"浑身都遮盖得，惟有面目不可掩。面目者，心之证也"（《呻吟语·修身》）。即使厚貌深情者，亦难做到始终面不改色，"不觉心中事都发在面目上"（《呻吟语·修身》），"才有一分自满之心，面上便带自满之色，口中便出自满之声"（《呻吟语·谈道》）。故君子应修心、正容、慎言，无愧心，无作容，无乱言。"心术以光明笃实为第一，容貌以正大老成为第一，言语以简重真切为第一。"（《呻吟语·修身》）敖英亦言"观人之色，可以知人之心。盖诚于中者，必形于外。苟能即外以占中，虽不中，不远矣"（《东谷赘言》）。他列举了十九种"尝试观之"的察人之道：

其色庄者，其心诈；其色媚者，其心谄；其色郝郝者，其心愧；

其色戚戚者，其心忧；其色惨惨者，其心哀；其色欣欣者，其心喜；

其色怡怡者，其心和；其色悻悻者，其心忿；其色怫怫者，其心怒；

其色奄奄者，其心屈；其色訑訑者，其心骄；其色不定者，其心邪；

其色易擎易笑者，其心浅；其色黝然不露者，其心深；面无人色者，

其心惧；义形于色者，其心直；正色立朝者，其心忠；箪食豆羹见于

色者，其心吝；造次颠沛而色不变者，其心有所主。（《东谷赘言》）

"心有所主"之下的"造次颠沛而色不变"是儒家考察君子交往的主
要依据。这方面最著名的说法，当属苏洵的"泰山崩于前而色不变，麋鹿
兴于左而目不瞬"（《权书·心术》）。苏洵将之归为"心术"，实在意味深
长。面不改色或为心有所主、诚之于中的自然表现，或为精于世故、心机
诈巧之下的假面。南宋吕祖谦（1137 年—1181 年，字伯恭）谓："观人之
术，在隐不在显，在晦不在明"，隐晦处最易忽视，而显明处则可伪装，
"虽小人犹知自饰"（《东莱左氏博议·卷二·邾子执玉高鲁受玉卑》）。王
达也指出了这个问题，譬如"'泛爱众'，固美事也"，但人亦可装出"泛
爱众"之悲悯情状，实则"不亲仁"（《笔畴·八》）而流于旷荡无节。吕
坤虽断言"观一叶而知树之死生，观一面而知人之病否，观一言而知识之
是非，观一事而知心之邪正"（《呻吟语·应务》），但也承认"喜者大笑，
而怒者亦大笑。哀者痛哭，而乐者亦痛哭。欢畅者歌，而忧思者亦歌。逃
亡者走，而追逐者亦走"（《呻吟语·广喻》），不可全以形论心。在伪君子
那里，这套察鉴之术代相祖述而窃其糟粕，未免堕入后世所称成功学、厚
黑学一路。

另需提及的是，古人论听者修养，常强调勿听、忌传流言。古典文献
并未详辨传言、流言、谣言的模糊边界，而总体上倾向于认定三者皆属不

诚、不实、不智之言，忧惧其流播之害。《史记·张仪列传》云："积羽沉舟，群轻折轴。众口铄金，积毁销骨。"《呻吟语·品藻》谓："人言之不实者十九，听言而易信者十九，听言而易传者十九。以易信之心，听不实之言，播喜传之口，何由何跖，而流传海内，纪载史册，冤者冤，幸者幸。呜呼！难言之矣。"由即许由，跖即盗跖。吕坤以此二人为对照，极言听信、传播流言之害。

许由志操清节，尧"大其志"而欲让天下于由。听闻禅让之言，许由洗耳于颍水之滨。樊坚见之，问曰："耳有何垢乎？"由曰："无垢，闻恶语耳。"（《太平御览·乐部九》）盗跖为春秋鲁国人，贤者柳下惠之弟，"从卒九千人，横行天下，侵暴诸侯"（《庄子·盗跖》）。《庄子·盗跖》篇评价盗跖为人："心如涌泉，意如飘风，强足以距（通拒）敌，辩足以饰非。顺其心则喜，逆其心则怒，易辱人以言。"《荀子·不苟》篇言"盗跖吟口，名声若日月，与舜禹俱传而不息。"若非以礼义精神做出明智判断，则分不清盗跖与舜禹。诚如《省心杂言》所论，"耳虽闻，目不亲见者，不可从而言之。流言可以惑众，若闻其言而贻后世，恐是非邪正失实"。

不传流言，最要紧的是语密。《菜根谭》言及"口乃心之门，守口不密，泄尽真机"。《朱子治家格言》指出："发人阴私，坏人名节，摘人过恶，泄人机谋，为人所切齿者，固当深戒。即寻常谈笑，亦宜处处留心。勿以我所爱之人，闻其言而遂为附和。勿以我所憎之人，闻其言而漫为抵排。"除了这些大原则，这部家训还给出了细致的要求，如"座客未尽识面，勿谈笑柄，勿述新闻；事若与我无关，不必细加探问；情苟非我深悉，不容妄断是非"，又如"勿言道路之浮言，勿言乡曲之鄙言"（《治家格言绎义》）。语密之说并非儒家专论。《韩非子》以"千金之玉卮通而无当"类比人言泄漏之危，故人贵语密而无漏，"虽有圣智，莫尽其术，为其漏也"（《韩非子·外储说右上》）。

知时体情

最后看交往策略选择。为了真切表达自我，维持"不亦乐乎"的我他关系，乃至创生和谐的公共交往和天下秩序，交往策略选择和训练必不可少。在儒家交往观中，策略选择既要实用地推助沟通，又要切合道德原则。二者不可裂为两截，且应后者居上。这就要求在交往中择人慎交、知时当机、体悉人情、重诺守德。德诺问题前已述之，以下主要讨论择人、知时、体情三项交往原则和策略。

儒家追求上行的超越性交往关系——"交通"于道，鼓励中和位育的德性交往关系——贵德重生，贬抑下行的庸俗交往关系——耽于势利。此三种关系预设，决定了择人而交的取向。超越名利、游于大道的交往关系最可珍视，此乃圣人之交。孟子曰："伯夷，圣之清者也；伊尹，圣之任者也；柳下惠，圣之和者也；孔子，圣之时者也。"（《孟子·万章下》）圣人之交超凡入圣，清正、担当、和雅，知时而顺势。中和之交不回避世俗利害关系，承担道德义务，无过无不及，各素其位而共生互济。

面对势利之交，儒家主张以义调和、节制之。孔子主张交往以义为质，约之以礼，"义以为质，礼以行之"（《论语·卫灵公》）。《国语》谓："义，所以制断事宜也。"孟子承认"富，人之所欲""贵，人之所欲"（《孟子·万章上》），但君子应见利思义，必要时当"舍生取义"（《孟子·告子上》）。荀子在先秦儒家中最重视利之正当性、合理性，但也强调"义之所在，不倾于权，不顾其利"（《荀子·荣辱》）。董仲舒也指出："正其谊不谋其利，明其道不计其功。"（《汉书·董仲舒传》）若无义的节制，势利之交便堕入庸俗关系，如儒家批判的"朋党"和"乡愿"。《晋书·郗诜传》谓："争竞则朋党，朋党则诬谤，诬谤则臧否失实，真伪相冒。"至于乡愿，"德之贼也"（《论语·阳货》），"同乎流俗，合乎污世。居之似忠信，行之似廉洁。众皆悦之，自以为是"（《孟子·尽心下》）。

交往不可不慎，当亲近得道圣人、有德君子，远离朋党乡愿。在具体交往情境中，则应依据仁义礼智信等德性表现择人。以智为例，南宋胡宏谓："智不相近，虽听言而不入。信不相及，虽纳忠而不爱。是故君子必谨其所以言，则不招谤诽、取怨辱矣。"（《胡子知言·纷华》）明田艺蘅亦言以智择人："智者之纳言也，如以水沃燥沙也；昏者之拒谏也，如以水泼镕金也。以水沃乎燥沙，吾见其顺受矣；以水泼乎镕金，吾见其腾沸矣。非水之异也，投之非其所也；非辞之殊也，告之非其人也。"（《玉笑零音》）

《史记》载齐人邹阳《狱中上梁王书》中有"白头如新，倾盖如故"之语，有人白头偕老而两不相知，有人陌路相逢而一见如故。明庄元臣释曰："夫白头如新者，智小而不足以知大也；倾盖如故者，智相侔而心相契也。"（《叔苴子·外编卷二》）交往双方若智识上有差距，则一方对另一方的理解好比"以臂测水，臂之所尽不能穷矣；以绳围山，绳之所极不能度矣"。故交往者当"智相过则闻而能识之，智相敌则见而能辨之"，有如"镜之所及照者，不待照而后见也。其所不及照者，虽久岂能鉴其形哉"（《叔苴子·外编卷二》）？葛洪据道家立场论白头倾盖，强调了交往中适心、同道的重要性："适心者交浅而爱深，忤神者接久而弥乖。是以声同则倾盖而居昵，道异则白首而无爱。"（《抱朴子·博喻》）

关于择人，古典文献喜用的一个譬喻是叩钟鸣鼓。墨子在讨论君臣交往时分析了公孟子提出的"君子共己以待，问焉则言，不问焉则止"问题。公孟子认为交往"譬若钟然，扣（通叩，下同）则鸣，不扣则不鸣"，墨子则强调若因国家之难，则"虽不扣，必鸣者也"（《墨子·公孟》）。儒家亦常采用这个说法，且有更深入的辨析。如吕坤提出，在交往中不应

"以发击鼓"："木钟撞之也有木声，土鼓击之也有土响，未有感而不应者，如何只是怨尤？或曰：'亦有感而不应者。'曰：'以发击鼓，以羽撞钟，何应之有？'"（《呻吟语·广喻》）对方之所以感而不应，甚或以怨报德，很可能是因为叩击对象或方式不对，好似以发羽撞鼓钟，何来鸣应？田艺蘅亦称："虽有金钟，击以金梃，其声必裂；虽有仁主，辅以仁臣，其治必弱。扣金钟必以木槌，佐仁主必以义士。"（《玉笑零音》）此义引申开来，便是慎交择人而常自省："责善要看其人何如，其人可责以善，又当自尽长善救失之道。""其不见听，我亦且有过焉，何以责人？"（《呻吟语·应务》）

择人之后便是择机或曰知时。《警世通言》云："世事纷纷难诉陈，知机端不误终身。"机者，动之微也。时机者，万物生灭变化之奥枢，今日所谓关键情势或命运时刻。子曰："侍于君子有三愆：言未及之而言谓之躁，言及之而不言谓之隐，未见颜色而言谓之瞽。"（《论语·季氏》）侍奉君子、与之交谈有三种过失：未到说话时而急言，躁也；当言之时而不言，隐也；未能洞察颜色之变而妄言，瞽也。刘昼认为圣人"当言而惧，发言而忧，如蹈水火，临危险也"，故"礼然后动，则动如春风，人不厌其动；时然后言，则言如金石，人不厌其声"（《刘子·慎言》）。若要做到动无过失、口无过言，则必知时守礼，以待春风金石。吕坤谓："到当说处，一句便有千钧之力，却又不激不疏，此是言之上乘。"（《呻吟语·修身》）洪应明以其一贯的儒佛混杂语气指出："士君子贫不能济物者，遇人痴迷处，出一言提醒之，遇人急难处，出一言解救之，亦是无量功德矣。"（《菜根谭·概论》）君子何以知机识变？这就又回到了修身养性上："山以静而能兴云，君子是以安其身而后动。穴以静而能生响，君子是以易其心而后语。"（《叔苴子·内编卷四》）

知时不唯时间性考量，而且是对交往者关系状态、前后文语境、特定时空场景下的全部要素与条件——包括下一章将论及的物质性条件——的整体考量。在讨论圣人之德和交往境界时，孟子认为孔子的独到处是"圣之时者也"，故"孔子之谓集大成"（《孟子·万章下》）。朱熹解释说，孔子"集群圣之大成而折衷之"（《四书章句集注·论语集注卷四·述而第七》），即因知时而兼备伯夷、伊尹和柳下惠诸圣清、任、和之功。何以如此？孟子打比方说，知时而言动，有如"金声而玉振"（《孟子·万章下》）。金声者，始自条理。玉振者，终于条理。金声而玉振，既智且圣，既巧且力。圣、智、力、巧岂非交往之大义？如是与人言说、交往，恰如"射于百步之外也，其至，尔力也；其中，非尔力也"（《孟子·万章下》）。

历代对"至"与"中"解说纷纭，为何"射至"是尔力之功而"中的"则不是？清代焦循（1763年—1820年，字理堂）认为此句"意殊矛盾，不可详知"（《孟子正义·万章章句下》）。而若以交往的视角——将圣人放在交往情境之中则不难理解，"射至"凭的是射者之力，而"中的"则须考量天时、地利、对象等综合条件，非清、任、和可为，只有孔子知时顺势而能为之。而对照孔子一生的抱负和周游列国推销仁政思想的实践，他难道不是一个不合时宜、"知其不可而为之"（《论语·宪问》）、"累累若丧家之狗"（《史记·孔子世家》）的空想道德家吗？难道孟子对孔子知时的赞美全然不顾事实？孟子大概不这样认为，他相信在传统道德世界行将坍塌的春秋时代，孔子甘心挺身而出、游说天下，撒播以仁义、礼义等新道德种子，正是知时当机的圣人之行。

知时在交往实践中有其具体要求。"使马者知地险，操舟者观水势，驭天下者察民情，此安危之机也"（《呻吟语·治道》），这是从为政者角度提出的政治交往要求；"当顺境时，勿为狂言；处逆境时，勿逞怨言。尊长前不可放言，妇女前不可戏言。人有喜气，勿作悲戚言；人有死丧，勿作欢乐言"（《治家格言绎义》），此为日常人际交往要求。知时和知物、知人是分不开的，亦关系到察己。譬如当你与人相谈甚欢、喜上心头时，务须因时就势，省察如下情状而不犯禁忌："不可乘喜而多言，不可乘快而易事"（《读书录》卷一）；"不可乘喜而轻诺"（《菜根谭·概论》）；"人闻言而说（通悦）者，非悦吾之言也，悦乎其心所自有者也。子房一见高帝而说合，高帝之心先有子房也。赵良说商君而不遇，商君之心本无赵良也"（《叔苴子·内编卷四》）。后面的说法已近乎传播学"先在倾向假说"，即传播能够强化人之既有倾向——"心所自有者"，而难改变其偏见。

择人、知时之外尚应体情。道德与情感的关系是复杂的，孟子、荀子、董仲舒、宋明理学和清代朴学花费大量精力讨论情与志、情与理之分合悖顺。基于道德至上原则，儒家常视情与欲为义与理的对立面，主张调控情感于"未发之中"。故合情合理而以理为主，有情有义而以义为主，试图为"情之所发"缚上道德理性的锁链。而在交往实践中，情感流露、抒发乃至纵恣，实不可避免。这就要于己制情、于人体情。自我情感克制，即前述之内外交修、守静中和，说话"诚心和气、愉色婉言"，令人感受到"春风之解冻、和气之消冰"（《菜根谭·概论》）。体贴人情即无责人、能体人，"无责人，自修之第一要道。能体人，养量之第一要法"（《呻吟语·修身》）。所谓能体人，包括凭借观人之术得出某些实用的判断，如"轻拒者，不可与有言也；轻受者，亦不可与有言也。轻受善言者，亦轻受恶言，则其所受还为所拒矣"，据此可知"惟夫闻善若饥，闻恶若呕者，然后可深告而不疑，纵言而无忌"（《叔苴子·内编卷二》）。

真正的体人之道并不局限于此，而是指向了可贵的换位思考、体悉人情。吕坤谓："肯替别人想，是第一等学问。"（《呻吟语·应务》）君子修己安人，必体悉人情。悉者，心曲周至之谓也。人情体到悉处，便知"人情不便处，便要回避。彼虽难于言，而心厌苦之"（《呻吟语·应务》）。仁且智者知此，便可"无指摘其所忌，无尽数其所失，无对人，无峭直，无长言，无累言"（《呻吟语·应务》）。而有些心曲，则应照亮、慰藉，使人衷肠得诉，一吐胸臆孤闷。如田艺蘅观察到"笑之频者，泣必深"（《玉笑零音》），那些人前常笑的人，必常独自深泣，实可谓对人之性情、命运的深切体贴和悲悯。

此等指涉人之交往和存在基本问题的真知灼见，在今日高度"理论化""科学化"的传播学中较少得到观照，殊为可叹。体人之道不只是以我心揣度彼心，以做出世故的回应，而是以生命平等的大关怀，易心换位对待他人。《文始真经》曰："勿以我心揆彼，当以彼心揆彼。知此说者可以周事，可以行德，可以贯道，可以交人，可以忘我。"吕坤则抛下这些大道理，直言"恤其私、济其愿、成其名、泯其迹，体悉之至也，感人沦于心骨矣。故察言观色者，学之粗也。达情会意者，学之精也"（《呻吟语·应务》）。

择人、知时、体情、慎言构成了儒家交往策略的主要内容。每一项策略皆承载着儒家秉持的道德原则，也对应着相应的禁忌，犯忌则未免大谬为害。如择人慎交意味着对道不同者、寡德鲜耻者不交，或敬而远之，或恕之教之。既与人交，则应不轻人、不责人、不损人、不亵人，亦不强求相与为一。"志不同者，不必强合。凡勉强之事，必不能久。"（《荆园小语》）慎交也要求不泛交，古人于此深有心得。如清初申涵光谓："交游太广，不止无益，往往多生是非。逢人班荆，到处投辖，然真知己果是其多乎？不过声气浮慕，共为豪举耳。一事一如意，怨谤丛起，不如闭户择交，自然有力。"（《荆园小语》）

至于道家的交往原则和策略，前文已附带提及，值得补充的是《抱朴子》以独立一卷的篇幅论"交际"。葛洪的主要观点包括：重交，交际乃人生要务，"天地不交则不泰，上下不交即乖志"，"虽有兄弟，不如友生"；慎交，"吾闻详交者不失人，而泛结者多后悔。故曩哲先择而后交，不先交而后择也"；崇德，交际宜"论德"而不"以官"，无道薄德者虽显达而不交；厚交，朋友之间"必取乎直谅多闻，拾遗斥谬，生无请言，死无托辞，终始一契，寒暑不渝"，不可像世俗之人那般"交不论志，逐名趋势，热来冷去，见过不改，视迷不救，有利则独专而不相分，有害则苟免而不相恤，或事便则先取而不让，值机会则卖彼以安此"。此皆与儒家交往观互通。葛洪总结的"全交之道"亦与儒家相类：

> 君子交绝犹无恶言，岂肯向所异辞乎？杀身犹以许友，岂名位之足竞乎？善交狎而不慢，和而不同，见彼有失，则正色而谏之，告我以过，则速改而不惮。不以忤彼心而不言，不以逆我耳而不纳，不以巧辨（通辩）饰其非，不以华辞文其失，不形同而神乖，不匿情而口合，不面从而背憎，不疾（通嫉）人之胜己。护其短而引其长，隐其失而宣其得，外无计数之诤，内遗心竞之累。（《抱朴子·交际》）

此外，儒道二家论及全交之道皆以"《鹿鸣》之好全"（《抱朴子·交际》）为典范。《诗经·小雅·鹿鸣》清新质朴，唱诵了以嘉言懿行美德为宗旨的君子交往之道，表达了"有朋自远方来"的人生乐事。诗曰：

> 呦呦鹿鸣，食野之苹。我有嘉宾，鼓瑟吹笙。吹笙鼓簧，承筐是将。人之好我，示我周行。
> 呦呦鹿鸣，食野之蒿。我有嘉宾，德音孔昭。视民不恌，君子是则是效。我有旨酒，嘉宾式燕以敖。
> 呦呦鹿鸣，食野之芩。我有嘉宾，鼓瑟鼓琴。鼓瑟鼓琴，和乐且湛。我有旨酒，以燕乐嘉宾之心。

修己安人

以上清理了中国传统言说、交往——主要是人际交往——思想及其基源问题。此一问题即修己安人的个体立身之道与人际和悦关系。今日学界在此一方面已付出较多回溯性的努力，但其视角主要是语言学和伦理学的，重点在于语法、修辞和语言观的辨析，语言与社会伦理、政治伦理的互构，语言对历史世界的叙述，等等。本章亦触碰到此类问题，但主要假以传播视角重述、重构之——关心说话的人或曰共在的交往者的存在与命运。传播学界对传统的溯流，总体上仍处于"只要'妙语'的'国学'"①阶段，拾掇一些古今交辉的思想碎片，结论多为"传统是可贵的"之类慨叹或表态。若文献清理不完整，基源问题未开显，则转向传统的努力即使精进不懈，亦如在现代思想闹市之中建造传统残篇的博物馆，配上臆断、琐屑、流俗的历史导游辞。

本章关心的问题，线头起自传统时代，向下又延伸至今日。虽经时移世变，沿途却留下了古今一如的问题、困境，甚或互通的悲喜、则效。也有一些周行的道理和智慧，今日已然被轻忽或遗忘，须于现代化洪流中唤起或返本开新。束秀芳、芮必峰借用埃德蒙德·胡塞尔（Edmund Husserl）"知识之母""本质直观"和"意义积淀"概念考察先秦人际交往思想，虽未探及思想史中心地带，但这几个现象学概念对于重估传统言说和交往思想确有价值②。在一个绵延未辍的文化体中，知识之母常近侍于历史母题之后，对历史现象及其思想世界的直观亦有助于把握本真本源，

---

① 邓晓芒. 胡塞尔现象学对中国学术的意义 [J]. 江苏社会科学，1995（1）：57-62.
② 束秀芳，芮必峰. 先秦儒家人际交往思想重估与再释：基于胡塞尔现象学视野 [J]. 新闻记者，2018（2）：58-65.

"欠缺这样一种追求严肃开端的认识，也就失去了第一位的和最重要的东西"①。那些原初给予或由历史沉淀的意义，常潜隐着观解历史和现实的真知。以下即归总本章核心问题，以察传统言说、交往的思想开端、知识之母和意义谱系。

一是传统言说、交往思想的宗旨是修己安人。人之自我修养与认同，其事深沉。上及对超越性道德心性的领悟，下至纷繁的伦理选择和世俗关系处理。此中，重言还是轻言、视语言为工具还是建构者，虽然先哲基于道器关系判断表现出明显偏向，但它们并非基源问题所在。以人之主体观之，若违道离德，半句嫌多，不如守拙；若合于道德，则"终日不歇口，无一句可议之言，高于缄默者百倍矣"（《呻吟语·品藻》）。拿"大道无言""天何言哉"去否定"有德者必有言""君子必辩"或反过来，既属错置，亦无意义。正是在两厢兼顾之下，海德格尔意义上的存在、此在及其与语言的关系方可得到妥善处理。对于终极存在——道，先哲宣称言不可及，强调理在绝言，以免开口即乖，遮蔽存在。而对于现实的此在则可发问、言说，言说乃此在得以解蔽并领受存在的方式，故称理在言中。

这是一种知止知进的中和智慧，为不遮蔽存在而绝言，为解蔽此在而言说。二者统一于存在者那里，前者乃对"存在的无言的声音"的回应，后者则揭示存在者的此在——"哪里没有语言，哪里也就没有存在者的敞开。"② 语与默之枢机，在于能否依于道德而安顿、成就自我，或曰领受存在、敞开此在。

这只是修己的一面，另一面则是安人——将个体置于关系网络之中，担起对共在的他者的责任。道贯通天地，德联结我他。向他者敞开，融入共在关系，意味着一个人要借由言说、交往担起天地间的道德承诺，寻求

① 胡塞尔. 纯粹现象学通论 [M]. 李幼蒸，译. 北京：商务印书馆，1992：466.
② 海德格尔. 艺术作品的本源 [M]. 孙周兴，译. 北京：商务印书馆，1997：57.

自我、人我、人天的道德共识。此一共识不全由外部规范——下一章将述及的礼制形塑，且筑基于内在体道、存性、行仁的自我立法——本章所论的道同与心通。在人的自我立法中，道不远人，实为人人皆可体认的具体的普遍真理。《礼记·礼运》篇云："人者，天地之心。"人心既通于天地和彼此，修己且安人便为自然的生命事务。不修己则不能安人，不安人亦无以成就自我。落实至言说、交往实践，即当奉持孔子订立的律则："己欲立而立人，己欲达而达人。"（《论语·雍也》）"己所不欲，勿施于人。"（《论语·卫灵公》）

修己安人确乎存在今日常言的一种社会和文化风险：集体吞没个体。自我一旦嵌入亲疏远近不同的繁密关系网络，便消失不见了。并非真实不见，而是被复杂的人伦关系和道德义务包裹、捆缚，胸前还被挂上道义等宏大语词铸成的反光镜，望之明明晃晃，看不清个体生动的面孔。个体之权利与自由，让位于集体之义务与秩序。钱穆则认为此论并不真实公正："中国人好像在五伦中忘失了个人，其实是在五伦中完成了个人。"① 中国文化将宇宙论与人生论合一，我心即天地之心，我心即人心，"此种同然与常然之心，中国人则名之曰性。我之为我，不在我身与人有别，而在我之心性与人有同"②。同心同性之我并非西方个人主义所称的"超绝的理想我"，而是中国人伦观造就的"中庸的实际我"。此我自尽己心，亦成全他人，只因人类有其共同心性或曰"全体心"，断非迁就牺牲。"我之为我"乃于人类心性相通合一中完成。个体与集体乃至全体一体关联、相互成就，而未必形成压制与逃离的紧张关系。杜维明也提出，儒家观念中的自我实现根植于人之本性之中，而真实人格的获得须经历一个转化过程，

---

① 钱穆. 人生十论 [M]. 桂林：广西师范大学出版社，2004：52.
② 同①.

此一转化"必须在人际关系的背景中才能得到表现"①。

二是传统言说、交往思想的主调是人文主义。从对言与道、德、行关系的讨论，以及对言说之难、慎言慎交的阐发看，先哲实将言说、交往视为人之存在的基本境况。知言即知人，言说、交往之难即人生之难，这是对人本身的关怀。一句"人生惟有说话是第一难事"，或"言行，君子之枢机，枢机之发，荣辱之主也"，抑或"笑之频者，泣必深"，已然道尽对人之命运境遇深沉、敏感的体恤。这种人文主义立场既指向个体，亦覆盖了整体，可谓有限而无限，无限而有限。从学而时习之、有朋自远方来，到大道之行、天下为公，即有限而无限；从大道至简、衍化至繁到个体容色辞气之变，即无限而有限。个体之进德居业、修辞立诚，同"辞之辑矣，民之协矣"的治国安邦之道是整体贯通的，立身与立国遵循着共通的言说、交往之道。

人文主义调性的另一体现，是言说、交往德性和能力皆以体认为方法。传统时代发展、总结了丰富的言说、交往经验——它们多以箴言的方式出现，却罕有理论化、逻辑化之功。这与传统治学方法有关。孟子曰："学问之道无他，求其放心而已矣。"（《孟子·告子上》）学问之道与人生修养不二，关键在于存心体认，而非诉诸思辨逻辑。宋明理学从先秦儒家特别是孟子那里捡起、扩充了存养体认功夫，并将之适用于知言养气实践。程朱、王阳明等人相信，修辞立诚的本事须由坚牢的修养功夫得来，而不可溺于纸上知见、口头道理。旦暮呼吸之间不离功夫，待到心性澄明，其功自现。

刘宗周谓："容貌辞气，皆一心之妙用，非但德符而已。一丝一窦漏，一隙一缺陷，正是独体之莫见莫显处，若于此更加装点意思，一似引贼入

---

① 杜维明. 仁与修身：儒家思想论集 [M]. 北京：生活·读书·新知三联书店，2013：363.

室，永难破除，厥害匪轻。"（《刘子遗书·学言二》）"一丝一窦漏，一隙一缺陷"之谓，说的正是功夫火候未至的残缺之境。而为了驱散心中之贼，焕发清正光明的容貌辞气，则须善尽体认存养之功。清初宋常星在《太上道德经讲义》中提出，欲使言语达及中节之妙，所凭的修养功夫是"不如守中，无太过，无不及，时然而后言，则言无瑕谪，语无口过"，久经训练后，则"心自清而神自静，形不劳而气不散，寂然不动，感而遂通"，领略守中之妙。由是可知，功夫论虽走向具体方法的拣择，却仍通往人天大道。

三是传统言说、交往思想的取向是实用日用。慎言慎交固有道上的超越性依据、德上的高尚规约，实亦有远祸避乱、建构秩序的现实考量。在严密的宗法关系网络和权力等级下，家庭之中、朋侪之间、庙堂之上、四海之内因言致祸的悲剧时时上演，约交不慎引发的乱局处处得见。故传统言说、交往之论，遍布"戒""禁""忌"等消极断言。前引敖英"二十二戒"、王达"五戒"即为明证。而从积极取向看，慎言慎交就是要实用日用地调和共在关系，建立中和位育、和而不同的社会秩序。现实中的人际与社会关系变幻莫测、离合无常，远非来自圣人之境的"同心如兰"或"四海一心"等整体论观念所能含摄。常人必假以实用的言说、交往谋略，方能维系"眼前物事"——我他关系和生存秩序的短暂平衡。

然而，中国文化的一个独特禀赋正在于眼前物事与终极大道相即不离。眼前掂量何以一言避祸、一言求福，同心系言以载道、道以言成两不相碍。世俗表达、交往中萦绕的云翳，遮不住投向终极的目光。譬如，在缺少西方宗教式永恒、不朽价值慰藉的情况下，中国人将立言——人生的寻常事——立为终极价值，与立德、立功一道成为"三不朽"之一。《左传》提出的"三不朽"，乃春秋以降中国士人群体念兹在兹的生命价值所在。兹录如下：

（鲁襄公）二十四年春，穆叔如晋。范宣子逆之，问焉，曰："古人有言曰：'死而不朽。'何谓也？"穆叔未对。宣子曰："昔匄之祖，自虞以上为陶唐氏，在夏为御龙氏，在商为豕韦氏，在周为唐杜氏，晋主夏盟为范氏，其是之谓乎？"

穆叔曰："以豹所闻，此之谓世禄，非不朽也。鲁有先大夫曰臧文仲，既没，其言立，其是之谓乎！豹闻之：'太上有立德，其次有立功，其次有立言。'虽久不废，此之谓不朽。若夫保姓受氏，以守宗祊，世不绝祀，无国无之，禄之大者，不可谓不朽。"（《**左传·襄公二十四年**》）

第三章　礼治、交往规范与共同生活

《荀子·天论》：人之命在天，国之命在礼。

《论语·颜渊》：克己复礼为仁，一日克己复礼，天下归仁焉。

作为共在的主体，人何以能够交往？当此一疑问被提出来的时候，已经存在三个预设：首先，共在的人不能不交往，若无交往则人之共在是不可能的，因此这是一个直指人之存在本身的疑问；其次，人得以从万物众生中抽离、超越出来，获得主体性的反思力和行动力——包括交往的能力，创制属人而非属神或纯自然的世界，必有其独特的内在本质，譬如天性、心性禀赋所赋予的自由道德意志；最后，除了内在禀赋的唤起发动，人的交往和共同生活须由外在规范来担保。

第一个预设是亚里士多德式的——"人是政治的动物"①，也是荀子式的——人"最为天下贵"乃因"人能群"（《荀子·王制》）。第二个预设是康德式的——"人以其自由意志而为自身立法"，也是王夫之式的——"自然者天地，主持者人。人者，天地之心"（《周易外传》卷二）。第三个预设则在人必须交往且拥有交往的禀赋之外，关切交往的外在依凭，亦即公共交往规范的建构。在中国传统思想谱系和社会生活脉络中，交往规范及其内蕴的价值、原则和理想，外显的制度、程式和器物，集中展现于礼。

前两个预设在第二章已有充分讨论，其中"能群"问题将于第七章辟出公共性维度扩展之。本章则聚焦于礼本身，考察礼作为交往规范是如何被建构的。礼的内涵、功能和价值有多重面向，中国古代制礼思想和实践漫长而庞杂，本章的核心关切在于作为价值表征系统的礼义、作为制度性规范的礼制、作为治理絜矩原则的礼治，何以规约交往行为、向导共同生活。此则须清理礼的观念起源与迁转，礼的政治化——"礼以纪政"、社会化——"齐之以礼"和日常化——"约我以礼"等中国思想的旧河道。

一、从人天沟通到人间秩序

《左传》有两处言及春秋时代看重的"国之大事"，皆指向了礼与祀。一次是讲鲁文公在祭祀时颠倒顺序，有君子斥其不明、不顺而失礼："祀，国之大事也，而逆之，可谓礼乎？"（《左传·文公二年》）另一次是在鲁成公十三年，刘康公批评成肃公执礼懈怠不敬：

---

① 亚里士多德. 政治学 [M]. 吴寿彭，译. 北京：商务印书馆，1965：7.

民受天地之中以生，所谓命也。是以有动作礼义威仪之则，以定命也。能者养之以福，不能者败以取祸。是故君子勤礼，小人尽力，勤礼莫如致敬，尽力莫如敦笃。敬在养神，笃在守业。国之大事，在祀与戎，祀有执膰，戎有受脤，神之大节也。今成子惰，弃其命矣，其不反乎？（《左传·成公十三年》）

刘康公认为君子和小人定命、养福、守业之道，系于礼敬。国家亦然，因为国之大事在于祭祀与征战，而二者皆离不开虔敬执礼，此乃人神秩序之大节。也是在鲁成公十三年，孟献子预言怠惰无礼的郤子将亡，曰："郤氏其亡乎！礼，身之干也。敬，身之基也。郤子无基。"（《左传·成公十三年》）此亦强调了礼敬乃立身之基。由是而观，至少在《左传》记事的春秋前中期，礼仍是人事神的媒介。《说文解字》的说法是："礼者，履也，所以事神致福也。"礼作为一种行动方案——履，最初用于敬天事神，规约祭祀的程式、节度、言辞和器物，承载人对神的虔诚笃敬。

事天治心

夏礼无可考。在商代，"殷人尊神，率民以事神"（《礼记·表记》），而礼正是人间事神的媒介。王国维认为甲骨文中的礼字"象二玉在器之行"，乃"行礼之器"，"又推之而奉神人之事通谓之'礼'"[①]。所谓率民事神，是借由礼向神鬼祝祷福佑，进而"以神道设教而天下服矣"（《周易·观》）的宗教性、政治性仪式和行为。在宗教性上，王者相信以礼为媒可达成人神沟通，获得神秘主宰或祖先的启谕；在政治性上，王者通过

---

① 王国维. 王国维手定观堂集林［M］. 杭州：浙江教育出版社，2014：156.

操演礼式，证成王权受命于天而统率万民的政治共识和权力合法性。

若《尚书》中《金縢》《洛诰》二篇确为周初文献，那么礼于其时仍主要操演于纳福避凶的祭祀，"只是指祭祀的仪节"[①]。但在《尚书》其他相关诸篇，礼则越出祭祀这一人与天、神、鬼的交往场域，发生了显见的人文主义转向。证据有四：礼与心相连，"以义制事，以礼制心"（《尚书·商书·仲虺之诰》）；礼与德相应，"予小子不明于德，自厎不类。欲败度，纵败礼，以速戾于厥躬。天作孽，犹可违；自作孽，不可逭"（《尚书·商书·太甲中》）；礼关涉政治秩序，"宗伯掌邦礼，治神人，和上下"（《尚书·周书·周官》），"统承先王，修其礼物，作宾于王家，与国咸休，永世无穷"（《尚书·周书·微子之命》）；礼嵌入家风与日常生活，"世禄之家，鲜克由礼"（《尚书·周书·毕命》）。当然，礼由鬼神之域转向人间社会，并不意味着礼不再主导祭祀。祭礼始终是中国传统礼制的重要形态。但是，即使上承殷商余绪以礼事神，《尚书》亦对制礼——礼的建构有了主动反思："礼烦则乱，事神则难。"（《尚书·商书·说命中》）

周礼之转向，发生于西周天神坠落、人事兴起的思想背景之下。神秘宇宙论虽未真正离场，但天文转向人文之大势已现，即冯友兰所称"人之发现"[②]。人仍然要虔敬事神，但更重要的是料理人间秩序。经此转向，礼的观念全面介入世俗秩序构建，乃至上升为一种治道——礼治。《左传》提出"有礼无败"（《左传·襄公二十六年》），因为"礼，国之干也"（《左传·僖公十一年》），并进一步解释说："礼，经国家，定社稷，序民人，利后嗣者也"（《左传·隐公十一年》），"礼，上下之纪，天地之经纬也，民之所以生也"（《左传·昭公二十五年》）。《国语》认为礼乃治国安民之道，"夫礼所以正民也"（《国语·鲁语上》），"礼以纪政，国之常也"（《国

---

① 徐复观.中国人性论史：先秦篇 [M].北京：九州出版社，2014：37.
② 冯友兰.中国哲学史：上 [M].北京：中华书局，2014：56.

语·晋语四》）。若无礼之经纬正定之功，则国失常干、政失纲纪、民失秩序，必致祸乱灭亡。

及至春秋，天下摇荡，周礼势衰。面对正在发生的政治、社会和道德危机，儒家发起了一场著名的复礼思潮，礼之价值效用得到了更丰富的阐发和无以复加的称颂。为什么是儒家？这不单是因为自孔子以后，礼乐、教化和秩序化成为儒家的普遍主张，而更有其前因——儒者身份极可能源自殷商或更早的司礼巫士。据胡适考证，儒者乃以"治丧相礼"为业的"殷民的教士"①。章太炎（1869年—1936年，原名学乘，后易名炳麟，号太炎）提出儒者本业为"需"，即行巫祈雨者："灵星舞子吁嗟以求雨者，谓之儒……辟易放志于鬼道。"② 既出身巫祝，儒者好礼便属其来有自了。

植礼入政

复礼运动的举旗者，或者说礼治思想体系的奠基者，首推孔子。孔子复礼立礼之功，要者有三：祖述周礼，使礼成为先秦最重要的人文价值尺度和德性范畴之一；促成礼由人天交往媒介向人文世界的全面扩展，使之成为政治、社会和日常生活中"安稳劳韧"的规范；为礼灌注价值之源——仁，仁使礼成为活着的制度和器物，承载意义之"生生"，免于沦为空转的僵死形式。

冯友兰认为孔子所谓"述而不作，信而好古"（《论语·述而》），其所述者"周礼也"，其所太息痛恨者乃"周礼之崩坏"③。《史记》言孔子少而好礼，"为儿嬉戏，常陈俎豆，设礼容"，长而周游列国学礼述礼，后不

① 胡适. 说儒 ［M］//胡适论学近著：第1集. 济南：山东人民出版社，1998：57.
② 章太炎. 国故论衡 ［M］. 上海：上海古籍出版社，2006：87.
③ 冯友兰. 中国哲学史：上 ［M］. 北京：中华书局，2014：76.

仕而"退而修诗书礼乐"（《史记·孔子世家》）。孔子追迹三代之礼而从
周。他认为周初之治得益于制礼作乐和文教隆盛，"兴于诗，立于礼，成
于乐"（《论语·泰伯》），故"郁郁乎文哉！吾从周"（《论语·八佾》）。而
春秋之乱亦归因于礼乐崩解，非礼之鄙行、无礼之僭越、坏礼之暴政导致
天下失序，到了"是可忍也，孰不可忍也"（《论语·八佾》）的地步。《论
语》《左传》《礼记》记述了孔子从周之礼的大量语录和行状，纵未足全
信，亦可观其"或继周者"（《论语·为政》）的殷重复礼之心。言及礼之
兴废，孔子常"泫然流涕"（《礼记·檀弓上》）、"愀然作色"（《礼记·哀
公问》）、"喟然而叹"（《礼记·礼运》）。但孔子绝非一个悲观主义者，结
束令人沮丧的列国游说后，他依然勇毅复礼弘道，一如他所宣示的那样：
"圣人以礼示之，故天下国家可得而正也。"（《礼记·礼运》）

　　某次鲁国年终祭典后，孔子又"於呼哀哉"，悲叹"周公其衰矣"，弟
子言偃（即子游）问曰："夫子之极言礼也，可得而闻与？"（《礼记·礼
运》）子游此问透露了其时礼制败落之下孔子"知其不可而为之"（《论
语·宪问》）的悲壮之行。"可得而闻与"既有"讲与我听"的请教之意，
亦暗示了"礼何处觅"的无奈之情。至于"夫子之极言礼也"，则反映了
孔子对礼的极致推崇、阐释和建构。倘若孔子修订《诗经》《尚书》《仪
礼》《乐经》《周易》和《春秋》之事属实①，则此六典有关礼的根本主张
和阐释框架，或直出孔子之"学"与"述"，或为其所认同和向往。《仪
礼》为礼经三书之一，另二部分别为取自尚书的《周官》（亦称《周礼》）
和大量载录孔子礼治思想的《礼记》。此外，《左传》《庄子》《荀子》《墨
子》《韩非子》中亦多有针对孔子礼治主张的响应或批判。如是而观，先
秦主要经典的礼治思想皆与孔子有切近关联。

---

　　① 此说见于《史记》等典籍，后世儒家亦承此论，近现代有学者则持异议，如杨伯峻在《春秋
左传注》前言中专论"孔子实未尝修《春秋》"。

对于周礼的仪节程式和礼器陈置，孔子的学与述是实事求是的。子曰："夏礼，吾能言之，杞不足征也；殷礼，吾能言之，宋不足征也。文献不足故也，足则吾能征之矣。"（《论语·八佾》）孔子认为若论夏礼殷礼，二者的后世——杞和宋不可作为征信凭据，因为文献不足。另一事亦可证明孔子学礼的态度。《论语》载"子入大庙，每事问"，闻者讥之，质疑孔子"知礼乎"，实际上，孔子如此谦敬请益本身即"是礼也"（《论语·八佾》）。但孔子好古而不泥古，复礼的宗旨绝非照搬旧邦之礼，复造人天沟通的灵媒。孔子复礼是为了救世，即以礼为经纬织就秩序井然的社会关系网络。

孔子以其开阔的历史眼光，对礼采取了"有所损益"的态度："殷因于夏礼，所损益，可知也；周因于殷礼，所损益，可知也；其或继周者，虽百世可知也。"（《论语·为政》）损者，弃旧礼之"繁文""烦志"（《礼记·乐记》），"烦则不敬"（《礼记·祭义》）；益者，发扬蹈厉礼之精神，不单对治礼崩乐坏，且应拯救世道人心。经由孔子因革损益，礼成为"民之所由生"的依凭。《礼记》中哀公问礼之事最能表明孔子对礼的价值预设：

> 哀公问于孔子曰：大礼何如？君子之言礼，何其尊也？孔子曰：丘也小人，不足以知礼。君曰：否！吾子言之也。孔子曰：丘闻之，民之所由生，礼为大。非礼无以节事天地之神也；非礼无以辨君臣上下长幼之位也；非礼无以别男女、父子、兄弟之亲，昏姻、疏数之交也。君子以此之为尊敬然。（《礼记·哀公问》）

孔子告诉哀公，尊礼的理由有三：事神、为政、立身。事神之论，前已详之，不拟多言。孔子主张"为政先礼"（《礼记·哀公问》），因为植礼入政可以"辨君臣上下长幼之位"。这是对《周官》礼制观念的继承和重申，并极可能引发了孔子的正名思想和秩序观。《周官》以养君德、正朝纲、均国势为总纲，细密规划了百官臣僚的职分、员额、权责、尊卑及与其适配的礼制典则。百官中有礼官之设，职分是"以和邦国，以谐万民，以事鬼神"（《周礼·天官·小宰》）。作为"经国的制度"①，礼在《周官》中实为政治和权力结构的静态反映，即确立职属，以礼历阶。孔子则进一步赋能于礼，使之成为动态的政治和社会交往规范。在君臣关系上，孔子劝诫被季孙、孟孙、叔孙三氏架持权柄的鲁定公复正权力秩序，手段是"君使臣以礼，臣事君以忠"（《论语·八佾》）。君主以礼换忠，当"内以治宗庙之礼，足以配天地之神明；出以治直言之礼，足以立上下之敬。物耻，足以振之；国耻，足以兴之"（《礼记·哀公问》）。在君民关系上，孔子强调以礼使民化民而齐之，"上好礼，则民易使也"（《论语·宪问》），"道之以德，齐之以礼，有耻且格"（《论语·为政》）。

在植礼入政的基础上，孔子将礼的观念全面铺展至社会交往和人伦关系，使之成为"别男女、父子、兄弟之亲，昏姻、疏数之交"的当然之则。作为阐扬孔子及其门徒礼治思想的集成，《礼记》开篇以礼区分人兽，"使人以有礼，知自别于禽兽"，又称"人有礼则安，无礼则危"（《礼记·曲礼上》）。此乃对孔子"约之以礼"（《论语·雍也》）、"立于礼"（《论语·泰伯》）、"不知礼，无以立"（《论语·尧曰》）等个体以礼役身涉世观念的响应和注解。礼由此向下扎根，从天人之际的宗教性网络、权力关系中的政治性网络，延伸至日常生活世界，成为个体安身立命的经纬。礼先是脱离宗教范畴，继而越出以礼文政，"重点已转移，转向立身方面"②。以礼立身实为一种典型的关系性自我观。人天然存在于关系网络之中，健

---

① 顾荭臣. 经史子集概要. 上海：上海科学技术文献出版社，2016：44-45.

② 韦政通. 中国思想史：上［M］. 长春：吉林出版集团有限责任公司，2009：53.

全所栖居的社会关系既属对他者的责任，亦为铸成自我的前提。孔门将礼拉出庙堂，用来担保、滋养、形塑社会关系，一方面安顿自立且负责任的个体，另一方面通约由家庭朋侪至差序社会的共同体。

五四一代知识分子激烈批判礼教"吃人"，主要是指礼制等级秩序挟理诛心，杀掉了个体。此等批判虽有启蒙开化之功，却未免偏失浮薄。徐复观认为近百年来，"吃人"之说"胶执在封建政治社会的秩序维持"，而罕言礼对"个体立身处世"的安顿之效，亦不顾礼在实践中"大大缓和了政治中的压制关系"①。礼的精神在于融合"亲亲""尊尊""长长"，维持亲、尊、长主导的秩序，亦促成亲亲、尊尊、长长关系的互构。交往主体——包括居于亲、尊、长地位者一旦失礼，背离适切的权利义务规范，既定关系结构就会紧张、变异或拆解。主体间固有尊卑之序，却节制于礼义，约之以度数，任何一方皆不可无礼妄为。恰在此意义上，《礼记》谓"礼尚往来"。对于礼的"往来"精神——互动互惠互生，《礼记》有精微阐发：

> 礼尚往来，往而不来，非礼也；来而不往，亦非礼也。人有礼则安，无礼则危，故曰礼者不可不学也。夫礼者，自卑而尊人。虽负贩者，必有尊也，而况富贵乎？富贵而知好礼，则不骄不淫；贫贱而知好礼，则志不慑。（《礼记·曲礼上》）

《礼记》对君臣、父子、师生交往礼式的具体要求可为佐证。"为人臣之礼，不显谏，三谏而不听，则逃之。子之事亲也，三谏而不听，则号泣而随之。"（《礼记·曲礼下》）臣对君再三婉谏乃尽忠之礼，而三谏为度，

---

① 徐复观. 中国思想史论集［M］. 北京：九州出版社，2014：287.

不听则弃君而逃。可知礼虽强调"臣事君以忠",亦为臣提供了抽身而去的自由余裕。"君非三谏寤,礼许一身逃。"(窦常《谒三闾庙》)至于三谏不听又无以逃避的亲子关系,依礼则应号泣而随之。号泣既为自哀,亦为持续省之,而非对亲长全然逆来顺受。师生关系亦如是,《礼记》主张交谈中生对师要"听必恭",但亦鼓励其"毋雷同"(《礼记·曲礼上》)。

礼之本

孔子对礼治思想的真正光大,并非祖述周礼,甚至也不是推动礼的观念政治化、社会化和生活化——如前所述,周初文献已显露礼向人文世界的渗透。在礼的问题上,孔子最大的创造是掘井及泉,涌出礼的价值之源。伴随宗教性之天的衰颓和交往的世俗化,礼只有重获价值原力,方可保全自身的规范地位。若无情感、道德和灵韵的宰驭,礼式节文、场景器物就变成了空洞的载具或形式。外显之宏规,筑基于内在之堂奥。《左传》言郤子、成肃公执礼懈怠不敬,实则反映了这两位春秋贵族对礼的态度。当充盈于礼的神圣价值变得黯淡,或者说不再被信任了,礼式便沦为一种表演套路。孔子对此有敏锐的省思,他痛心地追问:"礼云礼云,玉帛云乎哉?乐云乐云,钟鼓云乎哉?"(《论书·阳货》)其时,诸侯多以玉帛钟鼓装典礼乐,繁饰其形,虚张门面。而无论玉帛钟鼓如何名贵,皆非"礼之本"。礼之本安在?《论语》的答复是:

> (林放问"礼之本")子曰:"大哉问!礼,与其奢也,宁俭;丧,与其易也,宁戚。"(《论语·八佾》)

> 子贡欲去告朔之饩羊。子曰:"赐也,尔爱其羊,我爱其礼!"(《论语·八佾》)

祭思敬，丧思哀。（《论语·子张》）

子曰："居上不宽，为礼不敬，临丧不哀，吾何以观之哉？"（《论语·八佾》）

上好礼，则民莫敢不敬；上好义，则民莫敢不服；上好信，则民莫敢不用情。（《论语·子路》）

子曰："君子义以为质，礼以行之，孙（逊）以出之，信以成之。君子哉！"（《论语·卫灵公》）

君子敬而无失，与人恭而有礼。四海之内，皆兄弟也。君子何患乎无兄弟也？（《论语·颜渊》）

孔子及其弟子将礼与戚、哀、爱、恭、敬、情等情志，俭、宽、信、义、逊等德性联系起来，以道德情志为里，以仪式、牺牲、器物为表，辟出了礼的人文价值维度。《礼记》直承孔子礼治思想，首篇《曲礼上》第一句即为"毋不敬，俨若思，安定辞，安民哉"，把道德笃敬、情志清明、言辞和顺作为修己安人的原则。《礼记》又言："中正无邪，礼之质也；庄敬恭顺，礼之制也。"（《礼记·乐记》）"先王之立礼也，有本有文。忠信，礼之本也；义理，礼之文也。无本不立，无文不行。"（《礼记·礼器》）可知立礼依据，已由天道——"礼以顺天，天之道也"（《左传·文公十五年》），转向了人之道德心灵。劳思光认为，礼的基础在人而不在天，天道让位给"人之自觉心或价值意识"，表明传统秩序观由天道"本有之秩序"升进为文化"创造之秩序"①。秩序不再是天生既成的自然格局、命定结构和先在形制，而是人与人奉礼交往所创生的共识性意义、规则和结构。

---

① 劳思光. 新编中国哲学史［M］. 北京：生活·读书·新知三联书店，2015：85.

在"礼之本"的转向中，人间社会告别天道临世之秩序，而基于多元交往构建属人的秩序。人始终处于秩序规训之中，但此一秩序已为人自身的创造。

对于礼与道德情志的会通，孔子有一总赅的主张：摄礼归仁。子曰："人而不仁，如礼何？人而不仁，如乐何？"（《论语·八佾》）人若无仁心仁德，则礼乐意义无存。自孔子始，仁成为儒家道德范畴的总纲，或曰全德。仁统领前述宽俭、忠信、庄敬诸德，亦牵引爱人、悲悯、恻隐等常情。故"礼之本"者，仁也。礼本乎仁，因仁而立。唯其如此，一个有礼的社会才能德厚而流光，情深而文明。正是以仁为根基，礼在褪去人天灵媒的光彩后，犹能安立、柱撑人文世界，成为个体立身、共同体存续的规范。徐复观认为，礼通于仁、礼治通于德治（仁政），实有三层意义：于个体是"对具体生命中的情欲的安顿，使情欲与理性得到谐和统一，以建立生活行为的'中道'"；于政治是以礼治中和酷法，求得"人把人看待"；于社会是造成"既有秩序，又有自由的、合理的社会风俗习惯"①。

孔曰成仁，孟曰取义。在孔子那里，仁为全德，义仅为德性诸范畴之一。孟子并称仁义而特别标举了义的价值，使之成为儒家最在意的伦理规范之一。《中庸》谓："义者，宜也。"义即正当、公正、正义。孔孟之后，仁在儒家的道德哲学运动中获得了道的地位，上升为一种形而上本体价值。仁义关系渐趋定型，即仁为体，义为用。仁者行义，义尽而仁至。仁是抽象的，须借由义——正当性这一具体德性来展现。二者关系作用于礼的建设，便要求在摄礼归仁与礼的具体实践之间嵌入一个摄礼归义的步骤。"孔子如何发展其'礼'之理论？简言之，即摄'礼'归'义'，更进而摄'礼'归'仁'是也。"② 礼以仁为根本价值，且依于义——显化的

---

① 徐复观.中国思想史论集［M］.北京：九州出版社，2014：289-290.
② 劳思光.新编中国哲学史［M］.北京：生活·读书·新知三联书店，2015：85.

伦理规范来履践运转。

儒家目中正当的人际、社会与政治交往，实为本乎仁、依于义、奉持礼的互动过程。仁乃形而上的价值规范，义为实践中的伦理规范，礼则提供了交往行为的程式、制度支撑。若将共识与秩序视为交往之果，则仁体、义用为交往种下动力因，礼即形式因。在交往规范形塑与意义生成中，"动力因无法完全疏离形式因"①。凭着仁义提供的价值动力和人性能力担保，加之礼制确立的形式规范和现实担保，交往——作为人之共在方式——才得以积聚成己成物、创生秩序的伟力。

从仁出发，礼的体系可开衍出二维：礼义与礼仪。礼义乃礼之道德理据，礼仪包括仪式、礼节、礼文、礼器及有关礼之风俗惯习和典章制度等。礼义乃礼仪的价值基础，礼仪乃礼义的符号表征。梁漱溟论及那些灌注仁义情志的礼文时称："或则引发崇高之情，或则绵永笃旧之情，使人尽心而涵厚其德，务郑重其事而妥安其志。人生如此，乃安稳劳韧而有味。"② 就传播、交往而论，礼义与礼仪之贯通为交往主体提供了共持的道德义理，也提供了共享的符号系统。此皆保障我他沟通、铺展共同生活的必要条件。

此言道德规范不可与今日道德伦理之谓混同。传统思想以道为体，以德为用。儒家所称道体以仁为中心，上通于天命，下合于心性。故道德规范实可析论为道体之皈依和德性之劝谕，前者类通宗教性规范——含藏本体性、超越性价值，后者近乎今言伦理规范。具体至交往实践，即本于道——超越性规范、据于德——伦理规范、持于礼——制度规范，在仁、义、礼的相持相长中成己成物，构建"礼之用，和为贵"（《论语·学而》）的共同生活秩序。《礼记》关于"礼之本"的另一说法正契此意："行修言

---

① 杨国荣. 成己与成物：意义世界的生成 [M]. 北京：北京大学出版社，2011：63.
② 梁漱溟. 中国文化要义 [M]. 上海：上海人民出版社，2011：109.

道，礼之质也。"（《礼记·曲礼上》）言行有仁义之修养，合于大道，乃礼之实质。

仁、义、礼是孔子思想的三个中心概念。作为最重要的两位阐释、光大者，孟子专弘仁义，荀子则挺立礼义、拓展礼法。牟宗三对此有一精当评述，孟子是"向深处走，向高处提"，荀子是"向广处走，向外面推"①。孟荀二人辟出儒家以仁义为本和以礼义为本的不同思想路向，也因此塑造了两种殊异的交往观、秩序观：基于仁心发动的道德主义，诉诸隆礼正法的制度主义。

孟子主张性善，核心理据有二：性天合一，人皆有"不忍人之心"（《孟子·公孙丑上》）。前言孔子将礼拉入人文世界，但宜注意他并未切断天道与人文的关联。孔子生逢春秋，虽不似殷和周初那般对天之主宰怀有宗教性执迷，却也难走出对天的敬畏。在以礼事天上，他也强调"祭如在，祭神如神在"（《论语·八佾》）。只是诚如子产所言"天道远，人道迩"（《左传·昭公十八年》），孔子将重点放在了人道——仁的发明开显之上。子贡认为"夫子之言性与天道，不可得而闻也"（《论语·公冶长》），而孟子恰在此处深掘又拔起，主张性天合一。天道赋予人性，而性由心显，人应存养心性以事天。存养之道何在？孟子曰："以仁存心"（《孟子·离娄下》）。这就将仁抬升至直抵天道、心性的本体地位。孟子的第二个理由缘自对人之道德实践的乐观陈述：

　　人皆有不忍人之心。先王有不忍人之心，斯有不忍人之政矣。以不忍人之心，行不忍人之政，治天下可运之掌上。所以谓人皆有不忍人之心者：今人乍见孺子将入于井，皆有怵惕恻隐之心。非所以内交

---

① 牟宗三.历史哲学［M］//牟宗三先生全集：第9册.台北：联经出版公司，2003：141.

于孺子之父母也，非所以要誉于乡党朋友也，非恶其声而然也。由是观之，无恻隐之心，非人也；无羞恶之心，非人也；无辞让之心，非人也；无是非之心，非人也。

恻隐之心，仁之端也；羞恶之心，义之端也；辞让之心，礼之端也；是非之心，智之端也。人之有是四端也，犹其有四体也。有是四端而自谓不能者，自贼者也；谓其君不能者，贼其君者也。凡有四端于我者，知皆扩而充之矣，若火之始然（通燃），泉之始达。苟能充之，足以保四海；苟不充之，不足以事父母。（《孟子·公孙丑上》）

孟子首先断言人皆有"不忍人"——悲悯体恤之心。凡为人者，忽见有孩子将落井下，必心生惊惧同情。之所以如是生心，非为结交孩子父母，亦非求周遭赞誉，或厌恶孩子悲恐号泣之声。恻隐、羞恶、辞让、是非乃人心之四端。端者，始也。无此四端，非人也。有此四端，持不忍人之心，行不忍人之政——仁政，则天下尽在掌握。据此，孟子力主性善论而坚决驳斥告子的性无善无恶论，后者认为："性犹湍水也，决诸东方则东流，决诸西方则西流。人性之无分于善不善也，犹水之无分于东西也。"（《孟子·告子上》）在孟子看来，流水确乎不问西东，但必分上下，"人性之善也，犹水之就下也。人无有不善，水无有不下"（《孟子·告子上》）。何为性善？说到底就是仁之道和义之德。

在针对义的属性问题展开的辩论中，告子认为"仁，内也，非外也；义，外也，非内也"（《孟子·告子上》）。他承认仁属内在价值，但视义为外显之德。孟子的观点是"仁，人心也；义，人路也"（《孟子·告子上》），但义乃人之心路，非外扩之途。人既有共嗜之口味、共听之音声、共好之美色，"至于心，独无所同然乎"？孟子自答："心之所同然者何也？谓理也，义也。"（《孟子·告子上》）这就将仁义皆归于内心，以捍卫性善论。不唯礼义如是，"君子所性，仁、义、礼、智根于心"（《孟子·尽心上》）。向内心折返——反身而诚、本乎性善、发动仁义，乃孟子一贯的人生和政治主张。若不能尽心性，则于己为"自贼者"，于君为"贼其君者"（《孟子·公孙丑上》）。

孟子认为仁义之道并非难事，"是不为也，非不能也"（《孟子·梁惠王上》）。何故？因为"万物皆备于我矣。反身而诚，乐莫大焉。强恕而行，求仁莫近焉"（《孟子·尽心上》）。万物尽皆在我一心，反身而诚，存养心性，乃人之至乐，再勉力行于恕道，便近乎仁了。孟子慎重区分了"由仁义行"与"行仁义"。前者以仁义为根本，言行皆由仁义出；后者则以仁义为外在的道德工具或说辞，仁道沦为仁术。照此纯然道德主义安排，由孟子可设推的交往观、共识观和秩序观大抵如下：

性天合一之仁心本来相通，义理亦属"心所同然"，因而人之交往、共识是可能的；交往乃仁心发动的过程，且应得到礼、智的保障，而后二者同样"根于心"；交往由本心出发，经由反身而诚还至本心，"至诚而不动者，未之有也；不诚，未有能动者也"（《孟子·离娄上》），诚者可明善自身、可悦于亲、可获于上、可信于友；由仁义而行交往，必先义而后利，而终于"利吾身""利吾家""利吾国"（《孟子·梁惠王上》），实为心灵秩序、道德秩序和社会、政治秩序的一体同构。

化性起伪

荀子的问题意识，不是让个体应然地过上善的生活和国家能施仁政，而是何以现实地节制人性之恶和"相与群居而无乱"（《荀子·礼论》）。在《性恶》篇，荀子开宗明义指出："人之性恶，其善者伪也。"人生而好利，各有疾恶，耳目声色之欲炽盛，加之"饥而欲饱，寒而欲暖，劳而欲休"

（《荀子·性恶》）之常情，皆说明性恶。"所谓恶者，偏险悖乱也。"（《荀子·性恶》）"从人之性，顺人之情"的后果是"争夺生而辞让亡""残贼生而忠信亡""淫乱生而礼义文理亡""合于犯分乱理，而归于暴"（《荀子·性恶》）。荀子尖锐地指出，人之自然欲望必致个体德性之昏乱——以自利为利，以自善为善，并引发国家秩序之暴乱——无止境的犯分、乱理、争夺。近两千年后，托马斯·霍布斯（Thomas Hobbes）以"自然状态"描述人之无序共在——"每一个人对每一个人的战争"，正与荀子遥契①。

荀子提出的平治昏乱暴乱的方案是化性起伪，即改造、变化人之性情，造起后天之作为。"伪"是荀子思想中一个独特概念，泛指非本然存在而须后天人为造成之物。在某种程度上，"伪"的概念就是冲着孟子性善论去的。荀子不相信人之道德心灵本来俱足、万物皆备，更非生而至善，而须由外部规范节制之。他认为孟子性善论既无逻辑亦不符合经验，实属"坐而言之，起而不可设，张而不可施行"（《荀子·性恶》）。孟子的错误在于把善这一后天于外部世界习得之"伪"，强作心性不移不易之德。基于对孟子的批判，荀子进一步将礼义、礼法设定为化性起伪的"外铄"手段，"必将有师法之化，礼义之道，然后出于辞让，合于文理，而归于治"（《荀子·性恶》）。荀子目中的礼义，虽不离内在仁德的指导，但同时也是仁德的外在保障。若无切于世用的制度性规约，性善便只是一种并不可靠的道德愿望，实难成为人之自主自觉的选择。《荀子》诸篇对此有多处互文性的讨论，例如：

> 故圣人化性而起伪，伪起而生礼义，礼义生而制法度……顺情性

---

① 霍布斯. 利维坦［M］. 黎思复，黎廷弼，译. 北京：商务印书馆，2017：94.

则弟兄争矣，化礼义则让乎国人矣。(《荀子·性恶》)

先王恶其乱也，故制礼义以分之，以养人之欲，给人之求，使欲必不穷乎物，物必不屈于欲，两者相持而长，是礼之所起也。故礼者，养也。(《荀子·礼论》)

朝廷必将隆礼义而审贵贱，若是，则士大夫莫不敬节死制者矣。百官则将齐其制度，重其官秩，若是，则百吏莫不畏法而遵绳矣。(《荀子·王霸》)

故厚德音以先之，明礼义以道之，致忠信以爱之，赏贤使能以次之，爵服庆赏以申重之，时其事、轻其任以调齐之，潢然兼覆之，养长之，如保赤子。(《荀子·王霸》)

彼国者亦有砥厉（通砺），礼义节奏是也。故人之命在天，国之命在礼。人君者隆礼尊贤而王，重法爱民而霸，好利多诈而危，权谋、倾覆、幽险而亡。(《荀子·强国》)

故古者圣人以人之性恶，以为偏险而不正，悖乱而不治，故为之立君上之埶以临之，明礼义以化之，起法正以治之，重刑罚以禁之，使天下皆出于治，合于善也。是圣王之治，而礼义之化也。(《荀子·性恶》)

综上可知，荀子为解决人之所以"能群"和"群居而无乱"的秩序问题，提出了借礼义而化性起伪的完整论证：承认"人之欲"，直面人性"偏险""悖乱"，强调"养之""化之""治之"，而不似孟子回避之或视之为洪水猛兽；主张以礼义德性教化之功、制度规范之力造起人之善，前者申明礼义通于厚德忠信而为善言善行之向导和滋养，后者强调礼义确立等级职分、绳矩法度而达于善治；圣人君子应担起制礼作乐、隆礼重法的责任，以实现国人相让、大夫敬节、百官齐制的"群居和一"秩序。本书第七章将详述荀子群学思想，此处不拟作更多讨论。

二、从王道思想到交往规范

先秦儒家承礼启仁，尚属礼治观念的构造。孔子周游列国，孟子游说诸侯，荀子尝为稷下客，但三者礼论皆未见主流化、体制性的政治和社会运施。礼治真正被纳入主流意识形态、嵌入制度安排、参与社会建构，实肇起于汉代帝国创生之际。汉代秦后，春秋战国复礼运动余潮未消。儒家知识分子以礼义为基，接续建设许诺完美秩序的礼治观念世界。观念的照临未必总能辟出现实之路，问题才是时代的指令。新生帝国对和谐交往、社会整合、稳定秩序的追求，将礼治由殷周故事和知识分子话语纳入治道。

道德仁义，非礼不成

汉初对礼治的重视，首先表现为对先秦礼义观念的集成和再阐释。除一批名儒注疏《周官》《仪礼》，戴德和戴胜叔侄还分别集注了《大戴礼记》和《小戴礼记》。"大戴"今完帙无存，"小戴"被奉为儒家经典。现行《礼记》，即"小戴"四十九篇：

《曲礼》上下和《少仪》篇将周礼分为吉、凶、军、宾、嘉五类，详述了言语、饮食、洒扫、应对、进退之则；《檀弓上》《檀弓下》《丧服小记》《丧大记》《奔丧》《问丧》《间传》《服问》《三年问》《丧服四制》《杂记上》《杂记下》诸篇释丧礼；《郊特牲》《祭法》《祭义》《祭统》诸篇明祭礼；《王制》《月令》《文王世子》《玉藻》《缁衣》《表记》乃天子、太

子、诸侯、大夫所奉之礼；《内则》为家礼，细密至侍奉父母公婆、家居
饮食之法；《礼器》《大传》《明堂位》《深衣》诸篇论及礼式操演中的器
物、空间、服饰之设；《冠义》《昏义》《乡饮酒义》《射义》《投壶》《聘
义》《燕义》诸篇涉及成人、结婚、乡邻饮酒、射箭、邦国交聘、待客等
专门场景之礼节及其表意方式。《礼运》《儒行》《经解》《曾子问》《哀公
问》《仲尼燕居》《孔子闲居》《坊记》诸篇借孔子及门人之口言礼义之道；
《学记》《乐记》二篇分述求学、礼乐问题，已超出一般礼式之论；《大学》
《中庸》二篇乃由礼引发的至善和中庸思想建构。

　　《礼记》诸篇体系庞杂，若合而观之，可概括为存在论、发生论、功
能论和人生论四个指向：礼乃大道之行在人间社会的自然显现，深植于仁
义，贯通于情志，此为礼的存在论与价值论依据；礼由圣人法天地之序而
制，因时而损益，以构建正理平治、天下为公的理想秩序，此为礼的发生
论依据；礼运施于错综复杂而又不得不明断的人天、君臣、父子、兄弟、
朋侪关系，再由此亲亲、尊尊、长长关系扩充至所有可能的政治和社会交
往领域，为之提供共通的符号、意义、仪节、程式、器物和制度性规范，
此为礼的功能论所向；礼定亲疏、决嫌疑、别同异、明是非，导人知进
退、事生死、道中庸、止于至善，照管行住坐卧、穿衣戴帽、洒扫应对、
待友纳宾等日常生活事务，引导个体保全自我且融入生存网络，此为礼的
人生论所向。

　　以传播视角观之，礼实为"一套源远流长的表意系统和沟通模式"，
"它规定了人类几乎所有动作的基本'表演'程式，但在具体执行这些程
式时，又允许行礼者自由选择'自我表演'的方式"[1]。这意味着礼兼具
调节性与建构性双重规范属性。约翰·塞尔（John Searle）将规范二分：

---

① 肖小穗. 礼与华人沟通行为 [M] //陈国明. 中华传播理论与原则. 台北：五南图书出版公
司，2004：381-383.

一则为针对已出现的问题"说不"，或明示禁忌的调节性规范（regulative rules）；二则为预置一定的敞开性，提供自由选择余地的建构性规范（constructive rules）。① "先王恶其乱也，故制礼义以分之"，此为礼之调节性；"三谏而不听，则逃之"，此为礼之建构性。

不唯具体沟通、交往方式如是，在更大的问题——礼与其价值根基的关系上，这双重属性亦有真确的展现。譬如《礼记》一方面强调"礼之本"在仁义——如孔孟那样，将礼当作天道、德性显化作用于人间秩序的工具，另一方面也申明礼反过来对道德仁义的建构——如荀子那样，重视人在依礼展开的交往实践中，对道德心灵进行自主的省思、选择和超越。以下论断显然意识到了礼的价值建构功能，而非片面执持礼在反映本体价值和调节具体交往关系上的工具属性：

> 道德仁义，非礼不成。教训正俗，非礼不备。分争辨讼，非礼不决。君臣、上下、父子、兄弟，非礼不定。宦学事师，非礼不亲。班朝治军，莅官行法，非礼威严不行。祷祠祭祀，供给鬼神，非礼不诚不庄。是以君子恭敬、撙节、退让以明礼。（《礼记·曲礼上》）

"礼，时为大。"（《礼记·礼器》）礼的调节性和建构性要求因时制范，以调适业已出现的交往和秩序问题，且响应时代需求而持续更化。正是在现实问题和需求的召唤下，汉初的隆礼观念并未止于简牍绢帛，而是纵深挺进制礼实践。刘邦上马入咸阳，下马得长安，历流血斗争而光有四海，但他在辉煌的长乐宫见到的场面却是"群臣饮酒争功，醉或妄呼，拔剑击柱"（《史记·刘敬叔孙通列传》），未免心患之。时代的主题已然由破坏一

---

① 塞尔．人类文明的结构：社会世界的构造 [M]．文学平，盈俐，译．北京：中国人民大学出版社，2015：219.

个旧秩序，转向建设一个新秩序。儒者叔孙通（约前 245 年—约前 190
年）上表自荐，愿征先秦礼治思想大本营——鲁地诸生和弟子"共起朝
仪"（《史记·刘敬叔孙通列传》）。在叔孙通的拟制、操持下，刘邦举行盛
大登基仪典，推行齐整、庄严的朝仪，"自诸侯王以下莫不振恐肃敬"
（《史记·刘敬叔孙通列传》）。刘邦本人慨叹，"吾乃今日知为皇帝之贵也"
（《史记·刘敬叔孙通列传》）。除新设朝仪，叔孙通还制定了《傍章》十八
篇和《汉礼器制度》。《傍章》后被纳入汉律，确立了从朝堂至日常生活的
细密仪礼，甚至包括女性在生理期不得参加祭祀等内容——"见姅变不得
侍祠"[①]。《汉礼器制度》则依等级、关系、场景规定了礼器形制和用度，
以立仪则、定尊卑、明序列。

贾谊（前 200 年—前 168 年）是汉初制礼运动的另一位积极奔走者。
面对汉文帝时期藩王割据之祸患——犹"抱火厝之积薪之下而寝其上"
（《汉书·贾谊传》）的危局，贾谊提出"贵仁义""定礼制""开治道"等
安天下之策。他将礼制推向根极，再展其枝叶，"远慕周文，近思孔子，
学承荀卿，融汇道、法、阴阳、墨，联系实际政治问题，构建起了一个较
完备且具有操作意义的礼学体系"[②]。此一体系由仁义而生礼法，以形塑
汉帝国"君仁臣忠，父慈子孝，兄爱弟敬，夫和妻柔，姑慈妇听"的礼法
之治。贾谊相信："君仁则不厉，臣忠则不贰，父慈则教，子孝则协，兄
爱则友，弟敬则顺，夫和则义，妻柔则正，姑慈则从，妇听则婉。"（《新
书·礼》）为此，他周密规划了交往实践中服、容、视、言之礼，又称四
经。如《言经》提出："言有四术：言敬以和，朝廷之言也；文言有序，
祭祀之言也；屏气折声，军旅之言也；言若不足，丧纪之言也。"（《新
书·言经》）说到底，贾谊所称的以"礼治天下"就是要构建"各处其检，

---

① 沈家本. 历代刑法考 [M]. 北京：中华书局，1985：1660.
② 谢子平. 贾谊的礼义论 [J]. 贵州大学学报（社会科学版），2002（2）：68-74.

人循其度"，"人定其心，各著其目"（《新书·服疑》）的帝国秩序。

董仲舒（前179年—前104年）表现出更宏大的制礼气魄。他重返礼之宇宙论依据，旨在恢复礼的宗教性价值。这对先秦儒家建树人文礼治的努力，未免是一场迎头的贬抑。问题主要出在董仲舒试图复活神格化天命观，使天再度成为"覆育万物"的宗教性主宰。"天者，百神之大君也"（《春秋繁露·郊语》），"天者群物之祖也"（《汉书·董仲舒传》）。同孔孟一样，董仲舒亦视仁为礼的价值本源，而"仁之美者在于天。天，仁也"，"人之受命于天也，取仁于天而仁也"（《春秋繁露·王道通三》）。礼本乎仁，而仁取于天，故礼乃"天之数也"（《春秋繁露·楚庄王》）。作为天数的"大显"，礼是上天赐予人间的秩序范轨，亦为人间事天的媒介。基于天、仁、礼之一体相应关系，他劝谏"虽欲善治之，亡可奈何"（《汉书·董仲舒传》）的汉武帝法天行道、布德施仁、制礼作法，以上承天命，下导民心。

至于制礼方案，董仲舒主张顺天意、循天象、仿自然万物之则，以使礼"继天地，体阴阳，而慎主客，序尊卑贵贱大小之位，而差外内远近新故之级者也"（《春秋繁露·奉本》）。这是一套等级分明的礼治体系，且获得了神秘天命的宗教性护佑。譬如"事天与父，同礼也"（《春秋繁露·尧舜不擅移汤武不专杀》），而尊天即应尊天子，全面挺立君主权威，"人之得天得众者，莫如受命之天子"，"海内之心悬于天子"（《春秋繁露·奉本》）。又如天有阴阳二气，人有男女二分，阳主阴从，故男尊女卑。在如是宇宙论和天命观的加持下，礼治布下一张"天经地义"的道德和权力罗网，创制帝国大一统秩序。但是，董仲舒在天命观上的"倒退"，也潜隐着节制君权的苦心设计。与无上天命观相适配，他还发明了一个对冲性的"天谴论"。天乃至善的终极主宰，授命天子为人间的代理人而又规训之。若天子及在上位者大失其仁、无奉其礼，则天必将降灾异以遣告诫怵，

"欲其省天谴而畏天威"（《春秋繁露·二端》）。由两汉至唐宋，帝王每逢灾异便常行郊祀之礼，或依礼下罪己诏，反躬自省，悔过改愆，渐为成式。此虽不可归全功于董仲舒，但天谴论对君权实践之节制可见一斑。

汉代礼治运动有另两起大事件值得记述：元帝宗庙礼制改革，王莽代汉后的礼制更化。"汉承亡秦灭学之后，宗庙之制，不用周礼。每帝即世，辄立一庙，不止于七，不列昭穆，不定迭毁。"（蔡邕《宗庙迭毁议》）每帝设一宗庙的后果是，新帝须逐一祭祀，连年如是，铺排繁巨。郡国亦效法中央，宗庙林立而不堪祭礼之负。至元帝时，举国每年庙祭之资如下："上食二万四千四百五十五，用卫士四万五千一百二十九人，祝宰乐人万二千一百四十七人，养牺牲卒不在数中。"（《汉书·韦贤传》）为此，元帝召集韦玄成等儒生再三辩议，将庙祭减为"五服"①，出五服者不祭。若天子之父不是皇帝，则亦迭毁不祭，"其正礼仪"（《汉书·韦贤传》）。通过祭礼改革，儒生们有关天子无"私祭"的观念渐为元帝所接受，且深远影响后世。天子之祭不可私其亲，而只能是示范天下的"公祭"，"最大限度地彰显了皇权乃'公权'而非'私器'的公共性质"②。自是，"天下乃天下之天下，非一人之天下"（《汉书·谷永杜邺传》）成为王道和礼治的一个普遍观念。

王莽外戚出身，篡位而自立。礼制更化是王莽改制的核心内容之一，名为"文取天下"，实为篡立合法性张目。礼制改革的内容包括五等分爵、重修郊祀、抬升母统等，且夹杂了大量谶纬符命、天启神谕之物事。如宣称有人浚井得白石，上书"告安汉公莽为皇帝"（《汉书·王莽传》），以构设外戚代汉的合法性。王莽选择了一条比孔子还极端的复礼路线："每有

---

① 后又由祭五庙改为祭七庙，数虽不定，但全祭之制已废。
② 张立克.皇权与教化之间：西汉永光年间宗庙礼制改革的政治文化内涵 [J]. 孔子研究，2014（3）：85-92.

所兴造，必欲依古得经文"（《汉书·食货志》），"朝臣论议，靡不据经"（《汉书·王莽传》）。王莽自比周公，但终因"窃位南面，处非所据"（《汉书·王莽传》）而覆灭。可知礼治务以仁义为本，合于道统，方有坚实根基。

魏晋政权更迭无常，虽有宇文泰复苏周礼的努力，但政治上坏礼乱法之行更为多见。士人阶层则遁于玄学，涌现了一批逸出礼法的自由隐士和勇士。如阮籍批评儒家"坐制礼法，束缚下民"："汝君子之礼法，诚天下残贼、乱危、死亡之术耳！"（《大人先生传》）这惹得颜之推（531年—约597年，字介）斥阮籍"无礼败俗"（《颜氏家训·文章第九》）。其时，颜之推所著《颜氏家训》代表了儒家于乱世中对立礼之志的坚守，开启了家训家礼之先河。全书七卷二十篇，除《序致》和《终制》首尾二篇，其余十八篇以"苦心甘言"探讨了教子、兄弟、后娶、治家、风操、慕贤、勉学、文章、名实、涉务、省事、止足、诫兵、养生、归心、书证、音辞、杂艺的道理和礼仪。《风操》论家礼和家庭生活最详，强调"箕帚匕箸，咳唾唯诺，执烛沃盥，皆有节文"，且关乎"士大夫风操"（《颜氏家训·风操第六》）。节文固然重要，但心性之诚才是立身、交往、行世之道。《名实》篇谓："人之虚实真伪在乎心，无不见乎迹，但察之未熟耳。"心迹必显于行迹，"一为察之所鉴，巧伪不如拙诚，承之以羞大矣"。春秋郑国伯石、汉时王莽皆有假意辞让之行，"当于尔时，自以巧密"，而"后人书之，留传万代，可为骨寒毛竖也"（《颜氏家训·名实第十》）。

礼仪三百，必本人情

唐代制礼运动出现了四个高峰，分别集成了《贞观礼》百三十卷、《显庆礼》百三十卷、《开元礼》百五十卷和"开元后礼"，末者为开元之后系列礼典的泛称。如两汉一样，唐代制礼亦始于对周礼"礼仪三百，威仪三千"的眷恋，故以周礼为不拔之基，进而因时删定完备。唐礼之新意，大抵有三：尊儒倡道——以儒家礼治思想为基调，另借道家礼的观念为支援；召唤人之情志，强调"礼经沿革，必本人情"（《通典·吉礼六》）；施行王道，以礼订立君臣权利义务关系。引道入礼，无非附会老子为李唐之祖以振君威，足见唐礼之强烈实用取向。先秦和汉儒对礼与道德情志关系的处理是审慎、节制的，强调诚敬、端肃、中和。子曰："哀而不伤。"（《论语·八佾》）董仲舒谓："安性平心。"（《春秋繁露·玉英》）有唐一代纵情诗酒，以情润礼、以礼载情受到重视。唐礼鼓励人们在交往实践中，直抒真实、丰沛之情欲。唐礼则直露胸臆，切言悲欢，如有祭文云："思之哽噎，泣泪潸然。今生一别，再会无缘。"①

在王道理想的导引下，唐行开明政治，君臣奉礼守分，礼成为平衡、兑现君臣权利义务的现实载具。如陆贽认为君臣关系当"交相益"，于交往、劝谏中各尽其责，谏者得爵赏之利、献替之名，君主有理安之利、采纳之名。他甚至建议君主和朝廷担起更多礼义责任，以为天下宗仰和楷模：

> 风教之大，礼让为先。礼让之行，朝廷为首。朝廷者，万方之所宗仰，群士之所楷模，观而效焉，必有甚者。是以朝廷好礼，则俗尚敬恭。朝廷尊让，则时耻贪竞。朝廷有失容之慢，则凌暴之弊播于人。朝廷有动色之争，则攻斗之祸流于下。（《论裴延龄奸蠹书一首》）

唐礼之功利和"恣情"，在扭住"理"与"欲"关系不放的宋儒那里

---

① 刘传启. 敦煌丧葬文书辑注［M］. 成都：巴蜀书社，2017：537.

受到激烈批判。司马光对汉唐礼治有专论，他的评判是以三代之王——禹、汤、周文王、周武王"习民以礼"为参照的："昔三代之王，皆习民以礼，故子孙数百年享天之禄。及其衰也，虽以晋楚齐秦之强，不敢暴蔑王室，岂其力不足哉？知天下之不己与也。"（《谨习疏》）及至汉，"虽不能若三代之盛，王然犹尊君卑臣，敦尚名节，以行义取士，以儒术化民。是以王莽之乱，民思刘氏而卒复之"（《谨习疏》）。魏晋"以先王之礼为糟粕"，以致"风俗日坏，入于偷薄，叛君不以为耻，犯上不以为非，惟利是从，不顾名节"（《谨习疏》）。唐代政风功利，礼俗恣情，"成者为贤，败者为愚，不复论尊卑之序，是非之理"（《谨习疏》）。此风陵夷至五代，"天下荡然，莫知礼义为何物矣"（《谨习疏》）。

对于汉唐礼治，宋儒普遍怀有司马光式忧思。礼的泛宗教化、强功利化和侈纵奔放，导致礼治实践趋附神鬼、权术或浮薄俗务，而渐与王道仁政、道德生活疏离。北宋"儒宗"李觏（1009 年—1059 年，字泰伯，号盱江先生），一生治礼学，尝悲叹曰："孔子之言满天地，孔子之道未尝行。"（《潜书·十五》）三元及第的英宗朝状元冯京呼应说："孔子之文满天下，孔子之道满天下。得其文者公卿徒，得其道者为饿夫。"（《答伯庸》）孔子牌位进了文庙，飨天下祭，而礼义精神却沦为空行的道德文章。在此历史忧思之下，加之因外族凌迫、内政开明、文教兴盛而唤起的思想和道统自觉——为天地立心、为往圣继绝学，以及政治革新和天下担当意识——为生民立命、为万世开太平，宋代士人建造了先秦以降千余年来制礼之新局。

礼以正国

几乎贯穿两宋三百余年的制礼运动，始于对"礼之本"的再发问。这是历代礼学研究皆须重返的基源问题。李觏在《礼论》开篇即问："圣人之言礼，奚如是之大也？"答曰："夫礼，人道之准，世教之主也。圣人之所以治天下国家，修身正心，无他，一于礼而已矣。"此说仍属先秦旧谈，极言礼对于人道世教的正理平治之功。荀子早已言明："人无礼则不生，事无礼则不成，国家无礼则不宁。"（《荀子·修身》）"礼之所以正国也，譬之犹衡之于轻重也，犹绳墨之于曲直也，犹规矩之于方圆也。"（《荀子·王霸》）李觏之独见在于将王道政治的体用、内外尽皆统合于礼，以此确立礼的中心地位。

作为儒家治道的最高理想，王道政治内构于仁、义、礼、智、信之"至德"，外铄于乐、政、刑之"大法"。李觏认为仁、义、智、信四德含摄于礼，因礼而"实用"；乐、政、刑乃礼之分支，因礼而"大用"。四德三支皆为礼之别名，而礼为总括：

> 饮食、衣服、宫室、器皿、夫妇、父子、长幼、君臣、上下、师友、宾客、死丧、祭祀，礼之本也。曰乐，曰政，曰刑，礼之支也。而刑者，又政之属矣。曰仁，曰义，曰智，曰信，礼之别名也。是七者，盖皆礼矣。
>
> ⋯⋯⋯⋯
>
> 在礼之中，有温厚而广爱者，有断决而从宜者，有疏达而能谋者，有固守而不变者。是四者，礼之大旨也，同出于礼而不可缺者也。于是乎，又别而异之。温厚而广爱者，命之曰仁；断决而从宜者，命之曰义；疏达而能谋者，命之曰智；固守而不变者，命之曰信。此礼之四名也。
>
> 三支者，譬诸手足焉，同生于人而辅于人者也。手足不具，头腹岂可动哉？手足具而人身举，三支立而礼本行。（《李觏集·礼论

第一》》

李觏论礼，备体用而合内外，与孔孟大异其趣。孔孟以仁为全德，统领义礼智信。仁为性体，义以生礼，信亦为礼的道德前提之一。李觏则视仁、义、智、信为"无其物"的观念性实存，虽为内在的"礼之道"（《李觏集·礼论第五》），但"圣人率其仁、义、智、信之性，会而为礼，礼成而后仁义智信可见矣"（《李觏集·礼论第四》）。反之，若无"圣人之法制"——礼的担保，"性畜于内，法行于外，虽有其性，不以为法，则暧昧而不章"（《李觏集·礼论第四》）。礼使仁、义、智、信外显为可感可缘的实用规范，"备其物，正其法，而后仁、义、智、信炳然而章矣"（《李觏集·礼论第五》）。乐、政、刑亦离不开礼的节制和调驭，"节其和者，命之曰乐；行其怠者，命之曰政；威其不从者，命之曰刑"，三者"同出于礼而辅于礼者也"（《李觏集·礼论第一》）。

李觏此论最近荀子制度主义之礼，亦与《礼记》所谓"道德仁义，非礼不成"（《礼记·曲礼上》）之说相契，但毕竟不同。荀子总体上仍坚持礼以仁义为指导，主张礼乐、礼法、德刑并施，而未将礼上升至王道政治的中心。《礼记》隆礼之至，却无以礼僭仁之意，仁乃道德性之枢要，礼是仁的外化。二程对此有充分的认识，强调《礼记》观念"粗在应对进退之间"——礼，而"精在道德性命之要"——仁（《河南程氏文集·卷第十二·礼序》）。

循李觏礼学走下去，王道和礼治思想建构或将出现两种取向：消解玄远难明的本体论，拥抱以礼治为中心的制度主义。李觏宣称礼备体用、合内外，但以礼统领仁义智信、融汇乐政刑，实则在贵本与亲用、内圣与外王之间偏向了后者，亲用、外王占了上风。久之，礼治——交往与秩序规范——未免告别抽象且主观的内索，转向制度主义和实践理性。在"礼之

"所起"问题上，孔孟关切的是礼之价值和道德动力，即仁心发动。荀子则在道德源头之外，明察礼之现实物质生活动力，指出无限之"欲"与有限之"物"的矛盾须以礼调和："（制礼）以养人之欲，给人之求，使欲必不穷乎物，物必不屈于欲，两者相持而长。"（《荀子·礼论》）李觏沿荀子之路向前，从先民因天地之宜"炮燔烹炙"讲到"治其犬豕牛羊"，再及人伦条理、社会交往和朝觐会同，直至生成疏数有度、各有奉守、"贤者不敢过，不肖者不敢不及"之"天下大和"，最终将礼之初起归结为"顺人之性、欲，而为之节文者也"（《李觏集·礼论第一》）。可知李觏之礼实为一种实践理性或曰实践中的道德理性，而相对淡化了其形而上的存在论价值。

李觏身后，周敦颐、二程"洛学"兴起，朱熹等光大之，开启了理学时代。理学述古开今，有破有立，破汉唐儒学之宗教性、功利化，立天理、世道、心性一体同源之道统。道统概念最早出于朱熹，而道统意识则早由韩愈阐明。面对佛教"法统"之说，韩愈意识到儒家亦应建构其"道"——逻辑的、"统"——历史的，以确认传道统绪。他提出的道统脉络是："斯吾所谓道也，非向所谓老与佛之道也。尧以是传之舜，舜以是传之禹，禹以是传之汤，汤以是传之文武周公，文武周公传之孔子，孔子传之孟轲。轲之死，不得其传焉。"（《原道》）三百余年后，朱熹首提"道统"一词："子贡虽未得承道统，然其所知似亦不在今人之后。"（《答陆子静》）他更将周敦颐、二程和自己纳入道统序列，以弘道者自任。

在韩朱开具的名单中，荀子不在其列。汉唐儒者总体上认为"孟荀同尊"，但对荀子地位时有争议，如韩愈早年尊荀，晚年又去之。宋初孔道辅、孙复、石介、欧阳修、苏洵等尚并重孟荀[1]，而二程则斥"荀子极偏驳，只一句性恶，大本已失"（《二程集·伊川先生语五》）。朱熹对二程之

---

① 相关考证见：李文娟．"道统"之兴起与"孟荀同尊"之余韵：论北宋初期儒者观念中的孟子和荀子 [J]．东岳论丛，2019（12）：97 - 103．

论深以为然，认为荀子"只见得不好人底性，便说做恶"（《朱子语类·性理一》），"逞快胡骂乱骂"（《朱子语类·朱子一》），要求弟子"不须理会荀卿"（《朱子语类·战国汉唐诸子》）。荀子言性恶、人欲，诉诸外在礼法规范以节制之。这在理学看来，未免违离天理之体和性善之本，茫荡于支离外索的歧途。李觏礼学与荀学如出一辙，他本人一度被奉为宋初儒宗，但旋即为辉耀夺目的理学世界排拒或遮蔽。《朱子语类》洋洋百余万字，仅一处提及李觏，还是为了反驳他对孟子心性论的批评。

礼即理

理学论礼，一贯的主张是"礼即理"。周敦颐谓："礼，理也；乐，和也。"（《周敦颐集·礼乐第十三》）又称："爱曰仁，宜曰义，理曰礼，通曰智，守曰信。"（《周敦颐集·诚几德第三》）张载（1020 年—1077 年，字子厚，世称横渠先生）亦言："礼者，理也。"（《张子语录下》）二程沿袭周张，曰："礼亦理也，有诸己则无不中于理。"（《二程集·陈氏本拾遗》）"礼者，理也，文也。理者，实也，本也。文者，华也，末也。"（《二程集·明道先生语一》）此皆非理学——其时称道学——的新特说法。如《礼记》谓："子曰：礼也者，理也。"（《礼记·仲尼燕居》）"礼也者，理之不可易者也。"（《礼记·乐记》）《管子》谓："故礼者，谓有理也。理也者，明分以谕义之意也。故礼出乎义，义出乎理，理因乎宜者也。"

若耽于语用上的类通，则未免辜负理学对先秦儒学的苦心改造。诚如牟宗三所论，周敦颐之"理"已近道体，"以一'理'字总代表此道体与性命"①；而至张载，"道体性命通而为一已甚透澈，而亦甚显明地即能以

---

① 牟宗三．心体与性体：上 [M]．长春：吉林出版集团有限责任公司，2015：58.

理或天理字代表之。是则横渠之言礼或天理，除通泛意义的'理'外，实皆指道体性体而言，亦即'性命'之理也"[1]；二程言理则更加明了，"天理即创生实体，即宇宙之根源"[2]。如是而观，道学家们称"礼即理"，实为礼寻一个先在、终极的依据——理。在两宋道学家将"理"标举为"终极之则"之前，理只是一个"通泛"的寻常概念，即事物之条理。故先秦所谓"礼即理"，仅有礼代表条理、秩序之通泛意义，恰就礼之形而下功用而论，实与形而上终极法则无涉。

然此一使命——发显礼之"大本大源"，先秦及汉初礼学岂非业已达成？孔孟分明为礼确立了天道前提，董仲舒更将神秘天命加诸礼制。《左传》以礼断吉凶，正因为礼乃天道投射："夫礼，天之经也，地之义也，民之行也。天地之经，而民实则之。"（《左传·昭公二十五年》）《礼记》言礼乃"天垂象，圣人则之"的产物，以郊祭之礼为例："万物本乎天，人本乎祖，此所以配上帝也。郊之祭也，大报本反始也。"（《礼记·郊特牲》）《汉书》论礼亦以天道为据："圣人因天秩而制五礼。"（《汉书·刑法志》）"圣人能为之节而不能绝也，故象天、地而制礼、乐，所以通神明，立人伦，正情性，节万事者也。"（《汉书·礼乐志》）

宋明理学之所以自称"新儒学"，正在于对世界"大本大源"之解释体系的重构。道学家们小心翼翼挑选了"理"或"天理"指称存在之本质，并以之区隔传统儒学所持的天、天命、天道、天志、天意等概念。这些传统概念皆属对存在之本源的一索再索，故可归入存在论范畴。而深究之，它们又主要通往宇宙论，指称宗教性、神格化的宇宙主宰或摄持万物的宇宙自然法则。同时，此等主宰或法则又被认定拥有完满至善的德性，且将之赋予或显现于人，故存在论常与价值论合一。以现代哲学眼光看，

---

① 牟宗三. 心体与性体：上 [M]. 长春：吉林出版集团有限责任公司，2015：58.
② 同①63.

先秦存在论实为朴素而未免粗糙的宇宙论，孔孟附之以人文价值，以形塑王道政治和道德社会；汉唐恢复并放大其神格属性，以成全君权神授和等级秩序的合法性。

宋明理学之理或曰天理同属存在论范畴，但剥除了汉唐神秘宇宙论色彩，亦不再指称"天"之类的某种实物，而纯然是形而上的、理性的、根本的"存在之然"。牟宗三认为："此理不抒表一存在物或事实之内容的曲曲折折的征象，而单是抒表一'存在之然'之存在。"① 换言之，此理为终极存在之理，连"天"也是"理"的作用和征象。朱熹谓："万一山河大地都陷了，毕竟理却只在这里。"（《朱子语类·理气上》）钱穆对此有一更形象的解释："天地仅是个皮壳，不是在皮壳中长出一番道理，乃是由这道理长成这皮壳。"② 人可通过诚意致知（周敦颐和刘宗周）、体物体贴（张载和程颢）、格物致知（程颐和朱熹）等方式认识和把握此理。此一认识论转向强调了人之于理的主体性，重振了始自先秦儒家的人文主义。

再回到礼的问题上来。在确立了绝对、普遍、纯一的终极之理后，道学家们用"理一分殊"来解释宇宙的构成与秩序。天理散殊于万物，而万物又收摄于一理。由此设推，朱熹提出"礼者，天理之节文，人事之仪则"（《四书章句集注·论语集注卷一·学而第一》）。此说表面看与天垂象而圣人则之、因天秩而民行之的传统礼论无甚差别，实则不然，朱熹袭二程衣钵，为礼立下了终极至理的真理性依据。朱熹认为治礼学"须要穷其源本"，"放得大水下来，则如海潮之至，大船小船莫不浮泛。若上面无水来，则大船小船都动不得"（《朱子语类·孟子十》）。此一大水之源，正是作为终极之则的天理而不再是宇宙论天道。礼源出天理，执礼意味着"合如是"，即本来如此；而礼生于天道，执礼则属天道权威支配或感召下的

---

① 牟宗三. 心体与性体：上 [M]. 长春：吉林出版集团有限责任公司，2015：80.
② 钱穆. 朱子新学案 [M]. 成都：巴蜀书社，1986：167.

"当如是",即应该如此。

"合如是"之礼,乃人主动把握真理后的自觉行动。"当如是"之礼,属顺天事尊之下"不得不"之行,或"若非如此,必有灾殃"之"报"的忧惧反映。后者例证甚多,《礼记》即多以"非""不"论礼之利害,如前引之"非礼不成""非礼不备""非礼不决""非礼不定""非礼不亲""非礼威严不行""非礼不诚不庄"等。前者可以程颐与人的一段问答为证:

> 有人劳正叔先生曰:"先生谨于礼四五十年,应甚劳苦。"
> 先生曰:"吾日履安地,何劳何苦?它人日践危地,此乃劳苦也。"(《二程遗书·卷第一·二先生语一》)

程颐大半生严谨执礼,有人疑其"应甚劳苦",但他认为自己依礼而行只是"天理合如此"(《二程集·二先生语二上》),"礼经三百,威仪三千,皆出于性,非伪貌饰情"(《河南程氏文集·卷第十二·礼序》)。执礼乃自然洒脱之事,此心无碍,如履安地,并无劳苦。那么,理、礼与安——安然过好一生,乃至建设良善有序的共同生活和理想社会有何关系?这在朱熹那里得到了更充分的解释:

首先是理与性的关系,理为形而上之至则,落实于人即为性;其次是性与情的关系,"心有体用,未发之前是心之体,已发之际乃心之用"(《朱子语类·性理二》),心之体即是性——通于天理,心之用即是情;再者是情与气的关系,"天地生物,本乎一源。人与禽兽草木之生,莫不具有此理"(《朱子全书·延平答问》),但人各有其气质禀赋,所发之情必有偏正轻重——朱熹认为荀子正是在气而非理、情而非性上得出性恶论;最后是情与礼的关系,礼乃天理之节文,为人事提供纠"情之偏"、养"情之正"的仪则。在礼的规范下,情——喜怒哀乐之发用"无不中节",是谓之"和"。在个体层面，存养性理、缘情而礼可达此心安然和悦。而由个体安身立命扩充至政治和社会交往，化气显理、以礼养情则可创生和谐共生的安宁秩序。

在强烈的忧患和担当意识之下，宋代士人持续发起了政治和社会"通变""变通"运动，而制礼始终是变与不变或何以变的焦点问题。在熙宁变法中，王安石与二程互不相容的争议之一，即是否进一步推行礼治。二程认为"礼治则治，礼乱则乱，礼存则存，礼亡则亡"（《河南程氏文集·卷第十二·礼序》）；王安石则更在意法度更化，他将宋之"日以衰坏"归因于"患在不知法度"（《上仁宗皇帝言事书》），而非礼治未修。实际上，王安石并非反对礼治，只是为了推行变法而将心思放在了法度"能令政必行"（《七绝·商鞅》）之强力上。王安石非但不反对礼治，还在李觏《礼论》和《周礼致太平论》的启发下编撰了《周官新义》。"周礼有王安石的倡导，著述达百处之多。"①

《礼记》的注疏和新解也受到重视，李格非的《礼记精义》、魏了翁的《礼记要义》、卫湜的《礼记集说》、真德秀的《大学衍义》等陆续推出，皆为一时力作。再注《礼记》者还有司马光、张九成、杨时、晁公武等人。这些人多为宋时参政论政的力士，试图以礼的革新促成道德良心、交往规范和政治建制变通。鉴于礼经三书中《周官》《礼记》新解风行，而《仪礼》一脉未免冷清，朱熹及其门人编撰了《仪礼经传通解》。该书的主要贡献有二：以理学为指导，基于"礼即理"原则重新梳理繁细仪节，使之"不忘水木之源"；将传统五礼——吉、凶、宾、军、嘉——改造为更切实用的家礼、乡礼、学礼、邦国礼、王朝礼、丧礼、祭礼。② 七礼贯通

---

① 姚永辉. 反思与再造：宋代士人对礼治与制礼的讨论 [J]. 杭州师范大学学报（社会科学版），2013（4）：34-38.

② 同①.

了儒家的人生和政治理想：由生至死，修身齐家治国平天下。

礼下庶人

理学渐居主流后，依理制礼一时成风，主要作为包括：以理学为纲，复造传统礼治思想资源；考订礼制仪则细目，删繁就简，掇其要义；因时布新，创制新礼，以通今用。此中最可称道者，非庙堂之上邦国、王朝礼制的兴替，而是朱熹等大批知识分子效法颜之推，将制礼重心下沉至家礼、乡礼。

孔子所谓"立于礼"，实指君子、士大夫以礼立身，"礼不下庶人"（《礼记·曲礼上》）。直至宋初，李觏仍持荀子提出的"士以上则必以礼乐节之，众庶百姓则必以法数制之"（《荀子·富国》）之论。汉唐已兴起官方化民成俗的礼教之风。如唐玄宗天宝七年敕天下："忠臣、义士、孝妇、烈女德行弥高者，亦置祠宇致祭。"（《旧唐书·玄宗纪下》）更将"教化俱修，民知敬让"明确纳入地方官吏政绩指标。但此皆属自上而下的礼教实践，未能深植礼制于家庭和乡土生活实践。

礼真正渗入庶人生活世界，实始自宋儒目光和心思向下沉潜，贵本而亲用地推动了底层制礼实践。"宋儒在新的时代环境中推行礼教以改造社会"，首要的问题就是"突破上古'礼不下庶人'的礼教原则并制定出适合于庶人的礼制规范"①。范仲淹、欧阳修、苏洵、程颐、张载等皆对编修宗约族谱表现出极大兴趣，如张载谓："管摄天下人心，收宗族，厚风俗，使人不忘本，须是明谱系世族与立宗子法。"（《经学理窟·宗法》）在修谱系之外，一批士人着手制定家礼。朱熹所作《朱子家训》为其中杰出

---

① 周兴. 宋明儒者的礼教思想及其礼治实践：以宗族思想为中心 [J]. 安徽史学，2018（6）：33-41.

代表，全篇三百余字，以礼为中心，指示了个体修身养性、家庭关系处理、人际与社会交往之道：

> 父之所贵者，慈也。子之所贵者，孝也。君之所贵者，仁也。臣之所贵者，忠也。兄之所贵者，爱也。弟之所贵者，敬也。夫之所贵者，和也。妇之所贵者，柔也。事师长贵乎礼也，交朋友贵乎信也。
>
> 见老者，敬之；见幼者，爱之。有德者，年虽下于我，我必尊之；不肖者，年虽高于我，我必远之。慎勿谈人之短，切勿矜己之长。仇者以义解之，怨者以直报之。人有小过，含容而忍之；人有大过，以理而责之。勿以善小而不为，勿以恶小而为之。人有恶，则掩之；人有善，则扬之。
>
> 处公无私仇，治家无私法。勿损人而利己，勿妒贤而嫉能。勿逞忿忿而报横逆，勿非理而害物命。见不义之财勿取，遇合义之事则从。诗书不可不学，礼义不可不知。子孙不可不教，婢仆不可不恤。守我之分者，理也；听我之命者，天也。人能如是，天必相之。此乃日用常行之道，若衣服之于身体，饮食之于口腹，不可一日无也，可不谨哉！

除制定家礼，朱熹还修订了北宋吕大钧编撰的《吕氏乡约》。《吕氏乡约》是可查证的中国最早的乡礼规范，约定了乡民交往和公共生活的总目和细则。总目有四：德业相劝、过失相规、礼俗相交和患难相恤。每一目下铺设细则。如"过失相规"列出五种宜悔改的过错：一曰交非其人，二曰游戏怠惰，三曰动作无仪，四曰临事不恪，五曰用度不节。又如"礼俗之交"述及四种交往情境：一曰尊幼辈行，二曰造请拜揖，三曰请召迎送，四曰庆吊赠遗。朱熹对《吕氏乡约》的增损改造，主要是更突出理礼会通。如强调"同约之人各自省察，互相规戒，小则密规之，大则众戒之。不听，则会集之日，直月告于约正，约正以义理诲谕之"，将宽泛的"逾违多端"明确为"逾礼违法"（《增损吕氏乡约》）。

《吕氏乡约》及朱熹损益版对后世影响颇深。明代礼学研究和制礼实践乏善可陈，但以理学为指导的家训、宗训、乡约编撰和推行极盛。如《朱子治家格言》从"黎明即起""既昏便息"讲起，教导子孙于"一粥一饭，当思来处不易；半丝半缕，恒念物力维艰"（《朱子治家格言》）等琐细处存理节欲，进而以礼行世、修齐治平。王阳明江西平乱后，因感"民虽格面，未知格心"而制定《南赣乡约》，令乡民守约、举善、改过，以"和尔邻里，齐尔姻族，德义相劝，过失相规，敦礼让之风，成淳厚之俗"（《王文成公全书·告谕父老子弟》）。吕坤相信"劝善惩恶，莫如乡约"（《实政录·查理乡甲》），乡约教化之功远胜"弹压操纵之权"（《实政录·查理乡甲》）。他制定了著名的《乡甲约》，更作《宗约歌》八十五首，以"极浅、极明、极俚、极俗"（《宗约歌引》）文字，配以"时调新曲"（《实政录·存恤茕独》），"令人耳悦心，欢然警悟"（《宗约歌引》）。下引《宗约歌》二首以观其教风：

戒厚礼

礼节谁能往不还，还他须要一般般。送来只恐人家薄，答报方知自己难。

意厚何劳多品物，情真岂在费银钱。斗酒登筵鸡絮祭，古人高处至今传。

戒骂人

骂人律上纵不究，百祸都因骂起头。村掘母女他何忍，恶咒儿郎你不休。

便是倾家难受气，宁教对命怎甘羞。只因两片凶泼嘴，惹得身家一弄丢。

三、从关系网络到意义世界

由礼的观念所向和实践指涉看，礼治从根本上将人之存在理解为一个交往过程，视共同生活为动态的交往网络，而家国天下则为交往共同体。在个体层面，礼提供了个体生命与如下四类对象的交往规范：自我心灵——以礼成性、达仁、治情，世界存在之源——以礼顺天、存理，亲疏远近度数不同的他者——"礼之用，和为贵"（《礼记·乐记》），共同体——以礼成群、相与无乱。此四类交往关系，覆盖了自我安顿、人天沟通、自他和谐、个体与大小诸群的共在关系调适等所有可能的生命境遇。在共同体层面，礼载道统而调适治统，确立等级秩序及其适配的礼式、节文、器物和制度，正纲纪而行教化，建设以仁为中心的王道政治和道德社会，标划礼运大同、天下为公的共同理想。

关系、器物、制度与意义

无论是在个体层面还是在共同体层面，礼所表征的交往规范都明显区别于现代交往观，特别是美国主导的传播观念范型。后者的基本要素是由哈罗德·拉斯维尔（Harold Lasswell）提出的"5W"：传者（谁，who）、受者（对谁，to whom）、信息（what）、渠道（which chanel）、效果（what effect）[1]。

---

① 拉斯韦尔. 社会传播的结构与功能 [M]. 何道宽，译. 北京：中国传媒大学出版社，2015：2.

基于"5W"模式，传播的核心问题乃传受之间的信息生产和流通效果。基于礼的交往观，自然也关切谁对谁、说什么与怎么说及其效果，一如本书第二章所展示的那样。而在此之外，中国交往观格外关切传受关系以及传者与受者各自所处的关系网络，对关系的重视甚至超过了言辞、信息本身。在礼的精神的熏陶下，中国交往观还特别在意交往中的器物陈设与身体状态、制度规范和意义生产诸要素。这些要素同信息、关系一样，对交往之正当性、合理性和有效性皆有根本性影响。以下从四个方面深究之。

一是关系网络。礼的首要思维是关系，交往中的关系互动比信息传递更具基础性和优先性。先秦儒家尤其是孔荀二人极重正名。子曰："名不正，则言不顺；言不顺，则事不成。"（《论语·子路》）名即名分，乃与人之实际身份及其权利义务相合的符号指称。名既是个体性的又是关系性的，离开关系网络的孤名并不存在，至少是难以理解的。君臣、父子、夫妇、兄弟、朋侪、乡党乃至天下的每一人、每一关系，莫不有其名属、职分、权责和规范。即使神鬼、隐士，亦相对于世人凡夫而名之。孔子之论一方面强调了礼乐兴起于正名、言事实践，另一方面亦可反推之，即正名以礼。在礼的规范下，人人努力追求名副其实、各载其事，且善尽礼数法度、维持关系网络，不致"无所措手足"。

礼经三书及后世持续的因时制礼之作，皆强调交往的第一意识乃交往者的身份和彼此关系。俯仰天地，知我是万物共育同生之一员，求自由而不敢自大；反身回视，三思三畏而欲与人为善，由仁义，讲忠信，居诚敬；人前人后，则明尊卑、长幼、亲疏之序，定视听言动之宜。关系的属性、结构、状态和品质，预设乃至决定了交往的内容和策略。前引《礼记》以忠信为礼本、以义理为礼文，是之谓也。忠信为关系原则，义理乃表达内容。文本相成自然是好的，而必若排序取舍，则须先本质而后文辞，即关系优先于内容。这与西方传播学专注于信息内容之生产、流通、分发和评价，确属相异的理路。关系优先之交往观，在中国古典文献中随处可见，诸如：

> 故与智者言，依于博；与博者言，依于辨；与辨者言，依于要；与贵者言，依于势；与富者言，依于高；与贫者言，依于利；与贱者言，依于谦；与勇者言，依于敢；与愚者言，依于锐。（《鬼谷子·权篇第九》）

> 非其地而树之，不生也。非其人而语之，弗听也。得其人如聚沙而雨之，非其人如聚聋而鼓之。（《说苑·杂言》）

> （与见怒、见疑者关系紧张时）人之方怒也，人之方疑也，望其亲厚者来，固逆以游说待之矣。先持游说之心以待其至，则虽有公言，亦视以为私；虽有正论，亦视以为党。岂特塞耳而不听哉！解其怒而甚其怒者有矣，辨（通辩，下同）其疑而增其疑者有矣。呜呼，亲者尤不可解，况于自解乎？亲者尤不可辨，况于自辨乎？苟不审势，不见机，不察言，不观色，身往辨解，径犯其疑怒之锋，则一顾而生百忿，一诘而生百猜；辞多则谓之争，辞寡则谓之险；貌庄则谓之傲，貌和则谓之侮。进退周旋，无非罪者。（《东莱左氏博议·卷十八·宋昭公将去群公子》）

> 无谓人唯唯，遂以为是我也；无谓人默默，遂以为服我也；无谓人煦煦，遂以为爱我也；无谓人卑卑，遂以为恭我也。（《呻吟语·应务》）

二是器物与身体。器物是礼制与交往不可或缺的要件。子曰："惟器与名，不可以假人。"（《左传·成公二年》）新筑人仲叔救了卫卿孙桓子一命，卫人欲赏其以封邑。仲叔辞之，请曲悬、繁缨以朝，卫人许之。孔子听说此事甚憾之，认为还不如多赏封邑给仲叔，曲悬、繁缨乃诸侯礼器，仲叔求之实为僭越。"名以出信，信以守器。器以藏礼，礼以行义，义以生利，利以平民，政之大节也。若以假人，与人政也。政亡，则国家从之，弗可止也已。"（《左传·成公二年》）孔子并非故作道德高调。在物质和技术极端匮乏的先秦，周室和诸侯几乎穷尽一切可能制作礼器。如对宫室、祭器、服饰、牺牲制作工艺、次序和匠人心思，皆有详尽规定。《礼记》谓："君子将营宫室，宗庙为先，厩库为次，居室为后。"（《礼记·曲礼下》）"大夫祭器不假。祭器未成，不造燕器。"（《礼记·王制》）"临祭不惰。祭服敝则焚之，祭器敝则埋之，龟筴敝则埋之，牲死则埋之。"（《礼记·曲礼上》）"（制礼器）毋或作为淫巧以荡上心，必功致为上。物勒工名，以考其诚，功有不当，必行其罪，以穷其情。"（《礼记·月令》）对于如此虔敬制器用器，孔子提供了三点理由：

首先是"器以藏礼"。礼的精神、意义含藏于器物之中，礼的实际展演也离不开器物。作为人之展演行为，礼和交往需要共在者的观看，正是器物构设了展演的空间、场景、意义、节奏甚至主题。孔子虽主张执礼宁俭勿奢，但坚持让子路带只羊去祭祖，舍此，礼之无存矣。其次是"信以守器"。礼器的根本价值在于信，即守护约定。宫宇庙坛、钟鼓玉帛、服饰牺牲等礼器表征来自天道、天理和祖先的古老不灭的信条，承载身份、权力和道德秩序的正当性。譬如九鼎乃天下一统之信物，非有道天子而不可轻取。这就为交往创造了超越性、历史性和公共性的"前理解"，提供了约定俗成或不言自明的意义前提。人以有形的礼器为媒介，进入无形的灵性或精神世界，与众神、祖先共在。同时，礼器作为符号和图腾，召唤执礼者生发崇高的德性、情感和灵韵，凡俗生活中庸常、功利乃至卑污的心念被涤除，人向着神圣和共善升进。最后是"礼以行义"。从构设展演到创造前理解再到同心向上升进，器用而礼成，接下来便是正当合宜的共识和行动了，即"行义""生利""安民"。

在礼的观念世界，除礼器对交往空间、形器、物饰、象征的可供性，身体在场——具身性亦为中国交往观素所重者。与西学不同，儒家在人学领域从未产生身心二元论。自孔孟始，儒家言及"修身"大多等同于"修心"。先秦儒家存在论和宋明理学尤其是心学一脉存在论，实为以身体——身心一如为中心的本体论。倘若非要分开说不可，那么"身合于礼"与"心合于道"同等重要。基于对灵肉一体、身体在场的极度重视，交往实践中的视听言动、容色音声成为传统传播思想最关切的观察对象之一，留下了丰富的经验论遗产。此中既有身心一如、以身征心，显示交往者主体性的论断，也有视身体即人自身为媒介的观点。兹举数例为证：

> 上之人所遇，色为先，声音次之，事行为后。故望而宜为人君者，容也；近而可信者，色也；发而安中者，言也；久而可观者，行也。故君子容色，天下仪象而望之，不假言而知为人君者。（《韩诗外传》卷二）

> 或问：何如斯谓之人？曰：取四重，去四轻，则可谓之人。曰：何谓四重？曰：重言，重行，重貌，重好。言重则有法，行重则有德，貌重则有威，好重则有观。敢问四轻？曰：言轻则招忧，行轻则招辜，貌轻则招辱，好轻则招淫。（《扬子法言·修身卷第三》）

> 人语言紧急，莫是气不定否？曰：此亦当习，习到言语自然缓时，便是气质变也。学至气质变，方是有功。（《二程遗书·卷第十八·伊川先生语四》）

> 骄是气盈，吝是气歉。……人若吝时，于财上亦不足，于事上亦

不足，凡百事皆不足，必有歉歉之色。(《二程遗书·卷第十八·伊川先生语四》)

孟子之意以言有不顺、理不自得处，即是心有不顺、理不自得处，故不得于言，须求之于心，就心上理会也。心气和则言顺理矣。然亦须就言上做工夫始得。(朱熹《答刘平甫》)

察其言，观其色，究其心，约交之道也。圣人云："泛爱众而亲仁。""泛爱众"，固美事也，然"不亲仁"则流于旷荡无节，而不知所归矣。今有人焉，其言甚甘，未足信也，必也察其色；其色甚和，未足信也，必也究其心；心与色同，色与言合，此必正直忠孝之士也，与之交则无侮。(《笔畴·八》)

雷吉斯·德布雷（Régis Debray）在反思当代传播研究时指出，要"打破文字、数字和代表物等'符号'的象征意义，摆脱以语言文字为导向的符号学的束缚，就是要重新找回人类生活态度最牢靠的基础"[1]。显然，交往中的物——或今日所言"传播的物质性"——乃"最牢靠的基础"的重要成分。"将象征物质化，并不是将象征性趋于平庸化或普通化，而是重新找回以前人类生活轨迹。不是移居到文化的边缘，而是要点亮所有的火把，挖掘世界的根源。"[2] 在礼的视域中，器物对交往前提、场域、调性、过程的预置和支撑，对交往者信念、情感、态度的召唤和调适，对共通意义的复活与再生产，对共识和行动的动员与形塑，皆表明物自身的主体性。物参与乃至建构了交往秩序，而非可有可无的交往道具或背景。身体作为物质性存在，乃交往实践中最重要的因素和最基本的事实，而现代传播学竟

---

① 德布雷. 媒介学引论 [M]. 刘文玲，译. 北京：中国传媒大学出版社，2014：27.

② 同①.

长期轻忽了此一事实。抛开身体而抽象地讨论交往动机和传播心理，舍下对身心的具体关怀而视交往者为均质的主体，势必导致传播研究中人的离场。在无人的喧嚣世界，传播学溺于信息洪流，唯打捞出飞沫一般的知识。

德布雷虽未明言，但关涉传播的"最牢靠的基础"尚应包括交往的制度规范。现代传播学早期由"5W"及其变形、延展模式主导，欠缺对制度规范的考量。今日所称传播伦理与法规，则更多指向传播领域的职业伦理、专门政策和立法。这种专业视角未免造成对传播及其规范问题的狭隘理解：将传播局限为特定情境下的信息生产、交换和消费，并试图发展出专门化、情境化规范来约束信息互动机制。而以历史和逻辑的整体视角观之，传播、交往实为人之存在的基本境况，亦为社会、文明秩序的撑持机制。两种视角之差远非宏观与微观有别那么简单，而关乎对传播、交往本质的理解。以传播为"基本境况"和"撑持机制"并非一个囫囵的宏观说法，它恰恰如实反映了传播与人类文明的关系，体现了对个体生命和共同体价值之普遍状态和具体境遇的关怀。而将传播窄化为一类专门的社会行为和职业实践，聚焦于特定的信息传递机制，是大众传媒出现以后的事。它生硬地把大众传媒或其他机构的职业传播实践，从人类交往的整体结构中切割出来，进而以局部替代了整体。及至今日万物皆媒、人人传播的时代，由"局部切割"引发的理论破绽和规范局限便显露无遗了。

三是制度规范。传播思想史学者彼得斯对此有深切反思，他强调了作为单数的交往（communication）一词的重要性，以划清其与语言学意义上复数交往（communications）的界限。后者是指在特定时空条件下保存或传递符号和意义的互动行为，即今日传播的路数；前者则被定义为"'我'与'他者'之间实现调和的努力"[1]。中国礼治思想对此早有甚深

---

[1] 彼得斯. 对空言说：传播的观念史 [M]. 邓建国，译. 上海：上海译文出版社，2016：14.

的自明和洞察。传统时代之所以产生庞大繁盛的礼治思想和绵延不辍的制礼实践，正是由于明察交往之于个体生命和共同体价值的创生、维系之功，进而以礼为其担保。针对复杂的人际、社会和政治交往行为，礼制亦有专门化、情境化的规范建设，订立了巨细靡遗的调节性、建构性仪则。而从根本上讲，礼乃一种公共伦理或曰公共理性。谓之"公共"，实就其普遍性、超越性和制度性而论：

礼的规范力普适天下所有个体和共同体，遍覆各种交往情境——从个体独白到公共交往无不处于礼之经纬之中。礼不仅提供形而下伦理规范，在其"大本大源"处亦奔腾着超越性价值原力。此一原力由天道、天理和人之心性喷薄而出，使交往者身前、眼下的礼，同天上、心上的理合而为一。经过两千余年的阐释和建构，礼成为王道政治和道德社会的当然之则。成文的礼制常与法度一同被纳入历代律典，或下沉至家训乡约。礼法皆属制度性规范，而重心所在不同，一行德治教化，一行刑罚威怵。贾谊于此说得甚分明："夫礼者禁于将然之前，而法者禁于已然之后。"（《汉书·贾谊传》）不成文且经得起检验的礼式仪则多融入风俗惯习，因教化而传承行世，亦有类制度性规范之功。换作今日学术话语，礼之公共性乃价值理性与工具理性，或曰实质理性与程序理性的汇合。在礼的观念体系中，礼义一端直抵价值之源，供给本体价值和道德规范；礼法一端通往制度典则，提供惯习和程式保障。二者相合，促成讲天理、有德性、守规矩的交往。

四是意义生产。礼与交往中的意义生产问题，可从表意、会意和生成特殊情境意义三个方面察之。它们分别对应礼作为文化意义表征系统、道德和语用指南、权变规范三种交往功能。详述之如下。

首先，礼是一套表意系统。依礼交往本身即意味着接纳了其所承载、表征的某些恒常价值，譬如那些世代秉持的信仰、道德和文化意义。若一个人认同"礼即理"，那么当他进入交往状态，天理、仁义等作为"前理解"的意义系统即自觉发动，并且他相信交往对象亦因有此自觉而进入共通的意义世界。如是，传播自然也是传承，是传统积存的共通意义的苏醒。此即德布雷强调的传播应扩充至传承，超越信息传递及其"可用性"，而保持当下与永恒意义的"连接性"，维系意义世界的"连续性"，使那些"我们赖以生活的、所信仰的和所思维的不会同我们（而不是我）一起死去"①。

其次，礼是一套交往指南。礼提示了两个层面的交往因循：在道德情志上，当以仁且恕（爱和宽容）、诚且敬、义而利（正当的利欲）、情深而文明等原则展开交往；在语言、场景、器物、程式和身体上，当以可理解的方式领会交往的含义。前者乃对交往动机、德性和情感的调适，后者则属对语境、话语及其含义的直接规约。二者加诸一处，即文质彬彬、彬彬有礼。反之则会被视为无礼，而"言不以礼，弗之信矣"（《礼记·礼器》）。礼的交往指南功能在今日主流传播学中少有相似观照，倒是与哈贝马斯倡导的交往理性相类。哈氏将形式主义伦理学和普遍语用学结合起来，提出对话者应坚持真实、真诚、正当和可理解四项"有效性宣称"，以求合意和共识②。

最后，礼预置了权变的意义生产机制。董仲舒谓："《春秋》有经礼，有变礼。为如安性平心者，经礼也。至有于性虽不安，于心虽不平，于道无以易之，此变礼也。"（《春秋繁露·玉英》）礼有经权之变，"经"之礼坚稳不移，"权"之礼只要在大的方面无违于道即可。权变之礼允许交往者在确定的礼则之外，因时就势标举特别的价值和意义。如孟子与淳于髡

---

① 德布雷.媒介学引论［M］.刘文玲，译.北京：中国传媒大学出版社，2014：27. 引文对原译略有改动。

② 哈贝马斯.交往与社会进化［M］.张博树，译.重庆：重庆出版社，1989：2-3.

论礼，曰："男女授受不亲，礼也；嫂溺援之以手者，权也。"（《孟子·离娄上》）当然，权变常由权威于之前许可或当机标举。权礼与约翰·罗尔斯（John Bordley Rawls）对公共性例外情况的讨论颇有相通之处。罗氏使用的公共性概念，一般是指那些公认的基本价值和公共论证准则、程式，但也包括因应特定需要而由权威直接给定的价值或准则。后者主要用以指导多元对话逢变而通，以寻求可能的"重叠共识"。①

前述关系网络、器物与身体、制度规范和意义生产诸要素，皆可映照、补益今日传播学的成分和成色。自互联网革命发生以来，学界针对交往中的关系网络、媒介物质性、公共理性，以及泛传播生态下的意义生产问题已经做出反应。人们跟随彼得斯、德布雷等人——他们返回古希腊和基督教传统重思传播——发出恍然大悟式的惊呼：传统世界的一些当然之则、显见之物竟遭长期遮蔽。在震惊和反思之后，以西方传统思想资源为由头铺展现实问题研究忽然成风，而中国礼治思想仍处尘封或悬置之中。在柏拉图的对话，基督教的撒播，传统宗教生活中的物质性、具身性、象征性和神圣性的思想夯土上，很难盖起中国学术的"明堂"。此正应了前引"非其地而树之"之虚妄。

公私共守，惟礼是从

但是，传统礼治思想也存在一个重大问题：从经天纬地、干国理政到成己成物、养性治情，乃至对行止容色、揖让周旋的身体规训，礼治不免形成了无以复加的社会控制。在自由与秩序的两端，礼严重偏向后者。经由漫长的历史阐释和实践修补，礼治以秩序为导向织就了宏大又绵细的社

---

① 罗尔斯. 公共理性的观念［M］//博曼，雷吉. 协商民主：论理性与政治. 陈家刚，等译. 北京：中央编译出版社，2006：76-78.

会控制网络，神圣与世俗、内在与外在、自发与强制之交往规范尽摄其中。个体于此既成网络之中向死而生，只若飞不出的微萤。

此等控制在宋明理学上升为主流意识形态后，特别是在明清两季达及巅峰。"礼即理"本来要求交往实践循理而执礼，却被极化为"明天理，灭人欲"（《朱子语类·学六》）。在个体生活世界，抽象天理被落实为严密的礼制教条，"截然分理欲为二"（《孟子字义疏证·卷下·权》）。当理被用来绝人之情、灭人之欲，便出现了清代反理学先锋戴震（1724 年—1777 年，字东原，又字慎修，号杲溪）指斥的"以理杀人"（《孟子字义疏证·与某书》）。在政治和社会交往领域，抽象天理被落实为不可移易的尊卑等级秩序和权力支配关系。民初刘师培（1884 年—1919 年，字申叔，号左盦）借用卢梭《社会契约论》（时译《民约论》）观点批评说："宋代以降，人君悉挟其名分之说以临民。于是天下之强者，变其'权力'为'权利'；天下之弱者，变其'顺从'为'义务'。"[1] 鲁迅则在《狂人日记》中提出"礼教吃人"论：历史书上每页都写着"仁义道德"，而字缝里却可看出"满本都写着两个字是'吃人'"，"他们大家连络，布满了罗网，逼我自戕"[2]。事实上，对礼治所施加的严密社会控制——固化秩序而贬抑自由的批判自古有之，而非始于传统帝国体制瓦解之际。以下从礼与道、乐、法、情、价值革新诸关系范畴述之。

一是礼、道与心灵自由。道是先秦诸子百家共持的概念，所指既有相同或相通处，亦有截然分明之差异。此处以礼为中心专论儒道二家之道。儒家将天道充实为仁道，再以仁道生出礼义，以构建人间秩序。道家则认为道乃无言无象无为之终极存在，人顺道而自然逍遥，国循道则无为而治。这也从根本上决定了道家对礼治的两个判断：唯人类悖道而行失去天

---

① 刘师培. 中国民约精义：卷 3 [M]. 长沙：岳麓书社，2013：87.
② 鲁迅. 狂人日记 [M] // 鲁迅全集. 北京：人民文学出版社，2005：447，449.

真自然后，礼才会被造作出来；礼非但不能求治，反因其造作强为而徒增惑乱。老子曰："故失道而后德，失德而后仁，失仁而后义，失义而后礼。夫礼者，忠信之薄而乱之首。"（《老子·第三十八章》）礼乃道德仁义次递既失后强行为之的手段，是忠信不足的表现，且为惑乱之端。老子又言："大丈夫处其厚，不居其薄；处其实，不居其华。"（《老子·第三十八章》）礼之浅薄浮华，非大丈夫所居处，恰与孔子君子"立于礼"之论正面相撞。庄子亦持此论：

> 礼乐遍行，则天下乱矣。彼正而蒙己德，德则不冒。冒则物必失其性也。古之人，在混芒之中，与一世而得澹漠焉。当是时也，阴阳和静，鬼神不扰，四时得节，万物不伤，群生不夭。人虽有知，无所用之，此之谓至一。当是时也，莫之为而常自然。
>
> 逮德下衰，及燧人、伏羲始为天下，是故顺而不一。德又下衰，及神农、黄帝始为天下，是故安而不顺。德又下衰，及唐、虞始为天下，兴治化之流，浇淳散朴，离道以善，险德以行，然后去性而从于心。心与心识知，而不足以定天下，然后附之以文，益之以博。文灭质，博溺心，然后民始惑乱，无以反其性情而复其初。（《庄子·缮性》）

庄子认为，上古之人有知而无为，守本性而任自然，社会和静无扰，而自燧人、伏羲等先王始，道远而德衰，不得不益文博、兴礼乐以安理天下。但是，礼乐皆属"小识""小行"，"伤德"又"伤道"（《庄子·缮性》），不足以定天下。礼乐是道德衰败、人心惑乱的结果——以礼乐求治化，此半截正是儒家立礼的重要依据；亦为灭质溺心、险德以行的原因——游离本性真心，此半截意在扑灭儒家礼治理想。在庄子看来，礼义愈明，道心欲迷，"中国之民，明乎礼义而陋乎知人心"（《庄子·田子方》）。按牟宗三的解释，庄子之谓人心，"不是儒家所说的道德心性，而是指人的心境的自由自在"①。礼乐离道以善——强加文饰以为善，必致人失其自由真心、国失其自然道法。圣人制礼作法，将生诛心灭口之患，唯有"殚残天下之圣法，而民始可与论议"（《庄子·胠箧》）。庄子对待礼与交往，可谓知行合一。庄子妻死，鼓盆而歌（《庄子·至乐》）。深泣未必真心，长歌未必不恸。诚如庄子自言："真悲无声而哀，真怒未发而威，真亲未笑而和"（《庄子·渔父》），"相呴以湿，相濡以沫，不如相忘于江湖"（《庄子·大宗师》），何劳繁文缛节。

先秦和后世道家人物多承老庄之论，视礼乐为道隐德衰之末世强求治平之术，且因其颠倒本末、溺于薄华而致"治而不和"（《文子·上礼》）。如文子指出："仁义礼乐者，所以救败也，非通治之道也"，"故知道德，然后知仁义不足行也；知仁义，然后知礼乐不足修也"（《文子·下德》）。在交往问题上，文子认为贵在以道通心，而非施加礼式范导和规约："三皇五帝三王，殊事而同心，异路而同归。末世之学者，不知道之所体一，德之所总要，取成事之迹，跪坐而言之，虽博学多闻，不免于乱。"（《文子·精诚》）

二是礼、乐与等级秩序。《礼记·乐记》云："乐者为同，礼者为异。同则相亲，异则相敬。"儒家常礼乐并提，却不可视之为二事。乐是礼的一个分支，服务于礼，如祭、丧、筵、典、邦交之礼中必有乐之铺垫、启承和烘托。但乐确有其独特禀赋，故特别举出。此一禀赋即为"相亲之同"。乐者何以同？《乐记》篇从自然化、伦理化和政治化三个层面论述了"乐统同"：乐的动静、节奏、旋律本身即是"和"之道，是"天地之道"

---

① 牟宗三. 中国哲学十九讲 [M]. 台北：台湾学生书局，2002：64.

在"人情之所不能免"(《礼记·乐记》)处的自然投射和反映;乐通伦理,能合人心,"凡音者,生于人心者也。乐者,通伦理者也"(《礼记·乐记》);乐通政治,可备治道,"声音之道,与政通矣。宫为君,商为臣,角为民,徵为事,羽为物,五者不乱,则无怗懘之音矣","是故审声以知音,审音以知乐,审乐以知政,而治道备矣"(《礼记·乐记》)。当宫商角徵羽五音与君臣民事物勾连一体,便被纳为礼治的一个分支了。《礼记》的说法是:"天高地下,万物散殊,而礼制行矣。流而不息,合同而化,而乐兴焉。"(《礼记·乐记》)

"礼者为异"承认了人之多样,但未将多元共在关系导向平等协商,而是以礼制固化了尊卑贵贱等级。此一秩序因获得天道、天理支持而"天经地义",被纳入儒家纲常伦理和主流政治价值而不可慢易,近通律法而不可侵凌,随世代教化熏习而内化,直至将强者之"权力"转换为"权利",将弱者之"顺从"涵化为"义务"。《礼记》云:"天尊地卑,君臣定矣。卑高已陈,贵贱位矣。动静有常,小大殊矣。方以类聚,物以群分,则性命不同矣。在天成象,在地成形,如此,则礼者,天地之别也。"(《礼记·乐记》)但观此句衍化出后世多少耳熟能详的成语俗语,即可察礼之等级有别观念流播久远、深入人心之情状。"乐统同"亦未走出等级秩序,而是从属、服务于"礼辨异"。乐之同只是贵族、君子内部的同情共感,"知声而不知音者,禽兽是也;知音而不知乐者,众庶是也。惟君子为能知乐"(《礼记·乐记》)。

三是礼、法与齐民之道。关于礼法关系的讨论,孔子应为最早的发起者。子曰:"道之以政,齐之以刑,民免而无耻;道之以德,齐之以礼,有耻且格。"(《论语·为政》)刑政——法可使民免于犯罪,但不会产生愧耻之心;德治——礼则可使民心生廉耻而格其非。在孟子那里,礼治乃仁政、德治的手段,礼法之分即德治与法治之别。荀子乃先秦儒家中最重法者，但在"隆礼至法则国有常"（《荀子·君道》）之间仍坚持以礼为要、法次之。这也是历代争论荀子地位时，尚可保住其儒者身份的主因之一。后世儒家礼法之辩多未超出此一框架，极言礼之德治教化之功，兼顾法之刑威惩戒之力。且因礼法皆本仁义，而礼治乃仁义之直接显化，故先礼而后法。唯在礼失效后，法才兜底。先礼后法之论的代表如司马光，先在总体上说"礼与刑，先王所以治群臣万民，不可斯须偏废也"（《策问十道之七》），再论法之效用，"王者所以治天下，惟在法令"（《续资治通鉴长编》卷三百五十九），若须在礼法之间做出抉择，则又言："惟礼是从"。

而对照礼法之历史实践看，先礼后法实际被统治集团操作为外儒内法，即外在表现出儒家仁政礼治，而内里却行法家刑政之道。最有力的证明之一是礼制的法制化和以法护礼。前言叔孙通制礼入汉律，更以御史为执礼督察官，"举不如仪者，辄引去"（《史记·刘敬叔孙通列传》）。民间执礼亦如是，家礼渐成家法，乡约入于保甲。如朱熹家礼流被于明清后，徽州祁门文堂陈氏宗约规定："每轮会之家，酌立纠仪二人，司察威仪动静，以成礼节，庶不失大家规矩。"（《祁门文堂乡约家法·会诚》）据学者陈瑞等考证，其时徽州等地纠察家礼乡约之事甚为普遍，人伦之则、乡党之约已然刚化为法，且须以法护持。"礼下庶人"之后，强力而绵密的政治、道德和律法控制，亦以家礼乡约名义下沉至普通人的生活世界。

援礼入法、以法护礼之势的形成，直接原因是法的强力切用、平乱齐民之功。纯粹的礼治主要靠执礼者由教化得来的道德自觉和众口评议——舆论监督而运施，虽有内生、长久之效，却未免虚柔散漫。而更深层的原因，则可能是礼治价值根基的动摇。孔子立礼于仁，动因即牟宗三指出的挽救"周文疲弊"①。周初"郁郁乎"之文及其承载的道德价值流衍至春

---

① 牟宗三．中国哲学十九讲 [M]．上海：上海古籍出版社，2005：48.

秋，诸侯已难称信奉行。孔子感念逝者如斯，故于长夜擎灯，树仁道而救疲弊，并以之为"礼之本"。汉初欲构建大一统帝国秩序，怀仁义者须奉天威，故董仲舒重振、放大天道宗教性、神格化之维，将神秘天命融入日常礼式节文。及至宋明，伴随人之主体性觉醒和世俗生活地位的抬升，近乎迷信的"天命谴告"论和粗糙宇宙论面临严重信仰危机，道学家们将天道迁转为天理，礼因之获得真理性终极凭据。而至清季，理学已落得如章太炎所谓"竭而无余华"①，礼失去理的支撑，便只有刚化为法了。

从先秦至明清，上索理据，中修礼则，下通刑政，从来都是礼治的三个重心。上中下三者齐备，则超越性价值规范、道德规范和制度规范并施。上失理据则下通刑威，使礼制归入法制或由后者维护礼制权威。至于少数极端礼治主义者的理想——单凭上索中修而无须以礼通法，则从未真正实现。范仲淹即此一理想主义的代表："期于无刑，求之于礼义。礼义既充，熟而成风，然后天下熙熙而遂，乐也无穷。"（《皇储资圣颂》）然而一如历史所见，他主持的庆历新政一年即骤败。

四是礼、情与交往理性。在礼的观念下谈情，须注意两项：情与欲相连，《礼记》谓："何谓人情？喜怒哀惧爱恶欲，七者弗学而能。"（《礼记·礼运》）情与性相对，荀子谓："生之所以然者谓之性。性之和所生，精合感应，不事而自然谓之性。性之好、恶、喜、怒、哀、乐谓之情。"（《荀子·正名》）如何对待情欲——节情而复性，是古今道德哲学的共同主题。在儒家思想谱系中，孔子因评价《关雎》"乐而不淫，哀而不伤"（《论语·八佾》），又称"克己复礼为仁。一日克己复礼，天下归仁焉"（《论语·颜渊》），而指示了一条根本道路：情贵中和，以礼节情。情之发用，过犹不及，当克己复礼，返性归仁。《礼记》的论调与孔子一脉承应，

---

① 章炳麟. 訄书详注 [M]. 徐复，注. 上海：上海古籍出版社，2017：139.

《中庸》篇谓："喜怒哀乐之未发，谓之中；发而皆中节，谓之和。中也者，天下之大本也；和也者，天下之达道也。致中和，天地位焉，万物育焉。"未发之澄明，已发之中节，尽须礼之范导，以生成天地素位、万物并育的和谐秩序。

荀子也走在这条路上。他承认情欲发用的自然和必然，亦主张以礼法制之。但是，"性恶情乱"之论彻底宣判了情欲之"原罪"。后世儒家持此情欲原罪论者不在少数，"致中和"在他们目中实际演变为性与情的交战，而务求性胜。此中须辨析的是，他们所言之性，乃孟子至善之性；所论之情，乃荀子原罪之情。宋明理学在概念上将性情二元论转换为理欲之争，一变而为"明天理，灭人欲"，中和之道尽失矣。"礼即理"也因之在一些道学家那里成为卫道的材料，筑起情欲堤防，引人走向禁欲、无欲的交往和秩序。直到明末清初，李贽、王夫之、黄宗羲等对理学发起猛攻，情欲方获得被辩护的机会。如王夫之（1619年—1692年，字而农，号姜斋，世称船山先生）认为礼应"洋溢周流于人情事理"，而不可偏废、禁绝人之情欲，"礼所以运天下而使之各得其宜，而其所自运行者，为二气五行三才之德所发挥以见诸事业，故洋溢周流于人情事理之间而莫不顺也"（《船山遗书·礼记章句》）。

戴震是真正为情欲翻案者。他在《原善》中提出："人之有欲也，通天下之欲，仁也。"此语在儒家观念世界堪称惊天之呼，可作二解：人最大的欲，竟是长期作为其对立面的性德——仁；天下之欲互通，非为一人之欲。前者几置欲于仁之上，后者则捅破理学仁政礼治的窗户纸：将一人之欲借礼之公共性文饰为天下之仁，逼一人之欲而使天下人无欲。在无欲的世界，由家而至天下遍覆绵密礼则线索，下庶仿若提线木偶，早无《礼记》所谓"欣喜欢爱"的生命情状。戴震及其后学凌廷堪、焦循等给出了更具现代启蒙意义的方案：以礼代理。让礼自身作为一套理性规范调节、建构交往和秩序，以规避"以理杀人"。这既呼应了荀子以礼成性、化伪起善，也遥契了同时代欧洲霍布斯、卢梭等人告别中世纪、重构公共理性的启蒙之思。本书第七章将有详论，此不赘述。

五是礼、意义与价值革新。制礼以时为大，强调严守礼义、因时制范。但这只是礼治思想和实践呈现出的一种趋向，与之相逆的潮流——复苏古礼也从未止息。孔子、董仲舒、王莽欲复周礼；唐《贞观礼》《显庆礼》《开元礼》及"开元后礼"持续更新了一些礼式节文，但其根本精神仍为信奉"古意"，特别是为杂糅道教诸神信仰而重申事天古制，以使"公私共守，贵贱遵行"（吕温《代郑相公请删定施行六典开元礼状》）；宋代礼学的主要成绩之一即是集注《周官》《仪礼》和《礼记》三经，制礼实践亦以简化更新礼则细目、重返儒家价值本源为重点。即使明末清初形成对理学的激烈反动，戴震等也总是回到先秦礼治思想，向祖宗讨要批判的武器。

因时与法古两种取向共存，使礼治这篇大文章得以续写两千余年，文法细目不断修补，但其主题、框架和结构从未被推倒重来。"换面"而未"改头"的礼治长文，总是指向儒家存在论、道德论、人生论、社会学与政治学的一些确定意义，诸如天道、天理、心性、仁义、忠信、名分、尊卑、贵贱、治乱等。说到底，这就是一篇基于意义的循环论证和阐释，而为德性交往和等级秩序提供依据的说理文。若仅言"循环"未免不公，礼治思想亦有"螺旋上升"，那么最大的变动也不过有二：人文主义与神秘主义成分的调剂，本体论内部宇宙论和一般存在论的迁转。即使在日常交往情境中，礼的精神及其提供的场景、器物、程式和仪则，亦时时处处明示、暗示并切实导向那些凝固的意义。

以上从五个方面反思、批判了礼治由秩序追求转向过度控制之患，自由之精神和自由表达、交往之权利皆遭禁锢与剥夺。清末以降，关于儒家思想是否真正拥有或认真对待自由精神，知识界已展开百余年的论战。批评者以西学为镜，指认儒学本质上就是一套混合权力与道德的专制思想，至多通过心性哲学提供了某种"心态自由主义"或"精神胜利法"①。它告诉你会通道德本体的心灵是自由的，而制度性的自由权利则付诸阙如。辩护者则依据传统文本开掘中国式自由价值，如个体层面的道德主体意识和心灵自由，即《易经》所谓"是为仁义之道，自由于己"（《周易·讼》）；又如关系导向的宽恕与自由——"己所不欲，勿施于人"；再如义务论前提下的主体选择自由——"己欲立而立人，己欲达而达人"。

自由于己，行礼不倦

传统是复杂的，儒家传统尚须在"复杂"之前加上"庞大"二字。在丰厚、交错的儒家思想沉积层中，必有畸轻畸重者、彼此矛盾处，亦有"两头说""两头堵"的呼应或殊隔。在哲学与政治学、社会学之间，思想设计与实践运施之间，行为选择与制度规范之间，儒家对自由之义涵、表现和达成的讨论常是含混、多义、冲突和断裂的。唯从基源问题——传播、自由与秩序的关系出发，加以平衡观照、整体判断，方可躲过旷日持久的无谓之争，而识见其主调和全貌。

庞杂的儒家礼治思想一方面施加了前述心灵、情欲、等级、制度、意义控制，另一方面也针对性地预置了调御、对冲此等控制的观念主张。子曰："恭而无礼则劳，慎而无礼则葸，勇而无礼则乱，直而无礼则绞。"（《论语·泰伯》）若无礼的加持，那么太恭谦未免烦劳，太审慎易堕忧惧，太勇猛招致纷乱，太耿直则沦为尖刻。孔子期待礼充当一种中和规范，减

① 邓曦泽．自由谱系下的儒家自由主义：兼论中国哲学方法论［J］．清华大学学报（哲学社会科学版），2019（4）：99－112，201－202.

却交往中的身心负累，使人共在而自在。君子持守道德律令和礼则规范，当为"自由于己"之行。《易经》所谓"君子终日乾乾，夕惕若厉。无咎"，未必是一种如履薄冰的紧张状态，实乃君子以乾健之德奋发作为而稳健、"无咎"的进取之道。程颐言执礼如"日履安地，何劳何苦"（《二程遗书·卷第一·二先生语一》），既有外守规范而保身无虞之意，亦指从心所欲而不逾矩的安心之适。二程认为，不唯个体以礼立身如是，以礼治国亦应"使民不倦"（《二程遗书·卷第十一·明道先生语一》）、"使民兴行"（《二程遗书·卷第二十一上·伊川先生语七上》）。

对于制礼的限度，《礼记》和后世阐释者清醒地指出："乐由天作，礼以地制。过制则乱，过作则暴。明于天地，然后能兴礼乐也。"（《礼记·乐记》）《礼记》此论加上荀子礼论，可看作对道家"礼乐遍行，则天下乱矣"（《庄子·缮性》）的回应。依荀子的视线，若无圣人制礼作乐，则断无可能得见老庄描绘的原始自然、无为和静的人类文明图景，只会出现"犯分乱理而归于暴"（《荀子·性恶》）的自然野蛮状态。《礼记》则补充说，礼乐制作亦有其限度，无则暴乱，过则苛猛。譬如在等级关系规范上，礼尚往来虽非一种完全对等的回报机制，但往来之"报"及其伦理化支撑了交往的互惠性和互生性，成为"中国社会关系的重要基础"①。若身位尊贵者毁坏"报"的原则，如君主不以"礼"换取臣之"忠"、不施仁政而欲求民心，位卑者便可终止交往关系，乃至起而抗争、引发暴乱。此即"古之君子，使之必报之"（《礼记·郊特牲》）。

在礼与情的问题上，清儒将"灭人欲"的罪过全部加诸宋明理学特别是朱熹身上，多少有失公允。"礼即理"后来的偏谬，极可能是理学进入权力体系的意外后果。朱熹分明说道，以礼养情之正，而治情之偏。清末

① 杨联陞. 报：中国社会关系的一个基础//杨联陞. 东汉的豪族. 北京：商务印书馆，2011：179.

民初的林纾认为"礼教吃人"之说实属"人头畜鸣，辩不屑辩"（《答大学堂校长蔡鹤卿太史书》），掌权者以礼教之名杀人，何以怪罪礼义道德本身。吴宓亦言："今中国之少年，常有以维持圣道及礼教仁义等极高贵、极庄重之字面，为戏谑讥侮之词者。呜呼！此诚有心人所当视为大不幸之事矣。"① 至于世代交往中意义的循环与凝结，固有阻扼新思想、新价值创生的局限，却也有守护天理、世道、人心恒常价值之功。这些意义消逝了，传统世界的"人之道""国之常"也就瓦解了。《左传》有云："夫礼，死生存亡之体也。"（《左传·定公十五年》）

很多古老、绵延的文明皆创造了扎根于其人文地理土壤的宗教性、道德性和制度性规范，以归拢各自土地上人们的心思，范导交往与共同生活。而像礼这样的观念和规范系统确乎罕有，它遍覆个体和公共生活所有角落，贯通道德心灵与外部世界，整合多元规范于一体，跨越数千年历史时空而未辍。法国汉学家汪德迈（Léon Vandermeersch）给出了域外文明视角的评价："礼治是治理社会的一种很特别的方法。除了中国以外，从来没有其他的国家使用过类似礼治的办法来调整社会关系，从而维持社会秩序……只有在中国传统中，各种各样的礼仪被组织得异常严密完整，而成为社会活动中人与人关系的规范系统。"②

以现代眼光论礼，既可轻易得出礼乃缚于个体身心和共同生活之绳索的结论，亦可言其为个体和共同体如何过上好的或者无害的生活提供了线索。绳索与线索一字之差，却属云壤之别的评判。这种两面性、含糊性——亦可称之为整体性、中和性——实为中国传统思想的一个显著特

---

① 吴宓. 论新文化运动［M］//袁伟时. 告别中世纪：五四文献选粹与解读. 广州：广东人民出版社，2004：434.
② 汪德迈. 礼治与法治：中国传统的仪礼制度与西方传统的JUS（法权）制度之比较研究［M］//中国孔子基金会，新加坡东亚哲学研究所. 儒学国际学术讨论会论文集. 济南：齐鲁出版社，1989：207.

质。礼面向多元主体，而又寻求普遍价值规范，这种多元普遍主义是西方难以理解的。礼承认"不同"，而又致力于"和"，以二元论观"和而不同"，同样是令人困惑的。礼预留了心灵自由和建构性行动空间，而又导向家国天下秩序，此等自由与秩序的囹圄并置，无论自由主义者还是社群主义者皆难简单接受。一种多元普遍主义的哲学是可信的吗？一种和而不同的文明理想是可及的吗？一种自由与秩序各得其所的政治是可靠的吗？

自 20 世纪 90 年代始，自由主义与社群主义发起激辩。辩论的主题正是所谓多元主义与普遍主义、差异性与同一性、自由与秩序之间的紧张关系。自由主义把作为个体的"人"放大到极限，其核心信条是人应该从所有社会牵绊和束缚中抽身而出，实现人自身的健全和自由。作为一套复杂的思想体系，自由主义流派众多，各持宏论，但都承认三个基本主张：自我拥有凌驾于任何约束机制之上的不可侵犯性，人之存在皆是为了实现个体的意志和价值，此为个人主义（individualism）的自我观；自我命运乃基于理性思维感召而做出的自主取舍，个人权利是人类文明的第一优先权，此为权利优先（primacy of right）的政治观；个体之间进行自由、诗意的竞赛，至于是否承担社会义务则是个体道德的外化和延伸，此为伦理导向（ethical orientation）的义务观。

社群主义者首先批判了自由主义的思想前提：个人拥有绝对自由，个人权利优先于共同体价值，自我伦理取向的义务观。他们认为，这些"先验"的假设从来都只是一种想象和虚构，个人根本不可能也不应获得绝对自由和凌驾于社群之上的权利。绝对自由的世界何时降临？人存在的终极意义是源自对他者、社会的恐惧，还是源自彼此的爱？逍遥的自由骑士会不会只是孤独且不负责任的灵魂？如果自由主义者不能圆满回答这些问题，那么就必须承认、接纳共同体价值。

在社群主义者看来，自由主义理想之所以虚幻不实，乃因其把"双向度"的人推向了"单行道"。完整的人应该同时存在两个向度：自然的人和社会的人。正是"作为社会的人"及其所处的共同体，构成了人"此在"的先决条件。一个不属于任何共同体、不参与共同生活的人，如何理解"我是谁""从哪里来""到哪里去"呢？社群主义代表人物丹尼尔·贝尔（Daniel Bell）在辩论中指出："一个人如果没有一个可以被叫作家的地方，他总是知道生活里缺少了些什么，这可以说是灵魂的一个缺口。"①个体唯有"归家"、重返共同体，平衡自由与共同体规范之间的关系，才能获得真正的权利、安全感和确定性。

在自我认同与社群认同的关系上，社群主义者认为启蒙运动产生了意外的负面结果：个体从君权和神权的控制中走出来，在获得解放的同时，也变成了孤立、分裂的原子。原子似乎循着各自轨道前行，其实全然不知自己的方向。若无自我与他者合理、有序的对话，个体便无以成就自我认同。正是社群认同和自我认同的和谐，使人的思想和行动有意义。面对自由主义、个人主义之泛滥无节，当促成"人与社会重新相遇"。

自由主义者将个人权利视为人参与世界的第一目标。历史不是整体叙事，而应成为个人话语的归宿。社群主义者反驳说，此乃现代社会充斥冷漠、背叛和冲突的症结所在。在自由的招牌下，人们自私自利，自我麻痹，行为怪诞、放荡，只承担肤浅的义务，却让社会和文明付出深刻的代价。为此，个人要积极介入共同生活，创造、分享公共精神，追求长远利益。唯有看护公共价值，实现公共利益，个体利益才有保障。而欲达成此一目标，道德和知识精英有必要干预共同体运转和个体生活。

这场争论仍在继续，在可见的历史时期似无一方彻底压倒另一方或得出皆大欢喜结论的可能性。而在中国传统思想谱系中，多元与普遍、差异

---

① 贝尔. 社群主义及其批评者 [M]. 李琨，译. 北京：生活·读书·新知三联书店，2002：101.

与同一、自由与秩序的关系，既存有紧张冲突之势，亦有超越性平衡。谓之紧张，是因为两厢分立的情势乃客观存在，且在总体上形成了普遍、同一、秩序优先于多元、差异、自由的观念和实践格局；谓之平衡，乃因基于整体论、中和论的一体观照，加之礼义、礼法、礼治的规范性担保，形塑了多元普遍主义、和而不同、自由与秩序各有所适的共在交往观。

本章最后以钱穆之问收尾——前文关于礼、交往与共同生活问题之复杂性的探讨，或为此问提供了一个局部的回答。钱穆的问题是：

中国何以能至于大一统，能将不同地区、不同性格、不同风习之人群，共同陶冶在同一文化系统之下？中国之地理扩展，并非如西方帝国主义凭武力向外征服，而是一种自然的趋向于文化的凝聚与统一。因此，西方历史看似复杂而实单纯。中国历史看似单纯而实复杂，其单纯在外面的形式，而内里精神则实是复杂。①

---

① 钱穆. 中国历史研究法 [M]. 北京：生活·读书·新知三联书店，2005：122.

第四章　辩论、明理存道与理性精神

　　《东莱左氏博议·卷二十四·郑人获狂狡》：辨之则吾道存，不辨则吾道丧。

　　《墨子·经下》：辩无胜，必不当，说在辩。

　　20世纪30年代，英国牛津万灵学院的青年才俊以赛亚·伯林（Isaiah Berlin）注意到了维也纳学派的逻辑实证主义。这位后来的观念史学家为维也纳之声"激动不已"，赞其为"当代最令人震惊的学术现象之一"，可驱散古典形而上学"云山雾罩的胡说"①。其时，冯友兰恰在欧陆游学，提出以逻辑实证主义弥合、改造中国传统形而上学。"维也纳学派对形上学的批评的大部分，我们是赞同的。他们的取消形上学的运动，在

---

① 伊格纳季耶夫 . 伯林传 ［M］. 罗妍莉，译 . 南京：译林出版社，2001：108.

某一意义下，我们也是欢迎底。"① 而早在 19 世纪末、20 世纪初，严复、梁启超等便疾呼中国哲学须补足作为"一切法之法，一切学之学"② 的逻辑学。胡适、王国维、金岳霖等亦操此论，再三表达对传统"坏底形上学"思辨逻辑缺失之憾，且将之归因于先秦一脉特殊思想源流被贬抑和折断。

此一脉源流便是墨辩、名辩。东周王纲解纽、天下失序，大批知识精英于刀兵口舌之世提出多元政治和伦理主张，"率其群徒，辩其谈说"（《荀子·儒效》）。辩乃诸子自求立言存世、施教扬声的手段，亦为干预权力和道德秩序的工具。春秋辩议之风渐盛，战国更形成了"日夜扼腕瞋目切齿"（《史记·张仪列传》）、纵横以取富贵的职业辩士阶层。在对辩论观念的反思上，儒、道、法、纵横诸家皆有丰富解说，而思辨逻辑成就最高者当属墨家和名家。严复、胡适、冯友兰等所抱憾者，正是墨辩、名辩传统于秦汉的消逝，中国辩论思想朝着道德形而上学、道统存续、说服教化、实用日用、通情审美诸面向茂盛绵延，而通往纯粹思辨和逻辑的智性之路却荒芜了。

一、明理存道：辩与不辩之间

先秦大抵牵引了传统辩论思想的五条主要线索：儒家的不辩与不得不辩，道家的无辩与辩无胜，纵横家的非辩不可，墨家偏向经验主义和逻辑主义的墨辩，名家基于语言反思的纯智思辨——名辩。后二家交汇于思辨逻辑，故可归于一脉。而在诸子登台纷纭腾说、横议天下之前，《尚书》等最早一批典籍已经吐露了中国传统辩论观的初步消息。

---

① 冯友兰.三松堂全集：第 5 卷 [M]. 郑州：河南人民出版社，2000：192.
② 严复.天演论自序 [M] // 严复集：第 5 册.北京：中华书局，1986：2.

最初的消息

作为现存最早的典籍，《尚书》中有两处出现"辩"字，均见于负面语境之下。一为"君罔以辩言乱旧政，臣罔以宠利居成功，邦其永孚于休"（《尚书·商书·太甲下》），伊尹告诫商王太甲勿以巧辩毁乱旧政。一为"勿辩乃司民湎于酒"（《尚书·周书·酒诰》），周公警示康叔要禁绝封地官吏沉湎酒事，不可为之托辩。①

《国语》中"辩"字有五处，一处与"巧"字相连，"巧文辩惠则贤"。智宣子欲以瑶为后，智果劝其另立更贤明的宵，理由之一是瑶巧言善辩："以不仁行之，其谁能待之？"（《国语·晋语九》）宣子弗听，立瑶，终致祸患。另四处辩通"辨"，分别为："言教必及辩"（《国语·周语下》），"施辩能教"（《国语·周语下》），"辩之以名"（《国语·楚语上》），以及"审物则可以战乎？王曰：辩"（《国语·吴语》）。此四处揭示了后世儒家辩论观的奥枢：辩的目的是辨，即明理存道。理不辩不明，道不辩无存。吕祖谦谓："辩之则吾道存，不辩则吾道丧。"（《东莱左氏博议·卷二十四·郑人获狂狡》）

《左传》中有三处提及"辩"：一处通"办"，与本章题旨无关；一处为申辩，"君必辩焉"（《左传·僖公四年》）；一处强调辩与德的关系，"辩而不德，必加于戮"（《左传·襄公二十九年》），德为体，辩为用，体之无存，用之则害，与前引不仁巧辩之论若出一辙。《春秋》及《穀梁》《公羊》二传未见"辩"字。

---

① 《尚书》此二处"辩"字，冀昀等认为通"俾"，意为"使""让"，无辩护之意；林之奇、吕祖谦等则认为辩即辩释、托词辩解。参见：冀昀. 尚书 [M]. 北京：线装书局，2007：82，173. 林之奇. 尚书全解 [M]. 北京：人民出版社，2019：272，496.

当然，仅以是否出现"辩"字考察先秦典籍辩论思想未免草率。譬如，《尚书》中《尧典》《无逸》《酒诰》诸篇皆可视为王臣之间针对政治和道德问题的论辩、辩议之作。《春秋》虽未言辩，但它本身"微而显，婉而辩"（《中论·核辩第八》）。《国语》《左传》载述了大量不带"辩"字而机锋锐利的辩论故事和场景，且展现出强烈的天命和道德规训意识。举证如下：

> 晋侯伐郑，及郔。郑及晋平，士会入盟。
>
> 楚子伐陆浑之戎，遂至于洛，观兵于周疆。定王使王孙满劳楚子。楚子问鼎之大小轻重焉。对曰："在德不在鼎。昔夏之方有德也，远方图物，贡金九牧，铸鼎象物，百物而为之备，使民知神、奸。故民入川泽山林，不逢不若。螭魅罔两，莫能逢之，用能协于上下以承天休。桀有昏德，鼎迁于商，载祀六百。商纣暴虐，鼎迁于周。德之休明，虽小，重也。其奸回昏乱，虽大，轻也。天祚明德，有所厎止。成王定鼎于郏鄏，卜世三十，卜年七百，天所命也。周德虽衰，天命未改，鼎之轻重，未可问也。"（《左传·宣公三年》）

鲁宣公三年（前606年），楚庄王率兵至洛阳，向周天子示威。周定王派王孙满安抚他。楚王询问象征天命王权的九鼎大小轻重。王孙满说，天下之依凭在德不在鼎。有德则鼎小为重，无德则鼎大为轻，鼎之轻重不能问。楚王无奈而归。《左传》中类似王孙满这样经过一番辩议，而解怨止戈、扶定倾危的故事较多。这说明在春秋时代，言辩及其所持的道德正当性和伴随的舆论威慑仍为人们所看重。鲁襄公二十五年（前548年），郑国攻克晋国盟友陈国。晋质询郑国大夫子产三项罪名：为何伐陈？为何以大犯小？为何穿着戎服？子产纵论古今、答辩如流，为此次征伐提供了天命、道德和历史依据。晋大夫赵文子认为子产的说法在道德、道理上站得住脚，便不再为难他："其辞顺，犯顺不祥。"（《左传·襄公二十五年》）

不辩与不得不辩

今日已难考辨《尚书》《春秋》《国语》《左传》等对儒家辩论思想的影响程度，但自孔孟始，儒家辩论观绝少逸出以上经典确立的主调，即总体上不鼓励辩论，好辩常与巧言、寡德、鲜仁等负面判断关联。倘若不得不辩，则应依于仁德，奔着明理存道去。子曰："君子欲讷于言。"（《论语·里仁》）好辩与好人是有冲突的。孟子身为战国第一等辩士，却辩称："予岂好辩哉？予不得已也。"（《孟子·滕文公下》）何以不得不辩？孟子自认承担着不得不辩的道德责任："我亦欲正人心，息邪说，距（通拒）诐行，放淫辞，以承三圣者。"（《孟子·滕文公下》）此等"正息拒放"虽不堪比大禹抑洪水、周公兼夷狄、孔子成《春秋》诸事，但亦属关乎"天下平""百姓宁""乱臣贼子惧"的大义。在孟子看来，公孙衍、张仪等纵横腾说之士徒有"一怒而诸侯惧，安居而天下熄"之威势，实不配称大丈夫，因其未能"居天下之广居，立天下之正位，行天下之大道"（《孟子·滕文公下》）。

同孟子一样，荀子也认为辩论极易沦为离道而擅作的"邪说辟言"。辟言者，谬论也。辩风之盛乃因道隐王没、君子无势、礼法既崩，"圣王没，天下乱，奸言起，君子无势以临之，无刑以禁之，故辨（通辩）说也"（《荀子·正名》）。若君子对民众临之以势，导之以道，申之以命，章之以论，禁之以刑，使民众合与为共，则"辨说恶用矣哉"（《荀子·正名》）！当势、道、命、论（理）、刑等秩序价值得以重整、昭彰，邪辟辩说便无施展之用了。荀子虽未明言，但依他的预设，实可得出乱则辩、辩则乱的儒家式悲观结论。

秦汉及之后的儒家亦多与孔孟荀同声相应，唯对辩论的保守态度稍有强弱之分。如东汉王充（27年—约97年，字仲任）承认辩论在社会交往和公共生活中不可避免，有"喻曲直""明是非"的价值。"一堂之上，必有论者；一乡之中，必有讼者。讼必有曲直，论必有是非。"（《论衡·物势篇》）既如是，则应"两刃相割，利钝乃知；二论相订，是非乃见"（《论衡·案书篇》）。而辩论须持守本心和德性，即行"心辩"。王充谓："人欲心辩，不欲口辩。心辩则言丑而不违，口辩则辞好而无成。"（《论衡·定贤篇》）

心辩可求心服，口辩则至多赢得口服。建安之际的徐干（170年—217年，字伟长）批评俗士之辩多为利口之言，欲求辞胜而屈人之口。此类辩论违道无德，源浅流促，强逞暴雨激风般口舌之利和屈口之快。君子之辩则以致人之志、服人之心为要，在辩论策略上相信巧伪不如拙诚，虽木讷而达道。前者"巧而不辩"，后者"拙而有辩"。二者分殊，正在于用心不同：

> 俗士之所谓辩者，非辩也。非辩而谓之辩者，盖闻辩之名而不知辩之实，故目之，妄也。俗之所谓辩者，利口者也。彼利口者，苟美其声气，繁其辞令，如激风之至，如暴雨之集，不论是非之性，不识曲直之理，期于不穷，务于必胜，以故浅识而好奇者见其如此也，固以为辩。不知木讷而达道者，虽口屈而心不服也。
>
> 夫辩者，求服人心也，非屈人口也。故辩之为言别也，为其善分别事类而明处之也，非谓言辞切给而以陵盖人也。……
>
> 然则（君子）辩之言必约而至，不烦而谕，疾徐应节，不犯礼教，足以相称。乐尽人之辞，善致人之志，使论者各尽得其愿，而与

之得解。其称也无其名，其理也不独显，若此则可谓辩。故言有拙而辩者焉，有巧而不辩者焉。（《中论·核辩第八》）

以道德心性评判辩与不辩、辩格高下，乃儒家辩论观的一个定式。荀子反对辩，但亦主张"君子必辩"。因为"君子辩言仁也"（《荀子·非相》），"言而仁之中也"（《荀子·非相》），可保证辩论以仁为中心的德性、善意和品格。荀子按道德人格区分了三种辩格：小人之辩，辞辩而无统，多诈而无功，上不足以承顺明王，下不足以和齐百姓；君子之辩，谋虑在先，言而足听，文而致实，博而党（通说，正统）正；圣人之辩，广大深微，不谋不虑，辞发而当，应变不穷（《荀子·非相》）。

南宋吕祖谦也主张君子不辩，理由是天下君子少而庸众多，未免君子之辩希闻，而庸众之辩风行。不仅如此，君子在辩论中以"辞直理直"服人，若逢君子尚可明理，如遇小人或将招祸。庸众不似君子心口为一、闻过而喜，而常心口为异、见过而怒。庸众辩而不胜则必争，争而不胜则必忿，忿心一生，祸害无穷。所以君子直言以辩，"利天下少，而害天下多"（《东莱左氏博议·卷三·滕薛争长》）。同时，吕祖谦也支持在某些情势，如孟子所称的邪说横行、一世皆倾之下，君子不得不辩，以匡扶道义。他认为天下之患，每自邪说骤起而无人敢辩始。邪说自根而芽，自芽而叶，日以滋大，数传之余，终必误人。君子于此当为天下计，起而辩之。

行文至此，似可以"消极"二字为儒家辩论观定调：一则不辩，二则不得不辩。不辩的立场与"君子欲讷于言而敏于行"（《论语·里仁》）、"巧言令色鲜矣仁"（《论语·学而》）的道德人格论有关，在根本上又与"天地不言"而四时行、万物生的宇宙观一体相通，同时亦有不辩不争、慎言无祸的实用主义考量。不得不辩的立场同样出于道德心性的本体论召唤、仁义礼法之约束与经世济用之需，辩被视为基于道统而又护持道统的以言行事手段。在那些不得不辩的紧要关头，君子借由辩论展现君子人格、善尽君子义务，当然最重要的是明理存道。若无道的支援或无行道、护道的急情，则君子大可不辩，辩也无益，甚或有害。

儒家辩论观确乎保守，但不可言其消极。隋代大儒王通（584年—617年，字仲淹，号文中子）的态度颇有代表性，他力主君子无辩、无争，而当弟子魏徵、董常请教辩道，他指出了一个"时"的问题。魏徵问君子之辩，王通曰："君子奚辩？而有时乎为辩，不得已也，其犹兵乎？"董常追问："君子有不言之辩，不杀之兵，亦时乎？"王通答曰："诚哉！不知时，无以为君子。"（《中说·魏相篇》）魏、董皆认为君子之辩如用兵，有时不得不发，有时则不战不杀。魏、董将辩论与用兵类比，仍带有鲜明的先秦思想印记。《尉缭子》云："兵者，凶器也。争者，逆德也。"（《尉缭子·武议》）庄子亦言："名也者，相轧也；知也者，争之器也。二者凶器，非所以尽行也。"（《庄子·人间世》）名、知之争引发辩论，一如战场之上兵戎相见。

王通肯定了魏、董二人的说法，提出君子知时而辩。此一应答化自《周易·系辞下》："君子藏器于身，待时而动。"器者，本事也。时者，即用兵一般的枢机应发必发之际。何谓必辩之时？自然是儒家素重的"道义时刻"——关乎天命、世道、人伦统绪兴衰存亡的抉择时刻。当此之际，挺身而辩乃君子之行，恰似将士抡刀上阵义不容辞。

以下借由西汉盐铁之辩，检讨儒家辩论观并延展之。盐铁会议召集于汉昭帝始元六年（前81年）二月，辩论至七月方罢。官方代表有丞相车千秋及其部属丞相史、御史大夫桑弘羊及众御史。民间代表有六十余位，即奉诏遴选或郡县推举的贤良和文学。贤良、文学皆为汉代察举人才的科目，前者要求德行方正、直言极谏，后者多为学术才俊。辩论持续五月有余，丞相总体上扮演了主持者角色，偶尔出场为官方辩护。作为国家财经工作主管，桑弘羊及其团队主张延续盐铁官营、设酒榷（酒类专卖）、置均输（官办货物征收、运输、买卖）等政策，以充实国家财政用度。贤良文学则认为盐铁官营实为国与民争利的恶政，有悖天命、王道、民心，故应废止。二十多年后，庐江太守桓宽（生卒年不详，字次公）基于会议资料再创作，编撰了一部相对真实、完整的辩论实录，此即被章太炎奉为汉论第一名篇的《盐铁论》。

在《盐铁论》中，贤良文学出场辩议 148 次，公卿大夫为 114 次。出场次数之差或与桓宽所据资料的局限及其主观选择裁剪有关，但更主要的原因或为公卿大夫一方于辩论中遭遇了明显挫败。诸如"御史默然不对"（《盐铁论·诏圣第五十八》）、"公卿愀然，寂若无人。于是遂罢议止词"（《盐铁论·取下第四十一》）、"大夫视文学，悒悒而不言也"（《盐铁论·国疾第二十八》）、"大夫勃然作色，默而不应"（《盐铁论·救匮第三十》）、"大夫怃然内惭，四据而不言"（《盐铁论·大论第五十九》）之类记述，有十余场次之多。在有关道统问题的论争中，桑弘羊斥令属下回应文学诘问，但众御史居然无一发言。"大夫曰：'御史！'御史未应。"（《盐铁论·遵道第二十三》）

汉武帝晚年颁布《轮台诏》，反思在位五十余年征伐天下之过患，提出与民休息的政策转向。及至昭帝接手财力虚空、流民失所的帝国，已是进退两难之境。西域外患仍在，海内民生凋敝，与民休息言易行难。在此背景下，昭帝和权臣霍光发起盐铁会议以究治乱，"示以俭约宽和，顺天心，说（通悦）民意"（《汉书·杜周传》）。以今日眼光看，官营专卖政策之存废，是一个极佳的公共政策辩论选题。正反双方各据其理，无选题本身造成的天然的立场落差，也不存在一方为明显过错或非正义强词辩护的情势。但是，这也是一场知识和权力皆不对称的文化精英与政治精英之辩。贤良文学拥有相对的知识优势，经纶满腹，通天彻地，援古论今，宛若先秦诸子重生。公卿大夫则高居庙堂、重权在握，有持国理政的经验优势。

如是双重不对称，大抵预设了辩论的气势风头。贤良文学之辩，由尧舜而孔孟，由诗书而礼乐，由王道而民生，由山河日月而人间万象，熟练调用譬喻、类比、铺排、反问、诘问、归谬、用典等一切可及的论说策略，颇有暴风疾霆、江河决水气象。公卿大夫一厢虽也用心筹策，应答排布，文辞灿然，但终逊贤良文学一筹。词穷气短之下，桑弘羊等便揪住贤良文学虚弱处不放——理政经验匮乏、治国之策尽如纸上谈兵，斥其泥古而不知今，辞丽而难致用，空议而无依凭。典型说法如"信往而乖于今，道古而不合于世务"（《盐铁论·刺复第十》）、"文繁如春华，无效如抱风。饰虚言以乱实，道古以害今"（《盐铁论·遵道第二十三》）、"抱枯竹，守空言，不知趋舍之宜，时世之变，议论无所依，如膝痒而搔背，辩讼公门之下，讻讻不可胜听"（《盐铁论·利议第二十七》）。

贤良文学取势主动，不唯辞胜，更在于对道德资本的贯通操运。对于公卿大夫以外患未绝、军需急重为由坚持盐铁官营，贤良文学驳道：那些暴露中野、居于寒苦的戎马甲士，"身在胡、越，心怀老母。老母垂泣，室妇悲恨，推其饥渴，念其寒苦。《诗》云：昔我往矣，杨柳依依。今我来思，雨雪霏霏……"（《盐铁论·备胡第三十八》）如此这般，一个关于如何筹纳军费的复杂现实问题，被贤良文学成功转换为道德良心拷问，纳入儒家擅长的道德言说之域。继之，他们又请祭圣人之道，强调以教化行天下，对匈奴"畜仁义以风之"（《盐铁论·本议第一》）。大汉王朝要对匈奴施以风行草偃之教化、同情德惠之感化，而非兵戈无息。安内之策亦应诉诸道德仁义。他们认为盐铁专营导致官员贪腐无厌，有权势者重商投机，小民则群起效之，举国"务权利"而不顾"上仁义"（《盐铁论·杂论第六十》）。

儒家的道德纲目，上与天道感通，下与人伦相接，内契人情，外应自然，乃审辨全部问题最初和最后的凭据。在贤良文学的辩说中，道德有时是论证的前提，如先验的王道之德，"古者，贵以德而贱用兵"（《盐铁论·本议第一》）；有时是立论、驳论的证据，如"贪得不顾耻，以利易身"（《盐铁论·毁学第十八》）之道德现实；有时是推理结果，如"地广而不德者国危，兵强而凌敌者身亡"（《盐铁论·击之第四十二》）。不仅如此，道德有时是问题——此类问题的萌发和积聚要求君子当机必辩，如"诸侯好利则大夫鄙，大夫鄙则士贪，士贪则庶人盗"（《盐铁论·本议第一》），久之伤及道统国本；有时是方案，如对匈奴送去桃李春风之德，"君子敬而无失，与人恭而有礼，四海之内，皆为兄弟也"（《盐铁论·和亲第四十八》）；有时是欲达的政治理想，如"君笃爱，臣尽力，上下交让，天下平"（《盐铁论·取下第四十一》）。贤良文学一以贯之的论证程式是：治理国家须务根本、行仁义，盐铁官营本末倒置、非为仁义，故应废止恶政，复本归仁。

公卿大夫困于贤良文学布下的道德言说罗网，无以明辩财政之复杂、战争之凶暴、国是之峻切，远非缥缈的道德理想和暖软的道德温情所能应付。最终，要么默然作色，要么痛斥对方"重怀古道，枕籍（通藉）诗书，危不能安，乱不能治"（《盐铁论·殊路第二十一》）。情急之下，竟发起对贤良文学出身和人格的攻击，嘲侮对方为燕雀、井蛙、穷夫，不知天地之高、江海之大、国家之虑，穷酸且无见识。"儒皆贫羸，衣冠不完，安知国家之政，县官之事乎？"（《盐铁论·地广第十六》）贤良文学则以离席回应，临行不忘追加一通道德棒呵："林中多疾风，富贵多谀言。万里之朝，日闻唯唯，而后闻诸生之愕愕，此乃公卿之良药针石！"（《盐铁论·国疾第二十八》）

如何评价盐铁之辩？前文已展现双方尤其是贤良文学一派辩论策略、方法、技巧之丰。而就辩论质量和胜负看，儒生桓宽显然站在贤良文学一边，赞其论议能溯"太平之原（通源）"，"智者赞其虑，仁者明其施，勇者见其断，辩者陈其辞"，"介然直而不挠，可谓不畏强御矣"（《盐铁论·杂论第六十》）。公卿大夫大体做到了"据当世，合时变，推道术"，但终归"尚权利，辟略小辩"，"摄卿相之位，不引准绳，以道化下，放于利末，不师始古"（《盐铁论·杂论第六十》）。桓宽亦冷静指出了盐铁之辩存在的问题："观乎公卿、文学、贤良之论，意指殊路，各有所出，或上仁义，或务权利。"（《盐铁论·杂论第六十》）此言辩论双方并未沿着同一话语道路相向而行，而是持续激烈对峙于道德仁义、权势利益两厢。

对此，章太炎有诚恳、真确评述。他认为盐铁之辩存在三个问题：一是双方一言义、一言利，一讲道德、一求实绩，终未能彼此相应、切中事理；二是枝蔓旁生，纠缠不清，论议琐细而违离宗旨；三是持论偏倚，华而不实，乃至堕入辱骂嘲弄。章氏的说法是：

> 观其驳议，御史大夫、丞相史言此，而文学、贤良言彼，不相剀切；有时牵引小事，攻劫无已，则论已离其宗；或有却击如骂、侮弄如嘲，故发言终日，而不得其所凝止。其文虽博丽哉，以持论则不中矣。（《国故论衡·论式》）

更值得关切的是，这场辩论的实际效果如何？贤良文学雄踞道义高地——儒家认为这是"理"自身的力量——且取得了辞胜，是否影响了盐铁政策的革废？盐铁会议后不久，昭帝取消酒类专卖和部分郡县铁器专卖，罢了一批盐官。有学者评价说："桑弘羊在政治上受到一定挫折，其所实施的官营政策也有所收缩。"[1] 而之后不久，官营政策又因帝国财政

---

[1]　吴龙灿.《盐铁论》哲学思想发微［J］. 德州学院学报，2017（5）：76-80.

破败而恢复。

这就牵涉何以评价辩论的胜负问题。儒家主张君子不辩或知时而辩，关于后者，既辩则必有求胜之心。这与儒者强烈的道德自觉和事功精神是一致的。求胜首先意味着相信辩有胜负。吕坤认为古今聪明辩才，各执意见以求胜，而胜负之判须有标准。他提出："争轻重者至衡而息；争短长者至度而息；争多寡者至量而息；争是非者至圣人而息。"（《呻吟语·谈道》）轻重、短长、多寡，自有客观权量标准，而是非常惑于主观之见，须由德性圆满、智识明澈的圣人裁断。圣人所持标准何在？"中道者，圣人之权衡度量也。"即使圣人没世，中道亦自在，"安用是哓哓强口而逞辩（通辩）以自是哉"（《呻吟语·谈道》）？

吕坤之论既明白，又含糊。他明言辩论确有胜负之分，且应以道为最高和最后标准权衡之。问题是，自孔孟而至宋明理学，道乃由自我对天道、心性的主观直觉和体认得来。作为一种形而上价值，道何以操作为评判辩论胜负的实际尺度？若辩论双方各是其所是、各非其所非，又咸自以持其中道，则当如何？儒家自孔子始即强调道的公共属性："大道之行也，天下为公。"（《礼记·礼运》）柳宗元（773年—819年，字子厚，世称河东先生）则将"公道"思想溯及尧舜，将上古"公天下"之论演绎为"大公之道"（《柳宗元集·贞符并序》）、"至公之道"（《柳宗元集·非国语下》）。道既属公，则应人人本有、各各领受。在权力加持和教化传承下，公道由形而上世界持续下沉，最终被落实为可感可欲的道德礼法原则，为世俗交往提供言动规范。至少在观念层面，儒家相信辩论中"公道与否""有无天理"，乃本来自明、无须多言之事。从历代有关制礼实践的文献看，由精英而至庶民，执礼求理、持公问道确为一种普遍且日常的交往主张。时至今日，"公道吗""有天理吗"仍为日常辩议的基准。

但是，历史实践从来比思想纲目复杂得多。儒家公道思想及其具化的道德范畴和礼法原则，在辩论实践中必然遭遇两个难题：何以说服儒家体系之外、不认同儒者伦理信条的人？何以确保儒家内部的伦理解释稳定一致？前者如道法墨三家并不接受仁义原则，儒者依仁而辩、循义而行实难令对方心服口服。后者如孟子与荀子对性的理解，朱熹与浙东事功学派对义利关系的取舍，皆呈针锋相对之势。事实上，盐铁会议中的公卿大夫亦"可谓博物通士矣"（《盐铁论·杂论第六十》），多有儒生出身者，辩议时同样使用了大量儒家伦理名相，却仍难会通贤良文学之论。

逢此辩说评价之困，儒家常由不得不辩无奈退回至不辩，或将道德原则推行到底——无论面对何种复杂具体的是非利害之争，皆以上仁义、行宽让之道德论统统打发。如此又导致两个问题：要么以道德仁义替代是非利害——价值判断碾压事实判断，要么以宽让容纳是非利害——包容或不计现实之争。在盐铁之辩中，贤良文学力主仁义至上，相信仁义可使"近者亲附，远者悦德，则何为而不成，何求而不得"（《盐铁论·杂论第六十》），而相对轻忽政局危困之紧迫现实，即属典型的以义代利之辞。至于以大人雅量包容是非利害之争，虽可彰显君子气度，却未免浑以道德抹杀是非。明末庄元臣（1560 年—1609 年，字忠甫，一作忠原，号方壶子）之论反映了儒家的主流意见，他主张以"容"化"争"：

> 两物相值，我大则容，我小则让。相争者起于相敌也。力敌争搏，智敌争舞，君子无所争。盖君子之于天下，容之，而天下之于君子也，让之。我容而彼让，如林之于鸟，池之于鱼，适相受也，争何有焉？吾未见大人处群儿中而与之斗者也。（《叔苴子·内编卷二》）

无辩与辩无胜

与儒家不同，庄子严重怀疑本体价值能否胜任辩论评价的标准："自我观之，仁义之端，是非之涂（通途），樊（通繁）然淆乱，吾恶能知其辩？"（《庄子·齐物论》）仁义之端绪，是非判断的途径，皆繁杂淆乱，实难明断辩论之胜负。不唯标准不明，庄子实则从根本上否定了辩论胜负之分。在《齐物论》篇，庄子列举了四种"辩无胜"情境：

> 既使我与若辩矣，若胜我，我不若胜，若果是也，我果非也邪？
>
> 我胜若，若不吾胜，我果是也，而（通尔）果非也邪？其或是也，其或非也邪？其俱是也，其俱非也邪？
>
> 我与若不能相知也，则人固受其黮暗，吾谁使正之？使同乎若者正之，既与若同矣，恶能正之？使同乎我者正之，既同乎我矣，恶能正之？
>
> 使异乎我与若者正之，既异乎我与若矣，恶能正之？使同乎我与若者正之，既同乎我与若矣，恶能正之？然则我与若与人俱不能相知也，而待彼也邪？

第一种情境是我与你辩论，若你胜我败，难道你一定"是"，我一定"非"吗？第二种情境反之，若我胜你败，同样未必证明我果"是"，你果"非"。何况另有可能——胜者"非"、败者"是"，或虽有胜负，但你我皆"是"或共"非"。盐铁之辩双方即存在以上诸多可能，贤良文学辞胜、德胜而未必"是"，公卿大夫辞负、德负而未必"非"，两厢亦可能俱是俱非。第三种情境是即使请来裁正者，人各受困于其所见或不见，假如他认同你，难道我就错了吗？假如他认同我，难道你就错了吗？如是，谈何公正裁判？第四种情境是找来对你我观点皆持异议者，或请出对你我观点皆认可者，但你我尚且不相知相和，他又如何裁定？

庄子认为欲解决辩无胜问题，须辟出"公是"的标准。在《徐无鬼》篇，庄子与惠施之辩提出了天下之公是——公共、共同标准问题。若无公是，则辩论不过是"辩之以相示"（《庄子·齐物论》），即各说各的，自炫相示，喧哗争讼无止。那么，公是从何而来？庄子云："是不是，然不然。"（《庄子·齐物论》）天下万物各有其是与不是，而能超越万殊，自是其是、全然其然，且通约自他、物我者，只能是道。有别于老子偏向客观自然论的道，庄子之道会通了形而上本体论与宇宙论，又与人之心灵齐一。"天地与我并生，而万物与我为一。"（《庄子·齐物论》）这就产生了一个麻烦："大道不称，大辩不言，大仁不仁，大廉不嗛，大勇不忮。道昭而不道，言辩而不及。"（《庄子·齐物论》）道不可言说显化，言辩无法抵达道，大辩亦终归无言。以道为公是评判辩论，便同儒家一样面临何以将本体价值操作为具体尺度的问题。儒家的方案是以礼法为规矩，而道家认定礼法乃背道而驰的世俗之设，封死了这条路。公是的尺子既无以琢磨把握，辩论自然难言胜负。

庄子的目光并未流连于辩无胜，而是进一步投向道之幽远处，得出无辩的结论。以道观世间，是自然是，然果真然；是不同于不是，然不同于不然。"是若果是也，则是之异乎不是也亦无辩；然若果然也，则然之异乎不然也亦无辩。"（《庄子·齐物论》）是与不是、然与不然之间，本来历历分明，何须纷纭辩论？此等观照，庄子称之为"和之以天倪"（《庄子·齐物论》）。郭象注曰："天倪者，自然之分也。"（《南华真经注疏》卷一）即以天之本来分际——今世所称"上帝视角"，察识、等观、调和万物。既然万物可等观，万殊可和之，其结果就是无辩。成玄英亦言："和以自然之分，令归无是无非。"（《南华真经注疏》卷一）宇宙自然与社会人生本来如是和、如是分，无是无非，何劳辩争？

综上可知，儒道皆对辩论持之以慎：在儒为不辩和不得不辩，在道为无辩和辩无胜。儒者不辩出于道德考量，不得不辩也是为了行仁义。道义时刻的不得不辩，乃君子勇毅行仁的表现，荀子曰："君子之行仁也无厌，志好之，行安之，乐言之，故言君子必辩。"（《荀子·非相》）道家主张辩无胜，乃就公是标准缺失论之——道不可言，更难形而下操运。无辩则因"和之以天倪"的整体观、齐物论，天下本无是非，庸人徒自扰。在诸子百家中，与儒道辩论观分殊最大的是纵横、墨、名三家。墨名拓展的认识论和名辩思想乃本章另一重点，留待后文详述之。先看纵横家辩论观及其与儒道的尖锐对峙。

非辩不可与腾说天下

司马迁在《史记》中评价苏秦、张仪乃"倾危之士"（《史记·张仪列传》），即以诡辩和诈谲之术胁持、倾覆邦国的危险人物。刘向则在《战国策》中给出了相反评价，称秦、仪等战国策士乃"扶急持倾""转危为安，运亡为存"的雄杰。刘向觉察到了从春秋到战国历史转向的大势："至秦孝公，捐礼让而贵战争，弃仁义而用诈谲……上无天子，下无方伯，力功争强，胜者为右。"（《战国策·序》）战国策士正于此间登上历史舞台，因势为资，铺张扬厉，腾说四方。他们既是天下失序的产物，亦为摇荡旧秩序、再造新秩序的行动者——在历史洪流中推波助澜，使之浩荡汇入秦汉一统。

春秋尚有宗周崇礼之风，朝议会盟诗书酬酢、文质彬彬。即使在战争状态下，亦多见讲诚信、行恭让和守礼义的古风。战国则是另一番天下景象："诸夏和平联盟之锁链已断，各国遂争趋于转换成一个新军国，俾可于列国斗争之新局面下自求生存。"① 此一转型，在记述春秋史的《左传》和载录战国史的《战国策》中有直观的对照。从《左传》呈现的辩论场景看，春秋士人多以《诗经》为言对语境、内容和程式。全书共赋诗引诗256 处，征诗 74 首，约占"诗三百"四分之一，足见"不学诗无以言"确非虚语。《战国策》仅载诗 5 处，"辩"或与之近义的"辞讼争"等则大量可见，"十二策"多为事关生死兴替的盛大之辩，春秋气韵黯然消隐。《诗经》在精英交往中的地位滑落，实乃宗周文化、礼乐秩序坍塌的反映。礼之为理、可以讲理的温婉春秋，已然让位给辩议恣睢、唯利是求的烽火战国。时代的主角亦由微言相感、不得不辩的春秋行人，更换为"实得所利，名得所愿"（《战国策·燕策一》）的策士纵横家。

苏秦（？—前 284 年，字季子）的人生际遇乃其时纵横家的缩影。苏秦初为策士，说秦失败，"负书担囊，形容枯槁，面目黧黑，状有愧色。归至家，妻不下纴，嫂不为炊，父母不与言"（《战国策·秦策一》）。面对如此窘境，苏秦喟叹："妻不以我为夫，嫂不以我为叔，父母不以我为子。"（《战国策·秦策一》）而当苏秦功成名就，"庭说诸侯之主，杜左右之口，天下莫之伉"，再次归家时：

> 父母闻之，清宫除道，张乐设饮，郊迎三十里。妻侧目而视，倾耳而听。嫂蛇行匍伏，四拜自跪而谢。苏秦曰："嫂何前倨而后卑也？"嫂曰："以季子之位尊而多金。"苏秦曰："嗟乎！贫穷则父母不子，富贵则亲戚畏惧。人生世上，势位富厚，盖可忽乎哉？"（《战国策·秦策一》）

---

① 钱穆. 国史大纲 [M]. 北京：商务印书馆，1996：72-82.

在强烈的功名刺激和邦兴国亡的幻灭感之下，纵横家雄行天下，张耀光电之目，激扬波涛之说，目的就是说服、联合、分化各方势力，以期在复杂内政外交博弈中制胜，实现自我——势位富贵，也创造历史——合纵连横。而驱策他们的动力，不是道与德，而是利与力。苏秦对此毫不掩饰："且夫信行者，所以自为也，非所以为人也，皆自覆之术，非进取之道也。"（《战国策·燕策一》）仁义、诚信之类品质，纯为个人修养之术，于人无用，于己自安，非人生进取的正道。苏秦的师弟张仪——据传二人同事鬼谷子为师——在游说秦惠王伐韩时直言："争名者于朝，争利者于市。今三川、周室，天下之市朝也。"（《战国策·秦策一》）朝堂一如集市，不过是天下的名利场，取势为强者得之。《史记》载张仪未成名时被疑盗了楚王和氏璧而遭毒打：

> 张仪已学而游说诸侯。尝从楚相饮，已而楚相亡璧。门下意张仪，曰："仪贫无行，必此盗相君之璧。"共执张仪，掠笞数百。不服，释之。其妻曰："嘻！子毋读书游说，安得此辱乎？"张仪谓其妻曰："视吾舌尚在不？"其妻笑曰："舌在也。"仪曰："足矣！"（《史记·张仪列传》）

"吾舌尚在"便可舌动天下。此等信条决定了纵横家的人生取向：抵掌揣摩，达心察变，审辩时务，朝秦暮楚，"所在国重，所去国轻"（刘向《战国策序》）。儒家辩论观亦有鲜明的实用取向，但偏重道德主义的经世济用。纵横家的实用主义则直契功利主义，孜孜于个体功名和邦国势力，凡涉利害，非辩不可。从《战国策》《鬼谷子》等文献看，纵横家们积极使用了比喻、排比、层递、夸张、借代、反讽、拟人、引用、对比、对偶、双关、省略、婉曲、呼告、顶真、回文、摹况、飞白、镶嵌、倒装、跳脱、错综、类叠等发达的修辞技巧，宗旨即在以说服力获取合纵连横的势力和行动力，而非像儒者那样心底舌间系着道德使命。鬼谷子目中的圣人，虽"为众生之先"，却褪了道德光彩，而更关切其"观开阖""知存亡""筹终始"之力，以及"达人心之理，见变化之朕焉，而守司其门户"（《鬼谷子·捭阖第一》）之功。

当然，功利的未必是不道德的。战国策士并非尽皆追名逐利、趋炎附势、人格空洞之辈。一些策士的实用、功利追求，恰是个人主体精神、独立人格于剧变时代的觉醒张扬。兹举颜斶说齐王一事言之：

> 齐宣王见颜斶，曰："斶前！"斶亦曰："王前！"宣王不悦。左右曰："王，人君也。斶，人臣也。王曰'斶前'，亦曰'王前'，可乎？"斶对曰："夫斶前为慕势，王前为趋士。与使斶为趋势，不如使王为趋士。"王忿然作色曰："王者贵乎？士贵乎？"对曰："士贵耳，王者不贵。"（《战国策·齐策四》）

颜斶以平等精神看待王与士的交往。你靠近我为"趋士"，乃王者精神的体现；我靠近你为"慕势"，不过是小民之志，孰重孰轻？齐宣王后来感慨万千，颜斶却毫不领情，飘然而去。

大时代里的纵横家，人格是复杂的，唯利是图、倨然傲气、卓异才情、潇洒自信混杂一体，也因之成就了与春秋行人迥异的辩论风格。有学者总结了从春秋到战国辩论修辞的四个嬗变：从简约到繁丰，从质朴到夸饰，从温婉到峻切，从叙述到议论。[①] 通观《战国策》，纵横家辞风凛冽，句句剑拔弩张，甚或离经叛道（《空同集·刻战国策序》）。在说服策略选

---

① 李永勃，蔡英杰. 春秋至战国时期修辞风格的嬗变 [J]. 河南科技大学学报（社会科学版），2007（4）：55-58.

择上，纵横家采纳了神启叙事、召唤集体记忆、正反两面诉求、恐惧诉求、情感诉求、威逼利诱、道德审判、转移视线、求同与分化、咒骂与粉饰、归谬与证言等所有可能的谋略和辩术。

如此辩论取向和风格，儒家自然是看不上的。孟子讥讽策士公孙衍、张仪"以顺为正者，妾妇之道"（《孟子·滕文公下》）。庄元臣认为苏秦、张仪"自以为上人"，而一旦遇到"挥麈雍容，片言析理"的高人，则将"瞠乎自失者也"（《叔苴子·内编卷六》）。儒家对纵横家的批判，甚至牵连到对《战国策》的评价。宋曾巩指责《战国策》及其记述的策士"不知道之可信"，"偷为一切之计"，"为世之大祸"（《元丰类稿·战国策目录序》）。叶适认为《战国策》言论"市井小人之所羞称"，"为学者心术之巨蠹"（《习学记言》卷十八）。清陆陇其亦称《战国策》尽显"机变之巧，足以坏人心术"，但好歹承认"其文章之奇，足以悦人耳目"（《三鱼堂文集·卷四·战国策去毒跋》）。

以上所论儒、道、纵横三家辩论观，大抵有两个指向：形而上体道，形而下实用。体道指向了道家基于终极之道引发的无辩和辩无胜思想，儒家基于先验道统——天命和心性本体形成的不辩主张；实用指向了儒家以明理存道、经世济用为宗旨的不得不辩观念，纵横家以说服、功利为导向的雄辩之策。与这两个指向的四种辩论观不同，墨名二家辟出了辩论的认识论和逻辑学面向，创造了昙花一现而又极其珍贵的名辩传统。

二、纯智思辨：在语言的道路上

墨子视言辩为一种救世方案，对辩论的态度远比儒道二家更为积极。而更值得称道的是墨子卓越的论证能力和逻辑自觉，"真是前无古人，有如从天而降"①。墨子本人亦对其辩学、辩才极为自信，"吾言足用矣"，凡与其辩论者，"犹以卵投石也"（《墨子·贵义》）。这种才学上的自信，生发于充分的逻辑自觉。严复、章太炎、梁启超、胡适、冯友兰等都认为，墨子及其后学达到了先秦哲学尤其是逻辑学的最高水平。"古代哲学的方法论，莫如墨家的完密。"② 同苏格拉底、柏拉图、亚里士多德一系一样，墨家逻辑学最初也是依附辩学发展起来的。

经验与逻辑

"尚同"是墨子宇宙论和政治学的重要主题。他认为治乱的关键在于"一同天下之义"（《墨子·尚同中》），以免"一人则一义，二人则二义，十人则十义"（《墨子·尚同上》）。"一同"的主体是天和天子，目的是下同乎上。劳思光据此认为墨子尚同思想潜蕴权威主义，"远较儒家为甚"③。这是针对墨子在政治设计上的实务主义而言的，而在论证和认识论问题上，墨子实为先秦罕有的理智主义者。他不像纵横家那样纵辞以辩乃至强词夺理、信口开河，亦不似儒家一般兜转于道德言辩的循环之中。墨子提出了作为辩论前提的"三表"，以究明事理、确证知识、达及"一同"，而非简单以"大同齐一"的整体论囫囵打发是非、同异、利害问题。何谓"三表"？

> 子墨子言曰：有本之者，有原之者，有用之者。于何本之，上本之于古者圣王之事；于何原之，下原察百姓耳目之实；于何用之，发

---

① 韦政通. 中国思想史：上 [M]. 长春：吉林出版集团有限责任公司，2009：90.
② 胡适. 中国哲学史大纲 [M]. 上海：上海古籍出版社，1997：163.
③ 劳思光. 新编中国哲学史：第1卷 [M]. 桂林：广西师范大学出版社，2005：222.

以为刑政，观其中国家百姓人民之利。此所谓言有三表也。(《墨子·非命上》)

"三表"是墨子为言辩和论证确立的三个推理前提。第一表为古者圣王之事——面向历史，即以传统权威作为论证基础。韦政通认为墨子不单看重古之圣王的道德理想，而且在意圣王治天下的实绩，故区别于孔子唯举德性的托古自证①。第二表为百姓耳目之实——面向现实，强调以人们普遍感知的实际经验而非内心直觉、体认支撑论证。耳目所得的普遍经验，虽难免有其局限和偏谬，但总体上指向了相对确定、可靠的知识和常识。第三表为人民之利——面向预期，即人民的切实利益才是辩论中最大的"理"和最终的依归。墨子承认"利"——人民利益而非纵横家及其雇主利益——的正当性，他所提出的言辩、兼爱、非攻等救世方案，莫不以"兴天下之利，除天下之害"(《墨子·非乐上》)为鹄的。

"三表"体现了墨子辩论观的两个明确指向：实证主义和逻辑主义。圣王之事是经过历史反复检验而确认的权威选择，耳目经验乃由百姓日用实证得来，人民利益则为正当性上自明的共善。以此三样为依托，可助言辩和论证合乎逻辑而不越轨。胡适赞叹说："三表法可以概括为检验任何已知思想的真实性要求：跟已经确立思想中最好的一种相一致；跟众人的经验事实相一致；以及付诸实际运用时导致良好的目的。"②

墨家后学进一步强化了墨子的逻辑自觉和方法意识，形成了相对系统、成熟的辩学。孙诒让、胡适等秉持乾嘉学派余绪，考证出《墨子》中的《经》上下、《经说》上下、《大取》、《小取》六篇皆为后期墨家之作，统称墨辩。墨辩最鲜明的宗旨和禀赋，是致力于将言辩致知的方法拓展为

① 韦政通. 中国思想史：上 [M]. 长春：吉林出版集团有限责任公司，2009：71.
② 胡适. 先秦名学史 [M] //胡适文集：6. 北京：北京大学出版社，1998：183.

一门独立学问。方法本身成为研究对象，且以其思辨、逻辑之功，向上通往形而上认识论，向下理智地关怀现实问题。

按照墨辩主张，辩论可"摹略万物之然，论求群言之比"，达成六种功能："明是非之分，审治乱之纪，明同异之处，察名实之理，处利害，决嫌疑。"（《墨子·小取》）粗观之下，此与战国诸家对辩论价值的预设并无显著区隔，应为其时共识。如阴阳家邹衍亦言：

> 辩者，别殊类使不相害，序异端使不相乱，抒意通指，明其所谓，使人与知焉，不务相迷也。故胜者不失其所守，不胜者得其所求。若是，故辩可为也。及至烦文以相假，饰辞以相悖，巧譬以相移，引人使不得及其意，如此，害大道。（《资治通鉴·周纪三》）

而深究下去，则可观墨辩所独至处：实将是非、治乱、同异、名实、利害、嫌疑之辩，尽皆纳入当时可及的最高水平的逻辑分析和形而上认识论轨道。此乃儒道、纵横诸家未曾表现出的一种认识论和方法论反思。在孟荀、老庄、秦仪那里，辩论方法——辩术仅为诠释道体或服务德政、教化、实利的辅助性说服手段，是与个人德性、才情、风格有关的一种表达技巧训练，且常混淆文学修辞与理智思辨的边界。《战国策》《盐铁论》中的大量类比、譬喻、归纳和演绎论证，读来确乎气势滔滔、悦人耳目，却经不起揣摩深究。大而化之的道德言说、利害铺陈，尽显逻辑断裂、思辨漏洞，甚或分不清也不太在意存在与认识、事实与价值、直觉与经验、性与相、类与属的实际切割和关联。后来注疏墨辩的晋人鲁胜对此批评说："立辞而不明于其所生，忘（通妄）也。""立辞而不明于其类，则必困矣。"（《墨子·大取》）辩论若无"所以然"的逻辑基础，类属含混，则虚妄不实、困思无解。

《墨子·小取》总结了或、假、效、辟、侔、援、推七种辩论方法，具言如次：

> 或也者，不尽也。假者，今不然也。效者，为之法也，所效者，所以为之法也。故中效，则是也；不中效，则非也。此效也。辟也者，举也（通他）物而以明之也。侔也者，比辞而俱行也。援也者，曰：子然，我奚独不可以然也？推也者，以其所不取之，同于其所取者予之也。

"或"相当于形式逻辑中的或然判断，即事不尽然如此。如"多云常雨"这一命题，多云常意味着有雨，但多云之日并不必然落雨。再如儒家所谓"巧言令色鲜矣仁"的说法，也只是或然判断，"巧言令色"这一事实未必得出"鲜矣仁"的道德结论。"假"相当于假言判断，即事物之间条件关系的复合判断，有充分假言与必要假言之分。如瑶善辩而无仁，智族遂灭，二者之间可能仅为巧合，亦可能是一种必要而不充分的假言判断。"效"即效验，为所辩议的事物确立标准，符合标准即是，反之则非。"辟"即标举他以说明此物，"侔"为以同义之辞或命题进行类通。胡适训释二者说，"辟"与"侔"皆属以其所知喻其所不知，而使人知之，"辟是用那物说明这物，侔是用那一辞比较这一辞"[1]。"援"即类推，例如：何以你这么说就是对的，而我同样言之就是错的？"推"是将对方所不欲取者，同其所赞同者等价起来，以归结其谬误。劳思光以"推"的方法驳"董卓为奸臣，霍光为忠臣"，曰："卓废帝立帝，光亦废帝立帝，何故一奸一忠？"[2]

---

① 胡适.中国古代哲学史［M］//胡适文集：6.北京：北京大学出版社，1998：300.
② 劳思光.新编中国哲学史：第1卷［M］.桂林：广西师范大学出版社，2005：245.

墨辩极其重视言辩之"故"与"法"。《经上》篇谓："故，所得而后成也。""故"即逻辑推理的条件，有大小之分："小故，有之不必然，无之必不然。""大故，有之必然，无之必不然，若见之成见也。"（《墨子·经说上》）小故即必要条件，大故即充分必要条件。有此二条件作为前提约定，加之或、假、效、辟、侔、援、推七项法则，辩论则可逻辑化、规范化，是非可决，胜负立见。《经下》篇批判了庄子的辩无胜论："谓辩无胜，必不当，说在辩。"（《墨子·经下》）又言："辩也者，或谓之是，或谓之非，当者胜也。"（《墨子·经说下》）辩无胜必因其无当，若有当者，胜负并不难决。墨辩所称的"当"，依据有二：一则为前述承袭自墨子的实证主义和经验主义检验；二则为纯粹借由言辩致知的逻辑推理。

这两项依据也反映了墨家对知识的态度。在实证和经验依据上，《经上》篇云："知，闻、说、亲。"（《墨子·经上》）《经说上》篇释之曰："知，传受之，闻也；方不障，说也；身观焉，亲也。"（《墨子·经说上》）知识的获得有三种途径：听闻传受得之，辩说推理得之，亲身观察得之。"闻"与儒家言教观一致，"说""亲"则着重强调了言辩致知和实证检验。而正是凭借后二者，墨家在求知问题上比儒家走得更远。墨家所欲靠近的是客观、确定的知识，循行日久则有望养成真正的科学精神，构建成熟的形而上认识论。儒家则对本体论诠释和德性知识扭住不放，强调存在与价值同一，而在认识论上始终未能摆脱伦理学的纠缠。

在第二项依据——逻辑推理上，墨家的一个重要贡献是与名家展开辩论，共同铺设了纯粹思辨致知之路。墨名之辩的主题是名实关系。名者，"所以谓，名也"（《墨子·经说上》），即名称、符号、表征、概念，用后世符号学的说法就是能指；实者，"所谓，实也"（《墨子·经说上》），即实存、实物、事实，符号学谓之所指。最早的名实之辩源自孔子。在《春秋》记事起讫的 242 年间，载列国战争 483 起，朝聘会盟 450 次，"弑君三十六，亡国五十二"（《史记·太史公自序》）。遭此天子式微、诸侯奔走之乱世，孔子提出"名不正，则言不顺；言不顺，则事不成"（《论语·子路》）的正名思想，主张名副其实，天子诸侯各归其位，重建道德和权力秩序。老庄、孟荀、墨子、惠施、公孙龙、管子和齐国稷下学宫等亦皆加入名实问题讨论，大抵形成了如下主流取向：

（1）儒家的道统正名论。孔孟荀处理名实关系的大原则是一致的，即主张名实相符、循名责实，强调主体担起与名分相称的道义责任。（2）道家的道体无名论。万物为实，实归于道，而老子讲"道隐无名"（《老子·第四十一章》），庄子称"道不可言，言而非也"（《庄子·知北游》），"言者所以在意，得意而忘言"（《庄子·外物》）。（3）法家的由实主名论。管子和稷下学宫赞同"名实当则治，不当则乱"（《管子·九守》），而当名与实不可避免错位、冲突，则应"修名而督实，按实而定名"（《管子·九守》）。

墨家也注重名实关系协调，但不那么轻视名，且将名的问题推向深入。如将名区分为达、类、私。"达"指称物之全体，譬如动物；"类"即一门之物的归总，譬如马；"私"即个体，如特定的白马。从类的层面看，白马是马；就私而论，白马非马。如此辩议几无实用价值——完全不影响马和白马的实际存在，但就名辩本身而言，却有严格的逻辑学意义。若摆脱实的牵缚，名与名、概念与概念之间依于逻辑而绵密连接，便可构造一个纯粹的语言和观念世界。这个盘桓于语言当中的世界，是由名——所指——连缀而成的独立、思辨的意义网络，亦可看作纯智、纯语言的游戏。它最大的价值和最大的风险，就在于与现实世界脱钩了。

脱钩始自墨家，止于名家。《经说上》篇提出了一个经典比喻："言也者，诸口能之，出民（通名，下同）者也，民若画虎也。"（《墨子·经说上》）言由口出，所出的是名，名就像所画的老虎。这个看似简单的说法大有玄机：名是人对事物的把握和表达，人可以通过名反映、指称物，自然也有能力建构专属于名的认知和表达体系。画出来的虎豹、山林、渊泽，亦可自成一世界。但墨家只踏进了名的世界一步，名实脱钩并不彻底。实用主义、经验主义羁绊了墨家，使之未能自由驰骋于名辩致知之路。他们虽看到了名的自我建构潜能，却于行行止止之间，重返了"名实耦，合也"（《墨子·经说上》）。

譬如，针对名家提出的辩题"飞鸟之景（通影）未尝动也"（《庄子·天下》），《经说下》篇回应说："光至，景亡。若在，尽古息。"（《墨子·经说下》）在名家的说法中，"景"应该是作为名词的能指，而非实际所指的景。换言之，辩题中的飞鸟之"景"是由人命名的，名离实而独存，它——一个语词——确实不曾飞动。但墨家非要以其实证主义、经验主义精神较真，提出了一种实际情况：光来了，影子便消匿；光若一直在，则影子终不得见。由是而观，墨家所求的真，主要是经得起实证检验的"真实"之知，尚未真正抵达纯由思辨、逻辑所得的"真理"之知。韦政通在肯定墨家的超越性后，又叹其"实用的目的性的要求过强，足以妨碍思想发展的高度"[①]。

思辨致之

儒道诸家皆未迈进纯语言反思或曰"名之世界"的门槛，墨家迈入一步，唯有名家登堂入室。名家的名号昭示了这一派的宗旨："专决于名"（《史记·太史公自序》）。刘利民在总结近人研究成果的基础上，提出了名家思想的三个取向："对传统、常识的背离和挑战，以揭示语言及语言所表征思想的可能矛盾和漏洞；与现实无直接关涉的纯语言性反思与追问；

① 韦政通.中国思想史：上［M］.长春：吉林出版集团有限责任公司，2009：73.

对意义确定性，即知识的普遍性、必然性的追求。"① 名家的理想就是抛却现实，到名的世界中去，用语言自身的质料和逻辑，开辟一条或可抵达真理性认知的纯智道路。在讨论名家代表人物惠施、公孙龙的名辩思想之前，本部分先行引入西方"语言-思辨-逻辑"的形而上认识论传统，以为参照。

同先秦一样，古希腊哲学亦起步于本体论建构，艰难地走出原始宗教、神鬼巫祀和其他神秘主义之域，尝试提出某种终极的形而上实存。如泰勒斯的"水"、毕达哥拉斯的"数"、巴门尼德的"存在"、柏拉图的"纯粹理念"、亚里士多德的"第一实体"等，先秦则为道家的道、儒家的天命、墨家的天志等。这些终极之问及其答案，皆指向了对宇宙本源、始基的理解，表达了本体论或曰存在论关怀。冯友兰认为中西思想在本体论建构上是相通的，"人类有相同的本性，也有相同的人生问题"②，因此不必刻意画出中西的界线。

先秦思想与古希腊哲学的真正差异主要表现在认识论领域。后者在本体论之外，拓展了相对发达、未曾断辍的形而上认识论传统。此一传统经过漫长的中世纪而延展至近现代，终于启发、推动了西方哲学的认识论转向。而先秦思想则存在明显的思辨和认识论亏欠，一度被批评"只有思想而无真正的哲学"。黑格尔刻薄地评价孔子说："只是一个实际的世间智者，在他那里，思辨的哲学是一点也没有的——只有一些善良的、老练的、道德的教训，从里面我们不能获得什么特殊的东西。"③

西方最早将语言与逻辑联系起来的是赫拉克利特。他以"逻各斯"一词指称宇宙万物的最高法则，而这个词本身兼有语言和逻辑的含义。逻各

---

① 刘利民. 在语言中盘旋 [M]. 成都：四川大学出版社，2007.
② 冯友兰. 冯友兰学术精华录 [M]. 北京：北京师范学院出版社，1988：3.
③ 黑格尔. 哲学史讲演录：第 1 卷 [M]. 贺麟，王太庆，等译. 上海：上海人民出版社，2013：118.

斯赋予言说（speech/discourse）以公共性——普遍、互通的可理解性，虽然语言本身并非逻各斯，但存在通过言语"倾听逻各斯"的可能性。[①]柏拉图视世界的本源为一种形而上的纯粹理念，人可以通过灵魂的回忆触达理念。而在此过程中，人须凭借辩证法确保自己的理智，以免为爱欲的疯癫所驱策。在柏拉图的叙述中，苏格拉底将辩证法比作在对话中促发理性认知的"助产术"。作为一种对话、论证程式，辩证法要为真理"接生"，因为"对任何人来说，没有比厌恶论证更大的不幸了"[②]。

在《普罗泰戈拉篇》，苏格拉底批评既会"讲故事"又能"讲道理"的普罗泰戈拉，说他的口才只适合长篇大论，而难提出更好的问题和回答，无法探究"更多的东西"。苏格拉底借由"什么是德性"这个问题，将普罗泰戈拉拖入一个对话程序。在持续的诘问、反讥、矫正中，辩证法引导二人得出一个结论：德性即真知。[③]《美诺篇》的对话亦如是。苏格拉底从提问"什么是美德"开始，美诺回答了关于美德的若干范畴、类型和表现，却接连遭到苏格拉底的否定——他甚至连自己提出的美德定义也否定了。通过对话、辩证，苏格拉底和美诺共同接纳了一个结论：有些知识非凡人可及，美德即属此类知识。

若把《美诺篇》的对话换作先秦场景，则将如何？对于何为德性或美德的提问，道家可能会拒绝回答或对美德本身发起批判："大道废有仁义，智慧出有大伪，六亲不和有孝慈，国家昏乱有忠臣。"（《老子·第十八章》）儒家则可能先在本体论层面应答之——德即道之用，乃天道、心性的外在化用，进而在规范层面强调以仁为中心的伦理安排。儒家将辩论目

---

①　赫拉克利特. 残篇 [M] //利科. 解释的冲突. 莫伟民，译. 北京：商务印书馆，2017：546.

②　柏拉图. 斐多篇 [M] //柏拉图全集：第 1 卷. 王晓朝，译. 北京：人民出版社，2002：95.

③　柏拉图. 普罗泰戈拉篇 [M] //柏拉图全集：第 1 卷. 王晓朝，译. 北京：人民出版社，2002：488.

标锁定为明理存道，此言道理，实为天理、性理、伦理和一般事理，而非思辨逻辑证成的确定知识或客观真理。道理与真理或有相合之处，而前者实赖主观体认和存养，后者唯依逻辑证成。儒家对此的成见是，前者为道，后者为术，术不可以乱道。诸如攻心保身、破异求正、逻辑推理等辩才辩术当然可贵，但须以载道、行道而不乱道为要。《盐铁论》中文学之士以"善义"衡量辩论价值，即属明证。文学之士曰：

> 论者相扶以义，相喻以道，从善不求胜，服义不耻穷。若相迷以伪，相乱以辞，相矜于后息，期于苟胜，非其贵者也。夫苏秦、张仪，荧惑诸侯，倾覆万乘，使人失其所恃。非不辩，然乱之道也。（《盐铁论·论诽第二十四》）

苏格拉底和柏拉图则表现出对论证、思辨和确定性知识的热切渴望，将辩证由一种朴素的二分法思维——对善恶、美丑、是非、真假、同异之二元对立关系的简单分别，发展为一套相对严整、理性的对话、辩论程式。它由特定的前提假设出发，通过提问-回答、反讥-诱导、定义-怀疑，在分析与综合、肯定与否定的思辨升进中，靠近或验证真理。即使未能获得确定性知识，亦有思维训练、扩展认知之效。"当某人试图借助辩证法，靠语言和思想而不靠任何感官知识追求每一事物的本性，坚持不懈，直到他借助理性抓住了美好的东西本身，到达了可知世界的终点……这称作辩证的旅程。"[①]

辩证法提供了提问和辩难的对话方法，但仍缺少严整逻辑结构的支撑。亚里士多德认为辩证法所运用的仍是一种或然逻辑："从普遍接受的

---

① 柏拉图.理想国［M］.王扬，译.北京：华夏出版社，2017：273.

意见出发进行的推理是辩证的推理。"① 而人们普遍接受的意见很可能只是一种常识，可归于"公认"而非真确的"公理"。有鉴于此，亚里士多德发展了形式逻辑。这是一种只对真理和正确负责，而不顾及现实问题和人之主观情智的三段论推理程序。它从自明的公理性前提出发，通过演绎获得具有必然性的知识。

苏格拉底、柏拉图和亚里士多德为辩论辟出了两条道路：知识之路，因循辩证法和形式逻辑寻求真理性知识，故亦可称之为真理之路；意见之路，试图依照公认的意见说服他人。就靠近和认识真理而论，知识之路显然比意见之路更可靠，因为它用理性的锁链捆缚了人的激情和主观意见。苏格拉底在《美诺篇》中说道：

> ……因为那些真的意见是美好的东西，只要它们留在那里就给我们带来好事情；但是它们不能常住不迁，是要离开人的灵魂的，这样就没有多大价值了，除非把它们拴住捆牢，用推理的方法追索出它们的原因。……把它们捆牢之后，它们就开始成为知识，就留下来了。就是由于这个缘故，知识的价值要高于正确的意见，知识之有别于正确的意见就在于这根绳索。②

比照而言，儒、道、纵横诸家的辩论更接近意见之路，即以自持的公认之理施以道体、德性或利害的说服。说不通，便可能陷入无辩、辩无胜的困境，或泛道德化的意气之争，乃至以势压人的意见交锋。庄子建设性地提出了"公是"标准问题，却未能获得诸如辩证法、形式逻辑等理性致

① 亚里士多德. 亚里士多德全集：第1卷 [M]. 苗力田，等译. 北京：中国人民大学出版社，1990：353.
② 柏拉图. 美诺篇 [M]//柏拉图全集：第1卷. 王晓朝，译. 北京：人民出版社，2002：533.

知工具的助力和节制。当然，历史不能假定重来，中国文化也无须用濠上的庄子换取雅典广场上的苏格拉底。

向名而辩

庄子与惠施游于濠上，有一场著名辩论。庄子曰："鲦鱼出游从容，是鱼之乐也。"惠施追问："子非鱼，安知鱼之乐？"庄子回应说："子非我，安知我不知鱼之乐？"惠施立即断言："我非子，固不知子矣；子固非鱼矣，子之不知鱼之乐，全矣！"庄子劝惠施"请循其本"，惠施则道："'汝安知鱼乐'云者，既已知吾知之而问我，我知之濠上也。"（《庄子·秋水》）这场辩论中的名句"子非鱼，安知鱼之乐"流传太盛，未免遮蔽了辩论本身的深意。惠施质疑庄子安知鱼之乐，庄子请惠施重返辩题之本，此乃这场辩论的枢要所在。惠施并不是在实际层面考察人何以知鱼，而是向着语言和逻辑之维腾空一跃，强调我不是你，故不知你之所知，你不是鱼，自然也不知鱼之所乐，我的论证已然周全圆满——这在纯语言和逻辑上是成立的。庄子以万物并生的生命体悟感叹鱼之乐，而惠施则进入语言和逻辑的世界操运思辨的游戏。

凭着辩敌带来的好运气，惠施及其名辩思想得以在观念史上存留了一些斑驳碎片。据《庄子·天下》篇记述，惠施博学，"日以其知与人之辩"，"其书五车"。今日可见的惠施之论，仅限《庄子》《荀子》《韩非子》及之后《吕氏春秋》《说苑》《墨辩》《世说新语》的零星转述。此中稍成体系者，即"历物十事"。"十事"皆为惠施与时人辩论且影响广泛——"天下之辩者相与乐之"（《庄子·天下》）的命题，以下择要述之。

"天与地卑，山与泽平。"（《庄子·天下》）天与地同卑，山与泽齐平，这是一个严重背离常识之见的判断。冯友兰、葛兆光等认为惠施和庄子皆持相对主义宇宙观、语言观，即以"至大"者视角观之，天与山比不为高；以"至小"者而论，地与泽比不为低。二者的差别在于，庄子直奔终极结论而去，万物"既已为一矣，且得有言乎"（《庄子·齐物论》）；惠施则以语言、推理和知识上的可能性证明此理，他在意的是论证过程和逻辑。这一相对主义的解释框架，亦可适用于"十事"中的其他命题。如关于"大同而与小同异，此之谓小同异；万物毕同毕异，此之谓大同异"（《庄子·天下》），冯友兰的说法是："天下之物，若谓其同，则皆有相同之处，谓万物毕同可也；若谓其异，则皆有相异之处，谓万物毕异可也。"① 又如葛兆光对于"南方无穷而有穷"（《庄子·天下》）解释说："'南方'如果从某个固定的空间来指称，它是无限延伸的，但是从'至大无外'的范围看，它却只是一个固定视角位置所指的有限范围。"② 同理可推，"日方中方睨，物方生方死"（《庄子·天下》）亦可相对而观，日居中天之时亦为西倾之际，万物初萌即向死而生。

但是，相对主义的解释未免令人生疑。惠庄若在语言观上合契如一，二者何辩之有？现有文献皆表明二人即使互为知己，亦常辩争难容。庄子是典型的相对主义者，惠施则未必如此。以相对主义说解"十事"，未免只是以庄释惠。金克木对名家的评价，暗示了另外一种可能的解释——从语言和思辨本身理解惠施"十事"。金克木说："孔子讲名（正名），法家也讲名（刑名），可是名家说名和他们不同，不切实际，讲的是语言符号，与人无关。"③ 陈荣捷、张吉良、刘利民等也认为，与儒道法诸家利用辩论服务形而上学、道德教化、政治秩序和社会控制不同，名家"唯一首要"的追问是语言和逻辑，"进入纯语言反思模式中去思辨""这在中国

① 冯友兰. 中国哲学史：上册 [M]. 北京：商务印书馆，2011：216.
② 葛兆光. 中国思想史：第1卷 [M]. 上海：复旦大学出版社，2001：195.
③ 金克木. 书读完了 [M]. 北京：北京联合出版公司，2012：78-79.

历史上是独一无二的"①。

且以"日方中方睨，物方生方死"为例，刘利民认为这一命题的题眼是"方"字，即刚刚或当下。时间乃由无数当下连绵而成，若无"方"的存在，则时间亦不复存在。而"方"又仅存在于语言和思维之中，因为"方"字一出口，那个当下的瞬间便消逝了。那么"方"本身如何存在？"方"之为"方"的本质何在？② 倘若刘利民的解释有其合理性，我们则可向前一步，提出一个严肃的本真之问：时间的本质是什么？时间是否存在于语言之中，一如海德格尔宣称"语言是存在的家园"？以名辩自身视角看，惠施这个命题的重点不在于动静生死之相对，而是试图通过对"方之为方"本质的思辨，把握"时间之为时间"、时间与语言关系的本质。这就颇似亚里士多德"是之为是"的形而上认识论追问了。

惠施"十事"中的"至大无外，谓之大一；至小无内，谓之小一""无厚不可积也，其大千里""我知天下之中央，燕之北，越之南是也""今日适越而昔来""连环可解也""泛爱万物，天地一体也"（《庄子·天下》）等皆可从相对主义和名辩自身两个视角做出解释，但前一视角实在抹杀了惠庄之间的真正区别。如对"泛爱万物，天地一体也"，相对主义的理解是："既然万事万物都不存在绝对的畛域分别……一切归于一，人们就没有理由不对一切都抱有同样的情感。"③ 若假以名辩逻辑，则同是同、异是异，因大同而一体，因各异——相互不可替代泯除而值得泛爱。此中的"泛爱"亦非某种本体论关怀或道德情感，而是对多样性、差异性的理性承认和接纳。在儒家那里，泛爱是一个道德命题，而名家则以逻辑辨析之。

① 刘利民. 在语言中盘旋 [M]. 成都：四川大学出版社，2007：107.
② 同①122.
③ 葛兆光. 中国思想史：第1卷 [M]. 上海：复旦大学出版社，2001：195.

　　再如"连环可解也"，它与后世禅宗的话头，如"未生之前谁是我"之类怪诞句式相近，须在语言与实际的冲突、断裂中逼显理性致知的可能性。连环在实际中不可解，但在语言和思辨中可"诡辩"地说：以结连环的方式解连环。若非游离于实而归于名，那么《天下》篇等记述的"辩者二十一事"也大多不可解。此"二十一事"与惠施"十事"一样，皆为彼时流行的辩题，如"犬可以为羊""飞鸟之景未尝动也""孤驹未尝有母""一尺之棰，日取其半，万世不竭"（《庄子·天下》）等。这些命题靠相对主义框架是解释不通的。而回到名之世界内部，"犬可以为羊"强调了人对于物、名对于实的主动性，人当然可以一开始就将犬命名为羊。从逻辑上讲，驹有母时不可称为孤驹；既为孤驹，则不可称其有母。至于每日将一尺之棰折半，如二分之一的 n 次方虽无限接近于零，却可万世不竭，这种纯智思辨已近乎数学逻辑了。

　　谁是"辩者二十一事"的出题人？冯友兰基于辩题内容和属性提出："其中有就惠施之观点立论者，有就公孙龙之观点立论者。"[①] 公孙龙是名家的另一位代表人物，庄子在《秋水》篇中称其"困百家之知，穷众口之辩"。较之惠施，公孙龙更强调对概念之共相、对普遍性和必然性知识的探究，从而使名辩更加彻底地远离现实和经验。公孙龙的著名辩题有白马论、指物论、通变论、坚白论、名实论等。近人对此五论解说颇多，以下仅举"白马非马""离坚白"二论说明公孙龙的思想：

　　　　白马非马，可乎？曰：可。曰：何哉？曰：马者，所以命形也；白者，所以命色也。命色者非名形也。故曰：白马非马。（《公孙龙子·白马论第二》）

---

　　① 冯友兰. 中国哲学史：上册 [M]. 北京：商务印书馆，2011：232.

这是白马论的第一段。白是色的命名，马是形的命名，在语言和思维上，形色不可混同，故白马非马。同时，马为一类之"共相"，白马为分类之下的"殊相"，殊相不可完全表征共相，故白马非马。再看坚白论：

> 坚、白、石，三，可乎？曰：不可。曰：二，可乎？曰：可。曰：何哉？曰：无坚得白，其举也二；无白得坚，其举也二。……视不得其所坚，而得其所白者，无坚也；拊（通抚）不得其所白，而得其所坚者，无白也。（《公孙龙子·坚白论第五》）

坚白论的设问是：对于一块白色、坚硬的石头来说，坚、白和石，可以称其为"三"吗？答曰不可。那么可以说是"二"吗？答曰可以。理由在兹：无坚，白与石相合为二；无白，坚与石相合为二。但坚与白不可相合，因为坚非视觉所得，唯凭抚触得之；白则相反，要靠视觉而非触觉做出判断。"视"与"抚"不互通，坚与白两相离。故应离坚白，要么是坚石，要么是白石，只能称其为"二"，而不可言其为"三"。公孙龙总结说："离也者天下，故独而正。"（《公孙龙子·坚白论第五》）天下万物，尽皆离析而独立，也因此得以保全其个性而自存。

白马非马之"非"、离坚白之"离"与儒道诸家的本体论、整体观彻底分道扬镳了。在名之世界，是之所是与非之所非，离之所离与合之所合，全凭确定的概念、逻辑主宰，是非离合半点含糊不得。名实之辩已然彻底转向名，告别了实际之物、实用之策、经验之得和常识之见。在纯智的思辨系统里，公孙龙排除了对时空迁转、万物生灭和道德心灵的主观体契。他顺着语言和逻辑的道路走，走向语言可及的认识的边界。辑录、注疏墨辩的晋人鲁胜评价惠施、公孙龙等人"取辩于一物，而原极天下之污隆，名之至也"（《墨辩注叙》）。污隆，即天下万物的降与升，又喻指世道沉浮。鲁胜认为名家将名之逻辑推向极致，借由辩议一物而穷究人天至理。

　　然而，常人对公孙龙、惠施——加上墨子后学，难免生出一个大疑问：此般向名而辩，有什么意义？若将意义理解为存在论上的某种终极价值，那么名辩没什么意义，它所追寻的并非筑基于价值理性的天人合一或分际，不会从本体世界带回悲天悯人的关怀。若将意义理解为政治和道德上的济世、救世、创世之功用，那么名辩也没什么意义，它不切实际，不求实用，疏离经验，悖于俗世常识，几无可用之处。鲁胜认为荀卿、庄周等"非毁名家"，只是难以接受墨名脱实向虚之论——无关性命、道德与事功，且因"不能易其论"（《墨辩注叙》），而对墨名攻击不已。

　　正是"有什么意义"或"有什么用处"这样的疑问，加之"率颇难知，后学莫复传习"（《墨辩注叙》），导致了名辩灭绝之灾，引发了本章开篇所述严复、梁启超、胡适、冯友兰之憾。梁启超在 20 世纪初重读墨辩诸篇，痛惜中国逻辑思想（时称论理学）之断辍，恨己生不逢时，叹曰：

　　　　呜呼！以全世界之一大论理师（即墨子），而二千年来莫或知之，莫或述之。若鲁胜者，亦空谷足音也已。惜其所注，今亦已亡，无以助我张目。草此篇恨不能起其人于九原，而共语之也。顾吾草此篇，吾自信未尝有所丝毫缘饰、附会，以诬我先圣墨子也。吾附以誓证。①

三、可爱与可信的形而上学

　　对墨辩、名辩传统中辍的原因，历来有不同解释。从中国传统的大脉

---

① 梁启超．墨子之论理学［M］//梁启超全集：第 6 卷．北京：北京出版社，1999：3194.

络看，人文主义、道德主义和实用主义的思想主调确难容纯智主义的"杂音"。在历代杰出思想家中，真正可称为理智主义者的，墨子以降的名单并不长。以儒家为例，自荀子首揭"由智达德"的微光后，中间经过扬雄、王充、王符、崔寔、仲长统等少数派倡导"疾虚妄"（《论衡·佚文篇》）和"人事为本，天道为末"（《昌言》），直到明末清初徐光启、黄宗羲、王夫之、戴震等才在一定程度上调整了儒家对德与智的排序。如此调整也很难说是大功告成，"道学问"与"尊德性"何者优先的问题一直困扰着古典儒学。以上诸人仅仅越出儒家道德主义雷池半步，反对空谈道德心性，便足以让近世思想史学者奉若明珠、如获至宝了。

名实相离

从思想大脉络走向历史细部，可觅得印证前述判断的直接证据，它们在不同程度上阻塞了墨辩、名辩之源流。以下分而述之。

先来看道家的责难。《庄子》全书三十余次提及墨子及其后学，除几处赞美墨子节约、薄葬、为天下人付苦辛外，几无褒奖之辞。《齐物论》云："道隐于小成，言隐于荣华。故有儒墨之是非，以是其所非而非其所是。欲是其所非而非其所是，则莫若以明。"道为小成所遮蔽，真言隐没于浮华之辞，才有了儒墨是非之争。庄子认为儒墨皆以对方之所是为非，以对方之所非为是，不如重返大道澄明是非。《骈拇》篇将墨家归于离道、无用的"骈于辩者"，言其"累瓦结绳窜句，游心于坚白同异之间，而敝跬誉无用之言"。此言墨家操弄辞藻文句，游心于无用之诡辩，为博取一时虚名而困苦无加，实属旁门左道，"非天下之至正也"。《胠箧》篇指控墨子不存养大道："外立其德而以爚乱天下者也。"《在宥》《徐无鬼》《盗跖》诸篇也多从不合于道、滥用其德、相拂以辞、相镇以声等方面斥责墨家，甚至将其类比于盗跖之徒。

在庄子目中，墨家于道、德和言辩上皆入歧途而不知返，"无愧而不知耻"（《庄子·在宥》）。事实上，既然庄子认定无辩、辩无胜，老子讲"善者不辩，辩者不善"（《老子·第八十一章》）、"大辩若讷"（《老子·第四十五章》），道家便从根本上与善辩乃至把辩论发展为一门学问的墨家决裂了。道家其他代表人物亦多采取无辩、仇辩态度。如齐国稷下黄老道家的尹文子，他有关"佞辩可荧惑鬼神""纳人于邪恶而求其利"的说法虽未必指向墨家——很可能是冲着纵横家去的，但亦可想象其对墨辩的立场：

> 语曰：佞辩可以荧惑鬼神。曰：鬼神聪明正直，孰能荧惑者？曰：鬼神诚不受荧惑，此尤佞辩之巧，靡不入也。夫佞辩者虽不能荧惑鬼神，荧惑人，明矣。探人之心，度人之欲，顺人之嗜好，而不敢逆，纳人于邪恶而求其利。人喜闻己之美也，善能扬之；恶闻己之过也，善能饰之。得之于眉睫之间，承之于言行之先。（《尹文子·大道下》）

庄子对惠施的态度可谓微妙复杂。《逍遥游》《齐物论》《德充符》《徐无鬼》诸篇记述了几场重要的庄惠之辩。在辩论中，庄子挥洒沛然的宇宙大道精神，张扬无己无我、无名、无辩之论，惠施则常被叙述为眼界低浅、诡辩无端的一方。《天下》篇集中表达了庄子或其后学对惠施的评价：一则博学善辩，"不辞而应，不虑而对，遍为万物说"；二则不知止尽，"自以为最贤"，"说而不休，多而无已"；三则寡德好胜，"弱于德，强于物"，却坚持逞口而辩，"欲以胜人为名"（《庄子·天下》）。而这一切好似微末的蚊虻之劳："由天地之道观惠施之能，其犹一蚊一虻之劳者也。"

（《庄子·天下》）在庄门看来，惠施虽有才学，却不能以道自宁，散于万物而不厌，逐于万物而不返，"其道舛驳，其言也不中"（《庄子·天下》）。庄子痛惜惠施一生如蚊虻奔竞，劳而无功："穷响以声，形与影竞走也，悲夫!"（《庄子·天下》）而惠施既死，庄子过其墓，又引其为知己，泣曰："自夫子之死也，吾无以为质矣，吾无与言之矣!"（《庄子·徐无鬼》）

对于公孙龙，庄子则明确表达了鄙恶之意。在《秋水》篇的叙述中，公孙龙"自以为至达已"，但闻庄子之言后，"汇焉异之"，"无所开吾喙"，便向魏牟请教。魏牟说，你不过是"陷井之蛙"，庄子之道"始于玄冥，反于大通"，而你"规规然而求之以察，索之以辩，是直用管窥天，用锥指地也"。公孙龙闻之，"口呿而不合，舌举而不下，乃逸而走"（《庄子·秋水》）。《天下》篇评价公孙龙等辩者之流，"饰人之心，易人之意，能胜人之口，不能服人之心，辩者之囿（通尤）也"（《庄子·天下》）。

若将庄子对墨辩、名辩的批评全然归结于立场之争，即庄子仅因墨名二家的价值主张不合于己便排拒之，未免低估了庄子和道家有容乃大的思想品格。《知北游》篇云："且夫博之不必知，辩之不必慧，圣人以断之矣。"此中，"辩之不必慧"显露了庄子对辩论可能性的一个根本看法，即辩论未必生发、增进智慧。《徐无鬼》篇重申了言辩与智识的关系："言休乎知之所不知"，"知之所不能知者，辩不能举也"。言说止步于所不知，辩论亦无法提举真知。对未知保持缄默，强调了对道的体认和敬畏，也明示了对言辩致知的无奈和怀疑。这与墨名对纯智思辨的执着、柏拉图借助辩证法而让人分有纯粹理念的思路，几无合辙之处。庄子对惠施的同情惋惜，正在于他认为言辩致知无异于缘木求鱼，而惠施竟堕虚妄，以此为大，必然"驰荡而不得"（《庄子·天下》）。庄子指明的出路，是以"坐忘"（《庄子·大宗师》）、"心斋"（《庄子·人间世》）等体道冥契方法求"大知"，而非徒劳蔽于理智主义路线。

再看儒家对墨辩、名辩的非议。前文提及孟子遭遇不得不辩的"道义时刻"，那么是谁迫使他挺身而辩？孟子自言："圣王不作，诸侯放恣，处士横议，杨朱、墨翟之言盈天下，天下之言不归杨，则归墨。"（《孟子·滕文公下》）言盈天下的墨子，正是孟子不得不辩的劲敌之一。只有行仁必辩，才能"距杨墨，放淫辞，邪说者不得作"（《孟子·滕文公下》）。除了儒家"差序之仁爱"与墨家"兼爱"之争，孟子对墨子好辩的风格本身就极为不满，控诉后者所论多为"诐辞""淫辞""邪辞""遁辞"（《孟子·公孙丑上》）。这些控诉大体属于以德判言，而非以思辨逻辑破之。近世多有国内外学者指出，尽管孟子言辩修辞堪称美轮美奂，但在逻辑上常是散漫譬喻、类比的简单堆积，逻辑谬误百出，近乎强词夺理①。

在儒家谱系中，荀子最有希望实现与墨名二家必要的调和，从而辟出人文主义与理智主义并行不悖的思想双行道。荀子重视现实经验，不像孔子那样眷顾"郁郁乎文哉"的旧邦理想，也不像孟子那样"迂远而阔于事情"（《史记·孟子荀卿列传》）。他发展了经验主义政治论、人性论，务实地将杳渺在上的天道转换为"天生人成"——天生万物而人成之。韦政通、劳思光等基于文本训诂提出，荀子"曾受到墨子很大的影响"②。在名实关系上，荀子接续了孔子的正名思想，但更强调名之于实的相对独立性。"名无固宜，约之以命"（《荀子·正名》），即名可由人主观地约定俗成。若探之以微，其间潜隐着儒墨名三家达成同情理解的可能性。可惜，历史的好运气并未降临于荀子和墨名的辩台。在某种程度上，正是荀子终结了先秦沸腾的名实之辩。

墨子高明的辩术引起了荀子的警惕。《荀子·解蔽》篇说墨子鼓作兼

---

① WALEY A. Three ways of thought in ancient China [M]. London：Routledge，2011：194.
② 韦政通. 中国思想史：上 [M]. 长春：吉林出版集团有限责任公司，2009：78.

爱、非攻、非乐等主张，"蔽于用而不知文"，"由用谓之道，尽利矣"。这是在批评墨学将引发废礼乐、重实利的严重后果，故非君子之辩。在《非十二子》中，荀子指责墨子"其持之有故，其言之成理，足以欺惑愚众"。与孟子简单以德判言不同，荀子切实道出了墨辩的威力和"危害"："错误的观点"因"有故""成理"而更具迷惑性。

荀子名实思想与名家颇近。面对以名乱名、以实乱名、以名乱实的"三惑"，荀子怀有同孔子一样的道德忧虑："今圣王没，名守慢，奇辞起，名实乱，是非之形不明，则虽守法之吏，诵数之儒，亦皆乱也。"（《荀子·正名》）为此，荀子提出"制名以指实，上以明贵贱，下以辨同异"（《荀子·正名》）。制名指实，即建立名与实两相符合的确定关系；明贵贱乃以道德和价值为旨归的典型儒家命题，欲以正名形塑身份认同、道德责任和价值关系；辨同异则是一个认识论命题，有望卸下道德负担而跃入名之世界。荀子看到了这种可能性，在名实关系上，"约定俗成谓之宜，异于约则谓之不宜。名无固实，约之以命实，约定俗成谓之实名"（《荀子·正名》）。

名实之间并非天然、稳固对应，而是由人对事物的认识和语用习惯而约定俗成，"有循于旧名，有作于新名"（《荀子·正名》）。这就存在两种潜势：名可更易，而非像孔子那样视名为"王者之制"（《礼记·王制》），具有不可撼易的神圣性、先验性；名实可离，名可建构纯由语言自身创生的观念世界。若言"明贵贱"仍属一个正名以求善——关涉道德和权力秩序的儒家命题，"辨同异"则指向了用名以求真——带有墨辩、名辩色彩的逻辑命题。荀子在《正名》篇言及：

> 单足以喻则单，单不足以喻则兼，单与兼无所相避则共。虽共，不为害矣。知异实者之异名也，故使异实者莫不异名也，不可乱也，

犹使异实者莫不同名也。故万物虽众，有时而欲遍举之，故谓之物。物也者，大共名也。推而共之，共则有共，至于无共然后止。

荀子提出的单、兼、共、大共等逻辑分类概念，已有同名家相向而行之势。但是，荀子终究没有迈出这一步。以《正名》篇主旨观之，他又回到了"心征"——儒家心性体认的老路上。心征者，"心合于道，说合于心，辞合于说，正名而期，质请而喻"（《荀子·正名》）。制名、分类和必要的逻辑运思不过是为了"不以梦剧乱知"（《荀子·解蔽》），"辨异而不过，推类而不悖，听则合文，辨则尽故"（《荀子·正名》）。同时，他展开上述分类的目的仍在于实用，"以正道而辨奸，犹引绳以持曲直，是故邪说不能乱，百家无所窜"（《荀子·正名》）。辨同异最终要落在万物虽众，但制名不可乱、不相害的秩序要求上，实则重返了儒家的和谐宇宙论和历史治乱观。

非但未能相向靠近，荀子反而发起了对惠施、公孙龙等名家的激烈批判。他首先将墨名二家并提，认为名家也是持之有故、言之成理而欺惑愚众，进而为名家盖棺定论："不法先王，不是礼义，而好治怪说，玩琦辞，甚察而不惠，辩而无用，多事而寡功，不可以为治纲纪。"（《荀子·非十二子》）这就为名家定了四项罪名：无视传统权威，不顾礼义之道，故作奇谈怪论，徒劳无益。此等无益又可具分为三：洞察深邃而无实惠，雄辩高明而不切实际，滋繁多事而寡功。最终，荀子以儒家一贯的事功精神和治国抱负宣判，名辩不堪为治国理政的纲领。

受荀子影响颇深的法家代表人物韩非子，构建了"道-形-名"一体同参的法家治理术。其中，道为万物之"大理"；形常与"刑"并用，即事、实；名即言。韩非子将名辩完全拉回到名实关系的实际处理上，以服务于政治统治和社会控制。君主从道出发，"循名而责实"（《韩非子·定法》），

"审名以定位"（《韩非子·扬权》），再依于势、法、术信赏必罚。《韩非子·主道》篇云："有言者自为名，有事者自为形，形名参同，君乃无事焉，归之其情。"臣子若名实合契、言行一致，君主则无须干预，让事情归于本来情状。在形名同参之下，"功当其事，事当其言，则赏；功不当其事，事不当其言，则罚"（《韩非子·二柄》）。

荀子、韩非子差不多是战国最后的思想巨子了。六国一统于秦，"蜂出并作，各引一端"（《汉书·艺文志》）的诸子时代终结，思想杂合、融合的时代伴随权力秩序的统合到来了。《吕氏春秋》编撰完成于秦王政八年（前 239 年），乃由战国诸子百家奔竞驰说，过渡到数十年后汉初儒术独尊的一座中间界碑。在名辩问题上，《吕氏春秋》主要呼应了儒家的正名思想，《正名》篇强调正名定分，"名正则治，名丧则乱"（《吕氏春秋·正名》）。《怀宠》《淫辞》诸篇亦以儒家的调子表达了"非苟辨（通辩）""非苟语"的观点，主张"必中理然后说，必当义然后议"（《吕氏春秋·怀宠》），最终又将言辩植根于心性之上，"凡言者以谕心也，言心相离，而上无以参之"（《吕氏春秋·淫辞》）。《慎势》《任数》诸篇简单提及法家形名论，为后世留下了兔子因名分未定而百人逐之，名分既定则鄙人不争的著名故事。

无益于治

《吕氏春秋》将惠施、公孙龙归入《淫辞》篇，用八百余字篇幅讲了二人故事。如惠施为魏惠王制定法令，既成，众人皆以为善，惠王亦善之。唯翟翦认为惠施的法令虽好，却不可行。他打比方说，那些扛大木头的人，前后应和简单俗气的劳动号子，为什么不唱颂郑国、卫国的高雅之音呢？（《吕氏春秋·淫辞》）这显然是在讥讽惠施制法不合时宜、不切实际。另一个故事是公孙龙与孔穿辩议"藏三牙"——羊有三耳，平原君称赞"公孙龙之言甚辩"。孔穿回应说，公孙龙了不起，几乎让羊长出三耳，但是请问平原君：雄辩羊有三耳，思维上颇费周章且不符合事实；谓羊有两耳，知之甚易且符合事实，不知您愿选哪一个？平原君不应，次日对公孙龙说："公无与孔穿辩。"（《吕氏春秋·淫辞》）孔穿认为公孙龙之辩艰涩难明、违于事实，虽显高深，不足为取。平原君素以大度包容闻名，却也不得不警告公孙龙罢辩。

按照鲁胜的说法，从秦汉至魏晋，名学"于今五百余岁，遂亡绝"（《墨辩注叙》）。汉初罢黜百家后，名实主张逐渐尽拢于儒，名辩一脉随之断灭。在《春秋繁露》中，董仲舒提出要深察名号："是非之正，取之逆顺。逆顺之正，取之名号。名号之正，取之天地。天地为名号之大义也。"（《春秋繁露·深察名号》）这就溯源而上，复归了孔子的正名思想：圣人效天地而制名，循名而定实。而董仲舒的天命观杂糅了战国、秦汉的阴阳家思想，铺垫了神秘主义、威权主义底色，正名也因之成为服务大一统权力秩序的思想工具。名与事、天与人被建构为一种"顺"与"受"的道德支配关系，所谓"事各顺于名，名各顺于天。天人之际，合而为一。同而通理，动而相益，顺而相受，谓之德道"（《春秋繁露·深察名号》）。

后世儒者对于名实问题的讨论，要么尊孔，要么效董，至多走到荀子承认名之相对独立性那一步。如《颜氏家训》作者颜之推以德艺论名实："名之与实，犹形之与影也。德艺周厚，则名必善焉。容色姝丽，则影必美焉。"（《颜氏家训·名实第十》）吕祖谦从权力和道德训诫的角度论及名实相符："名不可以幸取也"，理由是"求名易，保名难。取名易，辞名难。受名之始，乃受责之始也。昔之君子，内未有其实，则避名如避谤，畏名如畏辱"（《东莱左氏博议·卷十九·宋杀申舟》）。王达的说法与此相类："名者实之表也，实者名之本也，有其实斯有其名，名过其实，斯君子之所耻也。"(《笔畴·二〇》)在秦汉以后漫长悠远的思想史进路中，已难觅墨辩、名辩之踪影。有学者认为魏晋玄学之清谈、唐代佛教唯识论和禅宗亦有纯语言运思的倾向，但只是"短暂地浮出水面"①。实际上，玄学、唯识、禅宗的语用皆以发明道体心性为宗旨，仅在语言同现实乖离的层面与名辩形似而已。

基于以上清理，可用三句话描述名实问题的思想史脉络：名实之辩肇起于孔子正名之论，于战国成为儒道墨法名诸子的普遍关切；各家所论有通有异，而最奇异者乃脱实向名的墨辩、名辩一脉；秦汉之后，名实之辩复归儒家正名轨道，而作为逸轨者的墨辩、名辩如流星一般消逝了。以中国思想史所及时空之辽阔，缘何容不下墨名一脉思想源流奔腾流注？墨名辩学被历史旧尘遮覆、隔绝，大的原因无外乎无辩、不辩、辩无胜、不得不辩之慎辩传统的贬抑，以及这些传统背后的人文主义、道德主义和实用主义的压制。而深究下去，具体可察且致命的原因大抵有三。

一是在政治和社会关怀上，墨辩、名辩尤其是后者被认为游离无用，甚或滋生祸害。庄子认为墨辩、名辩乃劳神顿形之举，有背道而行、离道日远之害，更可矫饰人心。孟子批评墨子横议放恣，未免导致"邪说暴行"(《孟子·滕文公下》)。荀子则直言墨辩、名辩欺惑愚民，不可以为治纲纪。《吕氏春秋》嘲讽惠施和公孙龙深辩无功，不切实际。王充在《论衡》中说公孙龙之言辩"无道理之较，无益于治"(《论衡·案书篇》)，同样是指责名辩对于求治避乱无所裨益。若换成今日眼光，出离实际、跳脱实用乃纯粹致思、开发理智，以抵达形而上认识论的正途。而在治乱、兴衰、存亡一念颠倒的战国变局中，一种"无益于治"的思想即使一时言盈天下，也终将被时代的狂风吹散。以下补充公孙龙一则故事说明之：

---

① 葛兆光.中国思想史：第1卷 [M]. 上海：复旦大学出版社，2001：207.

空雄之遇，秦赵相与约。约曰："自今以来，秦之所欲为，赵助之；赵之所欲为，秦助之。"居无几何，秦兴兵攻魏，赵欲救之。秦王不说，使人让赵王曰："约曰：'秦之所欲为，赵助之；赵之所欲为，秦助之。'今秦欲攻魏，而赵因欲救之，此非约也。"赵王以告平原君，平原君以告公孙龙，公孙龙曰："亦可以发使而让秦王曰：'赵欲救之，今秦王独不助赵，此非约也。'"（《吕氏春秋·淫辞》）

秦赵在空雄之盟中约定，两国有事互为支援。秦兴兵伐魏，赵国非但不助秦，反而欲救魏。秦王派使谴责赵王不守盟约：缘何不助秦伐魏？公孙龙建议赵王反驳秦王说：赵欲救魏，秦若遵守盟约，理应助赵，不然也是违约。公孙龙所论在逻辑上天衣无缝，而从军国大事的现实抉择看，可谓毫无用处的胡说八道。

无用的名辩在战国被儒道法诸家围攻尚可理解，秦汉一统天下后，何以不为其留一席之地？此中可能有历史偶然因素或特殊事件的影响，如名家在惠施、公孙龙等人之后未能出现天才的思想传灯者，又如秦焚书坑儒可能对名家造成了过重的伤害。汉初在思想领域的大事件是儒术定于一尊，而以儒家观名辩，后者实乃不堪为用且惑人心智的异端。专决于名确实存在旁生出独立的语言、观念系统的风险，不免疏离、挑战权威意识形态。葛兆光对此有精当的评议："当时代不再那么浪漫，人们的关注点开始集中现实问题，对于无'实'而空谈'名'的纯粹语言思辨就不那么有兴致，当社会不再那么混乱，生存空间随着秩序化的社会来临越来越小，对于徒具启迪意义而容易混淆思路的辩者就不那么美妙了。"①

二是在道德心灵关怀上，墨辩、名辩被认为寡德无情，为君子所不

---

① 葛兆光．中国思想史：第1卷［M］．上海：复旦大学出版社，2001：207．

贵。从墨家之逻辑学，名家惠施"十一事"、辩者"二十一事"和公孙龙"五论"看，墨辩、名辩持之甚坚的命题，绝少道德体贴和人情眷顾。《史记》说名家"专决于名，而失人情"（《史记·太史公自序》），这是事实。以行仁义为中心的道德建设和人情抚慰，乃儒家济世救世的基本方案，同匡扶纲纪、求治平乱的政治理想是不二的。道家对儒家意义上的俗世道德论虽有微词，但自身也提供了慰藉生命的超然方案。至少在庄子那里，道启示人要自由——与天地精神共往来的心灵解放。

名家追索的是语言、逻辑和确定的知识，求真而少顾及善，无涉生命体验和身心修养。墨家的兼爱乃偏重形式主义和功利主义的政治、社会伦理主张，与儒家的仁义道德是两码事。韦政通认为儒家的爱是从父母兄弟推及开来的差序之爱，爱是具体且实践的；而墨家的爱是从抽象的"天志"演绎而来的一种道德普遍主义，"是形式主义的爱"①。冯友兰拿墨家兼爱与边沁功利主义道德论做比较，指出墨子"纯就功利方面"证明兼爱不唯利他亦利己，且实为一种道德上的交换和互惠②。无论是形式主义之爱还是作为交换资本的伦理主张，皆属儒家君子"所不贵"的鄙陋之论。这大约也是战国儒墨之争远甚于儒道、儒法之辩的原因所在。

远离现实政治、伦理和人情，势必导致墨辩、名辩尤其是后者很难形成普遍、持久、深入的社会思潮，亦难获得政治和文化精英的托举而被纳入主流道统。加之名家析言剖辞的路数多与常识乖离，如"二十一事"中的"卵有毛"、公孙龙的"羊三耳"，实非一般人可理解和接受。何况思辨逻辑门槛高堑，亦非普通情智欢喜可为，几无日常流行的可能。庄子早就指出惠施之辩"与众不适也"，批评公孙龙"益之以怪，以反人为实"（《庄子·天下》）。唐代《封氏闻见记》谓儒比道更易流行，理由正是《抱

---

① 韦政通．中国思想史：上［M］．长春：吉林出版集团有限责任公司，2009：79－82．
② 冯友兰．中国哲学史：上册［M］．北京：商务印书馆，2011：108．

朴子》中所言"儒教近而易见,故宗之者众焉;道意远而难识,故达之者寡焉"(《抱朴子·塞难》)。在纯智致知上,墨名二家其实比道家更杳渺难及、门庭冷清、继之者寡可想而知。

三是在终极问题关怀上,墨辩、名辩发展了一种非主流形而上学。道家思想的起点是形而上的道,以道为宇宙人生的终极问题。孔子以仁为体,仁向上联系天,向下抵达性。孟子发展了孔子思想中有关心性的一脉,提出天人合德以成仁道。荀子也讲天道,但将其向外扩充,强调天生人成,构建礼法体系。儒家意义上的道,出于孔子,成于孟子,体系化于荀子,形成了一种道德形而上学。道儒二家的道德形而上学——前者重道、后者重德,皆属存在论范畴。而墨辩、名辩则基于纯智思辨,拓展了中国传统思想中罕见的形而上认识论。存在论与认识论合则两美,离则未免造成思想的残缺。

儒道二家的形而上追问,各有其明确的终极召唤和关怀。儒家欲养成内圣外王的圣人,道家要成就大道逍遥的真人。放大来看,儒家致力于建设施仁政的理想道德社会,道家要天地万物、宇宙人生复返本初。名家也走向了一条无尽头的道路——知识之路,通往形而上的认识论世界,无意为人间带回价值灯火和道德温情。反映在方法上,儒家发展了心性存养功夫,道家亦有自己的体道方法,二者皆以体悟、冥契、默识为路径。而墨名则以思辨逻辑为方法,视方法本身为学问,让方法将认识运载至彼岸。当儒道思想渐趋流行显赫,在终极关怀和运思方法上格格不入的墨辩、名辩,遭到冷遇和贬抑便不足为奇了。

证真成理

历史的车轮碾到两千年后的 19 世纪后期,自成一统的中国思想文化忽然不得不直面西学，惊觉身陷文化夺席之忧。在西学映照之下，大梦初醒的知识精英发现连"中国是否有真正的哲学"都成了问题。严复（1854年—1921年，字几道）是最早提出中国传统思想中逻辑学缺位的人之一，而当他转身回视历史，发现了早已成为绝学的先秦名学。1902年，严复将其翻译的穆勒逻辑学著作直接命名为《穆勒名学》。他在按语中说：

> 逻辑此翻名学。其名义始于希腊，为逻各斯一根之转。逻各斯一名兼二义，在心之意、出口之词皆以此名。引而申之，则为论、为学。……而本学之所以称逻辑者，以如培根言，是学为一切法之法、一切学之学，明其为体之尊，为用之广，则变逻各斯为逻辑以名之。学者可以知其学之精深广大矣。①

继严复之后，梁启超在《新民丛报》发表了《墨子之论理学》系列评论，以提振中国学术的逻辑自觉。他在首篇批评当时一些自恃国粹、固守道统者自欺欺人："举凡今日西人所有之学，而强缘饰之，以为吾古人所尝有。此重诬古人，而奖励国民之自欺也。"② 面对沉重的国族命运挫折，梁启超主张实事求是审辨自家传统。基于对传世文本审慎精详的考证，他确认墨学在先秦思想中"持论理学最坚，而用之最密"，"证真成理"的意识和方法难能可贵。③ 墨子逻辑思想之不完备"固无待言"，但"即彼土之亚里士多德，其缺点亦固多矣"④。惜乎秦汉之后，这珍贵的萌芽竟至灭绝，遂有前述梁启超生不逢时之憾。

梁启超对墨学的关切，既与当时中西思想的剧烈撞击有关，亦有务实

---

① 穆勒. 穆勒名学 [M]. 严复，译. 北京：商务印书馆，1981：2.
② 梁启超. 墨子之论理学 [M] //梁启超全集：第6卷. 北京：北京出版社，1999：3193.
③ 同②.
④ 同②.

的考量。他深度介入清末民初时局，创办或影响报刊，引领思想和舆论，激起或卷入彼时舆论的巨浪。而当直面一场又一场盲目、迷狂、非理性、泛道德化的舆论激流和公共辩论，他意识到召回、重振墨学尤其墨辩之理智主义、逻辑主义精神，或有"造成健全之舆论"、医时救弊之效。胡适、冯友兰之所以回溯墨辩、名辩，也是为了响应剧变时代的思想和现实问题。他们都相信国族现代化须以思想现代化为先导，而弥补中国传统思想的认知论欠缺乃关键下手处。二人皆在哥伦比亚大学获得博士学位，受到20世纪二三十年代西方风行的实证主义理论的直接熏染和训练。

在"重估一切价值"信条的导引下，胡适以实证主义重新诠释墨辩、名辩传统，认为它们"标志着中国经验主义的开端"[①]。在《先秦名学史》第三编末尾，胡适基于历史教训提出，不可再将"合乎逻辑的"当作"奇谈怪论的"，将"思辩的"视为"不可理解的"[②]。鉴于传统道德形而上学对墨辩名辩认识论形成了毁灭性压制，冯友兰的计划是消解旧的"坏底形而上学"。他意识到传统形而上学混淆了存在论和认识论的关系，乃至用前者替代了后者。即使发达的宋明理学亦因"没有直接受过名家的洗礼，所以他所讲底，不免着于形象"[③]，难以触及认识的本质。诸如"心体即万物，万物即心体""心即理"之类存在论判断，既无法实际证明，亦难由逻辑推导得之。按照维也纳学派的主张，如此"云山雾罩"的形而上学理应破除扫净。

而当冯友兰着手用西学思想改造宋明理学时，又深感传统形而上学并非全无可取之处。道德形而上学毕竟为中国人提供了生命的终极意义和安慰，西学的逻辑构造和"纯思之观点"虽可对事物的本质做出"理智底分

---

① 胡适. 先秦名学史 [M]. 上海：学林出版社，1983：72.

② 同①112.

③ 冯友兰. 三松堂全集：第5卷 [M]. 郑州：河南人民出版社，2000：146.

析、总括及解释"，却未免切断了哲学与人生的联系。于是，冯友兰转向重建而非破除传统形而上学，于 20 世纪 30 年代推出了影响一时的"贞元六书"。在"六书"中的《新理学》《新事论》里，冯友兰试图融合逻辑实证主义和宋明理学，以西学方法重构理气、体用等中国概念，建立理世界与气世界、真际与实际、共相与殊相等认识论范畴。陈来认为，冯友兰重建传统不是单纯为了改造旧哲学，而是为了构造以现代性为共相、以中国情境为殊相的新文化观①。至于改造的成效，劳思光认为冯友兰只取得了局部的进展："用它来说明名家理论，较为适宜；用它来解释老子，便只有一半可用；而对于佛教与宋明理学，则大半都不适用。"②

事实上，王国维在冯友兰之前已就传统形而上学与西学实证主义融合问题进行了"烦闷"的尝试。王国维认为，中国思想中的形而上学是"可爱的"，而西学的实证方法是"可信的"。"知其可信而不能爱，觉其可爱而不能信，此近二三年中最大之烦闷。"③ 杨国荣就此评价说："王国维的一生，即苦苦徘徊于可爱的形而上学与可信的实证论之间。"④

以上关于重建形而上学问题的讨论并未逸出本章题旨，而是在向上延展中回复了开篇之问，并可导出如下结论。

一是中国先秦牵引了五项辩论思想源流：道家的无辩与辩无胜，儒家的不辩与不得不辩，纵横家的腾说以取富贵——辩以合纵连横、取势求利，经验主义与逻辑主义的墨辩，纯语言反思和逻辑致知的名辩。在秦汉建立大一统秩序和儒学逐渐取得意识形态垄断地位后，纵横之辩因策士行动空间的取消和儒家激烈的道德讨伐而沉潜。墨辩中的经验主义成分随墨

① 陈来.冯友兰文化馆评述［M］//单纯，旷昕.解读冯友兰：学者研究卷.深圳：海天出版社，1998：137-140.
② 劳思光.新编中国哲学史：第 1 卷［M］.桂林：广西师范大学出版社，2005：307.
③ 王国维.王国维文学论著三种［M］.北京：商务印书馆，2007：225.
④ 杨国荣.实证主义与中国近代哲学［M］.上海：华东师范大学出版社，2009：3.

学的整体命运而衰落，逻辑致知成分又与名辩一道，因其政治和社会关怀、道德和人情关怀、终极价值关怀的稀薄或缺失而断辍。在之后漫长的帝国史中，儒道之无辩、不辩、辩无胜、不得不辩观念遂居主导，共同形塑了轻辩乃至仇辩的思想倾向。林语堂尖锐指出："我国的读书人……把这'辩'字看作好像是一个不干净的东西……对于辩论术不但不敢彻底地研究，并且提都不敢提及。"①

二是轻辩之主调并未妨碍传统时代辩论策略、技能的发展，且表现出对明理存道、德性优先、排绝诡辩的强烈追求。以孟子荀子、庄子管子、苏秦张仪、墨子及其后学、惠施公孙龙等为代表，先秦诸子各逞天纵才情，开显、善尽了其时言辩语文的最大潜能。在朝议、会盟、征战、学宫的激辩中，在以文字为媒介跨越时空的思想交锋中，他们操运揣情摩意、因势利导、捭阖反覆、内捷飞箝、举证归谬、象征隐喻等各种辩论策略，让语言的飓风呼啸于时代丛林，观念的细流浸染世道人心。尽管辩论策略和手段繁丰发达，但除了在纵横家那里，它们的使用总体上是受到节制的。儒家君子之辩最为典型，即使在不得不辩的紧要时刻，策略排布、手段选择仍不可离其宗本——明理存道，依于德性，导向共识，以免沦为无稽、寡德的诡辩。孟子"予岂好辩哉"的纠结即属言辩伦理规约下的自觉反思，一面要"著孔子之道"而对好辩心怀不安，一面又不得不站出来护持道统。②

三是传统辩论思想长于本体论上的终极追问，而短于认识论上的思辨致知。墨辩、名辩传统消匿于历史洪流之中，实证主义、逻辑主义精神亦随之委顿。非理性、情绪化、不讲逻辑、以理压人、泛道德化审判等言辩痼疾一直延展至今，且因今时媒介之发达而渐呈加剧、泛滥之势。健全之

① 林语堂. 说话的艺术 [M]. 西安：陕西师范大学出版社，2009：70.
② 刘全志. 论孟子"好辩"的话语依据及其来源 [J]. 江西社会科学，2019 (6)：150-157.

辩理应均衡涵养道德自觉和逻辑自觉，有道德主义关怀，亦有逻辑主义柱撑。故重启墨名思辨和逻辑传统，特别是重彰其逻辑自觉和理性言辩精神，亦为拓展今日公共辩论紧迫之需。高一涵针对清末民初舆论乱局，提出"凡有所主张须按名学之律，以名学之律为主，不得以一般好恶为凭"①，"人人所怀之意向蕲求感情利害，苟合于名学之律，皆得尽量流施，而无所于惧，无所于阻"②。金克木亦疾呼："魂兮归来，公孙龙！惠施！辩者！"③

同时，向终极发问，以终极关怀为言辩依据和共识来源的言辩传统亦不可废。儒道与墨名的分歧本质上是一场误会，存在论运思与认识论致知并非二歧存废关系，有必要亦可能各美其美、彼此增益。明理存道与逻辑实证并非天然抵牾。前者关涉宇宙人生至理、公共生活的德性规范和导引差异、纷争走向共识的价值依据，后者则提供来自逻辑证成、实证检验的理性依据。依现代学术话语，儒道辩论观所操持的是价值理性，墨名辩论观则试图启运程序或曰工具理性。今日舆论场上的公共辩论，正需以价值理性和程序理性养成公共理性。若以振作思辨逻辑精神的名义而单独挺立程序理性，则未免又造成价值理性的黯淡，失去对大问题的关怀。战国尸佼以观星之喻阐释了辩论的眼界和价值基准问题，于今亦可资鉴：

> 因井中视星，所视不过数星；自邱（通丘）上以视，则见其始出，又见其入，非明益也，势使然也。夫私心，井中也；公心，邱上也。故智载于私则所知少，载于公则所知多矣……是故夫论贵贱、辨是非者，必且自公心言之，自公心听之，而后可知也。（《尸子·广泽》）

---

① 高一涵. 共和国家与青年之自觉 [M]//陈独秀，李大钊，等. 新青年精粹. 北京：中国画报出版社，2013：15.
② 同①11.
③ 金克木. 书读完了 [M]. 北京：北京联合出版公司，2012：87.

几乎在冯友兰发现逻辑实证主义之局限的同时，以赛亚·伯林也意识到了单凭逻辑和实证产出的知识，并不能整全解释、解决人之在世和社会发展中那些重大、基本的价值问题。他说："狐狸知道很多事，但刺猬知道一件大事。"① 逻辑和实证固不可少，而明理存道乃关乎根本和方向的大事。

---

① 伯林．狐狸和刺猬［M］//亚历山大．重建范型：21世纪科学与信仰．钱宁，译．上海：上海人民出版社，2014：290.

第五章 言路、协商与政治认同

《论优迁台谏沮抑忠直之弊疏》：言路通塞，天下治乱系焉。

《续资治通鉴长编》卷三百七十五：公议之所在者，天下也。

公元前 69 年，西汉中兴之主宣帝拟重审治狱，涉及修正或废止诽谤法。廷尉史路温舒在谏书中说："唯陛下除诽谤以招切言，开天下之口，广箴谏之路……则太平之风可兴于世。"（《汉书·路温舒传》）此非两汉史上第一次关于除废诽谤法的讨论，亦非最后一次。公元前 206 年，刘邦兵入咸阳，《约法三章》宣告伐秦的一个重要理由便是"父老苦秦苛法久矣"，斥秦"诽谤者族，偶语者弃市"（《史记·高祖本纪》）。及至天下初定，萧何作法九章，多循秦律，"秦之族诛法、连坐法、挟书令、妖言令、诽谤法等酷法实际上得到了恢复"①。公元前 187 年，吕后诏令对早前"议未决"的妖言令诸法"今除之"（《汉书·高后纪》）。大概由于除而未绝，九年后，文帝再度颁布"除诽谤法诏"，以求"闻过失""通治道""来谏者"。诏书要求各级官吏在法令废止后，"民或祝诅上，以相约而后相谩"，不再视为忤逆诽谤，"自今以来，有犯此者勿听治"（《汉书·文帝纪》）。大约五十年后，武帝重宣诽谤法，置"腹诽而心谤"（《汉书·灌夫传》）之罪。宣帝的废法之举亦未成功，其后亦多有反复，直至东汉章帝仍在讨论何以界定"非上""虚谤"等问题。

　　诽谤法在两汉的兴废反复，乃中国古代言论政策和言路制度安排的直观表征，昭显了在得失进退、兴亡治乱的较计酬量中，权力与言说、舆论之间紧密又脆弱的复杂关联。谓之复杂，因其远非一句专制权力骄慢无常或开明专制户牖微启可简单打发。在政策设计和制度选择的后台，上演着诸如神权政治与权力合法性、价值正当性与权力实践的有效性、道德说服力与利害抉择的合理性、道统秩序存续与多元话语更新等繁复、剧烈的观念冲撞。此中涉及从政治与道德形而上学到权力与意识形态结构，再到言论政策与言路制度实际安排的漫长且绵密的话语建构。这套逐步展开的话语体系，一方面推动制度建设奔向开明进取，另一方面也因为从形而上学落实到意识形态结构进而具化为实际制度安排的"三连跳"，而险象环生、进退踌躇。

一、天道与言路

　　以政治和社会视角观之，言论政策和言路制度建设必肇起于权力体系

---

① 胡兴华.《新语》对汉初统治思想的影响及其在思想史中的地位 [J]. 边疆经济与文化，2004（10）：94 - 96.

建构及其运行实践。原始氏族尚为朴素、分散的集群，虽有日常协商咨议，却少制度化的言谏安排。及至儒家口中的圣王和夏商周三代，政治联盟和权力集中格局初启，专门化的言谏器物、场所得以设置，谏与闻之惯例遂成，制度化自觉亦趋强烈。如是惯例和制度取向，大多为后世所传袭延展，且随天命观和道德形而上学、政治和社会意识形态、权力结构的迁转而浮沉反复。

唐刘知几在《史通》中述及："盖史之建官，其来尚矣。昔轩辕氏受命，仓颉、沮诵实居其职。至于三代，其数渐繁。"宋王应麟亦持此论："沮诵、苍颉、隶首、孔甲，黄帝四史官。"（《小学绀珠·名臣·四史》）若刘、王之考释非虚，则黄帝时代已有专司谏议之职的史官。而史官的来源，公认的说法是衍生自巫史文化。《国语》谓颛顼"命南正重司天以属神，命火正黎司地以属民"（《国语·楚语下》），重为巫官，黎为史官。《尚书》载尧立羲和之官，羲与重相近，掌天文，负责与天交通；和与黎类似，掌人事，主管察记史实。《尚书》还记述了舜的两项任命："伯，汝作秩宗。夙夜惟寅，直哉惟清。""龙，朕堲谗说殄行，震惊朕师。命汝作纳言，夙夜出纳朕命，惟允！"（《尚书·虞书·舜典》）舜让伯夷做掌管祭祀的礼官，令其日夜虔敬行事，保持正直清明；为了避免谗言暴行惊扰人民，又命龙为纳言之官，令其日夜允正、信实传通上令下情。汉孔安国曰："纳言，喉舌之官。听下言纳于上，受上言宣于下，必以信。"（《尚书正义》）

以上若为信史，则重黎、羲和、伯龙一巫一史之设置在上古已成惯例。巫以灵媒身份表征、假托天命神谕，讽谏君主敬天保民；史操直笔记言记事，警诫君主"克黜乃心，施实德于民"（《尚书·商书·盘庚上》）。加之"天视自我民视，天听自我民听"（《尚书·周书·泰誓中》）、"天聪明，自我民聪明。天明畏，自我民明威"（《尚书·虞书·皋陶谟》）、"人无于水监，当于民监"(《尚书·周书·酒诰》)等天命与民心一体同源观念，上通于天、下契于民的言谏政治成式便顺理成章了。巫史之谏奠定了后世言论政策和言路制度思想的两个不拔根基：先验、天启的政策制度正当性，务实、民本的政策制度有效性。其中，先验、天启一脉又演化出神秘主义和道德形而上学两条制度思想的支脉，此为后话。

在器物和场所设置上，《吕氏春秋》谓："尧有欲谏之鼓，舜有诽谤之木。"(《吕氏春秋·自知》)《管子》的说法更为详备："黄帝立明台之议者，上观于贤也；尧有衢室之问者，下听于人也；舜有告善之旌，而主不蔽也；禹立谏鼓于朝，而备讯唉。"(《管子·桓公问》)在识字群体稀少、传播媒介匮乏的情况下，黄帝等圣王辟出明台、衢室等空间，立谏鼓、植谤木、陈善旌，以求言纳谏备询，扩充视听聪明。禹对言谏器物的安排尤为精细："教寡人以道者击鼓，谕寡人以义者击钟，告寡人以事者振铎，语寡人以忧者击磬，有狱讼者摇鞀。"(《淮南子·泛论训》)

夏商周大体因循尧舜旧例，且因王权相对集中而使言路建设更趋周密。《尚书·夏书·胤征》载"每岁孟春，遒人以木铎徇于路"，此言专职采风官遒人振木铎于路，使天下得尽其言。"汤有总街之庭，以观人诽也；武王有灵台之复，而贤者进也"(《管子·桓公问》)，且"建路鼓于大寝之门外，而掌其政，以待达穷者与遽令"(《周官·夏官·大仆》)，说明商周亦有类似器物场所设置。实际上，谏鼓木铎及相应空间安排一直延递至明清，今日已难确认何时由惯例转为成制。魏晋时"登闻鼓"的说法已颇为流行，唐白居易有《敢谏鼓赋》传世，宋则在登闻鼓制度基础上开设了登闻鼓院、登闻检院、理检院三个专门的谏议、监察机构。

值得深究的是，除了"音锵锵以镗鞳，响容与以徘徊"(《敢谏鼓赋》)的实用考量，鼓之所以成为言谏的重要载体，乃因其"外扬音以应物，中含虚而体道"(《敢谏鼓赋》)的象征价值。鼓的形制与音质可以体道、表法，外谐八音，洋洋盈耳，内怀中空，若虚纳之道。"声闻于外，以彰我主圣臣良；道在其中，以表我上忠下敬。"（《敢谏鼓赋》）此外，鼓本为带有神秘主义气息的祭器礼器，可达"天听"。天命、天子、民意因鼓声而关联，这就又与儒家王道思想牵连在一起了。谏官出身的白居易赋曰：

> 至矣哉！君至公而灭私，臣有犯而无欺。讽谏者于焉尽节，献纳者由是正辞。言之者无罪，击之者有时。故謇謇匪躬，道之行也；翯翯不已，声以发之……徹于帝心，四聪之耳必达；纳诸人听，七净之臣乃来。故用于朝，朝无面从之患；行于国，国无居下之讪。（《敢谏鼓赋》）

商周在言论政策上发生了两件大事。《礼记·王制》载商有四杀之策："析言破律，乱名改作，执左道以乱政，杀；作淫声异服，奇技奇器以疑众，杀；行伪而坚，言伪而辩，学非而博，顺非而泽以疑众，杀；假于鬼神、时日、卜筮以疑众，杀。此四诛者，不以听。"四种不听之杀，分别对应了乱名、淫声、言伪、巫筮等"疑众"——扰乱思想和秩序的罪状。《礼记》由汉初戴氏叔侄编订而成，假托孔子答对之作，所称乱名改作、言伪而辩等又皆为战国儒家批评墨家、名家的说辞，故对商代四杀的记述未必全然可信。倘若确为商之律法，则可知至迟在商已出现广开言路与禁绝邪说辟言的双重政治取向。而邪说辟言的标准和边界从来模糊，全凭为政者主观界定，故这双重取向落于实际，常造成开言路与禁言论之紧张冲突。

另一件大事发生在周宣王时代。《国语》云："以至于夏、商，故重、黎氏世叙天地，而别其分主者也。其在周，程伯休父其后也。当宣王时，失其官守，而为司马氏。"（《国语·楚语下》）夏商延续之前的重黎、羲和之制，周仍有巫史两系的后人程伯休父分掌天地。周宣王革除旧制，巫史合而为一，成为专业谏官。宣王乃西周中兴之主，与其父——"防民之口，甚于防川"导致人民"道路以目"（《国语·周语上》）、睋以叛之的周厉王对照鲜明。《诗经》对周天子讥刺颇多，独赞宣王有加："四方既平，王国庶定。时靡有争，王心载宁。"（《诗经·大雅·江汉》）《鹤鸣》的名句"鱼在于渚，或潜在渊""它山之石，可以攻玉"（《诗经·小雅·鹤鸣》），所言正是宣王开明求贤纳谏的德绩。厉王时代直言敢谏的召穆公在宣王那里得到重用，也说明宣王并不排拒谏诤。如是，巫史合一的主要缘由很可能是整肃吏治、统一言路。《国语·楚语下》在讲宣王改制之前，溯及少皞时代巫史乱德以致"民神杂糅""蒸享无度"的历史教训，应为对革新动因的暗示。宣王所要做的，就是改变巫史分立，各以天命、民意之名，哓嚷自重、荧惑于民的乱象。

巫史合一既促成了谏官的专职化和言谏的制度化，也造成了言路的窄化，"实际缩小了谏诤的范围"①。宋胡致堂一语道破专设谏官的帝王心思："古者，人臣皆得进谏于其君，后世专设一职，既已乖谬。居是职者，又多以立异为心，挠乱政事。"（《文献通考·职官考四》）当言路"归口"于谏官，其他臣僚便只有听命行事的本分了。明末危局中的崇祯直白地说："建言乃谏官事，大臣何建言?"（《明史·詹尔选传》）

纳言与喉舌

及至春秋战国，周天子式微，诸侯于其邦国内部尽揽权力，于外生死奔竞。旧文化黯淡支离而又被特殊强调——如儒家对圣王统绪的重申和重

---

① 韦庆远，柏桦. 中国政治制度史［M］. 2版. 北京：中国人民大学出版社，2005：167.

构，新思想百川激荡而又尚未汇通入海——如儒道法墨名纵横阴阳诸家各是其所是，非其所非。言论政策、言路建设观念亦因之新旧杂陈、张弛反复，有用旧说救时弊者，有持新论以更张者。权力实践中的具体抉择更为复杂：一面要聚拢杂说、凝摄共识以"壹民"；一面要从谏从善、"以众智为智"求国强。

太史伯将西周败亡归因于幽王对宗法制度的破坏，而直接理由是幽王专暴孤行、无顾言谏，"去和而取同"，所谓"和实生物，同则不继"（《国语·郑语》）。由是而观，太史伯仍以三代王道思想解释政权兴衰流转，而言谏乃王道之治的标配。标配的设计在先秦儒家达到一个顶峰，汉初儒学完成体系化解释，宋明理学向上辟出"天理"政治形而上学。此中，先秦的贡献是由孔子的历史建构、孟子向内的心性和道德建构、荀子向外的天生人成和礼治建构达成的。

"王道"一词最早见于《尚书》，殷箕子向周武王论及治道时称："无偏无党，王道荡荡。无党无偏，王道平平。无反无侧，王道正直。会其有极，归其有极。"（《尚书·周书·洪范》）王要无偏私、无违离，因为王道朗阔、平坦、正直。从《尚书》前后文语境看，此言"极"者，当为天之极、德之极，即天命、道德的最高法则。故先秦之前的王道思想已出现天道、王道、王权政治伦理三位一体的观念构造："天道之论，是为王道政治提供正当性基础的论述；王道之论，是为王道政治提供合法性资源的言说；王权之论，则是为王道政治的制度化操作提供设计蓝图。"[1] 正是在建构王道政治正当性、合法性的进路中，先秦儒家将上古以降的言谏传统纳入王道政治实践，以之为天道、德政的政策载体和制度依托。而言谏的成功，又可反过来增进王道政治的正当性、合法性，并证明、补足其有

---

[1] 任剑涛．天道、王道与王权：王道政治的基本结构及其文明矫正功能 [J]．中国人民大学学报，2012（2）：83-94.

效性。

孔子在《论语》中并未直接使用王道概念，却勾勒了王道政治的理想框架：一是以天命作为政治正当性和政权合法性来源，强调知天命、畏天命，如赞颂尧"唯天为大，唯尧则之，荡荡乎，民无能名焉"（《论语·泰伯》），转述《尚书》尧对舜的建议："咨！尔舜！天之历数在尔躬，允执其中"（《论语·尧曰》）；二是接续圣王时代以德配天之论，主张民本主义的仁政和德治，"政者正也，子帅以正，孰敢不正"，"百姓足，君孰与不足？百姓不足，君孰与足"（《论语·颜渊》）；三是由天命、仁政推出礼治，如君臣"一日克己复礼，天下归仁焉"（《论语·颜渊》），对民则应"道之以德，齐之以礼"（《论语·为政》）。孔子对天命、道德、礼义与理想政治关系的论述，是借由重述、神化传统实现的。他建构了一个从上古至周初的政治与道德乌托邦，以历史作为意义来源和权威依据，改造现实，启谕未来。

孔子也将历史建构的方案应用在对王道政治的要件——言谏传统的坚持和重彰上。《论语》称扬"谏而死"的比干同远离纣王的微子、甘愿为奴的箕子为殷之"三仁"（《论语·微子》），教导子路事君之道在于"勿欺也，而犯之"（《论语·宪问》），即不可欺君，但可有犯颜之诤。《左传》载晋太史董狐直笔记述"赵盾弑其君"，以示于朝。孔子赞曰："董狐，古之良史也，书法不隐。"（《左传·宣公二年》）在孔子身后，孟子、荀子及后世儒家多对董狐、忠实记录"崔杼弑其君"（《左传·襄公二十五年》）的齐国太史兄弟念念不忘，以之为儒家王道政治伦理和君子人格的典范。

班固编撰的《白虎通义》述及孔子有五谏之论："人怀五常，故有五谏。谓讽谏、顺谏、窥谏、指谏、陷谏。"称"孔子曰：谏有五，吾从讽之谏"（《白虎通义·谏诤》）。此五种言谏策略，分别与仁义礼智信之儒家"五常"对应。孔子偏重的讽谏是上智之选，即深察祸患之初萌，未彰而讽告于君；顺谏者，仁也，出辞逊顺，不逆君心；窥谏，即对君主察言观色，悦则进谏，不悦则退，待机而复，此合臣者礼数；指谏对应信，指者，质也，质相其事而谏；陷谏源出于义，即直言国害，舍身陷难，为君而不避丧身。

两汉的《说苑》《孔子家语》《公羊传解诂》《风俗通议》等亦有孔子五谏之论，与《白虎通义》说法大同小异。据钟思远等考证，先秦典籍并未出现五谏的总说，亦难觅"陷谏"等具体名词，当为汉儒依据传说或假托之作①。孔子回溯、想象和建构历史权威的学术策略，亦为汉儒所熟习。将五谏与五常啮合一处，实质是将言谏纳入君臣关系和王道政治伦理实践之中。这昭显了儒家述古、托古的良苦用心，无外乎寄系言谏推进王道政治。

孟子是先秦王道思想的首位系统阐发者，提出了王道政治的目标、原则和措施，且将之建构为儒家道统的核心内容。同孔子一样，孟子亦将目光拉回到上古、三代，认定自尧舜禹而下，皋陶、伊尹、莱朱、文王、太公望、散宜生直至孔子，存在一个可以"见而知之""闻而知之"（《孟子·尽心下》）的道统，表现于政治统绪即为王道。王道与霸道相对，"以德行仁者王"，"以力假仁者霸"（《孟子·公孙丑上》）。孟子也认为仁政乃王道根本要义，但并未简单重复孔子。他周详规划了王道仁政的纲目："养生丧死无憾，王道之始也。"（《孟子·梁惠王上》）人民可以养活生者、安葬死者而无抱憾，此为王道的始点或曰底线。对内"以德服人者，中心悦而诚服也"（《孟子·公孙丑上》），对外"国君好仁，天下无敌"（《孟子·尽心下》），所谓得民心者得天下，此为王道的理想效能。在政治结构上，王道政治框架下的君民关系为"民为贵，社稷次之，君为轻，是故得

---

① 钟思远. 汉"五谏说"考论 [J]. 国学，2014 (00)：214-223.

乎丘民而为天子"(《孟子·尽心下》),即"保民而王"(《孟子·梁惠王上》);君臣关系为"君之视臣如手足,则臣视君如腹心;君之视臣如犬马,则臣视君如国人;君之视臣如土芥,则臣视君如寇雠"(《孟子·离娄下》),君道臣道合于王道,两厢共持一体且对等的权利义务关系。

言谏乃君臣权利义务关系的一项实际操运。孟子认为,欲为君则行君道,欲为臣则行臣道。纳言为君道,谏诤为臣道,"谏行言听,膏泽下于民"(《孟子·离娄下》)。在明显不对等的君臣权力关系中,对等的言谏权利义务关系何以成立?孟子的论证包含三个步骤:一是尽心性以知天事天。同儒家穷究天人之际的主调一致,孟子亦视天命为万物主宰,"顺天者存,逆天者亡"(《孟子·离娄上》)。孟子的特异处在于不畏天,因为人可存心养性以知天事天。这就实现了天命由外在形而上主宰,朝着人之内在心性的转换。二是借由对心之四端——"恻隐之心,仁之端也;羞恶之心,义之端也;辞让之心,礼之端也;是非之心,智之端也"(《孟子·公孙丑上》)的考察,孟子得出性本善的结论。天命与心性合一,而心性本善,"人皆有不忍人之心",仁德因之获得了先验的本体意义。三是由此先验伦理推及王道政治,"先王有不忍人之心,斯有不忍人之政矣。以不忍人之心,行不忍人之政,治天下可运之掌上"(《孟子·公孙丑上》)。如是,王道即君主听天命、尽心性、行仁政,以不忍人之心事天、保民、王天下。

基于对王道政治伦理的内向建构,君之纳言、臣之行谏乃天命心性一体之仁的召唤,是原初、本然、先验伦理在王道政治和君臣关系中的运用。前言对等的权利义务关系,乃就言谏伦理的终极凭据——天命心性,及其终极目标——事天、保民、王天下而论,绝非君臣权力平等之谓。显然,孟子将言谏的正当性纳入了今日所称美德伦理的范畴。在西方,几乎与孟子同时的亚里士多德提出了"人性伦理",以区隔于外在的形式伦理;

康德认为本体界而非现象界才是伦理的价值源头，唯有人之主体性内生的本真伦理方能达成人自身的目的。麦金太尔将人性伦理、本真伦理统称为美德伦理，希冀以其复兴挽救现代伦理危机。孟子讲"仁义礼智，非由外铄我也，我固有之也"（《孟子·告子上》）、"君子所性，仁义礼智根于心"（《孟子·尽心上》），正与美德伦理相契。凭此发乎天命心性的美德，激荡心中浩然正气，在下者行谏不必畏大人，"说大人，则藐之，勿视其巍巍然"（《孟子·尽心下》）——恰与孔子畏天畏大人之论相反；在上者用贤纳言而不倦，"大人者，不失其赤子之心者也"（《孟子·离娄下》）。

荀子关于王道政治伦理的核心主张，集中体现于《君道》篇的文眼："至道大形，隆礼至法则国有常，尚贤使能则民如方，纂论公察则民不疑，赏克罚偷则民不怠，兼听齐明则天下归之。"荀子虽也以"至道"作为王道政治的基准，但与孟子的诠释方向截然相反，他反对内索价值之源，而将道落实于外在规范——礼与法。作为孔子仁、礼思想的两位重要传灯者，孟子专注于仁，将之导向内在心性本体；荀子则外诉诸礼，将之建构为规范伦理。与美德伦理强调德性本来具足和自我养成不同，规范伦理更在意外在约束，乃至将礼式固化为法度。国之常道，不在美德召唤和自觉，实系于隆礼重法之规范。在此规范之下，尚贤、公察、赏罚以使人民有方向、有信心、不懈怠，广开言路、兼听齐明以平天下，便为君道应有之义了。

荀子的规范伦理和礼法转向，大抵存在两个动因：一则为性恶论预设，一则为天下乱局已至殊死搏斗的最后暗夜。"礼起于何也？曰：人生而有欲，欲而不得，则不能无求。求而无度量分界，则不能不争；争则乱，乱则穷。先王恶其乱也，故制礼义以分之。"（《荀子·礼论》）荀子不像孟子那般对人性之善抱有乐观期待，他看到的是欲、求、争、乱、穷等人性诸恶，唯以礼法治之。同时，置身百乱并起、征伐残暴之战国末世，特别是面对秦国变法图霸之现实，荀子不得不修正孔孟温和而迂阔的王道思想。于是，王道与霸道不再分立而转向实用的杂用，"隆礼尊贤而王，重法爱民而霸"（《荀子·大略》）。礼与法分别支撑王与霸，而归于天下之治。

作为普遍规范，君、臣、民皆须奉礼法以立身御世，"使人载其事，而各得其宜"，直至"不同而一"（《荀子·荣辱》）。此中，言谏乃循礼法求王霸的重要安排。人主应向左右可信之人顾问求谏，以增进"耳目之明"，通泄知之蔽塞，免于"孤独而暗"（《荀子·君道》）；臣子应持礼尽忠，"逆命而利君"，"以解国之大患"（《荀子·臣道》）。兹举《君道》《臣道》为证：

> 墙之外，目不见也；里之前，耳不闻也。而人主之守司，远者天下，近者境内，不可不略知也。天下之变，境内之事，有弛易齵差者矣，而人主无由知之，则是拘胁蔽塞之端也。耳目之明，如是其狭也；人主之守司，如是其广也；其中不可以不知也，如是其危也。然则人主将何以知之？曰：便嬖左右者，人主之所以窥远收众之门户牖向也，不可不早具也。（《荀子·君道》）

> 君有过谋过事，将危国家、殒社稷之惧也，大臣父兄有能进言于君，用则可，不用则去，谓之谏；有能进言于君，用则可，不用则死，谓之争（通诤）……故谏、争、辅、拂之人，社稷之臣也，国君之宝也，明君所尊厚也。（《荀子·臣道》）

综上以观，先秦儒家以天命为原点，向历史讨要权威依据，提出、拓展王道思想，将言论政策与言路设计构建为王道政治的基本安排。这是一项嵌入政治运行体系的伦理性安排——在儒家那里，政治与伦理问题素难切割。孔子总括性地提出王道仁政，孟子将仁归于美德伦理，荀子主张礼运天下，结成规范伦理网络。与之相应，言谏思想亦体现出政治美德召唤、政治伦理规约两种指向。荀子意识到了美德感召在王权和治国实践中的迂阔、虚弱，故假以外在礼制约束，且将礼法连接起来，以求包括言谏设计在内的王霸政治主张贴合实际。

历史对孟子的道德理想主义给出了冰冷的回应，而为荀子的忧思提供了真确的实据。《史记》谓孟子"游事齐宣王，宣王不能用。适梁，梁惠王不果所言，则见以为迂远而阔于事情"，又言荀子在齐国稷下学宫"三为祭酒"，遭人谗言而适楚，"嫉浊世之政……著数万言而卒"（《史记·孟子荀卿列传》）。就在孟荀皆曾游事的齐国，齐威王颁布《许民诽谤令》，在近百城池街衢、十余官道之侧，树立与人等高的谤木，许民直言。谤木写满即上呈都城中枢，地方官吏不得扣押毁除。谤木既设，言者无罪，但不可谤王。明董说《七国考》云："齐威王时，国中大靡，民不衣布，于是威王造锦绣之禁，罪若诽谤王矣。"（《七国考》卷十二）间接证明谤王必禁。宣王即位后，"悦其名而丧其实"（《尹文子·大道上》），各处谤木堆垒如山，几近弃之不顾了。

不唯战国末世如此，早在春秋之季，齐景公海上游乐六月不归，令左右曰："敢有先言归者致死不赦。"（《说苑·正谏》）荀子去齐奔楚，而在此二百多年前，楚庄王三年不听朝："寡人恶为人臣而遽谏其君者，今寡人有国家，立社稷，有谏则死无赦。"（《说苑·正谏》）后果因修建层台，而有"大臣谏者七十二人皆死"（《七国考》卷四）。所谓仁礼，明明煌煌，奈何只是绝对权力体系之下光明的幻象。

天命谴告

秦一统天下，二世而亡。始皇帝虽首设侍中、谏议大夫、散骑、给事中等谏官之职，但以后人眼光观之，言路闭绝、苛法专暴乃秦亡主因之一。《汉书》谓"秦之时，羞文学，好武勇，贱仁义之士，贵治狱之吏。正言者谓之诽谤，遏过者谓之妖言"（《汉书·路温舒传》），《史记》亦言"群臣谏者以为诽谤，大吏持禄取容，黔首振恐"（《史记·秦始皇本纪》）。汉代路温舒反思说："盛服先生不用于世，忠良切言皆郁于胸，誉谀之声日满于耳；虚美熏心，实祸蔽塞。此乃秦之所以亡天下也。"（《汉书·路温舒传》）后世评价盖非虚言。作为"皇帝"名号的实际发明者，李斯在上奏给秦二世胡亥的《行督责书》中说，"谏说论理之臣间于侧，则流漫之志诎矣"，故"明君"外不可"倾以仁义烈士之行"，内不可"夺以谏说忿争之辩"，而应独操主术、立其所欲、废其所恶，以身尊而势重，制听从之臣，"然后能灭仁义之涂（通途），掩驰说之口，困烈士之行，塞聪揜明，内独视听"，直至"荦然独行恣睢之心，而莫之敢逆"（《史记·李斯列传》）。

李斯《行督责书》继承了商鞅强国弱民——"有道之国，务在弱民"（《商君书·弱民》），使民"归心于壹"（《商君书·壹言》）的法家原则。秦帝国也正是以此原则"修其明法"，先是由李斯在公元前213年主导了《焚书令》，尽焚天下"非上"之杂书，"人善其所私学，以非上所建立"（《史记·李斯列传》）。次年始皇帝又发布"坑儒生制"，以诸儒生"今乃诽谤我，以重吾不德"和"或为訞言，以乱黔首"（《史记·秦始皇本纪》）罪名坑杀四百六十余人。在秦律刑事罪名中，有多项与言论直接相关：诽谤罪、诅咒罪、妖言罪、投书罪、以古非今罪、偶语诗书罪等①。言论苛法正是刘邦檄秦的主要理由之一。

汉初循秦律制法，初有萧何《九章律》，后又扩充了《傍章》《越宫

---

① 王立民. 中国法制史 [M]. 上海：上海人民出版社，2003：82.

律》《朝律》。诽谤、妖言诸法仍仿秦制，之后则如本章开篇所述废置不定。如是反复，必有因应时势的具体缘由。而从两汉政治思想和意识形态塑造的大脉络看，言论政策和言路制度建设实有难以越过的观念隘口。即使在政治清明、权力秩序稳定的太平时代，言路亦从不平坦。

汉初对秦亡历史教训有主动、深切的反思，陆贾的《新语》、贾谊的《过秦论》皆提出反苛法、行教化的政治主张。在吕后至文景之间的半个世纪，黄老之学一时鼎盛，主流政治思想乃无为而治、与民休息、用贤纳言、生养天下。《汉书》载文帝前元二年（前 178 年）十一月，天有日食之象，文帝反思自己"下不能治育群生，上以累三光之明，其不德大矣"，遂诏令天下举荐贤良方正之士，"令至，其悉思朕之过失，及知见之所不及，丐以启告朕。及举贤良方正能直言极谏者，以匡朕之不逮"（《汉书·文帝纪》）。同年，文帝废除诽谤法。十五年（前 165 年），文帝再度"诏有司、诸侯王、三公、九卿及主郡吏，各帅其志，以选贤良"（《汉书·晁错传》），科目要求"明于国家之大体，通于人事之终始，及能直言极谏者"（《汉书·晁错传》）。但是，面对天下甫定、权臣林立、诸王作乱、匈奴袭扰之患，加之与大一统权力秩序相适配的权威政治意识形态尚未确立，先秦百家思想纷纭驳杂之余绪未绝，导致诽谤、妖言诸法时废时举或名废而实存。

今日可察两汉专门举荐贤良的诏令记录有 33 次，其中武帝至少有 4 次，且于元光五年（前 130 年）增设文学人才科目①。文学即饱学之士，同贤良一样负有谏诤之责，辅佐帝王"获保宗庙，战战栗栗"（《汉书·成帝纪》），"夙兴夜寐，修古帝王之事"（《汉书·昭帝纪》）。在武帝招纳的贤良中，有一人成为两汉及之后千余年中国思想史绕不过去的人物。由汉

---

① 张震泽. 两汉之选举制度 [J]. 西北大学学报（自然科学版），1943（2）：13–24.

而至唐宋明清，历代对他褒贬不定，却从未轻忽。他辟出儒学真正通往权力中枢的上升道路，也加固、制造了儒家政治观念险峻的隘口。此即董仲舒。

董仲舒与汉武帝相遇的时候，一个要光大儒术，一个正欲构建能够合法化君权政治的权威意识形态体系。董氏对先秦儒学王道思想的改造，主要见于天命观偏转、君权强化和权力制衡设计。后世争议最大者，也正在此三样。

《诗》《书》《国语》《左传》言"天"甚多，指示了冯友兰所称的中国文字中的五种天命观：物质之天，与实存的"地"相对；主宰之天，即神格化的上苍、天帝；运命之天，"乃指人生中吾人所无可奈何者"；自然之天，即自然万物之运行；义理之天，所谓宇宙之最高原理。① 《论语》和旁证文献显露的孔子天命观，总体上是开放、多义的，而相对偏向主宰、运命和自然之论。孟荀亦视天为主宰，而孟子将之建构为会通心性本体的第一义理，荀子则偏向自然之天。所以，先秦儒学多由天命主宰出发谈论宇宙、政治、社会和人生，进而向着义理、自然两端纵深挺进。董仲舒收纳了这两端，又返身回去强化了作为主宰、运命之天，即使论及物质、自然之天亦多强调其神秘主义意志。"把自然的天化为宗教的天，就儒家发展的历史看，这是逆反的历程。此一趋势，虽不必即导向先秦儒家人文运动的全盘否定，但必然会造成它的挫折。"②

先秦儒学将天之主宰视为自明之理，诸如"天将以夫子为木铎"（《论语·八佾》）、"天何言哉？四时行焉，百物生焉，天何言哉？"（《论语·阳货》）、"夫天生蒸民，有所以取之"（《荀子·荣辱》）等说法，可谓笃定而宽疏。董仲舒借用战国秦汉流行的阴阳五行之论，杂以原始宗教、祖先崇

---

① 冯友兰.中国哲学史：上 [M].北京：中华书局，2014：54.
② 韦政通.中国思想史：上 [M].长春：吉林出版集团有限责任公司，2009：327.

拜和其他神秘主义话语，构造了一个"天人相类"、"天人感应"、天道与人文同源共出的大系统。"天地之气，合而为一，分为阴阳，判为四时，列为五行。"（《春秋繁露·五行相生》）由天地之元始发动，阴阳、四时、五行相生相克而演化宇宙万物，此为天与物的关系。"天亦有喜怒之气、哀乐之心，与人相副。以类合之，天人一也。"（《春秋繁露·阴阳义》）此为人天关系——人副天数、天人相类。至于"副"和"类"的领域，遍覆人的身体、心灵所有方面。譬如人骨有三百六十六小节，副天之日数；大骨十二节，副月数；内有五脏，副五行数；外有四肢，副四时数；"天两有阴阳之施，身亦两有贪仁之性"（《春秋繁露·深察名号》）；凡此等等。这就全面肯定了天之绝对主宰地位，而非像先秦儒学那样简约笼统地对待天人一体关系——在孔孟荀那里，最明确的是天对人的道德形而上学指引。

孔荀皆有尊君倾向，同时亦强调民本。孟子重民而轻君，君若无道，臣民可如"诛一夫"一般杀掉君主而不为"弑"（《孟子·梁惠王下》）。作为《春秋》公羊派大儒，董仲舒特别标举了《公羊传》开篇的"大一统"纲领："《春秋》大一统者，天地之常经，古今之通谊也。"（《汉书·董仲舒传》）这个"一"，在宇宙大系统中即为天，"君子正一而万物皆成"（《曾子·三省》）；在人间权力体系中即为君，"唯天子受命于天，天下受命于天子，一国则受命于君"（《春秋繁露·为人者天》）。为人主者，对上"法天而行"，对下"行仁义法"，对内"泛爱苍生"，对外"爱及四夷"，是为大一统格局时代的王道。

董仲舒的君道论，实质就是君权神授、君主专制。这常被认为"断送了"先秦儒学的真精神——人文主义、民本主义和心性之学，成为儒家形塑专制意识形态的直接罪状。① 而近世学者多有为其平反者，所据理由乃

---

① 韦政通.中国思想史：上［M］.长春：吉林出版集团有限责任公司，2009：322.

董氏的另一个重要政治思想：天人感应及由其推断的灾异谴告。《春秋繁露》谓："天有阴阳，人亦有阴阳。天地之阴气起，而人之阴气应之而起；人之阴气起，而天地之阴气亦宜应之而起。其道一也。"（《春秋繁露·同类相动》）天人同类交感而相动，又因天怀仁德，便会以灾异谴告君主过失：

> 凡灾异之本，尽生于国家之失。国家之失乃始萌芽，而天出灾害以谴告之。谴告之而不知变，乃见怪异以惊骇之。惊骇之尚不知畏恐，其殃咎乃至。以此见天意之仁，而不欲陷人也……宜有验于国，故见天意者之于灾异也。畏之而不恶也，以为天欲振吾过、救吾失，故以此报我也。（《春秋繁露·必仁且智》）

董仲舒细分了灾和异的不同谴告："灾常先至而异乃随之。灾者，天之谴也；异者，天之威也。谴之而不知，乃畏之以威。"（《春秋繁露·必仁且智》）在天谴天威之下，王道政治获得了最高的凭据和约束："以天之端，正王之政。"（《春秋繁露·玉英》）上古、三代至先秦儒家，一直怀有朴素的畏天敬天情感，但皆不曾如董仲舒这般以庞大邃密的运思体系，将天之威慑与君权实践、人间福祸一一对应感应。这就在全凭自觉的美德伦理、软性施加的规范伦理之外，于君主头上三尺安立了谴告的神灵。"一种政体就此被规范在颇具神圣性的秩序与规则之下。掌握国家权力的人，就此失去了恣意妄为的理由。"① 这也正是人们为董仲舒平反、"为我国学术史揭破一件冤案"② 的真正原因所在：他苦心孤诣地为势必大一统的君

① 任剑涛. 天道、王道与王权：王道政治的基本结构及其文明矫正功能［J］. 中国人民大学学报，2012（2）：83-94.
② 徐复观. 两汉思想史：1［M］. 北京：九州出版社，2014：172.

权设计了天命制衡力量。

两汉阴阳、谶纬、象数之学大盛，武帝后期更有巫蛊迷信横行，每有灾异、新帝登基或其他天象人事巨变，必有祝祷、罪己、求言、举贤诏令颁布。这说明董仲舒天谴论有其厚植的文化土壤。而从武帝及其后诸帝对人副天数、行仁义法和灾异谴告之论的引述看，董氏思想确有其历史效用，堪称"适应古典中国政治需要并因此具有实际政治效能的精致观念结构"①。在此观念结构中，"圣主贤君尚乐受忠臣之谏"（《春秋繁露·必仁且智》）乃免于天谴的政治工具。如汉顺帝因久旱无雨而下求言诏，汉成帝因天示危乱而诏令"公卿已下，其举直言极谏、能指朕过失者各一人"（《后汉书·肃宗孝章帝纪》）。对于天命谴告之实效，下文将补充述之。

当然，历史从来不止一张面孔。武帝一面招贤纳士用谏，且设置了"掌议论"的太中大夫、中大夫、谏大夫之职，盛时数十人；一面又恢复了文帝废止的诽谤法，更任用公孙弘、张汤强解《春秋》治狱之义，推出"论心定罪"的"腹诽法"。据《史记》载述："腹诽，论死。"（《史记·平准书》）欲兴仁政、除诽谤以"开天下之口，广箴谏之路"（《汉书·路温舒传》）的汉宣帝，同时亦称："汉家自有制度，本以霸王道杂之，奈何纯任德教，用周政乎？"（《汉书·元帝纪》）

从先秦至董仲舒，儒家王道思想总体框架趋向成熟，直到宋明方有形而上学层面显著的变动。这一框架的要件包括：天命主宰——谴告威慑或提供道德行而上学依皈，行仁政，施礼法，大一统，另外要加上后文将述及的天下为公。在极权体系之下，王道框架的实际效能常系于君主的信条、德性、意志和风格，以及因应时势之权变。这也大体解释了两汉言论政策和言路制度张弛废举、无常反复的原因。董仲舒的贡献——或曰造成

---

① 任剑涛. 天道、王道与王权：王道政治的基本结构及其文明矫正功能［J］. 中国人民大学学报，2012（2）：83－94.

的改变，是以牺牲先秦儒学温厚的人文主义精神为代价，为王权操纵附上了天命所施的牵绊和忧惧。

汉末天下大乱，三国鼎立而归于魏晋，后又南北朝并峙。在分裂、大融合中，言论政策和言路制度亦经剧变而渐趋定型。此中最值得记述者，乃谏官制度承前启后的嬗变。两汉及之前早有专职谏官之设，但有官无署。如汉谏大夫、给事中、散骑皆属皇帝顾问切对的亲近参谋，位居中枢却无官署。曹魏将负有言谏之责的侍中集合于一处，设立侍中寺，又置散骑曹，谏官于是有了专属"组织"。西晋扩充侍中寺为门下省，"给事黄门侍郎，秦官也。汉已后并因之，与侍中俱管门下众事，无员。及晋，置员四人"（《晋书·职官志》）；散骑曹改为散骑省，管理上亦归于门下省。"西晋门下省的建立，标志着我国独立发展的言谏组织制度的成熟。"[1] 山涛、王济、郭奕、裴楷等一批"清风淳履，思心通远"的"忠亮美才"被选为门下侍中、常侍或散骑，主要职责有二：一是"顾问应对""拾遗补缺"，此属传统谏官的本分；二是"平尚书奏事"，此为魏晋新置的谏官权限，即审议各部门主官——尚书的奏章，可封之驳之而不报。

门下省地位于东晋再度抬升，乃"方今喉舌之要"（《唐六典·卷八门下省》）。除君主重视、员缺充实，门下省还获得了一项新实权——驳诏，即封存、驳回皇帝不当的诏书。两汉已有封驳活动的记述，如西汉哀帝厚封董贤，丞相王嘉"封还诏书"（《汉书·王嘉传》）并上奏劝谏；东汉明帝时期，尚书仆射钟离意"独敢谏争，数封还诏书"（《后汉书·钟离意传》）。魏晋的驳诏与驳奏，不再是臣僚个体的勇敢政治行动，而是经君主确认的一项谏权。隋唐之后，封驳行事得以制度化，一直延展、适用至明清。章太炎谓封驳制乃中国帝制时代最大的善政之一，"此前代政治之善，

---

① 陈秋云 . 中国古代言谏文化与制度研究 [D]. 北京：中国政法大学，2001：77.

可以减杀皇帝之专制"（《国学讲演录·史学略说》）。

二、言路上的士人与苍生

吴晗认为中国古代有五项限制君权的关键政治安排："第一是议的制度，第二是封驳制度，第三是守法的传统，第四是台谏制度，第五是敬天法祖的信仰。"① 此中，议的制度和敬天法祖前文已详。守法即在礼法相杂中突出法的一面。台谏乃台官（御史台）、谏官合称，秦分设掌监察的御史大夫和掌议论的谏议大夫，汉及隋唐因之，御史与谏官"日了不相谋云"（《容斋四笔·卷第十四·台谏分职》）。宋始台谏合一，俟后文备述。封驳制度初兴于魏晋，成熟于隋唐，而一如两汉诽谤法之兴废反复，封驳之设于隋唐亦经曲折摇摆。

言路与兴亡

隋初，"百度伊始，复废周官，还依汉、魏"（《隋书·百官志上》），门下省"掌献纳谏正"（《隋书·百官志中》），职责为"尽规献纳，纠正违阙"（《隋书·百官志上》）。门下省设纳言二人，"正第三品，掌陪从"；散骑常侍四人，"从第三品"；给事黄门侍郎四人，"正第四品上"；谏议大夫七人，"从第四品下"；另有通直散骑常侍、散骑侍郎等职（《唐六典·卷八门下省》）。隋文帝时代，官谏、民谏之言路相对通畅。《隋书》载文帝"尝怒一郎，于殿前笞之"，给事黄门侍郎刘行本进谏："此人素清，其过又小，愿陛下少宽假之。"文帝不顾。刘言辞激烈："陛下不以臣不肖，置

---

① 吴晗. 历史上的君权的限制［M］//吴晗史学论著选集：第2卷. 北京：人民出版社，1986：488.

臣左右，臣言若是，陛下安得不听？臣言若非，当致之于理，以明国法，岂得轻臣而不顾也？"言毕置笏于地而退，文帝"敛容谢之，遂原所答者"（《隋书·刘行本传》）。此外，文帝"除前世讯囚酷法"，规定"民有枉屈，县不为理者，听以次经郡及州；若仍不为理，听诣阙伸诉"（《资治通鉴·陈纪九》）。文帝的言谏态度与其民本思想一致——"人间疾苦，无不留意"（《隋书·高祖纪下》），谏官和言路制度安排合于三省六部官制之设，后者乃中国官僚制度的重大变革。

惜乎隋炀帝在言谏上走了一条相反的道路，"除谏官以掩其过"（《隋书·炀帝纪下》）。在门下省改制中，给事黄门侍郎减二人，废散骑常侍、通直散骑常侍、谏议大夫、散骑侍郎等常员（《通典·职官三》）。隋炀帝直言改废谏官之制，乃因"性不喜人谏"（《资治通鉴·隋纪六》）。"若位望通显而谏以求名，弥所不耐。至于卑贱之士，虽少宽假，然卒不置之地上。"（《资治通鉴·隋纪六》）"有谏我者，当时不杀，后必杀之。"（《新唐书·吴兢传》）大业十二年（616年），奉信郎崔民象上表"谏不宜巡幸"（《隋书·炀帝纪下》）江都，隋炀帝怒而杀之。建节尉任宗亦因上书极谏，而遭朝堂杖杀。言路险峻若此，终致"无敢谏者"（《资治通鉴·隋纪七》）。

隋祚短促，有天下二世三十八年而亡。同秦一样，言路壅塞也被视为隋覆灭的主因之一。秦隋亡国皆有复杂社会历史因素，如"天下分久必合"后余震、颠簸未消而致危脆，复又苛政暴法重赋相加，绝非言路一端之弊。但后世常以言路问题为政权败落之所由生，足见其殊重。作为隋王朝的掘墓者，唐高祖李渊称"隋末无道，上下相蒙，主则骄矜，臣惟谄佞。上不闻过，下不尽忠，至使社稷倾危，身死匹夫之手"（《旧唐书·孙伏伽传》）。孙伏伽尝谏李渊："隋后主所以失天下者，何也？止为不闻其过。当时非无直言之士，由君不受谏。"（《旧唐书·孙伏伽传》）唐太宗鼓励公卿规谏，曰："隋炀帝暴虐，臣下钳口，卒令不闻其过，遂至灭亡，虞世基等，寻亦诛死。前事不远，公等每看事有不利于人，必须极言规谏。"（《贞观政要·求谏第四》）唐朱敬则亦批判隋炀帝"盛衣服以掩奸，饰词令以拒谏……言贼者获罪，敢谏者受刑……盖为大唐之驱除也"（《隋炀帝论》）。

药石之言与人间疾苦

《贞观政要》载唐太宗主动求谏至少 19 次，纳谏至少 32 次，可谓求谏不倦。太宗自言："恒恐上不称天心，下为百姓所怨。但思正人匡谏，欲令耳目外通，下无怨滞。"（《贞观政要·求谏第四》）对于敢于进谏，"可以施于政教者"，太宗皆"以师友待之"（《贞观政要·政体第二》）。贞观十七年（643 年），高季辅上疏陈得失，太宗因其"进药石之言"，而"以药石相报"（《贞观政要·纳谏第五》），赐其钟乳一剂。太宗以人为镜，从谏如流，一时襟抱，千古风流，造就了魏徵、杜如晦、房玄龄、王珪等彪彰青史的言臣。魏徵对太宗坦言："陛下开臣使言，故臣得尽其愚。若陛下拒而不受，臣何敢数犯颜色乎？"（《资治通鉴·唐纪十》）"古人有言，君明臣直。裴矩佞于隋而忠于唐，非其性之有变也。君恶闻其过，则忠化为佞；君乐闻直言，则佞化为忠。是知君者表也，臣者景也，表动则景随矣。"（《资治通鉴·唐纪八》）在太宗垂范之下，盛唐君主多以前代成败之事为元龟资鉴，主动敞开言政、疏通言路，故谏风日盛，谏制完备。以下从议事、职官、封驳、匦函诸方面察之。

一是中枢议事。隋留给后世最大的政治遗产是官制。明王夫之谓"隋无德而有政，故不能守天下而固可一天下。以立法（官制之支）而施及唐、宋，盖隋亡而法不亡也，若置仓递运之类是已"（《读通鉴论·隋文帝》）。唐承隋三省制，尚书、中书、门下三省分权制衡，共议国政于门下省政事堂。"中书出令，门下审驳，分为二省，而尚书受成，颁之有司。"（《文献通考·职官考四》）中宗以后，尚书长官不复为宰相，中书、门下遂为中枢，"佐天子而执大政"（《唐六典·卷九中书省》）。门下政事堂专为议事而设，"君不可以枉道于天，反道于地，覆道于社稷，无道于黎元，此堂得以议之"（李华《中书政事堂记》）。政事堂的议事机制是，"凡军国大事，则中书舍人各执所见，杂署其名，谓之五花判事。中书侍郎、中书令省审之，给事中、黄门侍郎驳正之"（《资治通鉴·唐纪九》）。中书舍人辩议政事决策，各自具名提出见解，经中书侍郎、中书令审定后，交由谏官给事中、黄门侍郎驳正，以供皇帝参考。唐太宗以为国家事务不可独断，否则必遭危殆：

> 以天下之广，四海之众，千端万绪，须合变通，皆委百司商量，宰相筹画，于事稳便，方可奏行。岂得以一日万机，独断一人之虑也。且日断十事，五条不中，中者信善，其如不中者何？以日继月，乃至累年，乖谬既多，不亡何待？（《贞观政要·政体第二》）

开元二十六年（738年），玄宗置翰林院。翰林学士多由谏议大夫、补阙拾遗、中书舍人充任，"进退人才，机务枢密，人主皆必与议"（《十七史商榷·新旧唐书六》）。德宗进一步扩充翰林学士权力，"大礼、大诰令、大废置、丞相之密画、内外之密奏，上之所甚注意者，莫不专受专对，他人无得而参"（元稹《翰林承旨学士厅壁记》）。陆贽为德宗时期翰林学士，"大小之事，上必与贽谋之，故当时谓之内相，上行止必与之俱"（《资治通鉴·唐纪四十六》）。即使恩宠亲切如是，陆贽亦认为言谏绝非易事。"下之情莫不愿达于上，上之情莫不求知于下"，然而上下"恒苦"彼此达知，原因在于君有"六蔽"、臣有"三蔽"。六蔽者，好胜人，耻闻

过，骋辩给，眩聪明，厉威严，恣强愎；三蔽者，谄谀，顾望，畏懦
（《资治通鉴·唐纪四十五》）。陆贽给出的方案是人君与谏者"交相益"：

> 其纳谏也，以补过为心，以求过为急，以能改其过为善，以得闻
> 其过为明。故谏者多，表我之能好；谏者直，示我之能贤；谏者之狂
> 诬，明我之能恕；谏者之漏洩，彰我之能从。有一于斯，皆为盛德。
> 是则人君之与谏者，交相益之道也。谏者有爵赏之利，君亦有理安之
> 利。谏者得献替之名，君亦得采纳之名。然犹谏者有失中，而君无不
> 美。唯恐说言之不切，天下之不闻，如此则纳谏之德光矣。（《奉天请
> 数对群臣兼许令论事状》）

二是职官之设。唐代谏官隶属中书、门下两省。门下省设侍中、散骑
常侍、给事中、谏议大夫、起居郎等职。三品侍中二人，为门下省长官，
"掌出纳帝命"，"凡军国之务，与中书令参而总焉，坐而论之，举而行之"
（《唐六典·卷八门下省》）。从三品左散骑常侍二人，"掌侍奉规讽，备顾
问应对"（《唐六典·卷八门下省》）。正四品上黄门侍郎二人，参议政事之
张弛与夺。正五品上给事中四人，掌封驳，"凡百司奏抄，侍中审定，则
先读而署之，以驳正违失。凡制敕宣行，大事则称扬德泽，褒美功业，覆
奏而请施行；小事则署而颁之。凡国之大狱，三司详决，若刑名不当，轻
重或失，则援法例退而裁之"（《唐六典·卷八门下省》）。正五品上左谏议
大夫四人，"掌侍从赞相，规谏讽谕"（《唐六典·卷八门下省》）。中书省
对等设置右散骑常侍、右谏议大夫，职掌如左。两省另设左右补阙，从七
品上；左右拾遗，从八品上（《唐六典·卷八门下省》）。唐代出现了"谏
院"之称，文宗太和九年（835 年）曾敕造谏院印，却非独立机构，亦无
独立办公场所，故与下文述及的宋代谏院不同。

唐代谏官之设屡有调整，而规模上持续扩充。如高宗将散骑常侍增至四人，武则天于门下省新增七品上左补阙二人、从八品上左拾遗二人，于中书省设同品级右补阙、右拾遗各二人。《唐六典》谓补阙、拾遗"掌供奉讽谏，扈从乘舆"（《唐六典·卷八门下省》）。武则天天授二年（691年），补阙、拾遗扩至五员。代宗大历四年（769年），补阙、拾遗已达二十四人。武则天时期，有歌谣唱道："补阙连车载，拾遗平斗量。"（《全唐诗·卷八百七十八·武后长寿元年民间谣》）此外，唐起居舍人移置门下省，从六品上。起居舍人为史官，"记录人君动止之事"（《唐六典·卷八门下省》），"君举必书，善既必书，过亦无隐"（《贞观政要·杜谗佞第二十三》）。《资治通鉴》载唐太宗欲观《起居注》，国史监修房玄龄以"史官所记皆不令人主见之"的政治传统为由，谏曰："史官不虚美、不隐恶，若人主见之必怒，故不敢献也。"（《资治通鉴·唐纪十三》）

比照于隋，唐谏官品级明显降低，"其秩甚卑"（《旧唐书·白居易传》）。品秩最高者为左右散骑常侍，不过从三品。穆宗长庆四年（824年），更因散骑常侍久不举职而罢之（《唐会要·卷五十四·省号上》）。宪宗元和三年（808年），左拾遗白居易在上疏中透露了谏官卑秩的缘由："大凡人之情，位高则惜其位，身贵则爱其身；惜位则偷合而不言，爱身则苟容而不谏，此必然之理也。故拾遗之置，所以卑其秩者，使位未足惜，身未足爱也。所以重其选者，使上不忍负恩，下不忍负心也。夫位不足惜，恩不忍负，然后能有阙必规，有违必谏。"谏官若位高权重，将因爱惜己身而不言无谏，故为"朝廷得失无不察，天下利病无不言"而"卑其秩"（《初授拾遗献书》）。

为确保谏官位卑而敢谏，唐设置了"大则廷议，小则上封"（《旧唐书·职官志二》）的专谏制度和独立谏权。廷议即于朝堂直陈皇帝过失。贞观元年（627年），唐太宗诏令谏官入阁议事，"自今中书、门下及三品以上入阁议事，皆命谏官随之，有失辄谏"（《资治通鉴·唐纪八》）。谏官入阁议事由是制度化。代宗永泰元年（765年）重申，"谏官奏事，不须限官品次第"（《唐会要·卷五十六·省号下》）。肃宗赋予谏官独立谏权，"谏议大夫论事，自今以后，不须令宰相先知"（《唐会要·卷五十五·省号下》）。入阁议事和独立进谏制度化，破除了品秩对言谏的局限。《新唐书》载录了多位谏官廷议苦诤之行迹，如崔玄亮因尚书左丞宋申锡陷狱而率众于延英殿直谏，"反复数百言"。文宗未纳，玄亮置笏在陛，俯伏流涕。最终文宗"感悟"，众臣亦"服其不桡"（《新唐书·崔玄亮传》）。

在廷议之外，进谏的主要方式乃上封，即书面指陈为政得失。玄宗开元十二年（724年）上敕："自今以后，谏官所献封事，不限旦晚，任封状进来，所由门司，不得有停滞。如须侧门论事，亦任随状面奏。即便令引对，如有除拜不称于职，诏令不便于时，法禁乖宜，刑赏未当，征求无节，冤抑在人，并极论失，无所回避，以称朕意。"（《唐会要·卷五十五·省号下》）代宗大历十二年（777年）诏令"自今以后，谏官所献封事，不限早晚，任封状以进"（《唐会要·卷五十六·省号下》）。肃宗乾元二年（759年）对谏官提交上封频次做了规定："两省谏官，十日一上封事，直论得失，无假文言，冀成殿最，用存沮劝。"（《唐会要·卷五十五·省号下》）上元二年（761年），频次降为"每月一上封事"，谏官若未达标，"当别有处分"（唐肃宗《令谏官言事制》）。

三是封驳之权。唐明确由门下省给事中掌封驳，即封还、驳正皇帝诏书，以"驳正违失"，减少决策失误。秦即设给事中，为大夫、博士、议郎的加封官衔，汉及魏晋因之（《晋书·职官志》）。隋炀帝将原属吏部的给事郎归入门下省，"以省读奏案"。《通典》谓"今之给事中，盖因秦之名，用隋之职"（《通典·职官三》）。给事中虽品级不高，却处于政权运转的关键节点，凡下行文书不合时宜者皆可驳正，实为诏敕颁行前的最后节制、监督屏障。"给事中之职，凡制敕有不便于时者，得封奏之；刑狱有未合于理者，得驳正之；天下冤滞无告者，得与御史纠理之；有司选补不当者，得与侍中裁退之。"（白居易《郑覃可给事中制》）唐太宗极重封驳之权，再三申明"国家本置中书、门下以相检察，中书诏敕或有差失，则门下当行驳正"（《资治通鉴·唐纪八》）。文宗开成三年（838 年）规定，给事中须在季终"具所驳闻奏"，即使未封驳诏敕，亦须闻奏（《唐会要·卷五十四·省号上》）。

给事中封驳的方式有驳议、驳奏、驳正、涂归等。贞观三年（629年），太宗欲敕十八岁以上中男①入军，"敕三四出"，给事中魏徵不从。在廷议中，魏徵又当面驳议之，太宗从其言（《贞观政要·纳谏第五》）。长庆年间，给事中于敖封还贬庞严为信州刺史等多道诏书，穆宗全盘采纳了封驳意见。涂归即给事中直接在皇帝诏敕上批注送还，"诏敕不便者，涂窜而奏还，谓之'涂归'"（《新唐书·百官志二》）。宪宗元和年间，给事中李藩遇"制有不便，就敕尾批却之"（《新唐书·李藩传》）。宪宗谓李藩有宰相之器，拜门下侍郎、同平章事，位同宰相。《新唐书》《旧唐书》《册府元龟》《资治通鉴》载唐给事中行使封驳权 45 例，涉及征战、刑狱、人事、财政诸多要害议题②。毛汉光认为，唐代封驳之制起到了节制皇权，减少君主政体偏谬的作用③。晚唐至五代，封驳之制渐废，后为宋所承袭。

四是瓯函之制。韩愈诗《赠唐衢》云："当今天子急贤良，瓯函朝出开明光。"瓯函之设最早可追溯至梁武帝时期："梁武帝诏于谤木肺石旁，各置一函，横议者投谤木函，求达者投肺石函，则今之瓯也。"（《封氏闻

---

① 指未合承担常赋役之人，年龄因时而异。唐初十六岁以上，二十岁以下；唐玄宗天宝三年（744 年）改为十八岁以上，二十二岁以下。

② 冯永芳. 唐代给事中研究 [D]. 兰州：兰州大学，2019：94.

③ 毛汉光. 论唐代之封驳 [J]. 中正大学学报，1992（1）：1-50.

见记·卷四·匦使》）武则天垂拱年间，匦函正式成为一种民意舆情响应制度，以"申天下之冤滞，以达万人之情状"（《唐六典·卷九中书省》）。其时，"铸铜匦四，涂以方色，列于朝堂：青匦曰'延恩'，在东，告养人劝农之事者投之；丹匦曰'招谏'，在南，论时政得失者投之；白匦曰'申冤'，在西，陈抑屈者投之；黑匦曰'通玄'，在北，告天文、秘谋者投之"（《新唐书·百官志二》）。匦函有四，以青丹白黑四色表四种民情，置于朝堂东南西北四面，供人投函其中。后因形制过大，改为一匦四函，分以四色。为及时处理匦函，门下省设匦使院，置知匦使、理匦使。知匦使由谏议大夫、补阙拾遗等任，"专知受状，以达其事。事或要者，当时处分"（《唐六典·卷九中书省》）。理匦使由御史中丞、侍御史等任，"据状申奏"（《唐六典·卷九中书省》）。

匦函制颇类今日信访、举报、官方邮箱、主动舆情采集之设，为下层官吏百姓辟出了进言通道，令君主"周知人间事"。但是，匦函制的施设并不顺利。武则天创制之初，因有"不逞之徒，或至攻讦阴私，谤讪朝政者"，遂令"中书、门下官一人，专监其所投之状，仍责识官，然后许进封"（《旧唐书·刑法志》）。为防止不逞之徒攻讦阴私、谤讪朝政，武则天派专员监视投匦之状。此举大概导致投匦者甚少，故中宗又废识官，诏令官员百姓自由投匦，"其官人百姓等，有冤滞未申，或狱讼失职，或贤才不举，或进献谋猷，如此之流，任其投匦"（唐中宗《令官民投匦雪冤制》）。

一收即紧、一放则乱。肃宗至德元年（756年），右补阙阎式以放任投匦导致烦碎、无用、虚假、攻讦、谤讪信息横行为由上奏，建议官民投匦前先检视其事状。肃宗呵斥阎式闭塞言路，贬其为武陵县令（《唐会要·卷五十五·省号下》）。代宗广德二年（764年），再度颁诏有司百姓匦函进表，但须以事实为凭，"有论时政得失，并任指陈事实，具状进封，必宜切直无讳。有司白身人，亦宜准此，任诣匦使进表。朕将亲览，必加择用"（《册府元龟·帝王部·赦宥第七》）。大历十四年（779 年），代宗对投匦做出进一步限制，凡亡官失职、婚田两竞、追理财物等状，唯州司、省司、三司皆不受理，方可投匦进状。

文宗开成三年（838 年），谏议大夫、知匦使李中敏上奏："朝廷体设谏匦，将防漏塞，若征副本，恐不尽言。"（《唐会要·卷五十五·省号下》）可知当时已要求投匦者随状提交作为证据的副本。副本增加了谏匦难度，李中敏建议除征，文宗依其奏。而开成五年（840 年），因匦函文书甚为烦碎、无补国经、有紊时政，而据内容复置副本规定："今后如知朝廷得失、军国利害，实负冤屈有司不为申明者，任投匦进状，所繇画时引进，不得雍（通壅）滞。余不在投限。宜委匦使准此。"（唐武宗《禁妄投匦使状敕》）审验副本增加了知匦理匦的麻烦，"致令壅滞"（《唐会要·卷五十五·省号下》），但也促成了匦函制的规范运转。

历史的面孔

合而观之，中枢议事、职官之设、封驳之权、匦函之制形成了开明完备的言路制度框架。这与盛唐开明的君道思想和君权政治实践关联甚切。《贞观政要》开篇即讲君道，《唐会要》《新唐书》《旧唐书》《册府元龟》等典籍亦以君道思想贯通。唐之君道论承袭了儒家王道思想，孔孟仁政观念常为君臣论政的素材。具言如次。

一是君道以民本为中心，所谓"以百姓之心为心"（《贞观政要·政体第二》）。唐太宗谓"为君之道，必须先存百姓。若损百姓，以奉其身，犹割胫以啖腹，腹饱而身毙"（《贞观政要·君道第一》），故应虚怀纳谏，以"知百姓疾苦，政教之得失"（《唐会要·卷二十六·待制官》）。中宗"心念苍生，微物不安，每切纳隍之虑；一人失业，更萦宵旰之怀"（唐中宗《令官民投匦雪冤制》），再三要求上下通情，无令壅隔。宣宗认为治民首在为民，"究百姓之艰危，通天下之利病"（《唐会要·卷六十九·刺史下》）。大中元年（847年），宣宗改革谏官选拔条件，除公直廉正、嫉邪忿佞、敢于直谏等德性品质外，"谏议大夫、给事中、中书门下舍人，未尝曾任刺史、县令，及在任有败累者，并不在进拟之限"（《唐会要·卷六十九·刺史下》），即为使谏官"周知病苦"，未历州县——无基层管理经验者，或业绩颓败者，不可进拟充任。

二是君道须顺应天命。先秦儒家天命观、董仲舒天人感应论在唐代仍深入人心，而求言纳谏乃天人沟通、顺天应人之法。张九龄谏玄宗"郊见上帝"，理由是"天者百神之君，王者所由受命也。自古继统之主，必有郊配之义，盖以敬天命、报所受也"（《请郊见上帝议》）。《古今图书集成》载唐代君主求谏48次，其中因灾异、星变下诏求言21次。这一统计并不完备，但足见唐皇对天命的承认和畏惧。除水旱、地震、蝗螟等致民生艰难的严重灾异外，普通气象变化也被视作为政有失的天象警示。太宗贞观三年（629年）、玄宗开元十四年（726年）皆因"大风拔木"（《新唐书·太宗纪》）而诏百官言事。

三是君道依托礼法之治。《贞观政要》云："为国之基，必资于德礼……德礼诚信，国之大纲，在于父子君臣，不可斯须而废也。"（《贞观政要·论诚信第十七》）太宗重申了荀子意义上的君臣道德权利义务关系，且将言谏纳入君臣本分，强调为君者"兼听纳下"，为臣者"直辞正谏，论道佐时"（《贞观政要·君道第一》）。又言："人欲自照，必须明镜；主欲知过，必借忠臣。主若自贤，臣不匡正，欲不危败，岂可得乎？故君失其国，臣亦不能独全其家。"（《贞观政要·求谏第四》）唐重视礼法并彰，《唐律疏议》谓："德礼为政教之本，刑罚为政教之用。犹昏晓阳秋，相须而成者也。"(《唐律疏议·名例》)唐初天下甫定,李渊《颁定科律诏》宣告"补千年之坠典,拯百王之余弊",避免秦之隳灭礼教、苛法专暴和隋之损益不定、疏密无准,制定"正本澄源,式清流末"(《颁定科律诏》)的科律宪则。也正因为这般礼法双运的雄心和行动,唐代言路制度框架趋于完备。

谓之完备,首先是相较前世而言,其次就制度内容本身而论。若深究制度运行实绩,则可见历史之复杂、无奈和窘迫。武则天初设匦函之制,一度"空有其名,竟无其实,并不能正直,各自防闲,延引岁时,拖曳来去,叩阍不听,挝鼓不闻,抱恨衔冤,吁嗟而已"(《唐会要·卷五十五·省号下》)。德宗年间,白居易痛陈其时言路壅蔽之状:"抗疏而谏者,留而不行;投书于匦者,寝而不报;待制之官,经时而不见于一问;登闻之鼓,终岁而不闻于一声。臣恐众臣之谋猷,或未尽展,朝廷之得失,或未尽知,壅蔽者有所未通,冤滥者有所未达。"(《三十六达聪明致理化》)顺宗时期,"百辟卿士、天下四方之人,曾未有献一计、进一言而受赏者;左右前后拾遗补阙,亦未有奏封执谏而蒙劝者。设谏鼓,置匦函,曾未闻雪冤决事、明察幽之意者"(《新唐书·元稹传》)。前言唐代给事中行使封驳权45例,其中有13例皇帝坚持宣谕施行而不顾驳正。

"自古帝王纳谏诚难。"(《资治通鉴·唐纪九》)《说苑》云:"不谏则危君,固谏则危身。"(《说苑·正谏》)唐代谏官同样面临"不谏则国危,谏则身危"(《新唐书·吴兢传》)的艰难境地。二十七岁入选"贤良方正直言极谏科"的诗人杜牧对此有真切体会:

> 每见君臣治乱之间,兴亡谏诤之道。遐想其人,舐笔和墨,则冀人君一悟而至于治平,不悟则烹身灭族。唯此二者,不思中道。自秦、汉已来,凡千百辈,不可悉数。然怒谏而激乱生祸者,累累皆

是。纳谏而悔过行道者，不能百一。何者？皆以辞语迂险，指射丑恶，致使然也。

夫迂险之言，近于诞妄。指射丑恶，足以激怒。夫以诞妄之说，激怒之辞，以卑凌尊，以下干上。是以谏杀人者，杀人愈多；谏畋猎者，畋猎愈甚；谏治宫室者，宫室愈崇；谏任小人者，小人愈宠。观其旨意，且欲与谏者一斗是非，一决怒气耳，不论其他。（《与人论谏书》）

即使是唐太宗，亦尝语群臣："朕开直言之路，以利国也，而比来上封事者多讦人细事，自今复有为是者，朕当以谗人罪之。"（《资治通鉴·唐纪十》）玄宗开元十二年（724年），宰相李林甫擅权，明诏禁谏："今明主在上，群臣将顺之不暇，乌用多言！"补阙杜琎因上书言事被黜下邽令，时人谓"谏争路绝矣"（《资治通鉴·唐纪三十》）。肃宗时期，房琯因兵败陈涛斜而罢相，左拾遗杜甫奏言不宜罢免，肃宗怒黜杜甫为华州司功参军。及至僖宗，"上不亲政事，专务游戏，赏赐无度，田令孜专权无上，天文变异，社稷将危"（《资治通鉴·唐纪六十九》），左拾遗侯昌业上疏极谏而被赐死。太和二年（828年），文宗引诸儒百余人廷策，择优擢升。进士刘蕡策对万言，开篇曰："臣诚不佞，有正国致君之术，无位而不得行；有犯颜敢谏之心，无路而不得达……常欲与庶人议于道、商贾谤于市，得通上听，一悟主心，虽被祆（通妖）言之罪无所悔。"（《新唐书·刘蕡传》）最终，直言的刘蕡未被选中，而23名得中者"所言皆冗蕺常务"（《新唐书·刘蕡传》）。

刘蕡所称妖言罪，乃唐代言禁法律中刑罚最重者。"诸造祆书及祆言者，绞"（《唐律疏议·贼盗》）。妄议国家有咎恶，妄陈吉凶、说灾祥，言辞不顺纲纪道统者，皆涉嫌触犯妖书妖言罪，或遭绞刑。此外，唐也继承了秦汉部分言论苛法，如匿名投书告人罪、以奴告主罪、风闻不实罪等（《唐律疏议·诈伪》）。只是盛世、开明之类辉煌的大词，未免遮蔽了唐史的这一张面孔。

五代基本沿袭唐制，谏官隶属中书、门下两省，仍置左右散骑常侍、左右谏议大夫、给事中、起居郎、拾遗补阙等职（《五代会要·卷十三·门下省》）。谏官品级时有波动。后晋时期，左右谏议大夫为正四品，后周显德五年（958年）为正五品上。五代起居之职掌仍存。但在天下四裂、终岁战乱、王旗变幻的时局下，虽有职官、言制之设，却少有实绩。宋人王栐称，封驳之制"因五季之乱，遂至错乱，或废不举"（《燕翼诒谋录·卷二·复置封驳司》）。当然，五代君主为求国祚绵延，亦常下诏求言，计有16次。

西汉以降，下诏求言成为巩固政权、利民益治、获取人心的常规政治手段。此处略加数言以详之。"帝业至重，非广询无以致治。"（《魏书·高祖纪上》）基于对《册府元龟》《古今图书集成》《唐大诏令集》《宋会要》《宋大诏令集》《大清十朝圣训》的统计，两汉至清同治年间，历代君主共下诏求言至少313次。汉文帝前元二年（前178年）所颁《日食求言诏》，乃今日可考之最早者。至于求言的情由，大抵有三。

一是畏天命、察过错。天命谴告之论前已备述，无须赘言。历代多有君主将灾异、星变视为上天对政有阙遗的警示，因水旱、地震、蝗螟之灾，或日食、彗星突现之变而颁布求言诏。自汉文帝至清穆宗，与灾异相关的求言诏令共116封。如汉文帝《灾异求言诏》、唐太宗《祈雨求直言诏》、宋哲宗《星变求中外直言诏》、清穆宗因旱灾"请饬廷臣直言极谏"等，皆以"上符天意，下顺人心"（周太祖《即位赦文》）为宗旨。唐太宗的说法最明白："人言天子至尊，无所畏惮。朕则不然，上畏皇天之监临，下惮群臣之瞻仰，兢兢业业，犹恐不合天意，未副人望。"（《资治通鉴·唐纪八》）天命所谴告者，君之过失也，故此类诏令亦常以罪己为主题。

君主公开省思为政之"不德""不逮"，求官民直言无讳，"匡朕之不逮"（《汉书·成帝纪》）。如东汉光武帝建武七年（31年）因日食求言，诏曰：

> 吾德薄致灾，谪见日月，战栗恐惧，夫何言哉！今方念咎，庶消厥咎。其令有司各修职任，奉遵法度，惠兹元元。百僚各上封事，无有所讳。其上书者，不得言圣。（《后汉书·光武帝纪下》）

二是新帝即位，欲集众智于天下，亦表明"以百姓心为心"（《册府元龟·帝王部·帝德》）、"共守至公天下"（《册府元龟·帝王部·赦宥第八》）的执政态度。仍以前述史籍为据，历代至少有18位新君颁布即位求言诏。宋代君主尤重于此，真宗、神宗、哲宗、徽宗、孝宗、宁宗、度宗皆于登基之际下诏求言，如神宗即位诏令"天下官吏有能知徭役利病，可议宽减者以闻"（《宋史·神宗纪一》）。明清言政收紧、言路逼仄，但新君即位亦有求言之举，如明武宗曾诏"凡朝廷政事得失，天下军民利病，许诸人直言无隐"（《明实录·武宗实录》卷一）。

三是以史为鉴，效法前代仁政德治。此类求言诏多以古圣王谏鼓、谤木、衢室之设及一些明君广开言路的政治实践为参照，诏求官民直言无隐，补朝政阙失。如北魏孝文帝太诏令效法"谏鼓置于尧世，谤木立于舜庭，用能耳目四达，庶类咸熙"，要求公卿士人、工商吏民"各上便宜"，"朕将亲览，以知世事之要，使言之者无罪，闻之者足以为戒"（《魏书·高祖纪上》）。唐僖宗早期因宦官专权而杀谏官，及至王仙芝、黄巢起兵为乱，又于危局中急迫求言："古者进善翘旌，蔽贤削地……况朕久致履危，实惟懵道，欲新庶政，益赖群才……苟申筹国之谋，是济同舟之患，非无上赏，伫称勤求。布告远近。咸使知悉。"（《求言诏》）五代后唐庄宗李存勖在诏令中提及尧鼓明悬、舜旌旁建，以"广纳话言，庶箴阙政"，今朝文武官员、草泽之士亦应"有谋分利害，事合机宜，并许上表敷陈"（《南郊赦文》）。

至于求言诏的实效，既有"在位者皆上封事，各言得失"（《后汉书·明帝纪》）之积极响应，亦有应者寥寥之惨淡或"承平"。惨淡者如五代后晋天福三年（938年），高祖"宣示百官，令进封事"（《晋书·高祖纪三》），然"据到者未及十人"（晋高祖《令百官上封事御札》）。承平者如清康熙二十四年（1685年），诏令九卿科道："凡有见闻，及应行事宜，当不时入告，以明尽忠补过之义。今天下虽已升平。而兵刑礼乐之大，国计民生之繁，岂皆事事允厘，无一可言者耶？"（《清实录·圣祖仁皇帝实录》卷一百二十一）《大清十朝圣训》未述及康熙此次求言的结果，而两年后一位大学士上奏称："皇上励精图治，加惠黎元……故天下无冤抑之民。国家政事，岂有阙失……臣等再三酌议，见今政务，实无可更改厘定者。"（《清实录·圣祖仁皇帝实录》卷一百二十九）诸大学士认为天下太平清明，国是政务完满无缺，故无所谏诤驳正。

三、协商政治

唐代思想的特质在于其儒释道兼容并包。兼容亦有竞争，西来的佛学称胜，道家在唐初一度流行，而于中晚唐渐趋潜沉。与政治思想关联切近的儒学则显虚弱平庸，除韩愈、李翱、刘禹锡等欲从佛家手中夺回文化话语权而重振先秦儒家道统的呼喊，罕有激荡一时、扬声后世的强音。儒学和王道政治思想这般"盛世的平庸"①，于前文所述唐代君道论可窥一斑。宋代新儒学——时称道学、后称理学——则在复返先秦道统中实现了更新

---

① 葛兆光.中国思想史：第2卷［M］.上海：复旦大学出版社，2001：9.

创造，王道政治思想的宇宙论来源和道德形而上学凭据得到了更充分的论证。谏权和言路设计在"理"上成为护持君道、民本、政治施行的"先决条件"，且因宋代政治和文化总体上的忧患、求变、包容意识，言政和言路建设达及帝国时代的最高峰。

惜乎历史之河未必总是奔涌向前。经元之短暂过渡、调整后，明清君权持续扩张加固，相权既废，遑论谏权、言制。劳思光谓明代谏权"客观上成为皇帝经常打击之对象"①，"其时最明显之病痛，即在于制度之无力"，又因"文化活力"之颓散，遂致明末"大崩溃或大混乱之灾难"②。至于清，"清风不识字"诸案似已可观其时言政气候。以下整理言政、言制在宋之上升、元之过渡、明清之衰乱的轨迹，以清历史眉目。

道理最大

由民国至今，宋代政治史、社会史、文化史和新儒学——以理学为中心的思想史研究可谓丰繁。有关言政与言制的讨论散见其间，多数未得深入，线索上又牵涉甚杂。若从大处着眼，又期有精微发明，可借宋代政治、社会、思想和文化的三个关键主题，深察其时言政与言制设计。此即祖宗之法、道理最大、共定国是，以下分而述之。

一是祖宗之法。中国思想素有怀古法祖的传统，对祖先的虔敬、崇拜既是伦理性的，也是宗教性的，甚至压倒了西方意义上超越性宗教体系的发展。祖宗生活在美好的先世旧邦，又护佑现世的子孙，在某种程度上分散或替代了万能神灵的权威。《礼记·大传》云："亲亲故尊祖，尊祖故敬宗，敬宗故收族，收族故宗庙严，宗庙严故重社稷。"对千百世代的中国

---

① 劳思光. 新编中国哲学史［M］. 北京：生活·读书·新知三联书店，2015：58.
② 同①5.

人而言，最大的骄傲常为光宗耀祖，最深的耻感缘于愧对祖先。"祖先崇拜是维持中国数千年的家庭制度的磐石，尤其当宗教性的祖先崇拜和伦理性的孝道结合以后为然。"① 君主也不例外，"保守祖宗基业"乃基本的政治抱负和伦理责任。宋代的特殊性在于，赵宋家族在"变家为国"的过程中，将"祖宗之法"抬升为国家纲纪和政治成宪。

邓小南对宋代君主、士人口中笔下的"祖宗之法"有专论："实质是指宋太祖、太宗以来逐渐形成的以防微杜渐为核心精神的基本治国原则，以及在这一原则指导下的诸多做法与说法。"② 此言祖宗之法有二义：一为赵宋开国之际奠基的治国信条、精神和原则，其核心是忧患、防弊意识——防唐末五代之乱、防"意外仓卒之变"（《朱子语类·本朝二》）、防壅塞等；二为循此防微杜渐原则，宋太祖、太宗等创业之君确立的基本国策，如分权制衡、眷顾民生、优容士人等。在赵宋君臣持续称颂、捍卫之下，某些祖宗之法被建构为有宋一代恒常坚固的政治价值。

与本章题旨关联最切者，乃太祖赵匡胤太庙誓约，其中一条谓："誓不诛大臣、言官，违者不祥。"（《三朝北盟会编·卷九十八·靖康中帙七十三》）自民国始，学界等对此多有考证，结论有三：宋初确有此誓约誓碑，立于太庙，如张希清以 15 条史料证之③；有约而无碑，如张荫麟在 20 世纪 40 年代提出"不杀大臣、言官"或"不杀大臣及言事者"确为宋之祖宗家法，但太祖立誓碑于太庙仅有被掳的徽宗通过曹勋传话给高宗这一孤证，故难证立誓碑之实④；誓约誓碑皆属杜撰，如杜文玉认为太祖誓

① 韦政通. 中国思想史：上 [M]. 长春：吉林出版集团有限责任公司，2009：19.

② 邓小南. 创新与因循："祖宗之法"与宋代的政治变革 [J]. 河北学刊，2008（5）：60-62，73.

③ 张希清. 宋太祖"不诛大臣、言官"誓约考论 [J]. 文史哲，2012（2）：46-56.

④ 张荫麟. 宋太祖誓碑及政事堂刻石考 [J]. 文史杂志，1941（7）：14-17.

言不过是高宗和曹勋出于政治需要"共同编造了这套假话"①。

而以史实观之，两宋三百余年间，北宋九帝的前八位不曾诛杀一位大臣、言官，唯钦宗杀了童贯、蔡攸等；南宋仅有高宗、宁宗诛杀大臣，其中太学生陈东、进士欧阳彻因言获罪，被斩于市（《建炎以来系年要录》卷八）。建炎三年（1129 年），高宗下诏悔过，承认"始罪东等，出于仓猝，终是以言责人"（《挥麈录·卷一·叶梦得奏对圣语》）。宋末名士黄震称："古者士大夫多被诛夷，小亦鞭笞。太祖皇帝以来，始礼待士大夫，终始有恩矣。"（《黄氏日抄·卷八十·引放词状榜》）可知无论碑约真伪，其所传达的政治原则确乎真实启运，被奉为两宋不可更易的"祖宗家法""家法之美"。

作为对优容礼遇之政治环境的呼应，宋代士人走出战战兢兢谏则危身的恐惧，更唤起庄严且切实的天下意识和责任感。唐宋士人在责任承当上实在相判远异。唐虽为大时代，但士人情智多为功利主义所惑，上书权门，苦求世禄，未遂则取径终南。宋则不然，士人"未登仕籍，已忧天下，既入政府，则有所主张。才识虽或高或低，议论虽有得有失，然其心态是以天下事为己任，非以官职为谋生之道"②。范仲淹推动庆历新政及其"先天下之忧而忧，后天下之乐而乐"之主张③，王安石（1021 年—1086 年，字介甫，号半山）主导熙宁变法及其"自古驱民在信诚，一言为重百金轻"（《七绝·商鞅》），直至张载标举"为天地立心，为生民立命，为往圣继绝学，为万世开太平"（《横渠语录》）的士人行世纲领，皆为明证。即使是邵雍等一生未仕者，亦持"国之有病，当求人医"（《伊川击壤集·卷十六·有病吟》）、"家国与身同一体"（《伊川击壤集·卷二

---

① 杜文玉. 宋太祖誓碑质疑 [J]. 河南大学学报（哲学社会科学版），1986（1）：19-22.
② 劳思光. 新编中国哲学史 [M]. 北京：生活·读书·新知三联书店，2015：56.
③ 同②57.

十·首尾吟》）之理，为内政国防发言抒志。王安石敢喊出"天变不足畏，祖宗不足法，人言不足恤"（《宋史·王安石传》）的灭祖变法口号，实际所赖也正是不杀大臣、言事者的祖宗之法。朝廷言政宽松和士人心怀天下两厢增益，促成了两宋蓬勃的言论生态，落实在政治制度上便是劳思光所称的"谏权之高张"①。

二是道理最大。沈括《梦溪笔谈》载太祖尝问宰相赵普："天下何物最大？"赵普踌躇未答间，太祖再问如前。赵普对曰："道理最大。"太祖深许之，"屡称善"。据邓小南考证，北宋君臣、士人多讲"道理"，南宋则赋予"道理最大"这一平常语以"无尽的意义"②。天下最大者不是君主，亦非天本身，而是作为根本法则的道理，此即在天与天子之外预置了一个评判由吾身而至天下国家的本初标准。邓小南认为："'道理最大'说建立起一种独立于君王欲念之外的客观标准，在一定程度上可以说是对于'君王至上'体制的一种精神限制。"③

开国之君对道理最大的肯认，亦成为宋代祖宗之法中的一项条款，鼓励了为政为学须明白求得道理，而非恣情任性的两宋文化风气。对言谏者来说，这就在前述宽松环境之下，又提供了但求言之成理，而不必过度忧惧权力高压的重要保障。问题是，道理安在？什么样的道理堪为天下国家的根本法则？《续资治通鉴长编》卷二十五载太宗尝言："统制区夏，自有道理。若得其要，不为难事。必先正其身，则孰敢不正？若恣情放志，何以使人凛惧！朕每自勉励，未尝少懈。"太宗所称治国道理之要，在于君主自正其身而不恣情。粗观此说，真诚而无新意，全然照搬了传统儒家王道君权之论。而宋代政治思想恰以正君心、格君非为入口，以理气之力廓

---

① 劳思光．新编中国哲学史［M］．北京：生活·读书·新知三联书店，2015：56.
② 邓小南．关于"道理最大"：兼谈宋人对于"祖宗"形象的塑造［J］．暨南学报（哲学社会科学版），2003（2）：116-126.
③ 同②.

出开朗的思想空间。

宋代儒学的最大创造，乃周敦颐、邵雍、张载、程颢、程颐等建树理学，至朱熹而集大成，又有陆九渊转向心性论而下启明代阳明心学。此处专论理学及其政治思想。理学将先秦、汉唐儒学的常用概念——天命、天道、天志等统称天理，且将概念重心放在了"理"上。诸道学家对天理的解释虽异，但同归理学一脉，有其坚固的共识。在周、邵、张和程颢那里，"天者，理也"（《二程遗书·卷第十一·明道先生语一》），天仍带有宇宙论意味，却基本扫清了其神格化特征，乃一种理性的形而上实存。程颐、朱熹则更进一步，认为理即天理，"天"变成了强调"理"之形而上先验性的修饰词，宇宙论设定已然无存。至于作为自然、物质意义上的天，已属理化用于气的产物。理成为第一义，天退后至第二位。朱熹谓："未有天地之先，毕竟也只是理。有此理，便有此天地；若无此理，便亦无天地"（《朱子语类·理气上》），"天地是形而下者"（《朱子语类·易四》）。此为中国传统思想的一次重要理性飞跃，形而上存在论完全摆脱了简单、蒙昧的宇宙论，进而专注探究先验普遍之理。具体至政治思想，主要变化有三。

首先，早前要求君主行仁政的美德感召和伦理规范让位给了作为终极本体的"天下之定理"，合道德、行仁政乃存天理必然且自然的要求。其次，《古今图书集成》《册府元龟》等载两宋皇帝至少有 68 次因灾异求言，如神宗熙宁八年（1075 年）因天见彗星而"减常膳，求直言"（《宋史·神宗纪二》），但天命谴告之论的效力已然衰减。面对旱、洪、星、蝗等灾异，皇帝常"断然不顾，兴事不已"（《续资治通鉴长编》卷二百八十六）。传统宇宙论无法回避的一个困境是真实效验，一旦君主发现祥瑞灾异并非总是精准灵验，所谓祝祷、思过、求言便可能沦为一种政治表演、空转的成式或本能反应式的慰藉。宋代部分灾异求言诏直接照抄汉唐诏书内容，文字几无改动，陈词滥调中褪去了对天的敬意和诚意。终极之理则是超验的，它不假借任何神秘力量，而是通过气——相当于亚里士多德意义上的"质料"，化育、规约、统摄万物。这就在天命谴告之外，为制衡君权又提供了真理性终极凭据。葛兆光认为，理作为天地万物背后的超越性实在，为重建知识、思想与信仰世界创造了前提[①]。最后，从天子、士人到布衣，从关乎"天下朝夕太平"的军国大事到日常洒扫应对，皆为理之化用。在理面前，君臣是平等的，皆须正心诚意而以道自任，格物致知以穷理尽性。

再具体至言谏思想，宋儒最牵挂的也正是反身而诚、明理辨性。如程颐认为"自古能谏其君者，未有不因其所明也者"（《近思录·政事》），所明者何？理也。君臣若能诚心见理，则理之分明，"如一条平坦底道路"（《二程遗书·卷第十八·伊川先生语四》）。此中，格君心之非最紧要，"从本而言，惟从格君心之非，正心以正朝廷，正朝廷以正百官"（《二程遗书·卷第十五·伊川先生语一》）。吕祖谦认为"人臣之忧，在于谏之未善，不在于君之未从"，而"未善"的原因是"诚之不至""理之不明"（《东莱左氏博议·卷七·鬻拳兵谏》）。倘若至诚明理，加之辞达，君主即可信服悦纳。鉴于理须由心来体认，朱熹再三上书劝谏皇帝"务大根本""正君心"。淳熙十五年（1188 年）十一月，朱熹对孝宗言：

> 盖天下之大本者，陛下之心也。今日之急务，则辅翼太子、选任大臣、振举纲维、变化风俗、爱养民力、修明军政六者是也……臣之辄以陛下之心为天下之大本者，何也？天下之事，千变万化，其端无穷，而无一不本于人主之心者，此自然之理也。故人主之心正，则天

---

① 葛兆光 . 中国思想史：第 2 卷 [M]. 上海：复旦大学出版社，2001：177.

下之事无一不出于正；人主之心不正，则天下之事无一得由于正。（《戊申封事》）

三是共定国是。余英时认为宋代政治史上出现了"一个空前绝后的新因素"，即熙宁变法前后神宗与王安石等变法派确立的一项法度——共定国是①。在此之前，真宗尝言："且要异论相搅，即各不敢为非。"（《续资治通鉴长编》卷二百十三）党争历代皆有，但如真宗这般以君主身份公开鼓励持异议者展开意见竞争，以明辨是非、不敢为非，实属罕见。至迟在神宗时期，"异论相搅"也被列入祖宗之法。而为避免"众人纷纷""异论纷然"——主要是富弼、欧阳修、二程、司马光等洛阳知识分子集团的反对意见——同心同德推进变法，神宗决定稍收敛异论相搅之风，推行共定国是。此一方针在保障君臣协商决策之家法的同时，亦强调了其时"国是"——变法作为治国之要的严肃性。国是既定，则须"协于克一"（《尚书·商书·咸有一德》）行之。

立国元气

共定国是的传统一直存续至宋末，虽常导致君臣之间尤其是君权与相权的紧张，但恰是这种张力辟出并守住了宋代开阔的言论空间。不杀大臣、言事者之祖宗家法，因道理最大而"与天子争是非"（欧阳修《上范司谏书》），异论相搅与共定国是，共同成就了后世一些知识分子眷恋不已的宋代政治文明。如是政治风气、礼俗、伦理的相当一部分，被凝结、操作为言论政策和言路制度。择其要者如下。

① 余英时.朱熹的历史世界：上 [M].北京：生活·读书·新知三联书店，2004：251.

一是谏院独设。宋开国之初，言制建设经历了一段空窗期。虽因唐及五代之制于中书、门下二省设散骑常侍、左右谏议大夫、左右补阙、左右拾遗等职，但空有言官之设，"谏议无言责，起居不记注……司谏、正言非特旨供职亦不任谏诤"（《宋史·职官志一》）。太宗端拱元年（988年），令谏官修"朝廷之得失须论，刑政之烦苛必举"（宋太宗《改遗补官名诏》）之职，将左、右补阙更名为左、右司谏，左、右拾遗更名为左、右正言。天禧元年（1017年），真宗诏令置谏院，造谏院官印。谏院置谏官六员，由中书、门下左右谏议大夫、司谏、正言任。谏院初设时员属短缺，仅有鲁宗道、刘烨两员谏院官。仁宗明道元年（1032年），徙门下省于右掖门之西，门下省旧址为谏院办公场所，真正"置谏院自此始"（《续资治通鉴长编》卷一百十一）。元丰三年（1080）年，神宗依《唐六典》复置三省职权，并增设中书后省、门下后省。左右谏议大夫、司谏、正言等谏官，左隶门下后省，右隶中书后省，给事中为门下后省长官。后省谏官"掌规谏讽谕，凡朝廷有阙失，大事则廷诤，小事则论奏"（《文献通考·职官考四》）。

宋室南渡后，高宗恢复谏院制度并实现谏院独立。建炎三年（1129年），"诏谏院别置局不隶两省"（《玉海》卷一二一），谏院遂为独立机构。绍兴三年（1133年），中书、门下合并为中书门下省，次年将谏印寄放于此，但"其谏官职事并不干预"（《宋会要辑稿·职官三·谏院》）。作为独立言事机构，谏院脱离或不受中书门下省干预，也因此不受宰相节制。谏官选任，宰相亦不得插手，由"皇帝亲除"，"公正清直之人"方能入选。庆历三年（1043年），仁宗亲选王素、欧阳修、余靖三人为专职谏院官。蔡襄诗曰："御笔新除三谏官，士林相贺复相欢。"（《能改斋漫录·卷十二·谏院得人御史称职》）

二是台谏合一。秦汉至唐，台谏分离，御史与谏官各司其职。谏官掌规谏献纳，御史职在"纠察官邪，肃正纲纪"（《宋史·职官志四》）。谏官之源流前文已详述。御史一职可追溯至商周，商代甲骨文中已出现"朕御史""我御史"等词，西周御史为礼官。春秋战国时期御史为史官，掌记言记事。至秦汉，御史方有纠察之责（《通典·职官一》）。秦统一后在中央设三公——丞相、太尉、御史大夫，末者乃中央监察机关御史府的长官。《通典》载："秦以御史监理诸郡，谓之监御史。"（《通典·职官六》）汉承秦制，"置御史大夫，位次丞相，典正法度，以职相参，总领百官，上下相监临"（《汉书·朱博传》）。东汉光武帝时期，御史府迁出宫禁，更名御史台，亦称兰台，"掌察举非法，受公卿群吏奏事，有违失举劾之"（《后汉书·百官志三》）。魏晋南北朝强化了御史权威。曹魏时期"兰台遣二御史居殿中，察非法"（《通典·职官六》），此于南北朝发展为殿中侍御史。两晋突破了御史"唯不察三公"（《通典·职官十四》）的限制，"自皇太子以下，无所不纠"（《通典·职官六》）。隋唐五代御史制度变动不大，但御史获得了独立弹劾之权。

赵宋得天下后，御史台初"无定员、无专职"（《文献通考·职官考一》）。天禧元年（1017年），真宗设言事御史六员，赋予御史以言谏之权。《天禧诏书》曰："夫谏诤之臣，本期述嘉谋而矫枉；风宪（即御史）之任，亦当遵直指而绳愆……自今两省置谏官六员，御史台除中丞、知杂、推直官外，置侍御史以下六员……其或诏令不允，官曹涉私，措置失宜，刑赏逾制，诛求无节，冤滥未伸，并仰谏官奏论，宪臣弹举。每月须一员奏事。"（《宋会要辑稿·职官三·谏院》）《续资治通鉴长编》卷一百五十四谓："今御史台中丞厅之南，有谏官御史厅，盖御史得兼谏职也。"

自真宗时期始，谏官和御史的职能边界开始模糊，出现了台谏职事互兼的现象，如右司谏蔡齐兼侍御史知杂事。崇宁二年（1103年），徽宗进一步明确谏官可论奏百司，与御史职掌几无分别。"谏官职在拾遗补阙，凡朝政阙失，悉许论奏，则自宰臣至百官，自三省至百司，任非其人，事有失当，皆得谏正。台官职在绳愆纠缪（通谬），凡百司稽迟，悉许弹奏，则自宰臣至百官，自三省至百司，不循法守，有罪当劾，皆得纠正。"（《宋会要辑稿·职官三·谏院》）钱穆认为台谏合一和皇帝亲选台官谏官造成了谏权下沉之弊，即制衡相权和外朝，而不敢直指君权和内廷，"专以谏外朝，非以谏内廷"[①]。在比较唐宋言谏制度时，钱穆称："（唐代）皇帝用宰相，宰相用谏官，谏官的职责是专门谏诤皇帝的过失……宋代则谏垣独立，并无长官……又是由皇帝所亲擢，不得用宰相所荐举，于是谏官遂转成并不为纠绳天子，反来纠绳宰相。"[②] 从两宋言政的总体风气看，钱穆的说法未必全然符合实际。北宋泰山学派石介谓：

> 君有佚豫失德、悖乱亡道、荒政咈谏、废忠慢贤，御史府得以谏责之；相有依违顺旨、蔽上罔下、贪宠忘谏、专福作威，御史府得以纠绳之；将有骄悍不顺、恃武肆害、玩兵弃战、暴刑毒民，御史府得以举劾之。君，至尊也，相与将，至贵也，且得谏责纠劾之，余可知也。（《上孔中丞书》）

宋视台谏为立国元气和朝廷纪纲，"好谏纳言者，自是宋家家法"（晁说之《元符三年应诏封事》）。台谏职权极重，积极言事，"天下所恃以安者，朝廷之纪纲；纪纲所恃以立者，台谏之风采"（陈尧臣《上徽宗乞重惜宪台之权》）。台官谏官对上规谏君主，"则天子改容"；对下纠察官邪，"则宰相待罪"（《宋史·苏轼传》）。但宋谏权确有下沉之势，"君主则得以

---

① 钱穆. 论宋代相权［M］//齐鲁，华西，金陵三大学中国文化研究所联合出版委员会. 中国文化研究汇刊. 1942：145-150.
② 钱穆. 中国历代政治得失［M］. 3版. 北京：生活·读书·新知三联书店，2012：82.

在台谏监察权和宰执行政权的制维平衡中始终居于裁断是非、抉择利害的主宰者的地位"①。遭到弹劾的宰相多以被罢免收场，"伏见祖宗以来，执政臣僚苟犯公议，一有台谏论列，则未有得安其位而不去者"（《续资治通鉴长编》卷三百六十四）。仁宗时期谏相抗衡最为紧张，从康定元年（1040年）到嘉祐七年（1062年），夏守赟、夏竦、王举正、晏殊、章得象、丁度等19名宰辅被劾黜②。秦观评价仁宗"治功之隆，过越汉唐，与成康相先后"，理由是"天下之事，一切委之执政，群臣无得预者。除授或不当，虽贵戚近属，旨从中出辄为固执不行"，而"一旦谏官列其罪，御史数其失，虽元老名儒、上所眷礼者，亦称病而赐罢。政事之臣得以举其职，议论之臣得以行其言，两者之势适平"（《主术》）。

三是风闻言事。《通典》载："旧例：御史台不受诉讼，有通辞状者，立于台门候御史，御史径往门外收采。知可弹者，略其姓名，皆云风闻访知。"（《通典·职官六》）风闻言事始于魏晋南北朝，即御史行纠弹之权时无须提出实据，亦无须核实来源。从梁武帝天监元年（502年）的一则诏书可知，北魏中山文庄王元熙尝推行风闻之制。武帝诏曰："成务弘风，肃厉内外，寔由设官分职，互相惩纠。而顷壹拘常式，见失方奏，多容违惰，莫肯执咎，宪纲日弛，渐以为俗。今端右（即御史）可以风闻奏事，依元熙旧制。"（《梁书·武帝纪中》）这则诏书也明示了风闻言事的目的：避免违失之事发生后才奏报，风闻而未确证即可上奏。唐曾短暂允许御史风闻言事，但设有风闻不实罪。所报不实者，徒（监禁服劳役）一年（《唐律疏议·诈伪》）。

宋沿袭风闻之制，"台谏言事，许以风闻，此祖宗之法，所以防奸雄隐伏不测之变也"（杨万里《旱暵应诏上疏》）。同时，宋明确免除风闻言

---

① 虞云国. 宋代台谏制度研究［M］. 上海：上海人民出版社，2014：87.
② 杨世利. 北宋官员政治型贬降与叙复研究［D］. 开封：河南大学，2008：133.

事之责。王安石曾言："许风闻言事者，不问其言所从来，又不责言之必实。若他人言不实，即得诬告及上书诈不实之罪，谏官、御史则虽失实亦不加罪，此是许风闻言事。"（《续资治通鉴长编》卷二百十）哲宗时期御史中丞傅尧俞称："窃以朝廷置御史，盖虑下情壅塞，开广聪明，故许风闻言事，所谓'言之者无罪，而闻之者足以戒'也。"（《论张舜民罢言职奏一》）"祖宗委任台谏，未尝罪一言者。纵有薄责，旋即超升，许以风闻，而无官长。"（《宋史·苏轼传》）不杀言官、许以风闻创造了宋代言路大开的气象，远胜于前代，"祖宗立国以来，言兵不如前代之强，言财不如前代之富；惟有开广言路，涵养士气，人物议论足以折奸枉于未萌，建基本于不拔，则非前代所及"（袁燮《端明殿学士通议大夫签书枢密院事崇仁县开国伯食邑七百户食实封一百户累赠太保罗公行状》）。

风闻言事亦有其显见之弊。台谏一厢或滥用言事权，百官一厢则终日惮惧不安，唯恐违失差池而不敢作为。皇祐元年（1049 年），仁宗因风闻言事过度，紊乱朝纲秩序，规定了言事范围："朕闻自古为治，靡不以苛察为戒。而近岁风俗，争事倾危，狱讯滋多，上下暌急，伤累和气，朕甚悼焉。自今台谏官非朝廷得失、民间利病，更不许风闻弹奏，违者坐之。"（宋仁宗《诚饬倾危诏》）英宗时期亦有规定："凡朝廷小有阙失，故许博议闻奏。岂有致人大恶，便以风闻为托？宜令思永等不得妄引浮说，具传达人姓名并所闻因依，明据以闻。"（《续资治通鉴长编》卷二百九）而言路既开之下，对风闻言事稍作限制或惩处，又常被指责闭目塞听、杜塞直言，贬损祖宗之法。仁宗朝，御史吴奎曾上奏："御史许风闻，事有非实，朝廷能容容之，不能容，罪之可也。若必穷主名，则后无敢以事告御史者，是朝廷自蔽耳目也。"（《续资治通鉴长编》卷一百六十九）神宗变法时期，刑部郎中、侍御史知杂事陈襄（1017 年—1080 年，字述古，号古灵先生）上奏曰："李常职在谏官，既闻中外之议，不敢不言，事虽不实，诚亦得之舆论。况国朝旧制，自许风闻言事，若令分析，是欲使其必去，将以杜言者之口，恐非所以待谏臣之体，而广言路之道也。"（《续资治通鉴长编》卷二百十）

陈襄所称舆论，透露了宋台谏言事所遵循的一项基本原则——取自"公议"。"台谏之论，每以天下公议为主，公议之所是，台谏必是之，公议之所非，台谏必非之。"（《续资治通鉴长编》卷四百十五）公议和谏权何以如此重要？"公议之所在者，天下也。道天下之公议者，谏官、御史也。"（《续资治通鉴长编》卷三百七十五）故御史纠弹百官时多以公议之名，不受君主、宰相左右。英宗初躬庶政，令右司谏、同知谏院傅尧俞评价蔡襄，傅尧俞对曰："若付之公议，臣但见襄办山陵事有功，不见其罪。臣身为谏官，使臣受旨言事，臣不敢。"（《宋史·傅尧俞传》）公议来自天下，且与国之"公器"——天下至理、朝廷纲纪紧密相连。这充分反映了道理最大的宋代言政取向，虽"受旨言事"亦不为之，因为"理"大于"旨"。哲宗朝监察御史王岩叟累奏蔡确、章惇相为朋比、虐下罔上未被采纳后，上疏直言："盖臣之所据，是朝廷公器，臣之所陈，是天下公议，虚公器而不言则负朝廷，弃公议而不恤则负天下，臣苟如此，陛下置之何用？"（《续资治通鉴长编》卷三百六十四）

四是给舍封驳。淳化四年（993年），宋太宗以左谏议大夫魏庠、柴成务为同知给事中，"凡制敕有未便，宜准故事封驳以闻，所下制敕悉具编次，事当举行者条奏之"（《续资治通鉴长编》卷三十四）。但因门下省职能改易，给事中难履封驳之职。淳化四年九月，太宗诏令通进、银台司兼领门下封驳事。真宗时设门下封驳司，仍隶通进、银台司，但门下封驳司仅有文字发放之权，沦为"发放之司"："中书、枢密院多至午未方送到文字……若当司略不看读，便行发遣，乃是发放之司，岂曰封驳之职？"（《续资治通鉴长编》卷六十二）至仁宗朝，宣敕札子皆不经封驳司，封驳之职遂废不举。包拯曾因门下封驳司名存实亡而奏请复封驳："窃睹国家循旧例置门下封驳司，以近臣兼领，未尝见封一敕、驳一事，但有封驳之名，而无封驳之实"（《请复封驳奏》）。元丰改制初于门下省设封驳房，5个月后诏罢。南宋建炎年间，给事中为门下后省长官，"掌录封驳文书及本省人吏试补之事"（《宋会要辑稿·职官一·中书门下后省》）。

给事中封驳权渐衰，但宋发展了新的封驳形式——中书舍人封还词头，以为封驳职能的"代偿"①。宋有"言路，台谏给舍也"（《朝野类要·卷二·称谓》）的说法，给舍即指给事中、中书舍人。自唐以来，中书舍人负责草拟诏敕，词头是皇帝对政务的处理意见，为草诏依据。封还词头即草诏时，若"事有失当及除授非其人"（《宋史·职官志一》），则中书舍人可拒绝草诏，论奏封还。唐已有卢植封还词头的记载，但仅为个案，至宋方发展为制度。宋首例封还词头之事见于仁宗庆历年间，知制诰富弼驳回诏封刘从德妻为遂国夫人的词头（《续资治通鉴长编》卷一百三十三）。仁宗皇祐元年（1049 年），诏封杨怀敏领梓州观察使，知制诰胡宿以不符旧制为由，"封还以闻"（《续资治通鉴长编》卷一百六十七）。此后封还词头渐为皇帝百官接纳，遂为成制。元丰改制明确中书舍人职权，"中书舍人四人，正四品，掌为制词，授所宣奉诏旨而行之。分治六房，随房当制。若有失当，则论奏，封还词头"（《宋会要辑稿·职官三·舍人院》）。《续资治通鉴长编》载仁宗至钦宗时期至少封还词头 25 例，其中成功 15 例。

中书舍人封还词头与给事中封驳诏书合称给舍封驳，这是政令未出之前的监督，加之台谏论议之事后监督，宋代于政治权力体系内部形成了贯通的谏权运转机制。《宋会要》赞曰："命之未下，则有给舍封驳。及其既

---

① 宋靖. 封还词头与北宋的封驳制度 [J]. 史学月刊，2007 (11)：46-52.

出，则有台谏论列，其为过举鲜矣。"孝宗隆兴元年（1163 年）诏曰："给舍则正于未然之前，台谏则救于已然之后，故天下事无不理。今任是官者往往以封驳章疏太频，惮于论列，深未尽善。自今后，给舍台谏凡封驳章疏之外，虽事之至微，亦毋致忽。少有未当，可更随时详具奏闻，务正天下之事。"（《宋会要·职官一·中书门下省》）

五是百官轮对。轮对亦称转对、次对、论当面对，即百官可轮流与皇帝共议国家大小政事。轮对制始于宋太祖建隆三年（962 年）："今后每遇内殿起居，依旧例次第差官转对，并须指陈时政阙失，明举朝廷急务。其或有刑狱冤滥，或是百姓疾苦，并可采访闻奏……如有事干要切，即许非时上章，不必须候轮次。"（宋太祖《令在朝文班朝臣翰林学士等指陈时政阙失诏》）轮对之后也被认定为祖宗之法："轮对之法，肇自祖宗。"（周葵《论轮对之法奏》）苏轼所呈《转对条上三事状》，亦有"祖宗故事""天下幸甚"的说法。宋初轮对频率为五日一次，高宗调整为每日轮对，孝宗、光宗一度改为三日、八日①。除常规轮对，两宋尚有召对、夜对、经筵留身等共议国是举措。由仁宗皇祐五年（1053 年）诏书可观轮对内容："凡朝政得失，生民利病，灾异时数，直言无隐，不得徇私挟情，抉摘阴细，无益治道，务在公实。"（《续资治通鉴长编》卷一百七十四）为使百官指陈得失急务，神宗熙宁三年（1070 年）诏令"转对官所言有可行者，特加甄奖"（《续资治通鉴长编》卷二百十五）。高宗对言事不当者免责罚，"自今臣僚转对，甚有所补，由此擢用者亦多。纵有不当，亦不欲责罚，恐人不论事"（《建炎以来系年要录》卷八十九）。

两宋谏院独设、台谏合一、风闻言事、给舍封驳、百官轮对等制度创造了秦汉以降未有，其后元明清亦无的开明言政、言制时代。在价值建构

---

① 朱瑞熙. 中国政治制度通史：第 6 卷 [M]. 北京：人民出版社，1996：144 - 147.

上，这套制度体系响应了作为纲纪之本的"祖宗之法"和作为儒家王道思想最新主张的"道理最大"，且被视为祖宗之法、王道政治的当然安排和实际体现。在言谏实践中，这套制度支撑了"共定国是"的权力运行机制，拓展出取自公议、操持公器、志在公理、务在公实的政治协商体系。当然，两宋言政、言制的局限和漏洞也是显在的，一些流弊甚至滋生了大祸乱。前已述及风闻言事之乱，台谏、封驳、轮对问题具言如次。

一是台谏之患。宋末吕午称："宋之天下，以台谏兴，亦以台谏败。"（《左史谏草·左史吕公家传》）台谏之患有三：滥权、分权、党争。首先是台谏滥用言事之权，诋讦成风，滋乱政纲。程颢谓："自仁祖朝优容谏臣，当言职者，必以诋讦而去为贤，习以成风，惟恐人言不称职以去，为落便宜。"（《二程遗书·卷第二上·二先生语二上》）欧阳修两度奏请罢黜御史王砺，列举了他谤辱、诬奏、中伤、挟私四宗罪状（《历代名臣奏议·卷一百七十四·去邪》）。其次是相权与谏权、政府与谏垣敌垒分立、交战于廷，又于其时找不到现代意义上有机分权的政治机制，常致共识易碎、秩序混乱。王夫之称始自仁宗的台谏与宰执对立之患"延及五百年而不息"，"台谏持宰执之短长，以鸷击为风采，因之廷叱大臣以辱朝廷……宰执亦持台谏之短长，植根于内庭，而假主威以快其报复……言愈长，争愈甚，官邪愈侈，民害愈深，封疆愈危，则唯政府谏垣不相下之势激之也"（《宋论·仁宗》）。最后是台谏卷入朋党之争，沦为政治戕害工具，"巨奸且托台谏以登庸，害乃伏于台辅"（《宋论·仁宗》）。仁宗明道二年（1033）"废后之争"、庆历新政之争，英宗治平二年（1065年）"濮议之争"，神宗元丰二年（1079年）苏轼"乌台诗案"等重大历史事件，皆有台谏参与甚或主导，"分党相哄，汹汹若待大敌"①。梁启超评价说："当

---

① 梁启超 . 王安石传 [M]. 天津：百花文艺出版社，2006：23.

时所谓士大夫者，以沽名泄愤之故，推波助澜，无风作浪，不惜挠天下之耳目以集矢于一二任事之人。"①

二是封驳无力。"人主以为是，台谏、给舍以为非；人主以为可，台谏、给舍以为不可。"（卫泾《轮对劄子》）此虽流溢着中古时代难能可贵的民主精神，但实与君主权力发生了直接冲撞。为确保诏令通行，君主常采取两项反制封驳的措施：换人，罢免。词头封还后，君主转交他人命词。胡宿封还杨怀敏诏书后，仁宗改命他人草诏。神宗干脆将换人草诏制度化，"凡有中书送到词头，并是当制舍人奉行。唯是当制日曾封还词头，其词头再下，若元封还之官却再，当日即专送以次官命词"（苏颂《上神宗缴李定词头》）。更极端的情况是罢免拒草诏者。熙宁三年（1070年），神宗欲擢李定为太子中允，因"弗循官制之旧"（《续资治通鉴长编》卷二百十）、"超越资序"（《续资治通鉴长编》卷二百十一）遭知制诰宋敏求、苏颂、李大临反对。两月内三人七次封还词头、上呈七状，拒不草诏，最终皆遭罢免。

三是轮对不畅。现有史料提及太宗淳化二年（991年）、真宗咸平三年（1000年）和景德三年（1006年）、仁宗天圣七年（1029年）、高宗绍兴二年（1132年）皆曾恢复轮对制，亦反过来证明其间轮对制多次断辍。如仁宗皇祐三年（1051年），天章阁待制梅挚请复百官进对遭拒，上曰："今朝廷得失、军民利害，自公卿至于士庶，皆许指事而陈之。纵涉缪妄，亦未尝加罪，何用此纷纷也？"（《续资治通鉴长编》卷一百七十）同时，轮对也有换人之患。孝宗淳熙十一年（1184年），陆九渊在轮对中指责孝宗"临御二十余年，未有（唐）太宗数年之效。版图未归，仇耻未复，生聚教训之实可为寒心"（《陆九渊集·卷十八·删定官轮对劄子》）。陆九渊

① 梁启超．王安石传［M］．天津：百花文艺出版社，2006：25．

在第二次轮对五天前被逐，失去面奏机会。权臣亦施加影响，"士大夫不为大臣所喜者，往往俟其对班将至，预徙它官，至有立朝逾年而不得见上者。盖轮其官而不轮其人，此立法之弊"（《建炎以来朝野杂记·甲集卷九·百官转对》）。秦桧掌权时，因其"恶闻人言"（《建炎以来系年要录》卷一百五十六），百官当对者多托疾不上。

下坡路与路尽头

思想史学者一般较少将心力花在元代，或仅潦草谈及许衡、赵孟𫖯等少数人。原因无外乎三：元持国不足百年；"外族"凭武力而得天下，人分四等，统治暴虐，更为"华夏之耻"；思想平庸，建树贫弱。此虽大致不谬，久之却未免蒙上了偏见的尘垢。在"道理最大"的宋代，理学于北宋尚属知识分子圈子内部的思想建构，在南宋则进入庙堂，对君臣思想、政治实践产生直接影响。赵昀庙号理宗，正与此相关。而理学真正进入政治体系，乃至上升为主流意识形态，则在元代。

元初即已确立儒家道统治国的思想主调。元《建国号诏》称："建国号曰大元，盖取《易经》'乾元'之义。"（《元史·世祖纪四》）君主为"天下师"的王道思想亦得传承，元好问谏忽必烈曰"请世祖为儒教大宗师"，"世祖悦而受之"（《元史·张德辉传》）。这也表现在对儒佛关系问题的处理上。蒙古素重佛教，而在元立国后，则努力将佛教节制于个体修养范围之内。元英宗尝问中书左丞相拜住，可否以佛法治天下，拜住对曰："清净寂灭，自治可也。若治天下，舍仁义，则纲常乱矣。"（《元史·拜住传》）英宗对此"嘉纳之"。在君臣同心倡导之下，元很快接续了唐宋儒家道统之论，尤其是经由大儒许衡及其十二门徒的弘宣，新儒学——理学"竟然在一个异族文明统治的帝国中，成为相当普遍的知识和拥有权力的思想，甚至在某种意义上还超过了宋代"①。许衡诸人对理学少有新鲜见解，但其传播之功甚巨。上自京师，下及州县，广兴书院，光彰程朱理学。

既有如是政风、学风熏染，元代言政并非如想象那般苛猛。元英宗即位（1321 年）求言诏曰："七品以上官，有伟画长策可以济世安民者，实封上之。"（《元史·英宗纪一》）英宗尝语拜住："朕思天下之大，非朕一人思虑所及。汝为朕股肱，毋忘规谏，以辅朕之不逮。"拜住进曰："昔尧舜为君，每事询众，善则舍己从人，万世称圣。桀纣为君，拒谏自贤，悦人从己，好近小人，国灭而身不保……然事言之则易，行之则难。惟陛下力行，臣等不言，则臣之罪也。"（《元史·拜住传》）拜住所言与儒家"君使臣以礼，臣事君以忠"（《论语·八佾》）之论一脉相承。至治元年（1321 年），监察御史观音保、锁咬儿哈的迷失、成珪、李谦亨上谏不可劳民修建寿安山佛寺，英宗信谗言怒杀观、锁二人，罢了成、李。后因张明思、拜住规谏，台谏职官又施加舆论压力，英宗深悔之，成、李二人"得从轻典"（《元史·张思明传》）。泰定帝即位后，成、李官复原职，观、锁亦得平反。

有研究者认为由两宋至元明清，谏权"开始走下坡路"，"象征着开明专制政治的言谏制度一步一步走向消亡"②，言谏职官亦"已形衰落，或则遭人厌恶，或尸位素餐"③。如此评价，对宋不公，对元亦欠妥。元正式推行台谏合一制度，谏权归于御史台，不再设左右拾遗，左右补阙、给事中的职能亦有调整，主要负责奏闻记录和起居注。《元史》载："今朝廷不设谏官，御史职当言路，即谏官也。"（《元史·李元礼传》）御史由皇帝

---

① 葛兆光：中国思想史：第 2 卷 [M]. 上海：复旦大学出版社，2001：255.
② 陈秋云. 中国古代言谏文化与制度研究 [D]. 北京：中国政法大学，2001：107.
③ 张金鉴. 中国吏治制度史概要 [M]. 台北：三民书局，1981：137.

亲擢，独立相权之外。谏官由是渐失专门职属，确有弱化之势。但就谏权本身而论，则有两项显著强化：谏权由御史兼掌，而元代御史品秩远高于秦汉唐宋；谏权被法制化地纳入国家监察权体系。

唐御史大夫为从三品，宋为从二品，元则升至从一品。三代御史中丞的品秩分别为正四品下、从三品、从二品。其他御史职官在元的品秩亦空前提升，从略不举。世祖忽必烈将总理行政的中书省喻为左手，将掌握军权的枢密院比作右手，而"御史台是朕医两手的"（《草木子·卷之三下·杂制》）。为了让御史安心直谏，他对御史张雄飞等言："卿等既为台官，职在直言。朕为汝君，苟所行未善，亦当极谏，况百官乎！汝宜知朕意，人虽嫉妒汝，朕能为汝地也。"（《元史·张雄飞传》）世祖不但下了为御史托底的决心，而且制定了"台纲三十六条"，将包括谏权在内的监察权法制化。

元台谏合一制度的施行，或与反思宋谏权过度扩张有关。隋唐谏官隶属门下省，宋则专设谏院——"谏垣独立"，直接对皇帝负责，不再"纠绳天子"，反而常与丞相主导的政府内阁对抗。钱穆考论说，谏垣独立后，"谏官锋芒太凶了，闹得太意气，太无聊了，社会乃及政府中人，都讨厌谏垣，不加重视，不予理会，于是谏官失势，然而权相奸臣又从此出头了"[1]。元世祖亦尝动议设立门下省——为谏官及封驳权留有一席之地，但屡遭大臣反对。御史高鸣谏曰："政贵得人，不贵多官。"（《元史·高鸣传》）明确反对专设门下省、平添许多冗官。从个案看，元代留名的御史多有称职极谏者，如张雄飞"知无不言"（《元史·张雄飞传》），姜彧"刚棱疾恶，不避权贵"（赵孟頫《大元故嘉议大夫燕南河北道提刑按察使姜公墓志铭》）。

① 钱穆.中国历代政治得失［M］.3版.北京：生活·读书·新知三联书店，2012：78.

明代继续推进台谏合一制度，但与宋元不同，确乎导致了言制更张、谏权弱化。明初谏官给事中曾属中书省，后短暂设置独立谏院。太祖洪武十三年（1380 年），因胡惟庸案而废丞相之职，撤总理政事的中书省，皇帝亲管六部。洪武十五年（1382 年），又设都察院，与六部平行。给事中归入都察院，又分置六科对应六部。御史台亦遭裁撤，并入都察院，除在中央层面监督六部外，更在全国范围内分设十二道（后改为十三道）御史监察地方。六科给事中、十三道御史之制一直延续至清。

明给事中职属都察院，实由皇帝直接操控，"俱系近侍官员，与内外衙门并无行移"（《大明会典·卷七十六·行移署押体式》）。谏权仍为给事中主要权责之一，"掌侍从、规谏、补阙、拾遗、稽察六部百司之事"，"朝政失得，百官贤佞，各科或单疏专达，或公疏联署奏闻"（《明史·职官志三》）。封驳权犹在，但如日常谏权一样，多为驳奏百官而非对上驳诏，"有失，封还执奏"，"驳正其违误"（《明史·职官志三》）。御史台裁撤后，都察院御史整肃朝纲、弹劾百官之职有所加强，每逢考核弹劾，大臣皆惧，"莫不股栗"（《明会要·职官五》）。在谏权方面，御史可参议军国大政，"凡政事得失，军民利病，皆得直言无避"（《明史·职官志二》）。明代的政风，皇帝似不信任所有人，近侍给事中与都御史若奏议有违，两不相合，则令二者"上疏互驳，皆控御前"①。

明御史增设了前代文献未见的两项职能："凡学术不正，上书陈言变乱成宪，希进用者，劾"；"凡大臣奸邪，小人搆党，作威福乱政者，劾"（《明史·职官志二》）。监督学术、弹劾结党成为御史的新职权，且有持续强化之势。吊诡的是，这种统一思想、规避乱政的强烈权力意志，在晚明恰走向了反面。明代中前期的思想境况总体上平稳而平庸。明灭元后，

---

① 贾玉英. 中国古代监察制度发展史 [M]. 北京：人民出版社，2004：215.

官、学磨砺、习诵二三百年的理学顺理成章嵌入主流意识形态，且成为政治答对、学校教育和科举考试的基本内容。葛兆光认为这是理学由一种批判性、超越性思想滑向世俗化的过程①。当程朱理学被确立为教育的科目，便由信条和真理具化为知识；当其被纳入考试的内容，更由知识固化为教条。从信条下坠到教条，以程朱理学为中心的儒家思想日趋成为需要士人在思想和表达上圆熟操演的语言体系，乃至沦为一种平庸而流行的话术。"学者幼而读之，老而不知一言为可用者。"（《高子遗书》卷七）久之，理学话语之意义被淘空，成为空转的语言体系，而其权威性却持续加固，不容冒犯。成祖永乐二年（1404 年），诋毁周、朱理学的儒生朱友季遭到杖刑，所著之书尽焚。更著名的事件是，王阳明因反对朱熹心、理二元分裂之说而遭罪责。

阳明心学对程朱理学最凌厉的反叛，在于将心与理合一，所谓"心即理"。"心即理也。天下又有心外之事、心外之理乎？"（《传习录》卷上）理并不外在于心而独存，亦非以心为工具的体认对象。心才是体，此心即是终极之理。"此心无私欲之蔽，即是天理，不须外面添一分。以此纯乎天理之心，发之事父便是孝，发之事君便是忠，发之交友治民，便是信与仁。"（《传习录》卷上）这是对孟子心性之论真正的复返和光大，切实挺立了人之主体性。阳明心学的形成和传播虽经坎坷，而后来居上，程朱理学的正当地位由是动摇。但心学亦有其流弊，除思想自身的局限，如批佛而又近乎禅、强调心的发明而轻忽理作为"存在规律"的价值外，亦邀约士人退回自我、逃往内心。后者绝非阳明本意，以其一生行迹——征战平叛至生命最后一刻——和知行合一的强烈主张看，他实在是儒家内圣外王思想的坚定行者。而在阳明身后至明末清初，心学之流行确为士人摆脱庸

---

① 葛兆光.中国思想史：第 2 卷［M］.上海：复旦大学出版社，2001：259 - 262.

常、混乱的时局和公共生活提供了心灵所寄，加剧了"知识分子对兴亡大计遂渐有置身局外之感，而不似宋代士人有真实关切之情"①。反映到政治空气上，一面是皇权极致膨胀，一面是士人群体离场，遂致言政少有生气，谏权衰而不振。当然也有少数例外，譬如市棺直谏、令嘉靖帝无可奈何的海瑞。

正常正当的言路持续受阻，主流意识形态的权威性、说服力和共识凝摄功能瓦解，不同政见的较量终于在明末以激烈的党争形式爆发。今日常言东林党与阉党之争，实则给事中、御史等言官亦为党争之祸的主角。万历四十五年（1617 年），都察院"齐、楚、浙三方鼎峙"，齐即给事中亓诗教和周永春、御史韩浚，楚即给事中官应震、吴亮嗣，浙即给事中姚宗文、御史刘廷元，"务以攻东林排异己为事"（《明史·夏嘉遇传》）。三党彼此残酷相争，又合攻东林党，与党人异趣者贬黜殆尽，一时贤良尽空。党争伴随着利益上的拉拢、交换，未遂则必除之而后快，"当是时，人务奔竞，苟且恣行，言路横尤甚。每文选郎出，辄邀之半道，为人求官，不得则加以恶声，或逐之去"（《明史·赵南星传》）。

朝纲动摇之下，历代言官的一个痼疾——卖直沽名又复发，冒出一批佯装直谏、市名于朝的政治投机者。自先秦始，言官即面临一个根本性的价值选择：爱国还是爱名？《明史》给出的理想答案是"上者爱国，次亦爱名"（《明史·余濂传》）。爱国者，其言有当有不当，"而其心则公"；首在爱国，其次爱名，亦无可厚非；但只求名者，"惟其名之可取，而事之得失有所不顾"（《明史·余濂传》），则于匡弼治道无益，甚或为害。按照《明史》的说法，从天顺至弘治年间，"御史为朝廷耳目，而给事中典章奏，得争是非于廷陛间，皆号称言路"，其时言官尚能"振风裁而耻缄默"

① 劳思光. 新编中国哲学史［M］. 北京：生活·读书·新知三联书店，2015：58.

（《明史·余濂传》）。而至嘉靖年间，一些言官则以慷慨极谏为求索功名的表演，"一遭斥谪，意气扬扬，目上趾高，傲视一世，正所谓意气有加也"（《西园闻见录》卷九十八）。遭到斥谪后，言官一时名声大噪，身死亦可留名青史，有时还可以绑架廷议和舆论而得到擢升。大学士许国指陈嘉靖时期的谏风说："迩来建言成风，可要名、可躐秩，又可掩过。故人竞趋之为捷径，此风既成，莫可救止。"（《明史·薛敷教传》）在《乞辨邪正以消党比疏》中，许国又言：

> 窃见近日以来士习险陂，人情反覆，国是动摇。盖昔之专恣在权贵，今之专恣乃在下僚，昔之颠倒是非、肆言无忌在小人，今之颠倒是非、肆言无忌乃在号为君子者。彼以其发于感激、动于意气，干冒刑谪，搏击权豪，偶成一二事，自负以不世之节、非常之功，持此以立赤帜，号召一等浮薄轻进好言喜事之人，党同伐异，诬上行私。（《国朝内阁名臣事略》卷十四）

明末思想界亦有清流涌现，只是末世已难见用。"生无一锥土，常有四海心"（《秋雨》）的顾炎武（1613年—1682年，本名顾绛，字宁人，人称亭林先生）心念"天下兴亡，匹夫有责"（《日知录·卷十三·正始》）。"天下事，少年心，分明点点深"（《更漏子·本意》）的王夫之疾呼天下为公："以天下之功为功，而不功其功，此之谓大公。"（《读通鉴论》卷二）"大丈夫行事，论是非不论利害，论逆顺不论成败，论万世不论一生"（谢枋得《与李养吾书》）的黄宗羲（1610年—1695年，字太冲，号南雷，世称梨洲先生）已发出现代精神的先声："天下为主，君为客。……然则为天下之大害者，君而已矣。"（《明夷待访录·原君》）"为天下，非为君也；为万民，非为一姓也。"（《明夷待访录·原臣》）更令人遗憾的是，明末的清流很快就被清兵铁骑踏起的烟尘遮蔽了。

清明迭代后，言谏制度框架基本未动，言政建设亦乏善可陈。谏官给事中、御史仍归属都察院，前者因袭六科之设，后者由十三道增至十五道。"清之制度，一切皆沿朱明之旧，其异者，特因事立制，久而相沿，随时补敝救偏。"① 清初世祖、圣祖曾强调御史规谏皇帝之专责："朕躬有不亲政务，忠良失职，奸邪得位，有罪者录用，有功者降谪等事，尔等有所见闻，即行规谏。"［《（康熙朝）大清会典·卷一百四十六·都察院一》］"凡事关政治得失，民生休戚，大利大害，应兴应革，切实可行者，言路各官，俱要悉心条奏，直言无隐。"［《（康熙朝）大清会典·卷一百四十六·都察院一》］而自康熙以后，言政、言谏的相关思想和制度便萧规曹随、"承平无事"了。非但如此，康雍年间相继发生朱方旦、戴名世、年羹尧、谢济世、陆生楠、吕留良、曾静、屈大均、裘琏、查嗣庭，以及著名的"清风不识字"等文字狱案，几近拆毁了传统言路的基石。在此高压之下，以戴震为代表的大批士人退守书斋，埋首经典，专心训诂，思想上的新意常为自娱或小圈子的谈资。

及至天朝梦碎，帝国既危，清廷方决定"大权统于朝廷，庶政公诸舆论"（《清史稿·德宗纪二》），欲将军政要务公诸舆论，以"贾天下之心而救危亡之残局"②。可叹大势已去，重建帝国共识和秩序已是梦幻泡影。

开明专制

统观两千余年传统言路建设，可知自上古先秦始，言论政策和言路制度建设即已成为强烈的政治自觉，秦汉奠定了政策和制度框架，隋唐将其

---

① 柳诒徵. 中国文化史：下卷［M］. 上海：上海古籍出版社，2001：706.
② 长舆. 立宪政治与舆论［J］. 国风报，1910，1（13）：5-13.

推向成熟，宋达及顶峰，经元至明清而趋向保守衰亡。历代言政虽有宽猛张弛之分，言制或有偏正废举，但仍可察其间一贯的思想主脉、法度取向和得失局限。举要有三。

一是儒家道统尤其是王道政治思想乃言政、言制建设的指南和凭据。上古圣王时代的重黎、羲和、巫史之设，谏鼓、谤木、善旌之制，被孔孟荀等建构为"儒家之前的儒家"之仁政，并被阐释为发乎天命、归于民本的政治伦理主张。君主行仁政、从规谏、开言路，乃契应天命、砥砺美德、因循伦理规范的必然要求，亦为权力合法性的重要来源，且为求治避乱、达于王道的事功保障。汉董仲舒以人副天数、天人感应、天命谴告之论，强化了王道政治思想的宇宙论前提。言政、言制作为善政的通途，在美德感召、伦理规范之外，附加了神启性的天命导引和天威震慑。宋代王道思想因理学之发展而获得形而上重建，神格化天命观、宇宙论被祛魅，天地万物、宇宙人生、政治人伦统归于终极先验之理。君道、臣道和王道政治的实现，皆以"道理最大"为根本原则。言政、言制建设的动力来源因之拓展，在早前道德伦理驱力、天命谴告威力之上，又增加了理学意义上真理理性的引力。

三种力量并非简单替代关系，常为言官、士人混合并用的思想武器和政治工具。德性之力深沉持久而失之软弱；天命之力神秘可畏而难效验；真理之力有其"先天地而恒存"的价值理性之光，却要靠人包括君主并不总是可靠的心性觉醒和存养来去蔽。德性召唤和规范的极致是死谏；以天命为说辞劝谏的极致是强解、放大甚至制造一些"异象"，如河出图书、石人开口等；宋以后则将"道理最大"推向极致——天子布衣、君子小人皆须以"存天理、灭人欲"为天下第一等事。每一种工具及其混用的效力并不确定，端的要看君主个性、言谏情境、所论之事以及其时的政风、思想和文化而定。而在君权专制的权力结构之下，君主个性常为占优的因素。兹举数例明之。

北魏名臣古弼欲谏世祖拓跋焘让出部分皇家苑囿给无田之民，正赶上世祖与给事中刘树下棋。世祖沉迷棋局，"志不听事"，古弼"侍坐良久，不获申闻"。无奈之下，古弼"于世祖前揪树头，掣下床，以手搏其耳，以拳殴其背曰：'朝廷不治，实尔之罪！'"世祖失容改过，曰："不听奏事，实在朕躬，树何罪？置之！"（《魏书·古弼传》）此类劝谏情状，千百年间重演者不可胜数。建隆元年（960年），宋太祖一日"弹雀于后苑"，有大臣请奏，而"所奏乃常事耳"。太祖怒，"举斧柄撞其口，堕两齿"（《续资治通鉴长编》卷一）。明嘉靖帝二十余年不视朝，遇到言官要死要活的慷慨条陈，便对左右曰："此套子也！"（《穀山笔麈·卷五·臣品》）宽和改过自然为善，打掉两颗牙亦属"隆恩"，被视为表演套路也算不得大不幸，一言不合而身死者多矣！

二是言政、言制安排所欲解决的核心问题是以言谏、公议制衡绝对君权。职官、衙署、廷议、封驳、瓯函、风闻、共定国是、五官轮对、台谏合一等言政、言制安排，以及专门的言谏器物、场景施设，说到底是寄望于"木从绳则正，后从谏则圣"（《尚书·商书·说命上》）来实现王道政治理想。此一理想的最大现实障碍，乃制衡无界的君权。先秦儒家对上古圣王仁政意象的建构，董仲舒以牺牲先秦儒家心性之学为代价对天道与君道、天意与政治的宗教性桥接，宋明理学奉出终极之理并"幸运"地被列入祖宗之法，以及言谏思想、惯例、成式的逐步规范化、政策化和制度化，莫不以制衡君权为鹄的。而德性、天命、真理只是施加了有限制衡，即使言谏安排成为律法，亦抵不过"诏在律上"。皇帝的意志和诏令才是最大的法。

三是言政、言制建设乃复杂的政治和权力体系设计，传统时代的尝试至可宝贵。关于古代言谏政策、制度的局限，概言有三：在君权无上体系之下人治大于法治，以及由此造成的政治伦理、天命谴告、真理导引、制度约束之力的虚弱；传播工具和渠道之匮乏造成的效率低下、真假难辨、政治运行成本巨耗等，如唐对瓯函制、宋对风闻制的纠结反复；言官自身的信念、德性和能力局限，如庸碌无为、滥用谏权、卖直沽名、贪求功利、卷入党争等。

关于滥用谏权，即使在言政、言路建设最可称道的两宋，也是一个严重的政治问题。张荫麟在《宋太祖誓碑及政事堂刻石考》中指出："太祖不杀大臣及言官之密约所造成之家法，于有宋一代历史影响甚巨。由此事可以了解北宋言官之强横，朝议之嚣杂，主势之降杀，国是之摇荡。"①张荫麟认为言官搅乱、言政过宽、言路失序，乃宋神宗与王安石变化的"远因"所系。而变法的主角王安石则视之为近因，他恨自己不能化身商鞅，"今人未可非商鞅，商鞅能令政必行"（《七绝·商鞅》）。也正是张弛开合之间的复杂性和不确定性，导致两汉诽谤、妖言诸法废举不定。

虽有如是局限，但不可言传统言政、言制全然不足取，正所谓"制而用之存乎法，推而行之存乎人"（王安石《周礼义序》）。

---

① 张荫麟. 宋太祖誓碑及政事堂刻石考 [J]. 文史杂志，1941 (7)：14 - 17.

第六章　舆论、秩序与社会整合

《兴元论解姜公辅状》：夫君人者，以众智为智，以众心为心。

《韩非子·显学》：民智之不可用，犹婴儿之心也。

舆论乃复杂的社会存在，关涉意见与事实、表达与行动、共识与离散、自由与秩序等个体和共同体存续中诸多根本性问题。此等复杂性在先秦即已得到为政者和士人的真切体认，且有丰富的观念阐释和响应性的制度安排。惜乎历史之河未必总是奔涌向前，一些古老问题始终横亘于历史岔口。舆论问题便常涌现于历史急流岔口处，引发忽然而至的倾覆之患和"天命流转"。即使在平常进路中，舆论之势力和困境，如疏堵悖论，亦常干预历史向前的方向和方法。清末民初开启了舆论观的近现代转型，初步标划了以舆论进化促成国族进步的观念地图，却于历史实践中遭遇了"舆论暗面"的遮覆。从先秦延展而来的历史旧题，诸如"疏"或失序、"堵"
则危脆的疏堵悖论，民心至上、民意可惧、民智不足用的观念冲撞，舆
论、公意、公共利益的偏离与断裂等，并未得到实质解决。

　　本章将传统舆论观宽略二分为古典时期和近现代转型期，尝试解决三
个问题：一是呈现舆论观念史的整体进路和理路；二是以舆论思想史子题
回复传播思想史基源问题，重点考察舆论的理性品质及其导向政治和社会
共识的可能性，以开显历史接续传递的见识和郁积的困惑；三是基于国家
治理与舆论治理互构关系考察，探讨舆论观的传承、更新和创造，辟出舆
论观现代转型的可能路径。

一、民心、民意与民智

　　因新技术革命促生了传播格局和舆论生态颠覆性巨变，当代舆论研究
由传播学的一个分支渐趋主流化。惜乎论者视线常为眼前的新技术、新场
景、新个案牵引，微观、流行、趋向性的致思用力偏多。诸如社交媒体的
意见与情绪扩散、突发事件舆论引导、新闻发布技巧等皆得到细密考察，
而对舆论观的整体理解与建构，特别是对舆论治理与国家治理互构关系的
历史性观照则未免稀缺。针对传统舆论观的专论并不多见，且以词源追
溯、史料碎片清理为主，难觅历史观念的渡口。

　　从词源看，《左传》城濮之役中的"舆人之诵"即为舆论①。舆、论
二字并用，最早见于《三国志·魏书·王朗传》："设其傲狠，殊无入志，
惧彼舆论之未畅者，并怀伊邑。"此中，舆论即舆人（众人，尤指底层民
众）之议，所谓庶民的意见。与之意义切近的"舆情"一词首见于唐李中

---

① 金其堡. 舆论正义 [J]. 宪政新志，1910，1 (5)：94-102.

诗作："格论思名士，舆情渴直臣。"（《献乔侍郎》）即民众之意愿。先秦并无舆论、舆情之谓，而是使用了民心（初见于《尚书·虞书·大禹谟》）、民意（初见于《庄子·说剑》）、民智（初见于《韩非子·显学》）等相近概念，但这并不妨碍先秦奠基了延展两千余年的古典舆论观。

既有古典舆论观研究，结论大抵有二：提举先秦即已发轫、流行的民本主义舆论观；批判秦以后大一统格局之下的"轻言主义"舆论观[①]。论者多引述源出《尚书》的天道观与舆论观交叠、同源之论：

> 天聪明，自我民聪明。天明畏，自我民明威。达于上下，敬哉有土！（《尚书·虞书·皋陶谟》）
>
> 天视自我民视，天听自我民听。（《尚书·周书·泰誓中》）
>
> 天矜于民，民之所欲，天必从之。（《尚书·周书·泰誓上》）
>
> 人无于水监（通鉴），当于民监。（《尚书·周书·酒诰》）
>
> 德惟善政，政在养民。（《尚书·虞书·大禹谟》）
>
> 罔违道以干百姓之誉，罔咈百姓以从己之欲。无怠无荒，四夷来王。（《尚书·虞书·大禹谟》）

在以上六条中，前三条强调天之聪明、视听和意志，皆来自或从于民心，民心乃天道的体现和达成。在此证式下，既然天道不可悖逆，为政者则应以民为本，以民心为鉴，养民而无怠。民本主义舆论观由是而立。诚如陈来所言，最迟至周，"天意已经被民意化了，天命在信仰形态上仍具

---

① 邵培仁.20世纪中国新闻学与传播学：宣传学和舆论学卷［M］.上海：复旦大学出版社，2002：243.

有神学特征，但在内容上则出现了政治民本主义"①。同时，《尚书》也意识到天道与民心毕竟相隔迢远，且民欲无主则乱，"惟天生民有欲，无主乃乱"（《尚书·商书·仲虺之诰》），应由表征、奉承天道的君主维系人间秩序。近似的说法还有"天惟时求民主"（《尚书·周书·多方》）、"明王奉若天道，建邦设都"（《尚书·商书·说命中》）等，此又衍生了敬天、伸君、屈民的舆论观。在这一方面，舆论须服务、服从于权力秩序，充当"宣称统治合法性的政绩指标"②，"处于被动、潜伏状态，仅供上层'采集'与'听闻'"③。论者大多认为，舆论的"被动"之势初显于先秦，而定型于秦汉。

自商周始，天道便为中国宇宙观、道德论、人生哲学、政治和社会思想的逻辑起点，遂成"天道有命""天实为之"的观念定式。在舆论问题上，一厢是天道与民心一体，敬天与保民不二；一厢是天授君权，为民做主。综观二者，似可得出一个结论：古典舆论观存有一种内在紧张，即民本主义之价值预设同贬抑、钳制舆论之权力预设两厢对峙。此论虽与先秦及之后漫长帝国史的大脉络相应，却未免轻忽了古典舆论观的多重面向、核心问题和独特禀赋。

之所以有如是轻忽，乃因受限于从元概念——道或天道出发的化约式论证，简单得出逻辑上的一组矛盾。而以历史实践的元问题——秩序视角察之，则可深观舆论的复杂性、风险性和局限性。在观念建构上，真正的难题并非指出天道与舆论在逻辑层面的抽象关联，而是为政者何以切实地理解、对待政治与社会现实中汹涌的舆论。

---

① 陈来.中国早期政治哲学的三个主题 [J].天津社会科学，2007（2）：46-50.

② 段然."舆论/public opinion？"：一个概念的历史溯源 [J].新闻与传播研究，2019（11）：94-110，128.

③ 唐海江."造健全之舆论"：清末民初士人对于"舆论"的表述与群体认知：兼论近代中国舆论的难局及其历史走向 [J].新闻与传播研究，2016（12）：67-84.

民心至上、民意可惧与民智不足用

以下借由先秦关于舆论的三个经典比拟——"载舟""防川""婴儿"之喻，阐明古典舆论观的复杂面向。

一是民心至上与载舟之喻。民本思想之落实，首在顺民心、施德政，以持国安民，免遭天命流转、民心倾覆之患。这就要采闻民情，得民之心。《尚书·周书·洪范》云："谋及乃心……谋及庶人。"《诗经·大雅·板》颂曰："先民有言，询于刍荛。"建议为政者向打草砍柴的庶人征询意见。老子称："圣人无常心，以百姓心为心。"（《老子·第四十九章》）孔子主张："众恶之，必察焉。众好之，必察焉。"（《论语·卫灵公》）管子认为"政之所兴，在顺民心。政之所废，在逆民心"（《管子·牧民》），又言"众之所忿，寡不能图"（《管子·版法解》），故人君应"上度之天祥，下度之地宜，中度之人顺"（《管子·五辅》）。孟子民本论传诵千古："民为贵，社稷次之，君为轻。"（《孟子·尽心下》）《礼记》呼应《尚书》天道民心一体承应之论，曰："上酌民言，则下天上施；上不酌民言，则犯也；下不天上施，则乱也。"（《礼记·坊记》）

荀子则以其熟练的譬喻修辞将君民关系比拟为舟行水上。他假借孔子之口说："君者，舟也，庶人者，水也。水则载舟，水则覆舟，君以此思危，则危将焉而不至矣！"（《荀子·哀公》）鲁哀公问政于孔子："寡人生于深宫之中，长于妇人之手，寡人未尝知哀也，未尝知忧也，未尝知劳也，未尝知惧也，未尝知危也。"（《荀子·哀公》）孔子赞叹哀公有圣君之志，劝其广闻博纳，深察民心，体贴生民之哀忧、劳苦、危惧，以期舟水相依、不致倾覆。

载舟之喻或为中国古代政治思想中被引述最多的一个说法，历代文献援引化用难以计数。如吕坤将人君与使马者、操舟者类比，提出"使马者知地险，操舟者观水势，驭天下者察民情，此安危之机也"（《呻吟语·治道》）。他建议君主"大其心，容天下之物；虚其心，受天下之善；平其心，论天下之事；潜其心，观天下之理；定其心，应天下之变"（《呻吟语·修身》）。陆贽（754 年—805 年，字敬舆）亦"喻君为舟，喻人为水"，强调"舟即君道，水即人情，舟顺水之道乃浮，违则没；君得人之情乃固，失则危"（《奉天论前所答奏未施行状》）。他明确提出了天下心、公共心、众智众心等概念：

> 夫君天下者，必以天下之心为心，而不私其心，以天下之耳目为耳目，而不私其耳目，故能通天下之志，尽天下之情。（《论裴延龄奸蠹书》）

> 夫国家作事，以公共为心者，人必乐而从之；以利奉为心者，人必咈而叛之。（《奉天请罢琼林大盈二库状》）

> 夫君人者，以众智为智，以众心为心。恒恐一夫不尽其情，一事不得其理，孜孜访纳，唯善是求。岂但从谏不咈而已哉？乃至求谤言，听舆诵，荛菲不以下体而不采，故英华靡遗；刍荛不以贱品而不询，故幽隐必达。（《兴元论解姜公辅状》）

在陆贽看来，舆论作为民心的表达，乃政治和社会天然的伴随力量，"天生烝人，本以为国。人之有口，不能无言；人之有心，不能无欲"（《奉天请数对群臣兼许令论事状》）。君主须"以其欲从天下之心，而不敢以天下之人从其欲"（《资治通鉴·唐纪四十五》），且应为上下通情而全力以赴，"言不宣于上，则怨仇于下；欲不归于善，则凑集于邪"（《奉天请数对群臣兼许令论事状》）。

二是民意可惧与防川之喻。周厉王暴政无度、严控言论，以致"国人莫敢言，道路以目"（《国语·周语上》）。召穆公尝谏厉王曰："防民之口，甚于防川。川壅而溃，伤人必多，民亦如之。"（《国语·周语上》）三年后国人暴动，厉王被流放于彘。防川之喻本为劝谏之语——塞民之口，犹堵河川，必有大害，后世则取其负面义涵，指称众口之患甚于川决，不可不防。此可证之于南朝刘勰，《文心雕龙·谐隐》谓："夫心险如山，口壅若川。怨怒之情不一，欢谑之言无方。"不唯暴君对民意怀有防川之忧惧，历代亦多有知识精英视众口为惑乱之源。如商鞅认为民意实为变法革新的障碍，"君亟定变法之虑，殆无顾天下之议之也"（《商君书·更法》）。他游说秦孝公避开众议，力行变法："论至德者不和于俗，成大功者不谋于众。"（《史记·商君列传》）高人之行，未免见负于世；独知之虑者，必见訾于民。商鞅意义上的强国，除了国富兵强，还要无怨民："国无怨民曰强国"（《商君书·去强》）。

即使主张仁政爱民的儒家知识分子，也认为舆论尤其是谣言邪诬，可杀人诛心，亦可乱政干国，诚可怖畏。汉初陆贾谓："夫众口毁誉，浮石沉木。群邪相抑，以直为曲。视之不察，以白为黑。"（《新语·辨惑》）曲直黑白，本来分明，"乃天下之易见也"（《新语·辨惑》），但仍抵不住众口群邪之误。皮日休认为谤讪之言如出渊沦，"一息之波，流于无垠"；猜毁之言出如钧天，"钧天之乐，闻于无闻"。此等言论，"一入于人，治乱不分"（《六箴·口箴》）。

三是民智不足用与婴儿之喻。自孔孟始，君主和士大夫阶层即对民意之局限及其对决策的影响表现出怀疑、忧虑和警惕。子曰："民可使由之，不可使知之。"（《论语·泰伯》）范文澜、冯友兰等解释说，孔子将"民"视为"下愚之人"，可使之服从驱使，而不可使之知其所以然。孟子认为，即使君主左右之人、诸大夫和国人皆曰"贤""不可"或"可杀"，君主亦

应实察之再做出决定——表现出对多数意见的怀疑。商鞅亦持孔子之论："民不可与虑始，而可与乐成。"（《史记·商君列传》）

韩非视民智如婴儿之心："民智之不可用，犹婴儿之心也。"（《韩非子·显学》）他明确反对"得民之心"的民本思想，认为此类说起来动听的"显学"观点，实为"不知治"的愚念。婴儿缺少远见和大局观，不知剔首揃痤方可除大痛，"慈母治之，然犹啼呼不止"。韩非举证说，大禹为治水而决江河，民聚瓦石阻之；子产垦田植桑，郑人诽谤之。禹利天下，子产存郑，而民众无知为乱。即使君主为"厚民产""禁邪行""实仓库""防征战"殚精竭虑、奋发作为，民众也会以为君主严酷贪暴。故民智不堪为用，不可左右邦国治理，"未可与为治也"（《韩非子·显学》）。韩非婴儿之喻对后世影响甚深，以致出现了与民相对的"父母官"的说法。直至清末，梁启超仍以"稚子之心"比拟民智和群体心理之低劣[①]。今世亦有人将公共意见表达中情绪狂飙、言行乖戾现象称为"低幼"，指斥群氓为"巨婴"，可谓异曲同工。

《吕氏春秋》分析了民智有所局限的原因："世之听者，多有所尤"，且"因人所喜""因人所恶"，导致"东面望者不见西墙，南乡视者不睹北方，意有所在"（《吕氏春秋·去尤》）。人皆有其囿限，各怀好恶，固执偏见，难求完整的理解力和判断力。王充悲叹"正是之言"、"得实"之言，众不晓见，和者寡鲜；相反，民众"沉溺俗言之日久，不能自还以从实"，以致"正是之言，为众所非；离俗之礼，为世所讥"（《论衡·定贤篇》）。王符（约85年—约163年）认为乡野间巷之辈素无宽广见识，只知"望尘剽声而已矣"（《潜夫论·贤难》），不识孝悌之原、忠正之真、纲纪之化。"间阎凡品，何独识哉？"（《潜夫论·明暗》）凡俗不计道理行迹，不

察臧否虚实，"直以面誉我者为智，谄谀己者为仁，处奸利者为行，窃禄位者为贤尔"（《潜夫论·贤难》）。《淮南子》对此的看法，已颇近后世传播学"刻板成见""回声室效应"之论：

> 天下是非无所定，世各是其所是而非其所非。所谓是与非各异，皆自是而非人。由此观之，事有合于己者，而未始有是也；有忤于心者，而未始有非也。故求是者，非求道理也，求合于己者也；去非者，非批邪施也，去忤于心者也。（《淮南子·齐俗训》）

"载舟""防川""婴儿"三喻，言明了民意的重要性、风险性和局限性。以今日学术话语述之，民心、民意、民智分别指向了舆论的价值基础、意见表达和主体资质。其中，民心作为与天道相契的普遍价值得到了为政者和士人的承认、敬畏——民心即天道，于此生发了民本主义舆论观；民意则未必表征天道，众口纷纭恣睢，潜隐"决坝推山""难以克救"之险患，引发了历代一贯的"恐舆观"；至于民智，精英主义者认为凡愚遮蔽了澄明天道和心性，智识上积愚低幼，不堪为用，故又产生了顽固的"轻舆观"。

疏堵二难

对民心、民意、民智进行观念上的分别并不困难，问题是一旦舆论兴波起势，何以妥帖处理民心难违、民意汹涌、民智低劣之复杂关系？三种观念皆有其强烈的价值主张和实践偏向：民心至上要求疏导舆论，以敬天保民，维系权力合法性；对民意之忧惧，势必倾向封堵舆论，免于祸乱失序；而对民智不足用之预设，则又加剧了对舆论理性品质、抵达共识和秩序能力的怀疑，造成了疏亦难、堵亦难的决策困境。由先秦至明清，古典舆论观的核心发问正是由舆论理性问题导致的疏堵悖论。历代虽有种种响应，却常陷此二难而无以跳脱。

针对民心至上即舆论价值或规范层面的讨论，《尚书》《周易》《国语》《左传》早已说得明白，后世儒家经典亦再三重申民主本义的大原则。即便抛开天道说教不论，王通认为黄帝、尧、舜之所以能够"恭己南面"，是因为善待善用"天下之心"："大哉乎！并天下之谋，兼天下之智，而理得矣，我何为哉？"（《中说·问易篇》）如是，对舆论不可强力制之，而应开明疏通——堵不如疏。《吕氏春秋》称言路滞塞为国之壅郁："水郁则为污，树郁则为蠹，草郁则为蒉，国亦有郁，主德不通，民欲不达。"（《吕氏春秋·达郁》）而民欲不达、国郁处久，则百恶并起，所以为政者应广纳直言，上下相忍，以决郁塞。

贾谊认为"民者，积愚也"，而民众虽愚，君主选贤任能仍要顺应舆论。何以如此？民智不足，爱恨却强烈，故应和唱民情，"十人爱之有归，则十人之吏也；百人爱之有归，则百人之吏也"（《新书·大政》），乃至千人万人亦然。傅玄亦持此论，力谏君主对"逆己之言"和"事不尽是"之见亦应"欢然受之"，且这么做非为图得好名声，而是"通直言之途，引而致之"（《傅子》）。吕坤将桀纣失天下归因于民情郁结，而汤武通之得天下，"此存亡之大机也，有天下者之所夙夜孜孜者也"（《呻吟语·治道》）。

对于民意可惧和民智不足用——当民本主义理想直面现实，古典舆论观的悖论和困局立时显现。商鞅的强国理想，须以弱民、止怨为条件。民怨不止如之何？当以强力制之。弱民思想的深层背景是为政者对国与民二元价值选择的偏倚，即为了在国家竞争中获胜，一国首先要对内"胜其民""壹其民"。弱民无怨，相率与一，则可相对扩充国家、政权力量，实现赶超发展、战胜外敌。

强力制之和疏而通之形成了古典舆论观的价值二难。疏导、怀柔显然占据开明道义高地，却未必总是有效，甚或招致失序失控之险；堵塞、强制易遭骂名，"要上书的"，却非全无道理，至少在紧迫历史关头可充权宜之计。子产不毁乡校之事最能说明此一困境。郑人游于乡校，议论执政者之得失。大夫然明建议大夫子产毁除乡校，以免众口妄议。子产认为不可作威防怨，与其毁乡校、弭众口，不如"小决使道"。其事如次：

> 郑人游于乡校，以论执政。然明谓子产曰："毁乡校，何如？"子产曰："何为？夫人朝夕退而游焉，以议执政之善否。其所善者，吾则行之；所恶者，吾则改之。是吾师也，若之何毁之？我闻忠善以损怨，不闻作威以防怨。岂不遽止？然犹防川，大决所犯，伤人必多，吾不克救也；不如小决使道，不如吾闻而药之也。"（《左传·襄公三十一年》）

子产主张对民怨忠善以待，疏而通之，闻而药之，以免大决所犯，无以克救。孔子听闻子产不毁乡校之语，曰："以是观之，人谓子产不仁，吾不信也。"（《左传·襄公三十一年》）惜乎作为"堵不如疏"舆论思想代表人物的子产，恰遭受了持久的误解、诽谤。子产执政之初，有民谣唱曰："取我衣冠而褚之，取我田畴而伍之。孰杀子产，吾其与之！"（《左传·襄公三十年》）直到三年后，子产方得平反，谣诵曰："我有子弟，子产诲之。我有田畴，子产殖之。子产而死，谁其嗣之？"（《左传·襄公三十年》）如此民意反转，一方面证明子产是对的，为政者忠善宽容最终确可止怨，另一方面也昭显了放任众议之风险，庶众未必领情。毕竟不是所有人都像子产那般幸运得以平反，而是在众口积毁之下，落得铄金销骨的下场。吕坤论及此，感叹非以勇毅之定力定见不可为：

天下事只怕认不真，故依违观望，看人言为行止。认得真时，则有不敢从之君亲，更那管一国非之，天下非之。若作事先怕人议论，做到中间一被谤诽，消然中止，这不止无定力，且是无定见。民各有心，岂得人人识见与我相同；民心至愚，岂得人人意思与我相信。是以作事君子要见事后功业，休恤事前议论，事成后众论自息。即万一不成，而我所为者，合下便是当为也，论不得成败。（《呻吟语·应务》）

事实上，很多人在疏堵之间自相矛盾。韩婴一面主张"无使下情不上通"，一面又强调"无使百姓歌吟诽谤"（《韩诗外传》卷三）。《淮南子》既反对严控言论，亦不抱望于疏通之效："止言以言，止事以事，譬犹扬堁而弭尘，抱薪而救火；流言雪污，譬犹以涅拭素也。"（《淮南子·说山训》）此外，也有人试图折中其道。王符认为民众见识狭隘，故"不必任众"，而君主"亦不必专己"（《潜夫论·潜叹》），两厢皆不可任性。任众和专己皆可能造成败乱放佚。他的结论是，为政之道"必察彼己之为，而度之以义"，直至"举无遗失而政无废灭也"（《潜夫论·潜叹》）。

教化与引而致之

历代皆欲对疏堵悖论有所突破，长效破解之道无外乎劝谏、教化和礼法规范三种。有关"谏"与"教"的讨论遍布历代典籍，虽非全部关乎舆论，但大多寄望二者建立上情下达、下情上宣的沟通机制——向上开辟直抵权力中心的言路，向下塑造可靠的民意、民智基础，以调适政权与民众的互动关系。

关于劝谏纳言与言路制度建设，本书第五章已有专论。除臣子面向君主正谏、忠谏、讽谏乃至死谏外，历代也有主动纳言的制度安排。如设御史、言官之职，负责搜集、研判舆论，并试图保持其独立、超然地位；民间采风，每年春秋二季或不定时采集民意，林语堂认为《春秋》即鲁国的"舆论集"、《诗经》部分作品亦为舆情纪事①；效法尧舜植谤木、陈谏鼓、设进善之旌，以期嘉言无遮、万邦咸宁。此外就是订立舆论律法，开明者如汉文帝的《除诽谤法诏》，为开言路、闻过失提供制度保障；严苛者如"掩驰说之口，困烈士之行"（《史记·李斯列传》）的秦律。

教化乃儒家实现王道政治理想的基本手段。"政有三品：王者之政化之，霸者之政威之，强者之政胁之。夫此三者各有所施，而化之为贵矣。"（《说苑·政理》）教化即教育、启迪、开化，目的是促成个体的社会化，调整个体成长轨迹同社会秩序期待的关系，造就认同道统、因循礼法、言行得当的"伦理人"和"政治人"。所谓言行得当，大抵可用"敏于事而慎于言，就有道而正焉"（《论语·学而》）来涵括。教化内容一般为主流礼俗，要旨即三纲、五常。此言"三纲"，乃《大学》之道的三个基本纲目：在个体层面即明明德——光大德性，在关系层面即亲民，最终止于至善。不同社会角色追求的善境亦有差异："为人君，止于仁；为人臣，止于敬；为人子，止于孝；为人父，止于慈；与国人交，止于信。"（《大学》）五常即仁义礼智信，以及忠孝敬恕悌等与五常紧密关联的德性原则和伦理精神。傅玄认为五常之教意义深长：

> 虎至猛也，可威而服。鹿至粗也，可教而使。木至劲也，可柔而屈。石至坚也，可消而用。况人含五常之性，有善可因，有恶可改者乎？

---

① 林语堂. 中国新闻舆论史（1968 年版）[M]. 王海，译. 广州：暨南大学出版社，2011：19-20.

上秉常以化下，下服常而应上，其不化者，百未有一也。
（《傅子》）

梁漱溟认为教化虽为外部施加的个体改造，但因其在心性和伦理上培根，实有"培植礼俗，而引生自力"①之效。自力引生乃召唤主体自身力量的过程，以期个体焕发"向里用力"的生命自觉和"人生向上"的入世态度。故中国传统社会秩序，"殆由社会自尔维持，无假于外力，而寄于各方面或个人之自力"②。此等自觉态度，要求个体内敛图安，不逾礼俗，有道而正。这自然也包括个体在社会交往和公共意见表达——舆论参与中，当克己复礼、知耻守格、慎言慎辩。

君子如是，小民亦然。儒家的教化方案是先成就君子，再化育小民。子曰："君子之德风，小人之德草。草上之风，必偃。"（《论语·颜渊》）风行草偃之下，君子引导小民明伦美俗，融入伦理本位、各守职分的既成秩序。以儒家眼光看，"治国就是'育人'，育人就是'治国'"，治国者首先养成君子，"然后通过他们的实践去教化、改造、导引民众"，"从而达到上下同心，一同于儒家政治信仰"③。从庙堂士人到基层缙绅，"布德泽""兴教化"乃君子最重要的人生义务之一。有见识的君主和士人普遍相信，"法令禁于一时，而教化维于可久。若徒恃法令，而教化不先，是舍本而务末"（《清实录·圣祖仁皇帝实录》卷三十二）。

而在清末民初以后，教化被认为要对愚民、欺民负责，更成为其时疾呼的平等精神的敌人。此一批判有其合理之处，教化兴设必以主流意识形态和权力意志灌输为要，陶冶循规蹈矩的善民顺民。传统教化虽高举德、

---

① 梁漱溟. 中国文化要义 [M]. 上海：上海人民出版社，2003：239.
② 梁漱溟. 梁漱溟全集：第2卷 [M]. 济南：山东人民出版社，1989：180.
③ 唐国军. "修身"与"教化"：儒家思想政治教育体系论：儒家传统思想政治教育理论模式研究之一 [J]. 广西社会科学，2007（11）：174-178.

智双运的旗帜，却受教育条件所限，加之君权体制对民智大开的忧惧，故德性熏染而非智性训练成为优先选择。教化的重点乃道德养成——仁义礼俗的开蒙和习得，与现代启蒙——基于智识理性而"认识你自己"，确乎相去甚远。但是，作为延续两千余年的国家治理方案，教化之道亦非全不足取。仅就舆论治理看，传统教化之道至少昭示并回应了如下问题。

一是平等与胜任的平衡。平等作为普遍的政治价值，是启蒙理性的产物。卢梭等启蒙思想家宣称，理性的主体必然要求平等，且应通过公共舆论凝结包括法律在内的社会契约，以保障"人与人之间在权利方面的天然平等"①。在启蒙之后二三百年间的持续叙述中，平等逐渐被建构为民主决策和政治合法性的价值基石。然而，平等未必许诺胜任。平等仅确保了民主的合法性（democratic legitimation）——普罗大众尽皆参与公共决策，却回避了民主的胜任力（democratic competence）问题——群众未必总能胜任复杂、专业、长远决策。②普遍平等极易走向自我反动，消解权威话语和认知价值，唯余平等幻象破灭后的虚无。若无胜任价值之保全，"我们人民"不过是舆论学家沃尔特·李普曼（Walter Lippmann）所称的幻影公众（the phantom public），平等理想将沦为"与权力理想化相伴随的自欺欺人"③。

复杂情势下的舆论、协商和公共决策仍须依凭专业智识，挺立权威话语，不可单以政治正确之名——普遍平等而放任庸常之论。安东尼·吉登斯（Anthony Giddens）认为权威不仅供给相对更专业的智识，平抑公众的"愚鲁无知"，而且是道德、信任等社会资本的重要生产者，确保理性

---

① 卢梭. 政治经济学 [M]. 李平沤，译. 北京：商务印书馆，2013：12.
② 波斯特. 民主、专业知识与学术自由：现代国家的第一修正案理论 [M]. 左亦鲁，译. 北京：中国政法大学出版社，2014：5.
③ 李普曼. 幻影公众 [M]. 林牧茵，译. 上海：复旦大学出版社，2013：37.

的对话和共识得以发生①。在公共舆论中，权威可为公共协商提供知识基础与解决方案、事实基础与论辩理由、道德基础与信任资本，故相对更胜任权力决策，成就关乎决策品质的认知价值。

中国古典舆论观中并非全无平等意识，"并天下之谋，兼天下之智"已包含朴素的普遍平等诉求，但最终走的是精英或曰权威主义之路。依精英主义立场，为政主事者不但对"大多数"能否达成共识表示怀疑，而且对"多数同意"亦不信任。《左传》载晋国栾武子在军士多数主战的情况下罢兵于蔡，有人质疑他不"从众"，曰："圣人与众同欲，是以济事……子为大政，将酌于民者也……欲战者可谓众矣。"栾武子答曰："善钧（通均），从众。夫善，众之主也。三卿为主，可谓众矣。从之，不亦可乎？"（《左传·成公六年》）从众的前提是衡量何为善——德性上正当，行动上合宜。若各方意见中善的成分相当，则从多数；若善的程度不同，则不可纯以人数多寡裁断。真正的众意——"酌于民者"，只能是合乎共善的意见。支持栾武子罢兵者虽只三人，但其位居三卿，在德性、智识和名誉上可担保善。

梁启超评栾武子一事说："读此一段，可以知吾先民对于'多数取决之制度'，作何等观念……谓多数所赞者必与国利民福相应，则按诸理论与征诸史迹，而皆有以明其不然也。栾书（武子）之谓两善相均则从众，果能如此，真可以现出理想的好政治。"② 后文还将述及梁启超对社会心理与舆论中多数意见的担忧。关绍箕认为栾武子以"民意的品质"为重，避免了为"形式上的数量"所羁绊。鉴于精英方能胜任舆论、协商和决策，儒家便将一时一事中的舆论引导和化解疏堵悖论的长效之计，托付于士君子。至于托付的理由，除了士人拥有良好的道德和智识资质，还因为

---

① 吉登斯. 现代性的后果 [M]. 田禾，译. 南京：译林出版社，2000：78.
② 梁启超. 先秦政治思想史 [M]. 上海：上海古籍出版社，2014：35.

士人多以体道行道卫道者自居。此乃古代士人独有的一种胜任力。在道或道统的庇护、支援下，士人对上可以游说、谏诤君主，向下可以教化、代表庶众。君民之间，舆论场上，士人构筑了导向理性共识的中介地带。

二是清议、乡议与舆论边界的标划。从《尚书》《左传》等先秦文献的零星记述——"国人议政"可知，中国自古即有清议传统。而"清议"作为专门名词稳定、流行，则应始自三国魏晋。傅玄谓："臣闻先王之临天下也，明其大教，长其义节。道化隆于上，清议行于下。上下相奉，人怀义心。"（《晋书·傅玄传》）此论证实清议古已有之，乃君临天下、教化隆道、人心仁义的治理之道。《三国志》提出"舆论"一词，也多次言及清议，如称沈友"正色立朝，清议峻厉"（《三国志·吴书·吴主传》），赞暨艳"好为清议，见时郎署混浊淆杂，多非其人，欲臧否区别贤愚异贯"（《三国志·吴书·张温传》）。《艺文类聚》引三国曹羲《至公论》曰：

> 兴化致治，不崇公抑割、情以顺理、厉清议以督俗、明是非以宣教者，吾未见其功也。清议非臧否不显，是非非赏罚不明。故臧否不可以远实，赏罚不可以失中。若乃背清议，违是非，虽尧不能一日以治。审臧否，详赏罚，故中主可以万世安。

清议最初专指士人对汉末一些"清忠高亮"的人物，如与宦官集团斗争的太学生运动领袖们进行舆论评价。而从《艺文类聚》的描述看，清议已同教化、督俗、臧否、是非等问题广泛关联，且关乎求治图安。降及南朝，清议已然泛指士人群体对历史、政事、人物、民情、礼俗的清正议论。清议的关键在"清"，众议的标准要公正，议者的德性要清明，故应由士人精英操持。作为由精英主导的舆论力量，清议维持道统、节制君权、干预决策，亦导引民意、塑造时风，且期渐摩濡染、化风成俗。在政治安排上，清议可以是权力体系内部的廷议、协商，亦可相对游离于权力规程之外，但总体上属于治术一途，服务既成秩序或其自我矫正。当然，清议也偶有狂飙越轨时刻。譬如东汉三万太学生面对桓灵二帝"主荒政谬，国命委于阉寺"之境况，"羞与为伍，故匹夫抗愤，处士横议，遂乃激扬名声，互相题拂，品核公卿，裁量执政"（《后汉书·党锢传》），乃至引发惨烈权力斗争和政治冲突，加速了汉帝国灭亡。

唐宋之后，清议一词在文献中渐少，公议、公论之说上升为主流。语词嬗变呈现了价值迁转。士人舆论的焦点由"清"——道德操行评判，转向直契现实问题的"公"——公私利益之辩。唐宋政治开明，公议的尺度和权威亦因之扩大，常见对人、事和政策"公议靡容""公议攸归"之类判词。善言、善行、善政则会得到诸如"公议称之"（《旧唐书·裴潾传》）、"公议是之"（《旧唐书·许孟容传》）的正面评价。士人有朝野之分，在朝者参与君主应许的公议，意见可达天听，在野者则仍以传统清议自任①。南宋王应麟（1223 年—1296 年，字伯厚，号深宁居士）化用荀子"儒者在本朝则美政，在下位则美俗"（《荀子·儒效》）之论，提出"君子在下位犹足以美风俗，汉之清议是也。小人在下位，犹足以坏风俗，晋之放旷是也"（《困学纪闻》卷三）。此乃强调君子在下位亦不忘借由清议兴教化、美礼俗，对治小人流于放旷。无论在朝在野、公议清议，一以精英舆论之力"砥砺一世而驱之善也"（李流谦《上何少卿书》）。明末清初之际，犹有黄宗羲等疾呼"养士"（《明夷待访录·学校》），使之胜任天下是非之公议。

在精英清议公议之外，两汉魏晋还开启了乡议之设。从前引"郑人游于乡校，以论执政"（《左传·襄公三十一年》），可知乡议传统久远。汉初

---

① 陈晔. 唐代政治概念中的"清议"与"公议"[J]. 郑州大学学报（哲学社会科学版），2015（6）：146 - 152.

借鉴先秦选贤思想——"论贤不乡举，则士不及行"（《管子·八观》），面向帝国郡县察举贤良，史称"乡举里选"。官方察举人才须"博问乡里"（《汉书·杜钦传》），自发的乡议亦由此被纳入权力体系。汉代名士公孙弘"牧豕海上"（《史记·平津侯主父列传》）出身，匡衡"父世农夫"（《汉书·匡衡传》），皆因"乡里称善"而入选贤良。那些"无乡里之誉"者，则难启青云之路。顾炎武称两汉存清议于州里，所议者"一玷清议，终身不齿"（《日知录·卷十三·清议》）。

乡议虽为乡野流通之口碑、舆论，却非任由"庸夫庸妇"操持。汉设"三老"制度，乡、县、郡、国四级皆有德高望重、率众为善的长者担任沟通官民的"三老"，"掌教化，父兄之教，子弟之率"（《困学纪闻》卷五）。在他们的主理下，"清议在乡党，而廉耻兴焉"（《困学纪闻》卷五）。至于宗族内部事务的协商，多由辈分、德性、智识高者把握。"三老"乃官民沟通的居间人，宗族主事者亦为官方团结的对象。故乡议并未真正越出权力体系的边界，主导者身处乡邑之中，实为所在族群的道德、智识和权力精英。

三是教化规训舆论，舆论运施教化。传统舆论观的核心关切，始终置于太平秩序的生成、维系和改善之上。所谓民心至上、民意可惧、民智不足用，皆属因应治乱之道而生发的观念。教化之功显现于舆论治理，便是将道德礼法之主流价值转化为舆论理性，乃至内化为个体的"自力"。如是转化与内化，是一个柔性的价值浸润和权力规训过程，让道或道统及其代表者——精英分子牵引舆论，导向王道仁政秩序。子曰："天下有道，则庶人不议。"（《论语·季氏》）"不议"就是没意见，免了舆论喧哗纷乱。吕坤谓："道有一真，而意见常千百"，"事有一是，而意见常千百"（《呻吟语·谈道》），加之"人言之不实者十九，听言而易信者十九"（《呻吟语·品藻》），必致舆论乖戾、谣言流播。若人人对道之"真"与事之

"是"有足够见识和体认，则可"不惑于纷杂之说"，"不挠于鄙俗之见"（《呻吟语·修身》），达到合契同一。

舆论之运施亦反过来承载教化价值。如第四章所论，辩论乃舆论表达的基本形态和手段，宗旨本在澄明真相、真理及其证据和逻辑，而中国传统辩论则诉诸明理存道。此中之"道"，乃连通天命、德性与世用的道理或规范，而非逻辑理性导引的纯粹观念或真理性认知。纵辞违道之辩，即使合乎逻辑，亦属放诞无礼。在上层士人参与之清议、底层精英操持之乡议中，每一场舆论展演，同时也是一次教化德化的价值宣示。古典舆论观如此看重价值理性、道德规范，既为多元意见整合提供了价值根由和伦理基础，亦导致舆论表达充斥泛道德化言说，且常压倒说理论证。

以上梳理、呈现了中国古典舆论观的基本型构和样貌：多重面向——民心、民意、民智观念的并峙、错位与冲突；核心问题——对舆论理性品质、能力的怀疑及其引发的疏堵悖论；因应方案——以劝谏、教化为主，辅以必要的言路建设安排。这也造就了中国古典舆论观的若干独特禀赋，譬如秩序优先、价值理性优先、教化德化优先和精英主义等。与此相应，古典舆论观亦存在无可回避的偏谬和缺憾：强调秩序优先，则自由言说权利保障未免不足；主张价值理性优先，则思辨、逻辑理性训练有所不足；坚持教化德化优先，则民智开启、养成明显不足。至于精英主义，一方面最大限度保障了舆论表达的道德理性和智识品质，另一方面也潜隐着精英独断的风险。士人具有更优的胜任资质，但他们的意见并非天然正确，亦难完全代表公共利益，更不用说他们对君权的顺从、迎合以及对庶众平等参与的贬抑。

二、历史的岔口

由先秦至明清，清议、乡议和各种言路的开合设计是否破解了疏堵悖论？答案自然是否定的。舆论是"社会皮肤"①，只要社会肌体和环境持续变化，便无一劳永逸的清明舆论治理方案。清议、乡议为多元意见表达创造了包容性空间，且以精英为中介连接君权体系与舆论空间，使后者不致奔逸失序。但是，精英自身的局限，譬如专横、傲慢、虚妄、贪婪、误导和操纵，庶众对精英的盲从、无视和反叛，精英与权力体系之间的若即若离或同欲共谋，皆可随时触发舆论引导和教化链条的脆断、崩解。精英主义舆论观寄望向上影响、劝谏开明君主，向下德化、安抚庶众。前者实有巨大不确定性，后者则难规避非理性、泛道德化论争。一旦事端骤起、纷争成势，意识形态说教失灵，便不免堕入疏堵二难。而当各方耐心耗尽，舆论之聚合、奔袭或可煽起摧毁性暴力，引发循环往复的历史灾难。总体而观，传统时代并未觅得平衡民心至上、民意可惧、民智不足用三者关系的根本之策。终究是道理太多，道太远。

及至清末民初，古典舆论观受到西学思想和国家现代化主题的强烈冲击，舆论观的近现代转型得以发生。转型的使命是通过梁启超所谓"造成健全之舆论"②，建立彭宪、高一涵、戈公振等构想的"以舆论指导的政治"③、"以人民之舆论为运施的政治"④、"根据于舆论的民主政治"⑤。开明官员、士人和报人对舆论之内涵、价值、要件、品质，舆论之"成立"和"建设"过程，舆论之效果与后果皆有丰富讨论。一些思想洞见烛照当时，亦可资鉴于今、启迪未来。然而一如历史所见，这场转型并未取得完全成功，新旧舆论观念之困横亘于维新、立宪、革命、共和等

① 诺尔-诺依曼.沉默的螺旋：舆论：我们的社会皮肤［M］.董璐，译.北京：北京大学出版社，2013：1.
② 梁启超.国风报叙例［J］.宪政新志，1910（7）：148-161.
③ 彭宪.舆论与政治［J］.说报.1913（2）：16-24.
④ 高一涵.共和国家与青年之自觉［J］.青年杂志，1915，1（1）：23-30.
⑤ 戈公振.中国报学史［M］.香港：太平书局，1964：362.

历史岔口。

舆论与现代化

舆论观的近现代转型并非单独发生，而是与清末民初政治、社会和文化领域的诸多复杂历史因素牵连并进、互为因果。转型的关键动因，大抵有三。

一是发现和响应西方。面对西方的强势入侵和文化夺席之忧，部分开明分子发现了西方政治得以有效运转、升进的一股基础性力量——public opinion。梁启超、高一涵、张东荪等将之直译为"公众的意见""众人的意见"，后又以之对应舆论、众议、公论、民意等中国传统概念。对卢梭意义上的舆论（general will），时人则多译为公意、总意。尽管有译者意识到舆论、民意、公意所指未必一致，如"舆论仅为民意的片断"，却为了符合"一般人中间的惯用"①，而常混用这些概念。显然，最初的译者们试图务实地达成舆论概念的引进和消化，将心力花在舆论何以促进现代政治、社会建设上，而非纠缠于语词翻译本身。他们一度笃定地认为："欧美诸国政治之所以蒸蒸日上者，皆由政府利用舆论之指导，故事半功倍耳。"②

这些开明分子引述启蒙思想家卢梭、洛克（John Locke）、霍布斯以及晚近的布莱士（Bryce）、李普曼、杜威（John Dewey）诸人观点，宣称中国命运之改造亦须借由舆论之"自由""茂盛"，建设筑基于舆论的政党、政府和政治。如早期地方通讯社创办者陆舒农认为，"舆论政治"乃"现代民主政治的灵魂"，"现代民主政治的勃兴，就是舆论势力澎涨（膨

---

① 亦乐. 舆论 [J]. 一般（上海 1926），1926，1（4）：486-498.
② 彭宪. 舆论与政治 [J]. 说报，1913（2）：16-24.

胀）的结果"①。晚清秀才、后为革命党人的光升主张："政府之基础必立于真实强力之上，而所谓真实强力，即一国民意所组织，而不与其强制之兵力相关。"②

《说报》发起人之一彭宪提出，"舆论者，人民意思之所表见（现）者也"，"今人盛谓民主国家机关之权力，皆由人民所付与（赋予）"，所以"我国种种施政方针当循舆论之所趋向，否则非出于人民之同意，有所行动，必致掣肘，政府将陷于危险之域"③。彭宪总结了舆论指导政治运施的"五利"：

> （舆论）条举善良方法，以指导政府，使其施政不与民意相僢驰，而易于奏效，一也；为析理之研究，于事之弊害阐发无隐，使政府不陷于误途，或得为事后之补救，二也；政府行事，万目睽睽，常有其批评监督之者，不敢放恣，三也；国民皆注意于国事，则政治之常识必易普及，四也；知国家之利害关系，常与国同休戚，爱国之意不劝自深，五也。由此观之，舆论之于政治，其有利无害，当无疑义。④

二是发现和批判传统。林语堂梳理了中国古代舆论史部分片断，如言官制度、士人清议、采风制度、谏鼓谤木、民间谣辞等舆论采集与传播形式，以及东汉太学生运动、北宋学潮、明末东林党人抗争等重大舆论事件和"公共批评运动"。他意在申明两个问题：中国古代并不缺少舆论抗争、公共批评的"勇气和胆识"，但常以殊死搏斗、国破家亡为代价；今日之

---

① 陆舒农. 民权主义与舆论政治 [J]. 新声，1930（2）：100-111.
② 光升. 政治与民意 [J]. 中华杂志，1914，1（5）：1-13.
③ 彭宪. 舆论与政治 [J]. 说报，1913（2）：16-24.
④ 同③.

舆论建设，当以法律尤其是宪法保障言论权利为要务。① 彭思衍、陈定闳等亦基于重述、反思古代舆论史，提出建设现代舆论之必要。如陈定闳以谣言治理为例，认为历代为政者皆在"避谣"不得、"辟谣"不得中进退维谷。避谣者讳疾忌医、恐生大患；辟谣者亦属不智，"愈辟而谣愈炽"。因此，"只有一条路：扶植舆论，广开言路。有正当的舆论，谣言自可烟消云散；到了人民不敢说话时，谣言自然不胫而走了"②。

三是发现国民与公共空间。梁启超及其前后一批留学欧美日的青年知识分子合力引入了现代国家概念："一国主权，平民操之，万般政务，舆论决之。政治之主人，则属一国之平民。政治之目的，则在平民大多数之幸福。政治之策略则取平民之公意。"③ 飘摇的清廷亦有所响应，提出"大权统于朝廷，庶政公诸舆论"④，即朝廷执掌核心权力，而将一般政务公开诉诸舆论。伧父借用西方进化论和政治学说重新解释天意与民意关系，认为现代国家的生命意志力，不再来自"苍苍之积气与浩浩之空间"暗示的天意，而是生发于"本能"和"知能"的国民意志。在 20 世纪初，诸如"国家究竟是谁的国家？答案当然是人民的国家……聪明的'有司'应该常常考察民间的'舆论'，好来做政治设施的参考"⑤ 之类说法，已为报刊上的普泛寻常之论了。

自 19 世纪中后期始，巨量新闻报刊的创办开辟了中国历史上前所未有的公共讨论空间。报刊多以"舆论机关"自居，乃至直以《舆论》《民意》为刊名。加之各类商会、学会、学堂、教会、义馆，以及后来各类政

---

① 林语堂. 中国新闻舆论史（1968 年版）[M]. 王海，译. 广州：暨南大学出版社，2011：27 - 28.

② 陈定闳. 谣言：社会安宁的晴雨表 [J]. 申论，1948，2（1）：6 - 7.

③ 汉驹. 新政府之建设 [J]. 江苏（东京），1903（5）：17 - 33.

④ 光绪三十二年（1906 年）七月十三日上谕。

⑤ 蔚然. 舆论的价值 [J]. 青春，1932，1（17）：356 - 357.

党、社会团体的新闻供给、宣传鼓动、专门集会和公共演讲，营造了一种结构和功能上颇近于公共领域，"游离皇权国家之外的'舆论环境'和'对话场所'"①。士、商、绅、学和白话报刊动员起来的社会中低阶层，亦常宣称以焦敝唇舌、建设舆论、启牖民智、造成国族现代化为己任。

从中西体用之争、洋务安排、维新之计、立宪之策、共和之路，到工业振兴、经济戡乱、社会治安、外交斡旋，乃至"富家女的德性"、"小工人的教养"、个体心灵解放等，皆有一时热切的公共之辩，甚或直接干预当局决策、向导社会风潮。高一涵等乐观主义者相信，国家"兴衰隆替之责，在国民全体"，国政"每视人民之舆论为运施"，而舆论"为引导国政之先驰"②。孙中山承认，民国之成立，曾不数月，遂竟全功，乃因"舆论之势力与军队之势力相辅而行"③。

李大钊在长文《民彝与政治》中提出，"群演"——社会进化之道，"一方固其秩序，一方图其进步"。秩序建构乃"法之事"，追寻进步则属"理之事"，法与理须二力相济，以求安宁、图进步。理的来源何在？李大钊大量引述老子、孔子和卢梭、穆勒、边沁等中西思想家观点，从权利（民众有权自择其理）、能力（民众能够从舆论"参究互议"中发明"理曲是非"）两个层面，专申了"舆论之价值"。他认为民众可借由舆论察知事实、明了真理，政府只需对舆论因势利导、留有余裕，即可收自然致力之效：

凡事之涉及民生利害者，其是非真妄宜听民彝之自择，未遽可以专擅之动作云为，以为屏斥杜绝之方也。天之所赋人焉能夺？天之所

---

① 刘增合. 媒介形态与晚清公共领域研究的拓展 [J]. 近代史研究，2000（2）：237-265.
② 高一涵. 共和国家与青年之自觉 [J]. 青年杂志，1915，1（1）：23-30.
③ 同①.

禁人何能予？道在听民彝之自为趋向，因势而利导之，为容相当之余裕。俾得尽形于政，以收自然之成，无事束缚驰骤之劳，防闲检制之工矣。……理曲是非自能获于天下公论之中。盖其参究互议之果，乃能求一事实为之根据。而后逻辑之用，方为不荒，心觉之能，始能昭著。舆论之声，乃能扬于社会而有伟大之权威也。吾民可以谛审其理矣。①

舆论的暗面

但是，这般对舆论价值的热切称颂并未持续多久，即被舆论势力之"晦暗""失序"之险所遮覆。清廷本欲通过"庶政公诸舆论"以固本求治，"贾天下之心而救危亡之残局"②，奈何舆论并未发挥再造共识、人心以一之功，反而疏离帝国主流意识形态，卷起现代精神之洪流。康梁维新运动乃借"公车上书"等舆论运动起势，而二人先后又遭立宪、共和舆论之攻讦和遗弃。之后，共和初成，遂入败乱。"城头变幻大王旗"不单是政治和武力迫加所致，舆论之意气争持、刚强难伏、摇摆煽惑亦难辞其咎。此间数十年，舆论参与建构了一个又一个改造国族命运的目标，旋即又摧毁之。昨日相与为期的政治约定和社会理想，今日便可能沦为众口积毁的历史幻觉、国族噩梦。《崇德公报》一篇题为"何必都要说是民意"的时评讽刺说："事关乎国家，须有所借以为重。故昔之主张共和也，曰民意。今之倡议恢复君主也，亦曰民意也……今之维护共和者，复泪竭声

---

① 李大钊. 民彝与政治 [J]. 民彝，1916（1）：17-38.
② 长舆. 立宪政治与舆论 [J]. 国风报，1910，1（13）：5-13.

嘶，嚣嚣然曰民意。"①

汪馥炎在《舆论与社会》中论及，舆论乃社会之声，舆论之堕落，因以形成社会之萎靡；舆论之倾轧，因以造成社会无一毫相容之机会。他的结论是，舆论之势力必有利害善恶明晦之分，"舆论可福社会者，亦可贼社会也"②。金其堡亦言："舆论不得其正，则国蒙其祸。"③ 如此之论，与先前的乐观派——为舆论之崛起鼓与呼、"为舆论造舆论"者可谓分殊鲜明。最迟在 1915 年前后，"舆论之于政治，其有利无害"的片面乐观情绪渐消，论者多从明面与暗面两厢考察舆论之势力。时人对舆论暗面的反思和批判，大抵指向了五个问题。

一是因袭古典舆论观中"民智不足用"之论。典型说法如《留东学报》撰稿人陈固廷所谓"大多数人知识浅薄，没有认识是非和判断问题的能力"，只能随声附和或漠然以待，脱离舆论承载公意的宗旨，"演成制造民意，操纵舆论的恶结果"④。长舆认为民智民德贫弱，"智识程度不足与时势相应，其所主张之利害往往与事实相背驰"，"所谓舆论不过庸耳俗目之凡识，合群盲不能为离娄，合众聋不能为师旷"，反将导致"舆论日益发达，群治日益堕落"⑤。不只一般民众智识水平堪忧，梁启超认为社会精英的德性和见识亦可疑，常以俗论、妄论误国，对民众的引导和教化不过是"以瞽相瞽，无补于颠扑；以狂监狂，只益其号呶"⑥。即使自诩职业舆论机关的报界，也未免"各囿私见，党同伐异"⑦。

二是舆论常被操纵，易遭权力胁迫和金钱收买，沦为权钱之奴或一家

---

① 力轻. 何必都要说是民意 [J]. 崇德公报，1915 (18)：12 - 13.

② 汪馥炎. 舆论与社会 [J]. 甲寅（东京），1914，1 (4)：10 - 21.

③ 金其堡. 舆论正义 [J]. 宪政新志，1910，1 (5)：94 - 102.

④ 陈固廷. "舆论"究竟是什么 [J]. 留东学报，1936，1 (4)：1 - 7.

⑤ 长舆. 立宪政治与舆论 [J]. 国风报，1910，1 (13)：5 - 13.

⑥ 梁启超. 国风报叙例 [J]. 宪政新志. 1910 (7)：148 - 161.

⑦ 南右嵩. 敬告报界诸君子 [J]. 说报，1913 (3)：85 - 89.

私意。"今之舆论，大都以金钱势力为转移是也。今日主张共和，明日赞成专制；今日痛骂某派，明日混同某派矣；今年为直声，明年化为鬼语。"① 纵无权钱干预，在朝、在野者及其附庸捉笔弄舌，亦未免"任意行私，肆无忌惮"，操弄"非民意""假民意"和"似是而非之民意"，惯将一己之私表述为公意，伪装成社会福祉②。李大钊批评说："今之以言论号召于天下者，多挟其党见之私，黄钟瓦缶，杂然并作，望风捕影，各阿所私。"③

三是舆论"天然"非理性。多有论者借用勒庞、李普曼等欧美学者思想资源，批判群体心理之偏执、冲动和迷狂。梁启超提及："近儒之研究群众心理学者，谓其所积之分愈大，则狂热程度愈增。"④ 陈独秀直言，舆论乃群体心理之表现，必因盲目而造成罪恶，故应唤起反抗舆论的勇气，"社会底进步或救出社会底危险，都需要有大胆反抗舆论的人"⑤。梁启勋胞弟启勋视舆论为"感情之浪"："舆论为事实之母，而感情则舆论之母也。"⑥ 在感情、舆论、事实三者关系中，前二者居于主导，事实即使可以"熄灭"舆论，亦须适应感情之无常、炽烈期待。舆论起于感情又复归于感情，二者遽进无已，虽欲催讨事实，但此等事实往往只是满足情绪、情感所愿发生的事实。

四是舆论未必抵达建设性共识。舆论既为多数意见的汇集——"公众的平均意见"⑦、"一般国民之抱怀"⑧，便有内生的平庸品性和不定形、不

① 刘慎德.今日中国舆论之堕落[J].复旦,1918(6):5-9.
② 刘麟生.民意真诠[J].约翰声,1916,27(4):1-3.
③ 李大钊.李大钊全集[M].石家庄:河北教育出版社,1999:621-622.
④ 梁启超.国风报叙例[J].宪政新志,1910(7):148-161.
⑤ 陈独秀.反抗舆论的勇气[J].新青年,1921,9(2):132.
⑥ 梁启勋.说感情[J].庸言,1914,2(3):1-4.
⑦ 亦乐.舆论[J].一般(上海1926),1926,1(4):486-498.
⑧ 陈固廷."舆论"究竟是什么[J].留学东报,1936,1(4):1-7.

定向、不持续等潜在为非为恶的特质。智识平庸自不待言。不定形即居无
常势、朝秦暮楚，难以评判、回应和协调，如泥渣泛起、水浊不定①。不
定向即杂凑纷然、莫衷一是，无法"引动全体国民的鼓舞兴奋，跟着向同
一方向努力"②。不持续即忽生忽灭、旋起旋散，"好急效而无忍耐力"③。
舆论少有连贯一致、长效稳定的关切，"当其盛大之时，则往往破坏秩序、
横生枝节"，转瞬又"灰飞烟灭"④。梁启超谓："夫健全舆论云者，多数
人之意思结合，而有统一性、继续性者也。非多数意思结合，不足以名舆
论；非统一、继续，不足以名健全。"⑤

五是舆论有其与生俱来的自反性。造起舆论者本欲求自由、平等和解
放，却稍不节制即走向自身所欲的反面。譬如假借众势施以"多数暴力"，
且不留余地。在不节制的合众暴力、征服的快意、打倒权威的亢奋和过剩
的道德激情之下，舆论常如"百犬吠声，聚蚁成雷"，"故作偏至之论，作
始虽简，将毕乃巨，其发之而不能收"⑥。

事实上，此般种种皆非新论。吕坤早就感叹："议论之难也久矣，听
之者可弗察与？"吕坤将"举世之议论"精细区分为五种：公论、私论、
妄论、诬论和无识之论：

> 举世之议论有五：求之天理而顺，既之人情而安，可揆圣贤，可
> 质神明，而不必于天下所同，曰公论。情有所便，意有所拂，逞辩博
> 以济其一偏之说，曰私论。心无私曲，气甚豪雄，不察事之虚实、势

① 张清华. 论健全舆论的造成及其保持 [J]. 东方杂志, 1945, 41 (24)：4-7.
② 孔宪铿. 如何造成健全的舆论 [J]. 新东亚, 1939, 1 (8)：2-4.
③ 梁启超. 说幼稚 [J]. 庸言, 1913, 1 (8)：1-10.
④ 梁启超. 国风报叙例 [J]. 宪政新志, 1910 (7)：148-161.
⑤ 同④.
⑥ 同④.

之难易、理之可否，执一隅之见，狃时俗之习，既不正大，又不精明，蝇哄蛙嗷，通国成一家之说，而不可与圣贤平正通达之识，曰妄论。造伪投奸，谲訾诡秘，为不根之言，播众人之耳，千口成公，久传成实，卒使夷由为踌躇，曰诬论。称人之善，胸无秤尺，惑于小廉曲谨，感其煦意象恭，喜一激之义气，悦一霎之道言，不观大节，不较生平，不举全体，不要永终，而遽许之，曰无识之论。（《呻吟语·应务》）

造健全之舆论

基于对舆论之重要性、复杂性和风险性的辨析，清末民初的先锋分子逐渐认识到舆论之价值并不在其天然势力，而在舆论价值之健全。前述舆论之智识局限、易为操纵、非建设性、非理性、自反性，意味着舆论非但不能促成国族现代化，反而潜隐巨大的破坏力。纵无破坏，作为"凡识"的舆论亦常作无用功，对政治和社会无甚影响。梁启勋以水波喻此等舆论："如石投水，激成波浪，无定向之风以促其后，故瞬息而波自平。"[1]金其堡、长舆等则提出，要理性对待舆论，不可抱望太高。"舆论者，众论也，多数之论也"[2]，舆论不过是多数人之论，并不必然正当正确。"国民缺乏政治常识，则正论不得众，而非正论反易得众"，故不可将"庶政之兴革，一基于众论之从违"[3]。"有势力之舆论非必即有价值之舆论"，舆论未必能够"向导政府"，至多"监督其谬误"[4]。譬如一众行路，向导

① 梁启勋. 说感情 [J]. 庸言，1914，2 (3)：1-4.
② 金其堡. 舆论正义 [J]. 宪政新志，1910，1 (5)：94-102.
③ 同②.
④ 长舆. 立宪政治与舆论 [J]. 国风报，1910，1 (13)：5-13.

者须先自识途，然后能指他人之迷，否则反率人误入歧途。

在此认识下，梁启超对舆论价值的一句判言成为其时的广泛共识：
"非舆论之可贵，而其健全之为可贵。"① 因之，舆论观转型的重点便落在
了何以"造健全之舆论"上。在观念设计层面，当时提出的解决方案主要
如次所示：

一是理解"真正的舆论"。亦乐认为，关于"舆论是什么"，虽可用
"公众的意见"来对付，但这个答案同"人是动物"一样，未能道破问题
本质②。陈固廷提出，舆论研究的出发点不同，结论必有分歧，但恰可在
此处运思下手，找到多元视角和结果的交集或共识。在综合欧美日舆论思
想的基础上，陈固廷将舆论定义为："关于整个或一部分社会的福利，以
共同关心为中心，依相互作用所组织之公众意见。"③ 舆论的发生，首先
起于某种社会刺激，唤起人们对整体或部分社会福利问题的注意；其次是
汇聚各方共同关心，"将社会诸成员之意志加以整理"；再次是形成承载公
意、共同关心的"象征"；最后是经过"少数发表分子的表演"、跟进者的
"社会评价"和"大众的附和"，而渐成势力④。

兆棠认为建设真正的舆论，首先要矫正时代对舆论的"误解"和"错
用"。他批评民初多党制之下不堪的舆论境况："各党各派在其以支配欲、
占有欲为中心的夺取斗争上"，尽皆"以舆论为武器"，在朝者"充分制造
带有麻醉性的舆论，一面维持其既得的优越，一面压制其敌对或有妨权益
的舆论"，在野者"一面制造煽动性舆论以动摇当局者的地位，一面宣传
自己的逢迎政策以招引民众的同情"⑤。兆棠提出"舆论是需要的产物"，

---

① 梁启超. 国风报叙例 [J]. 宪政新志，1910 (7)：148-161.
② 亦乐. 舆论 [J]. 一般 (上海 1926)，1926，1 (4)：486-498.
③ 陈固廷. "舆论"究竟是什么 [J]. 留东学报，1936，1 (4)：1-7.
④ 同③.
⑤ 兆棠. 现代舆论的谬误及其矫正方法 [J]. 现代论衡，1931，1 (3)：19-24.

它的成立当具备"三要件"：因"维持生存或追求理想"而发表言论；言论关涉"整个或部分社会福利"；取得"有利害关系民众之共鸣"①，而成为综合意见。

金其堡认为舆论有"三原素"：国家公共适要之问题、自由思考和发表之意见、意见须占社会上之优势②。此中，"国家公共适要问题者，不在私小，不为迂远，适合乎时势之要求，而足以发达国家者，即此物也"③。意见表达要基于自由思考，又要理性表达，"意见之发表，有非出于自由者，有自由而非出于思考者，均非真意见也"④。关于何谓多数占优的意见，金其堡之论最精，兼顾了舆论表达中平等与胜任的关系。他认为少数人的意见固非舆论，但是：

> 所谓优势者，不必举通国之人而得多数，但就其人所处之地位，有可以思考国家问题，自由表其意见者。睹舆论之薄弱，则辅以长之；舆论之私小，则指以正之；舆论之任情放意，则辩以理法，明以权限，而纳之轨物之中。久之而訾言尽去，正论自昌，蓬蓬乎，勃勃乎，占社会上之优势矣，而舆论已成矣。⑤

持此论者甚多，如亦乐明确提出："多数"并非绝对的概念，既非所谓国民全体，也未必要过半数，"对于过半数三字，我也不敢赞同"⑥。有时恰是一边倒的多数意见"昧于时势""颠倒是非"，造成"巨大而莫测"

---

① 兆棠. 现代舆论的谬误及其矫正方法 [J]. 现代论衡，1931，1 (3)：19 - 24.
② 金其堡. 舆论正义 [J]. 宪政新志，1910，1 (5)：94 - 102.
③ 同②.
④ 同②.
⑤ 同②.
⑥ 亦乐. 舆论 [J]. 一般（上海1926），1926，1 (4)：486 - 498.

的"多数人民之压制"①。故多数、少数皆为相对概念，不能全按政治、法律那一套投票标准或程序评价舆论，关键要看是否形成了显著的优势意见，是否成就了一种必须给予回应和解决的舆论势力。

经由持续、集中讨论，思想界对舆论的理解渐成共识：真正的舆论乃因应国家公共之适要——公共福祉问题而发生，舆论势力的达成依于多种因素和环节，健全之策在于有意识、有计划、有方向地完善少数发表者的表演、跟进者的社会评价和普罗大众的卷入；舆论应形成多数、占优且综合的意见。

二是创造滋养健全舆论的社会条件。对此一问题的回答，始自对中国古代何以缺乏滋养健全舆论的土壤的深切省思。政治学者、《新青年》杂志的主要撰稿人高一涵提出："自混沌初辟以来，民智浅陋，茫不知人道之本源，言论思维全与宗教平相混杂。东亚所谓道德，多惟先王之道是从，不问其理之是否合于现世。"② 此将传统舆论之局限归结为民智浅陋、道理未明，而昧于道德教化。高一涵认为真正的舆论"惟本独立者之自由意见，发挥讨论，以感召同情者之声应气求"，"国法所不能干，观摩所不能得，师友所不能教，父兄所不能责"③。在道德体系与权力体系同构的古代等级社会，不受国法干预和他人教责的独立、自由和平等讨论，几无普遍、持续发生的可能性。

孔宪铿回溯了清末民初以降"何以没有健全的舆论"，据此提出制度、心理、人才三样条件齐备，方可造成健全的舆论。在政治上，要有保障自由表达、负责任表达的制度安排。坏的舆论制度将导致一些人"说得天花乱坠，不外乎纸上谈兵"，另一些人"觉得做文章不过白费心血，说话也

---

① 顺天时报. 论舆论之势力 [J]. 振华五日大事记，1907 (1)：18-24.
② 高一涵. 共和国家与青年之自觉 [J]. 青年杂志，1915，1 (1)：23-30.
③ 同②.

是白费力气"①，最终无人对政治负责。在文化和社会心理上，要鼓励"多说真话，少说假话"，让事实、善意的批评、"一种或几种比较成熟的见解"得以出现、展演和比较，避免"积非成是、积是成非，相率以感情论、夸大论为可喜，而冷静合理的主张反而不合社会的口味"。健全的社会心理不会"迎合众愚"，也不会"务为高远不切实际"，不令人沉潜"畏谤避祸""噤若寒蝉"②。同时，政府和社会要重点训练新闻人才，造就成熟、专业的舆论机关。文明社会须由一批优秀记者撑持，他们反对"徒然刺激国民的无聊感情"，"拾取他人唾余，津津以为得意"，"造成一种无是非的社会"，而是依客观事实和方法创造言论，乃至"转移社会风气"③。

另有人专门论及教育、法律对于健全舆论的重要性。五四学生领袖、后来的教育家罗家伦引用美国哲学家杜威的话说，"大学是造成舆论和指导舆论的总机关"④。大学可造就舆论建设所需的人才，提供诸如"税则交通"等重要问题的专业解决方案，而且"一方面能容少数思想的发展，一方面又能得多数心理的信仰"。大学的精神、信仰和方法，"能养成人类求真的习惯、独立的判断"⑤。杜威是在 1922 年北京大学校庆演讲上表达上述观点的，他还指出："中国现在有许多困难的问题，都不是凭了狂热的爱国能解决的，是要凭专门的知识和技能去解决的"，大学拥有"掌握真理的智力"和"指导行为的真理"，可培养"舆论领袖"，造起真正的舆论，使"全国人民对于政府各样事情底处理，有明白的赞成，也有明白的反对"⑥。李大钊认为欧美舆论之发达得益于宪法之保全，"国之存也存于

---

① 孔宪铿. 如何造成健全的舆论 [J]. 新东亚，1939，1（8）：2-4.
② 同①.
③ 同①.
④ 罗家伦. 舆论的建设 [J]. 新潮，1920，2（3）：199-201.
⑤ 同④.
⑥ 高尚德. 大学与舆论 [J]. 新潮，1920，2（3）：196-198.

法"，中国政治和舆论建设亦应"系于法制之精神"①。林语堂认为在健全舆论的所有要件中，宪法和法律乃根本保障。舆论审查虽一时不可废，但应使之趋向"科学而明智"，"更有自由的标准"②。

三是增进舆论主体的智识和责任。梁启超认为舆论参与者当奉持"五本"：一曰常识，不悖公理，不陈"无根之义"；二曰真诚，以国家而非私利为鹄的，表达主张须"持之有故，言之成理"；三曰直道，不畏威怵，不噤若寒蝉，也不巧言迎合、妖言惑众；四曰公心，承认自身德智"非能完全"，"故必无辟于其所好恶"，但求天下之共见，而非固执己见或为反对而反对；五曰节制，不从众、不佻浅、不狂热、不堕"幻象噩梦"③。

鉴于报界乃造就舆论之最强有力者，梁启超为"欲尽报馆之天职"提出了"八德"：忠告、向导、浸润、强聒、见大、主一、旁通、下逮④。面对政府和国民，报界要据实忠告以"至正之理""至重之事"，指明方向、导以正途；或润物无声以渐成"深造之势力"，或强势鼓动以劝其对积弊有所惊疑；在发现和评述政治、社会问题时，当"务其大者远者"，且一以贯之、彻于始终，达于普遍常识，惠及普通民众。对照"八德"，梁启超显然不满意当时报界作为："国中先进诸报馆，其果已悉与此理想相应与否，吾所不敢知"，而"声期回应，德欲有邻；驽骀十驾，不敢不勉；爰与同志，共宏斯愿"⑤。

在梁氏的"五本""八德"之外，论者更倾向于细分多元舆论主体，明确各方在舆论建设中的本分和理想。对于"奔走政治"的舆论制造

---

① 李大钊．民彝与政治［J］．民彝，1916（1）：17-38．
② 林语堂．中国新闻舆论史（1968年版）［M］．王海，译．广州：暨南大学出版社，2011：170-173．
③ 梁启超．国风报叙例［J］．宪政新志，1910（7）：148-161．
④ 同③．
⑤ 同③．

者——当时主要是政府、政党、议员和政治报刊，论者寄望甚高。如政府不要站在舆论的反面，成为"舆论的仇敌"；亦不可跟在舆论后面，否则理想的政策也可能"失掉了多数的后援"①。正确之选是跑在舆论前面，"提起全国的精神，向那已定的一条路上跑"②。这就要求尊重多样意见，且有"引以致之"的能力，造就并领导"全体性""一致性"之舆论③，以建设"国民共同之国"，免于离散失序、伤及政纲国本④。

对于作为舆论评价者的知识阶层，论者大多采取了"爱之深、责之切"的态度。吴景超、杨幼炯等将其时舆论之堕落，主要归罪于知识阶层的失声、势利、乖戾和无耻，号召其"纯洁人格""唤起良知""担当公共责任"。吴景超认为，舆论界"没有好的人才"，导致在事关国本的大事上，"我们所听到的，只有一些口号，一些谩骂，或者还夹着一些讥笑，及上海传来的一些幽默而已"⑤。杨幼炯提出，"因为中国智识阶级的堕落，不曾为社会思想忠实的推进，其结果是社会的进化不能遵循一定的轨道进行，于是社会方面始终没有思想上的重心。这种影响所及，遂使吾国不能形成一种有力的社会舆论"⑥。而无有力之舆论的后果，乃是"民众向背无定"。吴、杨等呼吁智识阶级要做"社会的楷模"，担起舆论建设和思想进步的责任。

在舆论实践中，舆论制造者与评价者的身份很难区分，梁启超统称之为"欲为国民有所尽力之豪杰"。他倡导豪杰之士处理好自身与舆论之间的三种关系："敌""母""仆"。豪杰之士当以其爱国民、无私利之心，而

---

① 亦乐. 舆论 [J]. 一般（上海1926），1926，1（4）：486-498.
② 罗家伦. 舆论的建设 [J]. 新潮，1920，2（3）：199-201.
③ 张清华. 论健全舆论的造成及其保持 [J]. 东方杂志，1945，41（24）：4-7.
④ 高劳. 国民共同之概念 [J]. 东方杂志，1915，12（11）：1-4.
⑤ 吴景超. 舆论在中国何以不发达 [J]. 独立评论，1934（87）：1-3.
⑥ 杨幼炯. 如何建设社会舆论 [J]. 公论半月刊，1935（1）：16-19.

敢做"舆论之敌"，打破舆论之庸常、无知和成见；继而做"舆论之母"，造起时代事业之真正舆论；最终为人民利益而趋循、服务舆论，甘做"舆论之仆"。[①] 梁氏《舆论之母与舆论之仆》云：

> 世界愈文明，则豪杰与舆论愈不能相离。然则欲为豪杰者如之何？曰：其始也，当为舆论之敌；其继也，当为舆论之母；其终也，当为舆论之仆。敌舆论者，破坏时代之事业也；母舆论者，过渡时代之事业也；仆舆论者，成立时代之事业也。非大勇不能为敌，非大智不能为母，非大仁不能为仆，具此三德，斯为完人。[②]

显然，清末民初的舆论先锋仍怀强烈的精英主义立场，对民众参与舆论的理性、能力极不信任。附带多言两句：近现代舆论观起初对舆论的热切称颂，实为古典舆论观"民心至上"之论与现代民主政治思想的杂糅，"为民做主"与"由民做主"两种观念第一次直面碰撞、对接；近现代舆论观对舆论局限性的体认，亦属古典舆论观"民意可惧""民智不足用"之论的回响。至于健全舆论条件的设计，则体现了舆论先锋们在现代条件下对平衡民心至上、民意可惧、民智不足用之冲突，化解疏堵悖论的理想主义尝试。

再回到民众胜任舆论参与的问题上来。长舆、张清华等提出，要使一般大众成为合格的舆论建设者，仍须精英施以理性、明智引导，"把他们的眼光从琐碎的私人事务上转移到国家大事上来"[③]。报界要提供充分事实，使民众得以基于充分事实拓展理性认知和判断。尽管在舆论场上事实

---

① 梁启超. 舆论之母与舆论之仆 [J]. 新民丛报，1902 (1)：89-90.
② 同①.
③ 张清华. 论健全舆论的造成及其保持 [J]. 东方杂志，1945，41 (24)：4-7.

未必胜过情绪、情感，但亦无须太悲观，因为总体上"事实见而舆论熄，舆论熄则感情乃得而静也"①。长远之计乃加强大众的智识和德性教育，"训练人民的政治能力"②。这就又回叩了古典舆论观的教化主张。张清华的《论健全舆论的造成及其保持》一文综合了各家之见，提出主持舆论者须是"教育家"，理由是：

> 民智愈浅，责望愈奢。愈是不懂的人，愈夸大，愈有过分的要求。我们在内政上，不好有不合事实的幻想；我们在外交上，更不好有超越事（时）势的空谈。如果有了，那就是不兑现的支票，希望愈大，则失望愈多……一切的根源，就是大家的认识不清。今后的舆论界，不仅要追随民众，还要领导民众；不是站在民众的后面，而是要站在民众的前面。一切一切要和教育者对待学生一样，循循善诱，诲而不倦。③

三、舆论进化与国族进步

统观古典舆论观与近现代舆论观，可明察二者之接续、转换和升进，提取其间留存的民本主义、引而致之、价值理性优先、以舆论促成国族进步等思想遗产。同时亦应注意，观念史不可能是一块纯然完整的思想白璧，必有难以采炼、琢磨的"顽石"、沉积和残缺。清末民初的舆论观转型既不完整，也不充分。疏堵二难等历史旧题并未得到充分的解释和解

① 长舆．立宪政治与舆论［J］．国风报，1910，1（13）：5-13.
② 杨幼炯．如何建设社会舆论［J］．公论半月刊，1935（1）：16-19.
③ 张清华．论健全舆论的造成及其保持［J］．东方杂志，1945，41（24）：4-7.

决，乃至延展至今日新技术革命、社会转型和全球化语境下的复杂舆论生态之中。这就要进一步推进舆论观的现代转型，响应老问题，解决新问题，构建契应国家和社会治理现代化的新时代舆论观。

理性养成与舆论进化

舆论理性——舆论表达的德性、智识和能力问题乃传统舆论观的核心关切，亦为舆论观现代转型之枢机所在。古典舆论观遭遇的疏堵悖论，说到底源自对舆论理性问题的深切焦虑。清末民初在经历国家命运的诸多挫折后，亦由高亢鼓作舆论之自由、解放价值，转向重估舆论势力对政治和社会进步之利害，试图重振"全体性""一致性""教化大众""国民共同"等整体秩序观念。疏堵之间、精英与大众之间、自由与秩序之间的矛盾再度涌现，且因公共空间的扩大更显紧张。在某些面向上，近现代舆论观"打转"式地重返了古典时代民意可惧、民智不足用、过度精英主义、唯秩序论之沉疴。

清末民初的这批先行者多非书斋式知识分子，而是深度卷入彼时政治、社会浪潮和舆论漩涡，对舆论建设的核心问题——理性、共识、秩序及其反面，有学术上真实审确的论证，亦有切身的直观和体悟。在舆论观转型初启之际，梁启超一代即敏锐指出，唯有理性之养成方可实现舆论之进化。[①]金其堡化用古典"载舟之喻"，言"宪政犹舟，而舆论犹水也"，"希冀吾国中有舆论之责者，助长而养成之"[②]。所欲助长、养成者何？"舆论之正"是也，即对国家政治和事务真切关怀，自由而负责任地表达，将众人之议淬炼为真正的公意。长舆直言："欲造及健全之舆论，必先求

---

① 彭宪. 舆论与政治 [J]. 说报, 1913 (2)：16 - 24.
② 金其堡. 舆论正义 [J]. 宪政新志, 1910, 1 (5)：94 - 102.

完粹之智德。"① 若将智理解为真理理性，而德为道德理性，则长舆已得舆论理性之真义。杜威在北大演讲中指出，"信仰智力和真理就是制成舆论的根本"，"不信仰智力和真理，不信仰言论自由和知识的传播便是舆论的仇敌"②。那么，何以养成舆论理性以促成舆论进化？考辨近现代舆论研究文献，此一重大问题可依不同视角分解为三个纵深追问。

一是纷乱的舆论表达能否转向以凝聚共识为目标的公共对话。舆论须以自由表达为前提，但不应沦为虚耗、撕裂的观点混战，而无以抵达以共识为目标的真正讨论。对于舆论转化为讨论的企望，罗家伦早就表达过："摒弃情感意气而得的精密讨论，才是真正的舆论。"③ 舆论既非"少数的私见"——个体意见的简单表达，亦非"群众的心理"——各方意见的简单加总，而是基于"真确的事实"，根据"科学的假定"，经过"公开精密的讨论"，"由讨论得着的结果"。此一结果，"是为了多数的幸福，所以当负有公共的责任"④。

吴景超认为舆论之演化，须分作四步：肇起于某种不满，引发批评；针对问题提出建议；围绕问题和建议展开讨论；让舆论成为政治或立法的议案，以法律的方式解决问题。四步具足，舆论可"大功告成"；步骤或缺，则难有舆论之发达。⑤ 此中第三步——讨论甚为难得，因为国民长久"缺乏讨论的态度"。某甲提出某种主张，"似乎便与这种主张发生恋爱，要终身与他（它）作伴，再也不肯分离"。对于赞同己见者，"便欣然色喜"，以之为友、为同志；若遇批评者，"便勃然色怒"，化友为敌；对于敌人，自不客气，"反攻的时候，不但要说批评他的如何没有学问，还要

① 长舆. 立宪政治与舆论 [J]. 国风报，1910，1（13）：5-13.
② 高尚德. 大学与舆论 [J]. 新潮，1920，2（3）：196-198.
③ 罗家伦. 舆论的建设 [J]. 新潮，1920，2（3）：199-201.
④ 同③.
⑤ 吴景超. 舆论在中国何以不发达 [J]. 独立评论，1934（87）：1-3.

说批评他的如何没有人格"。此等舆论，实非讨论，终将以"甲呼乙为走狗，乙呼甲为败类收场"。在吴景超目中，发达之舆论必表现为真正的讨论：

> 有人赞成甲的主张，有人赞成乙的主张，有人觉得甲乙的主张都不对，他提出第三者的主张。又有人觉得甲乙丙的主张都有相当的道理，他把这些都归纳起来而成为一种调和的主张。这许多主张，彼此抵消，彼此补充，彼此修改，经过相当的时期，便有一种或几种比较成熟的见解出现。这种成熟的见解，不是某甲个人的意见，也不是某乙个人的主张，而是许多人经过长期讨论后的一种结晶品，是大众心血的出产物，所以可以称之为舆论。①

二是在舆论发生、演进和势力达成中，如何平衡自由与秩序的关系。若无理性的支撑和助力，舆论的对话转向——舆论转化为讨论——要么无以发生，要么很难避免乌合之众式共识和行动。而更进一步，整个舆论成立过程皆离不开自由而负责任的表达，以缓解自由和秩序的冲突。自由不是私见纵驰，秩序亦非整齐划一。金其堡认为民众自由发表私见，必伴随情感、意气之泛滥而"忘其理性"，导致"国与国、国与君、君与民、民与国之间，生出种种误会，而妄作无谓之主张，不胜其愤懑不平之念"。而国家之意见的伸张，亦不可不顾民众之自由意见表达。如是便产生了一个内在矛盾：当国家意见与个人意见不同，"则将服从乎，抑或不服从乎"？金其堡进而追问道："若服从也，则意见何贵自由？若不服从也，则国家何去，何以治安欤？"②

---

① 吴景超. 舆论在中国何以不发达 [J]. 独立评论，1934 (87)：1-3.
② 金其堡. 舆论正义 [J]. 宪政新志，1910，1 (5)：94-102.

彭宪注意到了卢梭、洛克对公共舆论和公共理性问题的论述，强调舆论应筑基于一种稳定、普遍的理性，以妥当处理"自由之发表"与"依理性下判断"的关系①。以今日学术话语观之，彭宪关切的是何以构建一种舆论理性机制，以确保自由表达而不放任失序，维护秩序而不贬抑自由。对此，他给出了一个原则性的解决方案：健全之舆论仰仗公众和政府相向并进的理性建设。在公众一端，自由表达须依七项准则：致密之思虑、正确之发表、依理性下判断、所支配之多、同化力之强、问题之解决、德智之发达。这些准则要求意见发表以理性、正当的思考和判断为前提，以寻求共识和解决问题为导向，且着意于德智的省思和训练。政府对待舆论则有七种方法：养成、发展、提倡、鼓励、尊重、矫正和扶植。这也对政府理性、明智考量舆论问题提出了要求，建议政府健全而非回避或贬抑舆论。即使舆论出现偏谬，政府亦可通过诸如"行政公开""解释观听"等作为理性待之，而不可"轻蔑视之"，或"因镇静其行为从而压迫其舆论"②。

彭文讨论繁细，兹举"依理性下判断"之准则和"提倡舆论""鼓励舆论"二法为例，察其良苦用心：

> 关于事物之判断固必以一己之思虑为前提，然其判断之基础，是否切于情实、中乎肯要，所下之判断是否合于真理，而所持之理论是否正当，此在主观的虽为完全无缺，而客观的方面则卒以见其判断之程度。程度之高低，即可以知其舆论之价值，若因一己之感情或触于他人之感情下之判断，则无舆论之价值。③

---

① 彭宪. 舆论与政治 [J]. 谠报，1913 (2)：16-24.
② 彭宪. 舆论与政治（续）[J]. 谠报，1913 (4)：35-43.
③ 同①.

> 舆论提倡之方法，则莫如行政公开。盖执政机关之行动，公之于
> 众人，则其智虑未周之处，每因舆论之指导，得为圆满之进行，或得
> 为事后之补救。而人民耳目朝夕濡染于国闻，足以引起其政治上之奥
> 趋，家国之利害关系，不感自深。……
>
> 鼓励舆论之方法为何？即勉人民对于国家各乐尽其责任心是也。
> 执政机关于内部之行政、外界之交涉，必当假舆论以为之后盾……而
> 人民知政府之乐从其舆论之指导也，咸注意于国事，其对政治上所发
> 表之意见，必具完全之价值。①

除了彭宪，另有很多论者也指出了舆论势力形成中的自由与责任或曰
自由与秩序的紧张关系。如罗家伦认为舆论参与者要兼顾"自由的批评"
和"自觉的建设"，两厢结合才能不悖"为了多数的幸福"的共识和目标。
巴玲也认为，"一味谩骂批评"实为"舆论的畸形"，舆论有"批评在政者
的是非"之自由，亦有"贡献合理的主张和正当的建议"之责任②。金其
堡在自答"服从"或"不服从"之问时，一方面主张"国民之服从国家，
只有义务之服从，而无奴隶之服从"，另一方面也强调国民意见表达的自
由当受宪法和法律的节制③。遗憾的是，当直面民国政治和舆论乱局，彭
宪及其同代先锋分子对舆论之理性从何而来、何以落实，却束手无策。这
也说明舆论观的现代化须与国家现代化均衡同步，先锋观念固有其昭示、
引领价值，却难觅植根的泥土。

三是舆论、公意和公共利益能否同向协调，实时变幻的舆论能否代表
真实、总体的民意——公意，纵使舆论与公意同向互通，一时一事之公意

---

① 彭宪. 舆论与政治（续）[J]. 说报，1913（4）：35-43.

② 巴玲. 公正舆论的条件 [J]. 上海民友，1935（78）：8-10.

③ 金其堡. 舆论正义 [J]. 宪政新志，1910，1（5）：94-102.

能否与长远、稳定的公共利益协调一致。古典舆论观对民心、民意与民智概念的区分，近现代对健全舆论的追问，表明人们对传统舆论观已获得如下认识：喧哗之舆论未必反映公意，作为情境共识的公意也未必与公共利益相与同一。高一涵言："舆论与公论有殊。公论者根于道理，屹然独立，而不流于感情者也；舆论者以感情为基，不必尽合于道理者也。"①

对此，彭宪提出了一个根本疑问：在施政图治中，一方面"政治不循舆论之趋向则不能图治"，而另一方面"若舆论不有政治上之价值而能使政府循其趋向以施政否"②？此与金其堡"服从"或"不服从"之问可谓异曲同工。从政府一端看，彭金之问共同指向施政图治的舆论悖论：政府因趋从舆论而获得权力和决策合法性；倘若舆论难全公意，公意因其临时性、场景化和"德智不发达"而难匹公共利益，乃至众声喧哗之舆论"全无价值""国蒙其祸""贼社会"，则当如何？

在20世纪20年代，被国内舆论研究引述颇多的李普曼和杜威针对舆论问题展开了一场持久辩论。李普曼认为，将涣散之舆论凝聚为真实、统一的公意，将各持顽固偏见的大众整合为有机的共同体，实为不可及的幻想③。即使在所谓民主社会，也只能寄望精英扮演"舆论工程师"角色，塑造舆论，制造共识，整合社会。杜威则相信公众能够在社会交往中达成合理共识，建立有机的共同体，条件是教育、传播和民主的革新进化。当社会交往得以"自由扩展"，理性的"社会智识流"和公意就会出现，指责公众无知、轻率也不再有意义。④ 显然，杜威开出的是长效药方，李普曼更关切眼下严峻的现实。惜乎二人论争后的近百年间，李普曼指出的

① 高一涵.共和国家与青年之自觉［J］.青年杂志，1915，1（1）：23-30.
② 彭宪.舆论与政治［J］.说报，1913（2）：16-24.
③ 李普曼.幻影公众［M］.林牧茵，译.上海：复旦大学出版社，2013：3-5.
④ 杜威.公众及其问题［M］//杜威全集：晚期著作（1925—1953）：第2卷（1925—1927）.上海：华东师范大学出版社，2016：297.

"魔咒"反复发作，而杜威的乐观理想尚杳渺难及。

李杜之争迅速引起了中国舆论界的注意。1922 年年底，即李普曼出版著名的《舆论》一书当年，学者、翻译家袁昌英（笔名杨袁昌英）即撰长文介绍里氏（其时李普曼常被译为里普门）思想。她认为李普曼对公众的批判是冷静、深邃的，"吾人生于广袤无涯之宇宙中，无论男妇，对于世界社会，均只有一最小部分之直接智识与经验"，且在此"微弱、朦胧而断碎"的可怜智识和经验中，"吾人之意见咸为随时变迁之私利情欲所牵制"，故"苟谓世有一种可恃的公意，为各种可恃之客观的真实所成者，是诚一种幻想也"①。袁昌英批判了美国学者提出的舆论品质改善方案，如通过实验、实证手段评价舆论，信任"平民之美意与常识"，寄望新闻界提供完满的事实和无成见的判断，政治家善用"劝诱术"——其时新兴的宣传、说服和公共关系策略——来"制造同意"，等等。她认为真正可托寄者，唯有通过舆论参与主体"智识泉源之洗涤"，"使公民心目中，对于世界，有一种真确的形象及观念。吾人之智识愈趋圆满而确切，则吾人可用理性造成一种愈能解决种种新情况之公意"。而欲此之行，"非有一种伟大道德上之改良不为功"②。

再造理性

传统舆论观之所以兜转于历史旧题之中，与理性观念的囿限有关。古典舆论观偏重价值理性，强调天道与民心同源互构。宇宙论层面的万物同一、心性论上的此心相通、道德论承应的天下归仁，以及公道凝摄、公理体认、公议确证等公共性构建，为舆论的理性品质提供了本体论许诺。加

---

① 杨袁昌英. 公意之源 [J]. 太平洋（上海），1922，3（8）：1-5.
② 同①.

之王权规训、礼法施设和精英教化，古代舆论治理获得了必要——时常过强的权力、制度保障。这套观念和实践体系，实以价值感召力、道义说服力和权力、制度之强力为依托，留有包容性的舆论空间，而偏重秩序之持存。诚如前述，此一体系并未从根本上克制舆论的非理性冲动。价值和道德说教必有含混、虚弱处，权力和制度迫加亦常遇脆断时刻，舆论之洪流便于疏堵二难的历史罅隙中咆哮倾泻而出。

　　清末民初政治、社会和文化转型的总方向是建构现代国家，故倡扬了包括"舆论政治"在内的一系列现代观念。这场急起骤落的转型，以激烈的态度告别了传统理性机制，而又未及铺垫坚稳的现代理性柱石。舆论建设作为国家转型的一部分和总体表征，正处旧观念离场、新思想急进的混沌时刻。这也预设了舆论观转型中途的风险和败落。梁启超一代针对舆论问题发出时代先声，堪称纵横古今，贯通中西，却为大势所限而行之未远。

　　从文明发展的总体进路看，现代性（modernity）观念的核心命题就是理性的现代化。这又可区分为两个阶段：告别古典时代作为"宇宙图式"的终极理性价值，奠基启蒙理性——人自身的理性和主体性。在西方古典时代，理性的荣耀被归于神或绝对理念世界。在理性的阶梯上，人处在最低地位。直到欧陆启蒙运动才开启理性现代化，以科学、民主、进步之名重置理性的所属权，宣告人才是理性的主体。在康德那里，理性的基础主义、普遍主义原则仍然有效，但他将理性从上帝手中夺走，交付给人。人先在且内在地拥有"纯粹理性"，生发以善本身为目的的、绝对的、无条件的道德律令。这种律令保全个体的主体地位，且通约多元主体。此一通约机制，即理性的公共运用（the public use of reason）。①

---

　　① 康德. 历史理性批判文集 [M]. 何兆武，译. 天津：天津人民出版社，2014：24 - 25.

康德认为"私下运用"的理性无法承担启蒙的责任，人原本的不自由、不成熟状态正是由个体思考和判断力匮乏所致。个体思想正确性的唯一保证，在于将理性运用于共在交往和公共生活，"由此避开那将会从主观私人条件中对判断产生不利影响的幻觉"①。理想的共识就是在纯粹理性的法庭中，对多样个体公开运用理性和自由意志取得的知识进行检验，并加以通约、整合。如是观之，理性既是先在的、内在的，也是公共的或曰具有公共性要求。

何以正确且公共地运用理性？康德等启蒙思想家拆除了上帝与人之间的理性阶梯，而在纯粹理性——内在形而上学——与公共生活之间，尚须架设一座理性之桥。在《利维坦》中，霍布斯提出了公共理性（public reason）概念，尝试以之解释社会共识和权力秩序问题②。他以宗教奇迹的裁决为例，认为复杂问题的伦理判断不应以私人理性为依据，因为私人之狭隘势必导致破坏性分歧。他主张诉诸"上帝最高代理人"——主权者，以主权者意志作为共同、一致的理性基础。洛克批评霍布斯的公共理性设计缺乏正当性，难免沦为主权者凌驾大众的理性诡计，"是在冒险创造一个完全不受限制的怪兽"③。所谓公共理性是否会成为强加于公民头上的"超级理性权威"？如何确保主权者的理性正确、正当且优于私人理性？如何节制主权者滥用自我宣称的真理理性，制造强制的共识？

为解决这些问题，卢梭将公共的或普遍的理性构想为公意（general will）的产物。他在追问不平等的社会根源时指出，要对包括权威代理人在内的所有个体理性保持怀疑。个体理性只能导出私人意愿，且不同私意之间常相冲突。故应在私意的表达、汇聚和冲突，即舆论（public opin-

---

① 康德. 判断力批判 [M]. 邓晓芒，译. 北京：人民出版社，2002：135.
② 索罗姆. 构建一种公共理性的理想 [M] //谭安奎. 公共理性. 杭州：浙江大学出版社，2011：38.
③ RIDGE M. Hobbesian public reason [J]. Ethics, 1998, 108 (3)：538.

ion）中寻求、逼显公意，进而从公意中敛合、凝聚集体理性（collective reason）。① 集体理性呼应了康德对理性公共运用的追求，接续了霍布斯将理性问题引入政治和公共生活的努力，且力图避免后者可能造成的权威凌驾、强制共识风险。按照卢梭的设计，基于公意和集体理性，公民可围绕如何一起生活、如何建立平等契约等关涉公共利益的重大问题达成共识。

卢梭也意识到，若将集合理性简单等价于公共理性，并以之为共识的来源，则可能威胁公共利益本身。集体的、多数人的意见未必公正，很可能只是"大众情感的暴政"，威胁公平、正义、自由和善。启蒙的目的显然不是推翻"封建的暴君"，又迎来"社会的暴君"。面对如何规范、约束舆论，凝聚、开显公意，提炼、奉持公共理性，卢梭最终转向了法律。法律承载公意和集体理性，且将之具化为普遍因循的社会契约。"人们应该遵守的唯一规则就是公共理性，也就是法律。"② 而当公共理性等价于法律，又引发了新的问题：法律所确认的公共理性说到底是一种强加的理性，系于其上的社会共识亦只能是强制的共识。

之后的启蒙思想家也大多假定，共识就是多元个体的意见、偏好——它们皆为个体理性的公共运用，对真理式信念、规律、法律和政治制度的共同认识、承诺和皈依。当西方启蒙思想被引入清末民初的中国，梁启超一代对此一假定亦深信不疑。彭宪、金其堡、吴景超等皆明确提出，当以法律束缚舆论，且应以法律凝结、固定舆论中包含的公意和公共利益成分。如吴景超主张"舆论的法律化"，即让"得到多数拥护的舆论"成为官方正式的议案或法律，将舆论转化为共识性行动，"把大家认为不满意

---

① GAUS G F. Contemporary theories of liberalism: public reason as a post-enlightenment project [M]. London: SAGE Publications Ltd., 2003: 20.

② ROUSSEAU J-J. Discourse on political economy [M] //The basic political writings. Cambridge: Hackett Publishing Co., Inc., 1987: 1-6. 索罗姆. 构建一种公共理性的理想 [M] //谭安奎. 公共理性. 杭州：浙江大学出版社，2011: 38.

的问题，照多数的意见解决了"①。

在国家转型和西学东渐中，启蒙理性获得了梁启超等先锋分子的移植和播扬，却未真正、完全于彼时扎根中国。按照李泽厚的说法，"救亡压倒了启蒙"，启蒙主题很快即让位给抵抗侵略、寻求独立的救亡主题。事实上，问题远非能否移植或接续那么简单。西来的启蒙理性并不完美，而有其明显的局限和病症。譬如对人之理性尤其单一主体性的过度强调，势必导致唯理主义、唯我主义和工具理性至上等现代理性危机。大卫·拉莫尔（David Larmour）在批判启蒙以降的现代理性时说，"理性不太可能使我们走在一起，而是倾向于把我们驱散开来"，当面对何为"完备的生活""人类之善"和"自我实现"等根本性问题时，"我们讨论得愈多，我们的分歧就愈多，甚至我们与自己的分歧也会愈多"②。

自 20 世纪后期始，反思现代理性，勾连传统价值与现实问题，重构个体存在和公共生活的理性基础，成为全球思想界的共识。鉴于现代社会媒介之发达，公共交往与公共生活的普遍关怀多以舆论为面目、形态和载具呈现，故重构理性的观念运动常以舆论问题——公共领域的对话、协商及其达成共识的可能性为致思对象。晚近这场理性与舆论观念转型主要有三个路向：

一是将舆论视为一种意见表达、公共交往机制，主张培育交往理性，促成舆论转向讨论。"公共领域说到底就是公众舆论领域"，应以促进公共对话实践，"形成公共意见"为目标③。为实现公共领域和舆论的对话转向，哈贝马斯提出基于语言的内在结构和规则，于语用和交往行为实践中构建交往理性。他主张平等的交往主体共享四项理性和伦理宣称：认知和

① 吴景超. 舆论在中国何以不发达 [J]. 独立评论，1934 (87): 1-3.
② 拉莫尔. 现代性的教训 [M]. 刘擎，应奇，译. 北京：东方出版社，2010: 11.
③ 哈贝马斯. 公共领域的结构转型 [M]. 曹卫东，等译. 上海：学林出版社，1999: 2.

陈述内容上的真实性，话语表达、修辞上的可理解性，道德规范上的正当性，动机和情感上的真诚性。循此原则，舆论的生成和运作有望由简单的意见加总、非理性的话语竞争转向有序的公共对话，寻求主体间在认知、情感、德性上的自识、互识和共识。交往理性未必许诺多元主体在交往内容上达成一致，它只对言说行为的有效性论证负责，故为一种程序理性。

二是将舆论视为一种公共参与、权力实现机制，强调涵化公共理性，平衡公共话语中自由与秩序的关系。现代性转型实为一个世俗化过程，当先验、终极的理性价值退场，人之单向度理性极端膨胀，便须凭借公共理性协调政府与公民、公民与公民的互动关系，以成就公共之善①。罗尔斯意义上的公共理性，既包含"宪法本质问题""基本正义问题"等实质理性价值，也提供"公共探究指南"——普遍的推理程式和论证规则，引导对话者证成能够共同接受的公共理由，抵达多元交汇的"重叠共识"②。公共理性生发于个体理性的公开运用，是公共话语——自由交往、协商的产物，亦反过来规范公共话语。作为协商的产物，公共理性确保个体自由表达、参与对话的权利；作为话语竞争的规范，公共理性又导向必要的共识和秩序。

三是将舆论视为一种关乎人之存在与公共生活可能性的意义生产机制，呼吁重振人文主义传统和价值理性，充盈社会共识的理性基础。伽达默尔（Hans-Georg Gadamer）认为欲对治现代理性危机，不能仅付出方法论层面的努力，譬如将理性问题退守、窄化至程序之维，或羁绊于当下问题，寻求地方性、临时性共识。他主张如传统时代那样诉诸深层的本体论，再造人类达成共同理解的普遍理性依据。这就要重返个体之存在、自

---

① RAWLS J. The law of peoples with "the idea of public reason revisited" [M]. Cambridge: Harvard University Press，1999：131-132.

② 罗尔斯. 公共理性的观念 [M] //博曼，雷吉. 协商民主：论理性与政治. 陈家刚，等译. 北京：中央编译出版社，2006：76-78.

我与他者关系、人与自然关系的根本问题，重振人文主义和价值理性，为多元对话提供可通约的"前理解""前结构"和"意义前提"，再度生成"一个社会、民族、国家乃至整个人类共同生活的普遍性"①。

以上三个路向有其共性，即推动理性的对话转向：理性不再是从"天上"掉下来的，亦非个体可自足运用，而是养成于对话之中。交往理性、公共理性乃多元对话的动力和保障，亦得到后者的形塑和反哺。重振人文价值的努力，亦须借由多元对话创生共同的意义世界。理性与对话如是循环增益，则有望养成公共性——达成共识和公共利益的价值基准。当公共性成为多元主体共享、贯通公共交往的价值基准，舆论之生发、演进便有利于开显、导向公意，公意亦可连接、促成公共利益。反过来，舆论的对话、协商潜能一旦得以积聚、释放，理性的训练、养成便也获得了日常且开阔的通路。两厢结合，则可促成"政府筑基于明智而非意愿（will），国家利益生发于全体人民之普遍理性（general reason）而非一时公意（general will）之上"②。

再度转型

前述话语竞争转向公共对话之困、自由与秩序的冲突，以及舆论、公意与公共利益的断裂等问题，于今日传播格局和舆论生态下非但存续如昔，且时有加剧、放大和复杂化之势。伴随互联网、大数据和人工智能驱动信息技术革命纵深突进，报刊、广电主导的大众传播时代渐行而去，全媒体、融合传播时代奔涌而至。信息生产、传播、分发范式发生颠覆性剧

---

① 伽达默尔. 真理与方法 [M]. 洪汉鼎，译. 北京：商务印书馆，2007：21.
② BURKE E. Burke's politics: selected writings and speeches on reform, revolution and war [M]. New York: A. A. Knopf, 1959: 115-116.

变，进而引发权力话语体系重构，政治、经济、社会和文化话语权处于持续再分配之中。多元、流动的大众获得了空前的表达机会和资源，资本、技术主导流量导向的话语竞争，主流价值和主流话语及其凝摄共识功能不时受到冲击。加之改革深涉急流，舆论问题与社会问题交互结构化，几乎所有社会问题都伴随着舆论治理及其成本问题。

在开放、多元、无届的公共空间，非理性的话语竞争变得更加普泛且紧张。网络暴力、舆论极化、同质偏好黏合、"对空言说"等困境表明，舆论领域至今仍缺少平等且胜任、正当且负责任的公共对话。技术赋权和社会进步带来的表达权利既释放了活力，也制造了底线共识和秩序层面的险患。公共论争的喧哗、沸腾、反转，使千百年前对舆论品性的指控——望尘剿声、惑于杂说、流言雪污、各囿私见、非求道理等，宛若复现于耳际。舆论、公意和公共利益的辨识、连接、传导愈发艰难，舆论观现代转型再度行至紧要关头。

舆论治理乃国家治理的重要内容，亦为达成善治的关键依凭和手段。国家治理体系、能力现代化必然伴随舆论观的现代化，尤其是舆论理性品质、能力的提升。这既要加强法律、政策、制度层面的舆论规制，如"互联网不是法外之地"，亦须补足问题导向的舆论发展、建设观念。完整的舆论观设计，理应包含规制和发展两个指向。规制乃由外部施加，而舆论依循理性达成共识、建构秩序的发展动力则须由内生。舆论的理性运用——公共推理、意见转换、价值选择和共识调适等，皆非外部规制可及或专擅。故舆论观转型应直切舆论自身理性建设，构建适配国家现代化的新时代舆论观。

转型意味着传承、更新和创造。若无传承——追索延展至今的历史旧题且向传统讨要思想资源，更新、创造便少了历史根基和气象。传统舆论观的民本主义、价值理性优先、人文教化优先、精英引而致之等独特禀赋和致思理路，仍可创造性地转化为当下的思想资源。如是古今会通，加上晚近有关重构理性基础的诸多理论方案，标划了舆论观再度转型的如下可能路径。

一是再造舆论理性的价值根基。古典舆论观一直葆有天道、天理价值，强调道德人心的价值凝聚之功，辅之以礼法确立交往规则和程式。清末民初也强调以"不言而喻的信念"① 作为舆论表达的价值绳矩，且向前迈进至宪法准则、国族精神和公共责任等现代价值。及至现代化、科技化、市场化进程在某种程度上阻塞了超越性的价值之源，造成传统人文主义退场、价值理性缺失，遂引发了严重的价值和共识危机。平抑工具理性之炽盛，重振价值理性的人文化育之功，理应成为舆论观建构的一个关键选择。

古典舆论观的天道意识及其显露的公共关怀，道德理想及其对政治、社会共识和公共生活的导引和规范，礼义观念及其在交往实践中对价值理性与程序理性的连接和贯通，未必需被全然照搬于当下，却可接续其致思理路。近现代舆论观对多元主体道德责任的预设和深究——诸如养成"五本"和"八德"、关怀"公共适要"和"公共责任"、兼顾"自由的批评"与"主动的建设"，对造成健全舆论的重视和探索——诸如制度、法律、教育、人才和文化心理建设等，亦可回叩、伸张其主调。唯其如此，前述偏向程序之维的交往理性、公共理性，才能获得厚植的价值根基。

二是会通民本主义、以人民为中心思想，充实、拓展公共性。民本主义乃中国传统舆论观一以贯之的思想特质。由天道投射民心、民心表征天道，到以舆论指导政治、政治筑基于民意，民本思想的大脉络未曾断辍，且于近现代发生初步转型——挺立国民意识和公民精神。在民国舆论先锋

---

① 高一涵. 共和国家与青年之自觉 [J]. 青年杂志，1915，1 (1)：23-30.

热切而焦灼地致力于创造健全舆论条件的时候，中国共产党于中国西北高举了马克思主义新闻观的旗帜。这为新闻舆论工作提供了以马克思主义为指导，扎根于中国泥土的一套观念体系。新中国成立后，马克思主义新闻观上升至主导地位，并于持续中国化、当代化之中，拓展了党性与人民性相统一，以人民为中心的新闻舆论思想。人民中心论来自中国革命、建设、改革和发展实际，亦与传统民本主义舆论观一脉相承——民心是"最大的政治"，故应"赢得民心民意，汇集民智民力"①。

如是承应、接续，或可因应时代之变而更向前一步：以人民价值作为公共价值，以人民性充实公共性，进而以之导引舆论、公意和公共利益同向协调。在此框架下，政府应当响应舆论（人民的多元意见），趋循公意（人民的总体意志），增进公共利益（人民的共同利益）。近年已有学者尝试连接公共性观念与人民中心论。如谭安奎等认为，作为整体概念的"人民"表征的正是抽象、普遍、统一的公共性，可调适舆论、公意与公共利益的偏差②。衡霞等认为，以人民为中心作为公共性准则，可将多元价值建构为公共价值，增进公共价值的生产、供给和释放③。

三是舆论理性的训练与养成。价值理性、交往理性、公共理性的培育有赖个体智识、德性和能力的提升，也要靠大环境的规范、教育和熏染。而更重要的是在开放、充分的公共对话实践中训练、习得理性，形成理性养成与舆论进化循环增益的互构机制。按照诠释学的主张，公共对话本身即是一个人文教化、理性涵化的过程，强调个体超越自身的直接性、本能

---

① 郝永平，黄相怀. 紧扣民心这个最大的政治［EB/OL］.（2018 - 10 - 08）［2022 - 04 - 18］. http：//theory. people. cn/n1/2018/1008/c40531 - 30328283. html.

② 谭安奎，张旭斌. 以人民为中心的双重代表模式：兼及政治代表中"利益"与"意志"的调和［J］. 开放时代，2019（6）：96 - 107，8.

③ 衡霞，谭振宇. 共建共治共享视角下以人民为中心的公共价值治理框架构建［J］. 财政研究，2019（7）：117 - 125.

性和私人偏见，成就自我而又融入普遍性。① 在哈贝马斯与中国学者张江的对话中，二人承认舆论常无"统一而真实的基础"，"沦为众人的主观意见"，但相信公共对话可走向反思性的公共阐释，培育公共性、公共理性和"阐释共同体"②。韩东晖也认为在后真相时代，多元对话、公共理性和公共阐释的"互鉴"有养成公共性的潜能，可再造共识的理性基础③。

此一路向的对话、养成之论与中国传统教化观颇有相通之处，即主张个体于公共交往实践中体认自我，契入共同体价值。儒家视教化为通乎内外的个体和共同体养成之道，"外教然后能善"（《春秋繁露·深察名号》）。只是现代之教化，更偏向于在对话中习得、养成理性，而不单是自上而下施加规训。伽达默尔在论及对话、公共性与人文主义时，最常用的概念是Bildung，中译为教化。通过 Bildung，个体自由、自主地同外在环境交往，舍弃特殊性，同化陌生性，再返回自身，以达"超出自身而进入普遍性的提升"。这是一个持续上升、重返的过程，个体因之超越自身的直接性、本能性而上升至普遍性。"教化（Bildung）的结果总是处于经常不断的继续和进一步教化（Bildung）之中。"④

教化不回避权威的力量，以平衡现代性情境下大众与精英、平等与胜任的关系。此与中国传统舆论观倡导的精英引而致之原则是相契的。决策者、立法者、媒介和知识精英基于慎思、洞察和引导，将舆论整合为公意；再将公意中的真实问题、长远规划、全局设计，提炼、上升至公共利益。在必要情况下，精英可直接标举、给定某些公共价值，以推动话语竞争转向理性协商，维系自由与秩序动态平衡。布鲁斯·阿克曼（Bruce Ackerman）认为若人民发声太过容易，政治将动辄陷入"宪法时刻"，引

① 伽达默尔.真理与方法 [M].洪汉鼎，译.北京：商务印书馆，2007：21.
② 张江，哈贝马斯.关于公共阐释的对话 [J].学术月刊，2018 (5)：5-13.
③ 韩东晖.公共理性与阐释活动的规范性本质 [J].中国社会科学，2018 (3)：26-37，205.
④ 同①.

发合法性危机甚或革命、崩溃①。对治之方在于精英与大众各尽其分且相互连接，前者以后者的理性代理人身份参与决策协商。哈贝马斯将公众所处的舆论空间称为"弱公共领域"，任务是提出问题、表达意见、讨论可能的解决方案；精英所处的决策协商空间则为"强公共领域"，负责辨识舆论中的真实问题和总体意见，再将之"传递"给权力中心②。

以上为舆论观再度转型提供了可参照的路径选择：舆论—话语竞争—公共对话—交往理性—公共理性—人民性（公共性）—公共利益。这是一条递进延展、循环增益的观念之链，即促进舆论由多元话语竞争转向公共对话，奉持交往理性、公共理性，以人民性充盈公共性，寻求多元共识，增进公共利益。此中，对话意味着持续的理性训练和养成，维系精英教化与公共参与、自由活力与和谐秩序、价值理性与工具理性的动态平衡。

至于舆论演进中先有对话还是先有理性，颇似"鸡生蛋还是蛋生鸡"式的老问题。按照马克思实践观点，对话与理性当相互成就于舆论与公共交往实践。对话实践愈充分，理性养成愈乐观可期；理性训练愈成熟，对话品质和效能愈有望提升。一言尽之，让更多的对话促成更好的对话。

---

① ACKERMAN B. The future of liberal revolution ［M］. New Haven：Yale University Press，1992：11 - 20.

② 哈贝马斯. 在事实与规范之间：关于法律和民主法治国的商谈理论［M］. 童世骏，译. 北京：生活·读书·新知三联书店，2003：445.

第七章　共识、公共性及其价值基础

《朱子语类·学七》：道者，古今共由之理。

《大学问》：大人者，以天地万物为一体者也。其视天下犹一家，中国犹一人焉。

人天关系乃中国传统观念世界最稳定的思想议程之一。相对于有限且不完满的个体人生和人间社会，天表征了无上、超越、恒常、至公的存在和价值。即使在宋明为天去魅后，世上最大的道理仍被称为"天理"。当后人评述某一段历史光景是"思想史的大时代"——如先秦、宋明，或"思想史进路中的综合与中转"——如秦汉、魏晋，或"思想史上平庸的盛世"——如隋唐，多以其时对人天关系理解和再阐释的进展、质量为凭据。历代一流的思想家，几无缺席人天关系辩议者。直至清廷和帝制覆灭，知识界又重返先秦天命、天下观寻求解释方案，视之为天命流转和天下秩序崩解。

本章关切的是人天关系中的"一"与"公"问题，即今日所谓理性、共识与公共性的关系。始自先秦两汉、延展至明清的"一天下"者何也？"天下一"者归于何处？"天下为公"的理由何在？"公天下"何以可能？从天或天下观念出发，如何桥接、调理"一""多""公"三者关系？响应这些问题，即须在思想史层面深究传统政治和社会共识发生机制，特别是廓清其价值源流。答案自然不止一端，亦非静态可观。本章拣择三个彼此承通、次第流变的关键概念——公道、公理、公议，以解释传统共识机制及其价值动力之所由生。

一、公道凝摄：明分使群与天下归仁

亚里士多德的一个著名论断是"人在本性上是社会性的"[①]。人天然存在于群落、部族、城邦之类的共同体之中，凡在共同体之外者，非神即兽[②]。较亚里士多德略晚，荀子亦提出人乃社会性存在，所谓"能群"。在荀子看来，人因生理、智识和伦理而有别于水火、草木、禽兽，为天下之最高贵者。而人兽的根本分别，则在于人能群：

> 水火有气而无生，草木有生而无知，禽兽有知而无义，人有气、有生、有知，亦且有义，故最为天下贵也。力不若牛，走不若马，而牛马为用，何也？曰：人能群，彼不能群也。（《荀子·王制》）

---

① 亚里士多德. 尼各马可伦理学 [M]. 廖申白，译. 北京：商务印书馆，2003：18.
② 亚里士多德. 政治学 [M]. 吴寿彭，译. 北京：商务印书馆，1965：9.

严复认为荀子群学乃中国社会学的肇端①，梁启超称荀子为"中国社会学之巨擘"②。荀子所称的"群"，确非一般意义上人的会聚，而是由分、礼、法、仁、义等垒筑的"群和"社会。多元、分散的个体如何结构化为有共识、有秩序的国家和社会？荀子以"能群"而非"必群"回答此问，足见其明智、审慎。必群仅体现了人本能的政治和社会需求，能群则揭橥了一个大问题：人拥有建构和维持社会的能力。此等能力，荀子认为有三：明分使群，循于礼法，居由仁义。

能群善群

荀子群学的构思，首先是"明分使群"（《荀子·富国》），即通过明确人之职分、名分而使之成群。人何以能群？荀子在《王制》篇自答曰："分。"《富国》篇亦持此论："人之生，不能无群。群而无分则争，争则乱，乱则穷矣。"能群之分，所指有二：职分、名分。《富国》论及士农工贾、君相将帅各自的职责分工，强调人尽其责而和齐成群。名分则偏向确立个体在身份、地位和价值上的权利义务，天子诸侯士人、父子夫妇兄弟各正其名、各安其位，生成名实相符、秩序井然的社会关系。"知者为之分别，制名以指实，上以明贵贱，下以辨同异。"（《荀子·正名》）

"兼足天下之道在明分"（《荀子·富国》），但人载其事、各安本位的职分和名分仅为静态的社会角色预设，何以确保差异化个体在复杂社会互动中稳定成群？荀子给出的进一步方案是隆礼重法："至道大形，隆礼至法，则国有常。"（《荀子·君道》）礼乃社会交往的德性规范和程式，为多元个体提供"贵贱有等，长幼有差，贫富轻重，皆有称者"（《荀子·礼

---

① 斯宾塞.社会学研究［M］.严复，译.上海：世界图书出版公司，2012：3.
② 梁启超.梁启超全集：第3卷［M］.北京：北京出版社，1999：1257.

论》）的共识性参照。在礼的导引下，社会交往得以激活并受到明辨可察的职分、名分规范约束，"辨莫大于分，分莫大于礼"（《荀子·非相》）。譬如，当交往中的某一人被明分为"士"，此人则须依循士人之礼，担起士人的职分和名分，表现出名副其实的德性和智识。法是更为刚性的行为和关系准则，兜住群治的底线。荀子谓："法者，治之端也。"（《荀子·君道》）

由谁来制定礼法？"先王恶其乱也，故制礼义以分之，使有贫富贵贱之等，足以相兼临者，是养天下之本也。"（《荀子·王制》）"治之经，礼与刑，君子以修百姓宁。明德慎罚，国家既治，四海平。"（《荀子·成相》）荀子认为礼法之制源起于上古先王，后世"君子"——此处当理解为效法先王的圣贤君主——亦应制定礼法以明分使群。此乃君主的本分："人君者，所以管分之枢要也。"（《荀子·富国》）在《王制》《君道》篇，荀子明确提出"君者，善群也"（《荀子·王制》），"君者何也？曰：能群也"（《荀子·王制》）。能群善群，则可"一天下"。

上古"群"字本无人群之意，原指多羊聚集，后从君从羊，且"君"在上、"羊"在下，遂有"君合于群""君使群和"之意①。先秦两汉之际，出现了"从之成群曰君"（《逸周书·谥法解》），"君者，群也，群下之所归心也"（《白虎通·三纲六纪》），"君者，不失其群者也"（《春秋繁露·灭国上》）等说法，强调君不离群、群不失君之意。人能群，君善群，荀子结合二者提出群道论。群道的宗旨非依权谋威势"合于群"或"使群合"，而在于借礼法求"群和"。"和"不同于"合"，"和"强调万物与一而各得其宜，"合"则偏向无生气的齐聚或无差异的归拢。"群道当则万物皆得其宜，六畜皆得其长，群生皆得其命。"（《荀子·王制》）而群道不

① 冯时. 群聚与群分：荀子群学思想探源［J］. 中国文化，2019（2）：39-49.

当，恃力"使群合"者必亡。荀子举证说，齐闵王之所以为天下所伐戮，以致身死国亡，"唯其不由礼义而由权谋也"（《荀子·王霸》）。

接下的问题是，君主制定礼法的凭据何在？荀子循着儒家处理群己关系、天下关系的根本原则，作出了一个典型儒家式回答：仁义。"彼仁者爱人，爱人故恶人之害之也；义者循理，循理故恶人之乱之也。"（《荀子·议兵》）仁者爱人，乃儒家最高的道德纲目，倡导人在情感道德上彼此相亲；义者循理，以此道德理性，人皆正当合理化其行为，明智处理利害关系。仁义乃礼法之制的价值依据，为其灌注价值动力和道德理想。在仁爱义理的向导下，礼为交往行为提供节度，遂可成事成群。荀子曰：

> 仁，爱也，故亲。义，理也，故行。礼，节也，故成。仁有里，义有门。仁非其里而虚（当为"處"，即"处"）之，非仁也；义非其门而由之，非义也。推恩而不理，不成仁；遂理而不敢，不成义；审节而不知（当为"和"），不成礼；和而不发，不成乐。故曰：仁、义、礼、乐，其致一也。君子处仁以义，然后仁也；行义以礼，然后义也；制礼反本成末，然后礼也。三者皆通，然后道也。（《荀子·大略》）

荀子认为仁居于里——内心，义为门户，礼行于外，即居于仁爱，出于义理，再依礼乐节度、调和、显发，则"其致一也"。何以如此？"一则多力，多力则强，强则胜物"，相反，"争则乱，乱则离，离则弱，弱则不能胜物"（《荀子·王制》）。此中，仁、义、礼三者相通互构。仁循乎义理之行而成就——处仁以义，义由礼制承载、实现——行义以礼，礼复返仁义之本以制成。礼若不通于、本于仁义，则沦为意义消散、空洞空转的仪式节文。陈寅恪批评仁义价值缺位的礼制说："旧籍于礼仪特重，记述甚繁，由今日观之，其制度大抵为纸上空文。"①

至此，荀子完成了人之能群的三步论证：明分使群，即确立个体的职分、名分——社会分工、角色扮演、权利义务和等级关系；制定礼法，即以礼法协调、规范社会交往和行为；居由仁义，即以作为内在价值之源的仁心，经由作为内外互通门户的义行，接引作为外在群己关系规范的礼法。概言之即以仁义为向导，以礼法定规范，以明分求群和。荀子又将此论证扩充至群际，以超越族群邦国而达成"天下之和"（《荀子·儒效》）。

以共识和秩序视角察之，明分解决的是个体身份和社会关系问题，礼法所施乃规范、规则问题，仁义则指向价值动力问题。在回答了"人何以能群？曰：分"后，荀子补充道："分何以能行？曰：义。"（《荀子·王制》）复言"原先王，本仁义，则礼正其经纬蹊径也"（《荀子·劝学》）。但问题并未结束，荀子所言仁义当归入世俗道德，还是向上超拔一截，使之获得终极、超越性意义？

天生人成

从致思理路看，荀子群学始于明分，经纬礼法，归于仁义，与孔子正名、复礼、天下归仁的设计大体合辙。子曰："名不正，则言不顺；言不顺，则事不成；事不成，则礼乐不兴；礼乐不兴，则刑罚不中；刑罚不中，则民无所措手足。"（《论语·子路》）正名之外又须复礼，"克己复礼为仁。一日克己复礼，天下归仁焉"（《论语·颜渊》）。天下归仁，而仁归何处？这也正是孔荀之分殊所在。荀子相对看重政治化的"仁"和社会化的"义"，即世俗政治、社会的仁术与义利关系。如"彼仁义者，所以修

---

① 陈寅恪.隋唐制度渊源略论稿［M］.北京：生活·读书·新知三联书店，2009：6.

政者也，政修则民亲其上、乐其君"（《荀子·议兵》），"保利弃义谓之至贼"（《荀子·修身》），"仁义德行，常安之术也"（《荀子·荣辱》）。而在孔子那里，仁乃天予之德、人天相合之"全德"，实为一种超越性的道德存有。

清儒戴震谓："天人之道，经之大训萃焉。"（《原善》卷上）诚哉斯言，儒家经训之精华在于人天关系处理，儒学实为"天人之学"。《论语》有 19 处谈天，以天为宇宙万物、人间社会之主宰。此一主宰是神性的还是德性的，抑或自然的？三者在《论语》中皆有确证："获罪于天，无所祷也"（《论语·八佾》），此属神格或曰宗教之天；"天生德于予，桓魋其如予何"（《论语·述而》），是为道德之天；"天何言哉？四时行焉，百物生焉，天何言哉"（《论语·阳货》），此乃自然之天。由于牵涉儒家思想的终极关怀指向问题，近世对孔子究竟偏倚何种天命观颇有争论。如有日本学者提出孔子之谓天，独重其宗教性，而少有哲学意味。徐复观则反驳说，在孔子所处的春秋时代，宗教之天已渐为道德之天替代，"宗教被道德的人文精神化掉了，同时也说明由道德的人文精神的上升，而渐渐地开出后来人性论中性与命结合的道路"①。另有学者基于唯物论、儒道会通等立场，强调孔子天命思想含有强烈的自然论取向。

倘若搁置非执其一不可的片面之争，神性、德性、自然之天共同指向了某种超越性、统摄性和生成性的终极存有。牟宗三认为儒家天道论乃一种内在超越的观念："天道高高在上，有超越的意义。天道贯注于人身之时，又内在于人而为人的性，这时天道又是内在的（imannent）。因此，我们可以用康德喜用的字眼，说天道一方面是超越的（transcendent），另一方面又是内在的（imannent 与 transcendent 是相反字）。"② 天道何以超

---

① 徐复观．中国人性论史：先秦篇［M］．上海：上海三联书店，2002：49．
② 牟宗三．中国哲学的特质［M］．上海：上海古籍出版社，2008：19．

越于人而又内在于人？天道之超越性是易于理解的。"天生烝民，有物有则"（《诗经·大雅·烝民》），"悠悠昊天，曰父母且"（《诗经·小雅·巧言》），皆言天道乃万物枢极和创生之主，拥有超越于万物——自然也包括人——的至高价值和力量。在这一点上，天道与古希腊哲学中主宰、遍摄一切的"神谕""存在""理念"可谓遥契，即中西哲学在起点上皆认定宇宙万物存在终极共主。

中西终极关怀的真正殊隔，乃外索与克己之别。在苏格拉底追问"什么样的生活值得过"之前，古希腊哲学目光所向乃宇宙和诸神，缺少对人自身的眷顾和反思。苏格拉底认为人之有别于他物，在于人被赋予了理性，可追求终极之善。而人之理性必有残缺、卑微处，既不完整也不充分，故应服从终极之善。[①]在柏拉图那里，理念仍先于人且高于人，但人可以分有、习得"理念"。习得是一个持续外索、辩证致知以尽力符合真理的过程，是人对理念世界的趋近和唤醒，"不过是回忆而已"[②]，人实难获得完满、绝对的理念。先秦儒家尤其是孔孟则从不离开人谈天，终极所在亦是人心安放处。天道不但造就万物——超越于人，且化成人之智识德性——内在于人。在本体层面，天道与人心不二，此即性天合一、天人合德。

天人合契之德，最大而全者为仁。《尚书》云："惟天地，万物父母；惟人，万物之灵。"（《尚书·周书·泰誓上》）天生万物，人为灵长，关键在于人有"心"。《礼记》谓："人者，天地之心也。"（《礼记·记运》）天既生人以命，亦予人以性——"天命之谓性"（《四书章句集注·中庸章句》）。人之心性通于天命，充盈、领受、存养天之至善。如是至善，《尚

① 北京大学哲学系外国哲学史教研室. 古希腊罗马哲学 [M]. 北京：商务印书馆，1961：153.
② 柏拉图. 柏拉图文艺对话集 [M]. 朱光潜，译. 北京：人民文学出版社，1983：125.

书》《左传》早已明言："天阴骘下民"（《尚书·周书·洪范》），"天之爱民甚矣"（《左传·襄公十四年》）。此言民者，人也。天德既爱人，性德亦必爱人。孔子将此天人合契之德定义为仁，故有仁者"爱人"（《论语·颜渊》）之论。子曰："仁者安仁。"（《论语·里仁》）仁者自安于仁，即安顿身心性命于天人大道。在儒家看来，仁非为一种道德说辞或工具，实为会通天命心性的内在超越、自足完满的终极存有。牟宗三言孔子仁学之根基，全在"仁即是性，即是天道"①。

天人合契会通于仁，仁因之成为一种具体的形而上道德。杨国荣认为中国传统存在论不同于西方"抽象的"形而上学，应以"具体的形而上学"名之。中式形而上学"既以形上与形下的沟通为内容，又肯定世界之'在'与人自身存在过程的联系；既以多样性的整合拒斥抽象的同一，又要求将存在的整体性理解为事与理、本与末、体与用的融合；既注重这个世界的统一性，又确认存在的时间性与过程性"②。此亦适切对仁的诠释。所谓"形而上者谓之道"（《周易·系辞上》），仁本乎天命与心性，故有超越、普遍、含凝之形而上属性，乃儒家用以统领义、礼、智、信、忠、孝诸道德范畴的"全德"；"形而下者谓之器"（《周易·系辞上》），仁并非空幻难及，而是可感可欲的道德原力，由仁推导、主导而来的礼义规范更可具化为君子日常道德实践。就形而上之天命心性而论，仁心人人本具，发动不难，子曰："仁远乎哉？我欲仁，斯仁至矣。"（《论语·述而》）而在具体德性修养上，仁德圆满又殊为不易，孔子赞叹颜回"其心三月不违仁"（《论语·雍也》）已难能可贵。君子一生的头等大事，便是复返仁心以游于道，圆满仁德以行于世。

孟子论仁更加明显地展现了具体的形而上学色彩。"仁，人心也"

---

① 牟宗三. 名家与荀子 [M]. 长春：吉林出版集团有限责任公司，2010：133.
② 杨国荣. 成己与成物：意义世界的生成 [M]. 北京：北京大学出版社，2011：3.

（《孟子·告子上》），"仁义礼智根于心"（《孟子·尽心上》）。孟子首先将仁德归于心性，进而建构了一个具体的形而上道德链条，此即被广为引用的"尽其心者，知其性也。知其性，则知天矣。存其心，养其性，所以事天也"（《孟子·尽心上》）。行仁、尽心、知性、知天，本来一体大用。在形而上层面，天道为仁，心性归仁，天人之间以仁沟通会通。在形而下层面，仁德及其实践又是具体的，可借由存心、养性的功夫操运于日常。韦政通提出："孟子的性善论，不是经由知识上曲折的论证的过程，所得到的结果，他是直接就当下流露在具体生活中的恻隐、羞恶的德性的表现，而印证到人性普遍价值的存在。"① 孟子之仁，既是普遍价值——"仁是性"（《二程遗书·卷第十八·伊川先生语四》），亦为人之常情。韦政通称之为"具体的普遍性"，与前述"具体的形而上学"之论相通。

荀子改造了孔孟对人天关系和仁德的构思。天在荀子那里仍具超越性和生成性，却非人间社会绝对主宰。"天地生之，圣人成之"（《荀子·富国》），即天生人成。天生万物，但政治和社会秩序则须由圣人主动造成。圣人之建设，固然要制用天命、安化仁义，而关键是运施礼法。"人之命在天，国之命在礼。君人者隆礼尊贤而王，重法爱民而霸。"（《荀子·天论》）荀子如此强调人天关系中人的主动性，重视外在礼法规范——国之命在礼，终将仁的价值推向世俗化、政治化。他承认礼法本自仁义，"惟仁之为守，惟义之为行"（《法言·问神》），却不似孔孟那般深究仁义之内在超越性。荀子大抵将"仁者爱人"当作既成且可用的道德原则和工具，而非存乎天道心性的本体价值。既然"天生"并不必然负责"人成"的部分，性天亦未必合一，性善之论便无法成立。反观人之现实存在境况，"好恶喜怒哀乐"（《荀子·天论》）之本能，"饥而欲饱，寒而欲暖，劳而

---

① 韦政通.中国思想史：上［M］.上海：上海书店出版社，2003：185.

欲休"（《荀子·性恶》）之常情，恰表明至善难求、人性为恶。故须本仁义、正礼法，上加诸国家，下节制人情，免于犯分乱理、相害为祸。

后世多有指责荀子将儒学拖入歧途者。劳思光的批评最具代表性："此一新学说（荀学天生人成诸论）乃违离孟子之心性论"；"荀子倡性恶而言师法，盘旋冲突，终堕入权威主义，遂生法家，大悖儒学之义"①。孔孟视天道与心性为一体，在本源处，顺天即是应人，体道即是成仁，觉解宇宙即是关怀人自身，达成了宇宙论与人文精神的大和谐。站在儒家心性哲学立场，荀子显然违离了这一大本大源，"荀学之为歧途，固无可置疑者"②。在批评者看来，荀子之违离必于国家构造层面引发一个严重后果：由于缺少终极价值的凝摄之力，政治和社会共识形塑只能倚重世俗权威，而最切实可用者无外乎君权强力和礼法约束。此即荀子为后人所诟病的权威主义，"过为大患"地尊君、隆礼、重法。

孔子尊君而强调君主的道德义务，孟子持著名的"君为轻"之论。荀子则以君主为道德家和立法者："君者，民之原也。原清则流清，原浊则流浊。"（《荀子·君道》）乃至"道"即君道："道者何也？曰：君道也。"（《荀子·君道》）在礼的问题上，君为导师："礼有三本，天地者，生之本也；先祖者，类之本也；君师者，治之本也。"（《荀子·礼论》）在法的问题上，君为法本："法者，治之端也。君子者，法之原也。"（《荀子·君道》）

从共识和秩序的价值根由看，万民相与为一的超越性价值要么生发于宇宙论取向的天命、天道或天志，要么来自心性论一脉的心体。在前者，"苍天"提供了最基本、最开阔的价值共识域，"不共戴天"意味着通约性、公共性和共识域的完全破灭。如墨子主张以天志为天下之规度："我

---

① 劳思光. 新编中国哲学史：第1卷［M］. 桂林：广西师范大学出版社，2005：250.
② 同①.

有天志，譬若轮人之有规，匠人之有矩。轮、匠执其规、矩，以度天下之方圜。"（《墨子·天志上》）据此发展出由天志"一同天下之义"（《墨子·尚同中》）的尚同思想。在后者——心性论一脉，人我、物我本自一心，以心印心乃最深沉的价值共识。孟子曰："仁义礼智，非由外铄我也，我固有之也。"（《孟子·告子上》）共识筑基于人皆固有、共有的仁义礼智等先验普遍道德，厚实、坚稳且生气勃勃。阳明心学力倡"心即理"，将共识彻底归为心通，后文将详述之。

荀子既然怀疑性天合一之内在超越价值——仁义是好的，但人性并不可靠，便不得不外索群道的价值之源。他可能的选择有两个：利益与权威，即谋求利益共识或"权力-权威"共识。在对待利的态度上，荀子是儒家中的温和派。他相对承认利的正当性，而非若孟子那般站在道义高地宣称"何必曰利"。但从荀墨之辩看，荀子在利的问题上是一个现实主义者，却非功利主义者。以求利本身为价值，构建实用主义、功利主义的社会价值体系，乃荀子之论敌墨家的主张。因此，荀子唯有踏上权威主义之路，伸张君权，挺立礼法，以权力和制度之权威凝聚共识。此等共识既有礼所施加的伦理规范之功，亦有王权、法度外铄之力。

倘若放下务返心性本体、穷究天人之际的哲学家式立场，荀子辟出的儒家经世致用之路实应得到肯定。身逢虎狼相争、旦夕危亡的战国末期，荀子不能也无须徘徊缱绻于孔孟规划的道德乌托邦。他向外、向下走了出来，双脚踏上诸侯战车碾过的泥土，竖起仁义、尊君、隆礼、重法、明分、和群、一天下的路标。在此观念链条中，仁义固然重要——为节制人情、订立礼法、明分使群提供价值依据，但未必拔高至超然道体，而实为政治化、社会化的"常安之术"。

一天下

若将荀子之路理解为孔孟之道朝向社会历史实践的延展，而非揪住对心性哲学的违离不放，且将先秦儒家视为一个整体，则可统观他们共同成就的群道思想谱系。此一谱系综合存在论与价值论，连接道德心灵与礼制规范、权力结构与法度体系、身份认同与关系网络，致力于构建整合差异（"一天下"）又包容差异（"各得其宜"）的共识生成机制。《易传》对此有一理想描述："天下一致而百虑，同归而殊途。"这就要中和"一"与"多"、事实与规范、终极临照与现实关怀之间的复杂关系，以期和合能群而又不致党同。《论语》云："群而不党。"朱熹注曰："和以处众曰群。"（《四书章句集注·论语集注卷八·卫灵公第十五》）"和"居于合与分、党与争之间，乃平衡两端的能群之中道。行此中道并非易事，先秦儒家尝试以天下归仁等观念基石垒筑之，可总结、补充说明如次。

一是天下归仁。《尚书》言"天下"，已然自觉彰显其共识、秩序之意，如"天下咸服"（《尚书·虞书·舜典》）、"天下弗服"（《尚书·周书·武成》）、"天下大定"（《尚书·周书·武成》）、"协和天下"（《尚书·周书·顾命》）、"奄有四海，为天下君"（《尚书·虞书·大禹谟》）等，且明确强调价值认同、道德召唤之功："惇信明义，崇德报功，垂拱而天下治。"（《尚书·周书·武成》）及至春秋战国，荀子"一天下，财万物，长养人民，兼利天下，通达之属，莫不从服"（《荀子·非十二子》）的主张，实已成为诸子共持的政治理想。如庄子"一心定而王天下"（《庄子·天道》）、墨子"一天下之和，总四海之内"（《墨子·非攻下》）、韩非"天下一力以共载之"（《韩非子·功名》）、《吕氏春秋》"一匡天下"（《吕氏春秋·勿躬》)。王子今在考辨上古"一天下"与"天下一"观念时指出："'天下'的观念，一开始就是和追求与认同统一的观念相联系的。"① 他进而追问：这个"一"是什么？"一"的"程度""力度""实在度""致密度"何以把握？

儒法二家与政治、社会设计牵连最密，他们给出了不同答案。先看儒家的思路。关于"一天下"者何也，孔孟直契终极价值，以天命、天道为以一摄多、协和天下的根本力量。鉴于性天合一、天人合德于仁，故"一天下"之道被明确为形而上之先验全德——仁，即天下归仁。孟子见梁襄王时对此有明白的说法：

> （梁襄王）卒然问曰："天下恶乎定？"吾（孟子）对曰："定于一。"
>
> "孰能一之？"对曰："不嗜杀人者能一之。"
>
> "孰能与之？"对曰："天下莫不与也。王知夫苗乎？七八月之间旱，则苗槁矣。天油然作云，沛然下雨，则苗浡然兴之矣。其如是，孰能御之？今夫天下之人牧，未有不嗜杀人者也。如有不嗜杀人者，则天下之民皆引领而望之矣。诚如是也，民归之，由水之就下，沛然谁能御之？"（《孟子·梁惠王上》）

梁襄王求问天下安定之计，孟子以天下"定于一"答之。至于谁能定之，孟子认为"不嗜杀人者"可为之，即行王道、施仁政者可"一天下"。仁政爱民，犹如天道油然沛然云雨，苗浡然而兴育。以仁"一天下"，民皆引领而望，归之如水顺势就下。这也回答了前文"仁归何处"之问。天

---

① 王子今."一天下"与"天下一"：秦汉社会正统政治意识［J］.贵州社会科学，2020（4）：51-58.

下归仁，仁归于道——性天合一之形而上道体，为万民能群确立了终极价值基准。此一基准可能是人格的、神格的、自然的或兼而蓄之，总之具足形而上的超越性、统摄性和生成性，诲受天下而致中和。

二是天下法则。孔孟并未将仁孤悬于形而上世界，而是以之统领义、礼、智、信、忠、恕等社会交往领域的具体德目和原则，且于政治领域推演出王道仁政的规范化、制度化安排——如礼乐、礼法。荀子跳出——实则外扩了孔孟的思想框架，以仁义为道德前提尊奖君权、隆正礼法。君主"善群"（《荀子·王制》）之道，首在"法先王，统礼义"（《荀子·儒效》），进而"一制度"（《荀子·儒效》）——统一礼法，则可"以一持万"（《荀子·儒效》），"使群臣百姓皆以制度行"（《荀子·王制》）。礼充盈先王仁义之德，并显化为可因循操运的典章、器物、程式和交往规范，已有制度或类制度化的文化惯习之力。法则为刚性制度规范，前已述之，不待赘言。

此处须申明，荀子并非轻视仁义道德，但他实在更相信礼法制度。在《非十二子》篇，荀子有"天下之心"的说法，观其全文可知即指仁义。《非相》篇又提出"天下法则"的概念："度己以绳，故足以为天下法则矣。"此言"绳"者，即礼法。以历史眼光看，荀子实为以儒家仁义道德为指导的制度主义者。只是荀子之仁义，折断了孔孟向上超越的一截——通于天命心性之道体。

李斯、韩非均出于荀门，专辟荀学礼法思想中的法度一脉而光大了法家。法家主张以君和法"一天下"（《韩非子·忠孝》），即依靠君权和律法刑罚制造"强制共识"。君为法原，法度一旦确立，则"令行禁止于天下"（《韩非子·制分》）。法家明显不信任所谓超越性美德的召唤，对政治和社会伦理或伦理化的政治和社会持强烈的怀疑态度，激烈批评"道先王仁义而不能正国者"，"慕仁义而弱乱者"（《韩非子·外储说左上》）。仁义爱惠仅能博取政治声誉而"不察其实"，实"不足用"（《韩非子·奸劫弑臣》）。《韩非子》全书八万余字，在先秦可谓鸿篇巨制，但仅提及天命、天道各一次，且主要是为了强调"因道全法"，以及"因天命，持大体，故使人无离法之罪，鱼无失水之祸"（《韩非子·大体》）。法家既对天道、仁义作如是观，则又向下退了一截，连荀子持守的仁义、礼义等道德依据亦不顾了。

合观儒法二家及居间的荀子，各自得失立见。孔孟思想之优越处在于构建以仁义为道德内核的超越性价值世界，为共识和秩序提供终极依凭，但失之于对天与人、"一"与"多"、价值与事实之鸿沟的填补或桥接。依存在论设推天道与人心本质相通，在哲学上有其合理性。而在世俗政治和社会中，由一直接跳至多、由价值直接过渡至事实、以道德原力替代权势法度而求社会整合，则未免过于疏阔。荀子在《非相》篇有"凡说之难，以至高遇至卑，以至治接至乱，未可直至也"之论，虽非针对孔孟，却恰可妥帖批评孔孟从天上忽然直至人间的道德直觉主义。一如至高与至卑、至治与至乱之间"未可直至"，高渺、完满的天道与卑微、纷乱的人心亦非仅凭道德之舟可径渡。

荀子志欲桥接天人关系。他既重视"天生"亦强调"人成"，既发明"天下之心"亦挺立"天下法则"。天人各尽其事，而在属人的部分，借由"心"与"则"——仁义与礼法，可建立由天子而至庶民各守名分的清明广大秩序。法家则在很大程度上抛弃了价值和意义世界，亦较少顾及爱惠温情，纯以法为共识和秩序尺度。韩非谓："法之所加，智者弗能辞，勇者弗敢争。刑过不避大臣，赏善不遗匹夫。"（《韩非子·有度》）而全凭法术势力强为共识和秩序，"执敲朴而鞭笞天下"（《新书·过秦上》）之危脆过患，已证于亡秦，贾谊《过秦论》中一句"仁义不施"言尽矣。

三是天下为公。孔孟框架下的共识乃真理共识，更准确地说是以道德真理凝摄天下共识，以达一体同心、天下同心之效。法家之共识颇近制度共识，即以天下共法之内容和程序作为共识之源。荀子在其思想主调上偏向儒家，而实为承儒启法的居间人物。他寄望于通过以仁义为中心的政治和社会伦理达成规范共识，又期待以礼法促成制度共识。战国、秦汉以后，历代儒法并用、王霸相杂、真理共识与制度共识齐运的王朝治理方案，处处投射着荀学的影子。也正因为如此，谭嗣同认为"二千年来之学，荀学也"①。值得注意的是，凭借道德真理与礼法规范相接来"一天下"，面临着一个致命隐患：倘若为政者自以其所是之"一"为天下之"一"，自我宣称达道通仁而以私欲害礼法——运施禁锢之礼，推行苛政暴法，则当如何？这就涉及"道"的公共性问题。

孔子之仁道本身即为公道，赋予公共生活以"爱人"和"泛爱众"的价值基准。以孔子一生的思想和行迹看，"理想的公共生活就是'仁'的原则得到公开而广泛的遵守"②。君主亦受仁道原则约束，须行王道仁政，以敬天保民。孟子"仁是性"之论已使仁获得自心与他心相通的公共性。孟子复言："贼仁者谓之贼，贼义者谓之残。残贼之人谓之'一夫'，闻诛一夫纣矣，未闻弑君也"（《孟子·梁惠王下》）。君主若为残贼仁义者，则诛之如杀一介匹夫，不算弑君。可知在孔孟那里，仁贯通了个体存在与共同体价值，连接了内在心灵秩序和外在社会秩序。但是，孔孟尤其是后者所称仁义实乃个人内在存养之德，尽管在本体层面人皆固有且共有，但个人的体认、理解和操运必有差异。譬如秦灭六国，以秦观之乃一统天下之义举，而六国则视之为无道暴行。单以道德为基石，实难铺就政治和社会实现之路。

荀子则务实地将仁义外推、纳入普遍性的礼法规范，以范导君臣和

---

① 谭嗣同. 仁学 [M]. 沈阳：辽宁人民出版社，1994：70.

② 朱承. 天下归仁：孔子的公共性思想 [J]. 中国哲学史，2020 (5)：5-13, 26.

"百姓之群"。不仅如此，荀子频繁使用了"公平""公正""公义""公道"等公共性概念。他指斥篡臣"上不忠乎君，下善取誉乎民，不恤公道通义，朋党比周，以环主图私为务"（《荀子·臣道》），建议君主达公道、明公义而塞私门、息私事。君为民而立，君权本为公共之设，"天之生民，非为君也。天之立君，以为民也"（《荀子·大略》）。《君道》篇云：

> 至道大形，隆礼至法则国有常，尚贤使能则民知方，纂论公察则民不疑，赏克罚偷则民不怠，兼听齐明则天下归之。然后明分职，序事业，材技官能，莫不治理，则公道达而私门塞矣，公义明而私事息矣。

君主何以持守公道？荀子的思路是循道、隆礼、至法以使国有常，尚贤、公察、公平赏罚以使民知方且不疑不怠，加之兼听齐明以收天下之心。在此基础上，再明确各人职分，排定事业之轻重缓急，善尽人才官员之贤能，则天下治可期。荀子相信如此可使君主达公道、明公义，进而"以公义胜私欲"（《荀子·修身》）。反之，"人主不公，人臣不忠也"（《荀子·王霸》），必致私门大开、私欲奔恣。继荀子之后，韩非亦再三论及"公平""公正""公心""公道"，当然他主要是用这些概念强调法为"公法"。如《有度》篇谓："故当今之时，能去私曲就公法者，民安而国治；能去私行行公法者，则兵强而敌弱。"

经过春秋战国大时代的思想淘洗，"公"的观念在汉初成型。《礼记》借孔子之口提出：

> 大道之行也，天下为公。选贤与能，讲信修睦，故人不独亲其亲，不独子其子，使老有所终，壮有所用，幼有所长，矜寡孤独废疾

者，皆有所养。男有分，女有归。货，恶其弃于地也，不必藏于己；力，恶其不出于身也，不必为己。是故，谋闭而不兴，盗窃乱贼而不作，故外户而不闭，是谓大同。（《礼记·礼运》）

这一段有千钧之重的论说，为后世无限征引、解释，终于成为两千余年间标举王道仁政者的普遍政治理想。举凡政治理想，莫不关乎共识和秩序设计。"天下为公"所寄梦的共识生成机制，其结构与功能大抵系于如下五维：道、德、礼、法、分。从《尚书》至《礼记》，道首先获得了终极存有意义，进而被赋予公共性，即公道。此一升进，意味深长。政治和社会共识问题说到底就是处理"一"与"多"的关系。传统政治对"一"的理解和设定，在价值上指向遍摄一切的终极之道，而落实为自称"天子"的君主及其主导的垂直权力体系，具化为普遍的礼义规范和齐刑之法。道本身是抽象的，礼义是软性的，故权力实践中的"一"难免集中于君、绳矩于法，生出苛政峻法之患。而当大道之行在人间社会被表述、建构为天下为公，君与法所宣称之"一"则须以"公"为旨归，否则便沦为"独"。君主若不行持公道，即为"独夫""民贼"。《尚书》斥纣王无道、擅作威福，曰："独夫受（纣王名受），洪惟作威。"（《尚书·周书·泰誓下》）黄宗羲《原君》篇谓："今也天下之人怨恶其君，视之如寇仇，名之为独夫，固其所也。"（《明夷待访录·原君》）

道为体，德为用。儒家以作为具体的形而上学之"仁"充实、贯通道与德，以使道与德体用一如、两不相离。仁既是大道，亦为全德，道之终极临照与德之现实相亲彼此连接。从仁出发，儒家政治、社会思想还实现了另一贯通：由自家之亲、子、老、幼等扩而充之，达及对天下人的爱。依于仁，家与国、个体存在与公共交往、日常生活与王道政治在道德情感上一体贯通。儒家历来以爱释仁，仁乃达道通情之爱。唯程颐等少数心明眼亮者指出，自孔子始，仁不仅与爱相连，更与公切近："仁道难名，惟公近之。"（《朱子语类·性理三》）此即以公释仁："仁之道，要之只消道一公字。"（《近思录·为学》）据程颐所论，天下归仁即天下为公，仁道即公道。公道上通于仁道，下由礼法担之，以明分承之，即以荀子所谓具体可循的"寸尺寻丈检式"（《荀子·儒效》）承担测度。这些"检式"——规范尺度，将运乎天、游于心的仁道落实为天下人皆可公度、同行的目前之路。圣人制定礼法、正名明分，亦离不开一个公字。这在儒家固无疑义，法家亦承认"法者，天子所与天下公共也"（《史记·张释之冯唐列传》）。

　　仁对终极价值、道德情感、礼法规范、公共准则的连接，使明分成群、群而不党获得了天下归仁（意义）、天下法则（制度）、天下为公（公共性）的一体保障，构造了以仁为中心，意义、制度、公共性缺一不可的理想共识机制。先秦诸子特别是儒家相信意义世界的存在且诚敬构造、奉持之，以慰藉个体心灵，凝摄共同体精神。无论意义宰制者是宗教的、道德的还是自然的，皆可为万物众生提供终极承诺和通约性价值。礼法则为意义世界指导、熨帖生活世界，调适共在关系和社会交往提供现实的制度性担保，以"使社会成员能够以'群'的方式和谐共在，从而避免社会纷争"[①]。公共性用以匡正意义世界和礼法规范，避免意义、礼法堕落为权力意志的自我宣称和放逸。

二、公理体认：理一分殊与格物穷理

　　在与浙东事功学派的论辩中，朱熹批评汉唐"全体只在利欲上"，"只

---

① 杨国荣．成己与成物：意义世界的生成［M］．北京：北京大学出版社，2011：153．

是架漏牵补过了时日"（《答陈同甫》）。显然，此论与寻常"汉唐盛世"之说大悖。朱熹是就王道理想、政治伦理和士人精神境况而发的感叹。他认为从战国至两宋一千五百年间，"尧舜三王周公孔子所传之道，未尝一日得行于天地之间也"（《答陈同甫》），而汉唐尤甚。在君主一端，汉祖唐宗若察其心，"恐其无一念之不出于人欲也"，罕有"得天理之正"者，"正是以成败论是非"（《答陈同甫》）。在朱熹看来，以成败论是非，以人欲夺天理，以功利主义压倒王道仁政，乃汉唐思想平庸甚或倒退的根由。

天道礼法外铄

　　士人一端的情况则更为复杂，牵涉汉唐儒家思想的整体构造和表现。秦倏忽而亡，真正需要创生多元共识和天下一统秩序的是汉王朝。这项任务在汉初平定七国之乱后变得愈发迫切。儒道二家于此间发生了一场著名的思想辩论。在辩论中，儒士辕固生与黄老道家的黄生揭破了一个关于政治认同与合法性的根本问题：若言"马上得天下"为"受命于天"的革命，那么伴随军功集团老去、同姓王族集体退场，面对天下郡县和万民，何以构建坚稳的共识和合法性，以重现"天下之心皆归汤武"（《史记·儒林列传》）的政治理想？汉景帝在这场辩论中和了稀泥，武帝则借着董仲舒之笔给出了直切现实、影响深远的答案。

　　同大多数儒家学者一样，董仲舒的策略亦为引古筹今而另图发挥。他继志先秦儒家，仍以天命、仁义、礼法等概念架构王道政治思想。所发挥者有三：伸张天道之宗教性，伸张君权，伸张礼法规范之普适性。《春秋繁露》虽未提及景帝年间的儒道之争，但董氏的三项发挥，明显是对帝国难题——共识、秩序和合法性隐忧的响应。"《春秋》之法，以人随君，以君随天……故屈民而伸君，屈君而伸天，《春秋》之大义也。"（《春秋繁露·玉杯》）这是一个混合了宇宙和政治秩序的论断，天道居于此一秩序的顶端。董氏中断了孔孟由天文转向人文、荀子促成天人分际的思想进路，天道再度成为纯神格或自然神格的终极主宰。尊天的目的有二，本书之前已述及：人受命于天，而"受命之君，天之所大显也"（《春秋繁露·楚庄王》），君主乃天道最高、最大的显扬，故尊天是为了尊君；人副天数，天人感应，天以灾异——"凡灾异之本，尽生于国家之失"（《春秋繁露·必仁且智》），谴告君主"内动于心志，外见于事情，修身审己，明善心以反道者也"（《春秋繁露·二端》），故尊天又是为了屈君——当然只是适度节制君权。

宗教性天道潜蕴的神圣、神秘力量，在尊君忠君和限制君权之间造设了一个玄妙平衡。天为宇宙秩序之"元"，君为政治秩序之"本"，君权乃天道在人间道德和权力体系中的自然安排。敬天即须尊君，此乃"天下之规矩"，除此"天下无二道"（《春秋繁露·楚庄王》）。董氏提出，"天不变，道亦不变"（《汉书·董仲舒传》）。与此相应，若非天命流转，则尊君忠君乃不变的道德和权力共识。先秦儒家视天命与民心为一体，而董氏虽强调天人交感，但前者高于后者。"董仲舒一改辕固生从'人心向背'立论，而从'天命转移'立论"[①]，为君权赋予"神圣"合法性。

同时，君主亦须畏天知天、洞悉天心，以明安危治乱。天心何在？"仁，天心"（《春秋繁露·俞序》），"人之受命于天也，取仁于天而仁也"（《春秋繁露·王道通三》）。君主应效法天之"位尊而施仁"（《春秋繁露·离合根》），因为"天立王以为民"（《春秋繁露·尧舜不擅移汤武不专杀》），"泛爱群生"（《春秋繁露·离合根》）。据此，董仲舒主张君主行"仁义法"，"仁之法在爱人，不在爱我。义之法在正我，不在正人"（《春

---

① 成祖明．帝国创生与董仲舒的皇权本体公共性建构［J］．哲学研究，2012（1）：47-55．

秋繁露·仁义法》)。此即爱人正我。人皆不欲祸乱，而常遭逢之——"人莫欲乱，而大抵常乱"，何以如此？祸乱之源正在于"诡其处而逆其理"（《春秋繁露·仁义法》)，即违逆爱人正我之理，不爱人而自爱，不克己而正人。这就接续了孔子爱人、克己——天下归仁之论。

荀子的制度主义精神在董仲舒那里亦有推进。董氏认为礼法本乎仁义而归于天道，而对天道宗教性的强调，进一步加持了礼法的权威性和普遍性约束。"礼者，继天地、体阴阳，而慎主客、序尊卑、贵贱、大小之位，而差外内、远近、新故之级者也"（《春秋繁露·奉本》)，这是明确将礼作为一套权威、严格的社会等级规范对待。在共识和秩序建构上，董氏相信行礼乐教化，天下将"甘于饴蜜，固于胶漆"（《春秋繁露·立元神》)。"正法度之宜"（《汉书·董仲舒传》)亦不可少，良法可使"赏不空施，罚不虚出"，"群臣分职而治，各敬而事，争进其功，显广其名，而人君得载其中，此自然致力之术也"（《春秋繁露·保位权》)。所谓自然致力，即法度一旦稳定施行，则可致不假人力、自然长效之功。董氏明确将礼法规约推及君主，力主君主仿天道而制礼法，亦须守礼法。此一努力，是借由天道的公共性"规约皇权"，"以保证其权力的公性运作"[1]。

通过建构天道之神圣性、君权之权威性、礼法之普适性，加之文化思想领域著名的"罢黜百家，独尊儒术"，董仲舒完成了对大一统帝国共识和秩序合法性的论证。此外，他还重申了先秦儒家的另外两项关键主张：正名、教化。"治天下之端，在审辨大。辨大之端，在深察名号"（《春秋繁露·深察名号》)，若能深察名号、人人守分，则"天下和平""灾害不生"（《春秋繁露·郊语》)。儒家素重教化之于明伦美俗、长治久安之功，如荀子提出："论礼乐，正身行，广教化，美风俗，兼覆而调一之，辟公

---

① 成祖明. 帝国创生与董仲舒的皇权本体公共性建构 [J]. 哲学研究，2012 (1)：47-55.

之事也。"(《荀子·王制》)董氏重彰此论，强调"南面而治天下，莫不以
教化为大务"，因为"教化行而习俗美也"，反之，"教化不立而万民不正
也"(《汉书·董仲舒传》)。

董仲舒统合天命、世道、人伦的帝国意识形态建构，虽在概念使用、
价值逻辑上与先秦儒家相通，但实则将儒学推向了儒术。先秦天人合一的
仁政"道统"，亦随之变易为天下一人的"治统"。这套服务于帝国治理的
思想术，主要是奔着朱熹指斥的"利欲""成败"等现实问题而去的。在
帝国治理实践中，天命和礼法虽有一定约束之功，但儒术之运施不可避免
造成君主"成为全民信仰和新政治伦理秩序的中心"①。君主获得双重
"不容置疑"的权力，一则"以威势成政"，二则"必有教化"②。威势偏
霸道，教化重王道，而当前者处优，教化的功用便由传续道统转向了维持
治统。

从汉至唐，此一指向帝国共识和秩序的观念系统变动不大。唐代诗文
壮盛、政治开明，而在哲学和政治思想上则显平庸、功利。"受命于天"
仍为王朝合法性的主要思想资源，君主以王霸、刑德、礼法的两手治天
下，混用威势与教化、道统与治统，佐以相对开明的言谏政策和言路制
度，另将科举考试规制化，以使"天下英雄入吾彀中"(《唐摭言·卷一·
述进士上篇》)。对此，宋儒理学一派与浙东事功学派有迥异的评价。事功
学派代表人物陈亮（1143年—1194年，字同甫，号龙川）认为，汉唐能
建立国家且传世久远，成就彪彰史册的伟业，必因其抱怀"悦服天下人
心"之宽仁和雄力。即使未能尽善，亦属不可避免的"公而未尽"之憾，
而论"彼其初心，未有以异于汤武也"(《龙川集·卷三·问答》)。朱熹则
反驳说，汉唐所以悦人心者，只是功利诱惑，为政之弊绝非"公而未尽"

---

① 成祖明.帝国创生与董仲舒的皇权本体公共性建构 [J].哲学研究，2012 (1)：47-55.
② 葛兆光.中国思想史：第1卷 [M].上海：复旦大学出版社，2001：243.

那么简单。"一时英雄豪杰之士，或以资质之美、计虑之精，一言一行偶合于道者，盖亦有之，而其所以为之田地根本者，则固未免乎利欲之私也。"（《答陈同甫》）在朱熹看来，就连公认的明君唐太宗，亦"无一念之不出于人欲也……若以其能建立国家，传世久远，便谓其得天理之正，此正是以成败论是非"（《答陈同甫》）。

天理济于公明

朱熹有此坚固之论，与宋明理学的根本立场有关。劳思光认为从周敦颐、张载、二程、邵雍、朱熹、陆九渊到王阳明，理学最主要的冲动乃超越汉唐而复返先秦儒学①。在思想构造上，这场复返运动所欲解决的核心问题是扫除宗教性终极存有——天道，构建真理性形而上之理，进而重彰心性论——再造心性与终极道理的关系。在周、张、邵和程颢那里，"天者理也"（《二程遗书·卷第十一·明道先生语一》），天与理并论，理不再是天的某种意志。天仍带有一定宇宙论意味，却淡化了其神格特征，成为表征理的形而上实存。程颐、朱熹则直接宣称"理即天理"，"天"变成了强调"理"之形而上先验性的修饰词，宇宙论设定已然无存。至于自然、物质之天，已属理化用于气的产物。理位居第一义，天退后至第二位。朱熹谓："未有天地之先，毕竟也只是理。有此理，便有此天地；若无此理，便亦无天地"（《朱子语类·理气上》），"天地是形而下者"（《朱子语类·易四》）。由神格化天道转向终极之理，乃中国思想史进路中一次重要的理性飞跃。形而上存在论由此摆脱粗糙、蒙昧的宇宙论，而专注于先验普遍之理。

作为多元的共在者，人与人能够于交往中达成共识、建立秩序，必因

---

① 劳思光.新编中国哲学史：第3卷［M］.桂林：广西师范大学出版社，2005：56.

主体间持存某种普遍性、同一性，或本章所称的公共性。鉴于形而下之物或准则的有限性、个别性和变动性，故先哲常于形而上世界寻觅超越时空、遍摄一切的先验恒常法则，以通约多元主体、协和共在关系。这又可区分为存在论和认识论两种视角：前者即指认宇宙万物存有某一共同本质，如天道、上帝或逻各斯、理；后者即在认识、知识或论证层面确证某一真理，如柏拉图以辩证法、亚里士多德以形式逻辑对真理问题的纯智追索。宋明理学所倡导的理虽亦可称为真理，如朱熹常以"真理"二字指代理或天理，但总体上仍应归入存在论框架下的普遍法则。理学之理乃对宇宙本质的终极指认："合天地万物而言，只是一个理。"（《朱子语类·理气上》）此理先天地而存，须由心体悟，实为一种体验真理。认识论之真理乃思辨致知的产物，须由逻辑论证得之。故天道转向天理，在哲学上系存在论内部的范畴迁转。

此一迁转强烈冲击了董仲舒以降的儒家政治和社会思想。天与天子、天道与君道的宗教性、道德性关联，让位给君心对天理主动、理性的契应。受命于天的君权合法性不容置疑，天下君权最大，再依礼法规范、名分之约、教化之行而一天下，此为传统政治和社会共识的形塑之道。而当理成为凝摄万物的终极存有，则出现了宋代君主和士人公认的"天下道理最大"（《齐东野语·卷十六·理、度议谥》）。是非当以道理计，而不可由成败论。君权合法性并非自然天成，更非一劳永逸。君主未必天然站在理一边，君心亦难总是与理合一。故君道之要务，在于守天理、正君心、格君非。朱熹认为治道无别说，循根本而已，"天下事有大根本，有小根本。正君心是大本"（《朱子语类·朱子五》）。而正君心的立意和归处，在于求诸道、达于理。倘作如是观，则君主不再是神秘之天降至人间的合法之子，转而为普遍之理的人间代理人。理取代天而成为君权合法性、政治和社会共识的终极凭据。

朱熹谓："道者，古今共由之理。"（《朱子语类·学七》）此一论断强调了理之超越时空的恒常不灭属性。"若论道之常存，却又初非人所能预。只是此个自是亘古亘今常在不灭之物，虽千五百年被人作坏，终殄灭他不得耳。""道只是这个道，岂有三代、汉、唐之别？"（《答陈同甫》）同时，常存之道也是普遍的、公共的，"吾儒说只是一个物事。以其古今公共是这一个，不着人身上说，谓之道"（《朱子语类·学七》）。朱熹论理，多以"公共底道理""公共之理"等概念名之，如"这理是天下公共之理，人人都一般，初无物我之分。不可道我是一般道理，人又是一般道理"（《朱子语类·大学五》）。对理之恒常性、普遍性、公共性的建构，表明朱熹相信"宇宙人生社会中必有一个共同的价值原则被普遍遵循，如此宇宙之大、品类之盛都能得到根本性的理解"[1]。这其实是传统共识生成机制的一个经典假定：多元主体基于普遍信念和原则而交往，获得对共同问题及其解决方案的共识，以调适共在关系和公共生活。只是在先秦，这一信念和原则被儒家认定为天人合德的仁道，在汉唐为混合了宗教性、道德性和功利性的天道，在宋明则为公理。

在祛除汉唐天道观的宗教性后，宋明理学并未将公理简单贴合先秦的公道。孔孟将宇宙论与道德哲学合一，以仁为天地万物之体，主张天下归仁。荀子对天人关系有别出的看法，但仍肯认了仁的主导地位。宋明理学志欲重光先秦儒家人文主义，自然也重申了仁的重要性：人乃天地之心，而人之心性"虽其总摄贯通，无所不备，然一言以蔽之，则曰仁而已矣"（朱熹《仁说》）。朱熹同孔孟一样看重仁的全德价值："故人之为心，其德亦有四，曰仁、义、礼、智，而仁无不包。"（《仁说》）但是，理既然摆脱了神格化宇宙论的纠缠，便不再全然是天人的一种道德意志，它包括仁德

① 朱承. 王阳明哲学中的"公共性"思想［J］. 浙江社会科学，2018（8）：129-136，160.

而又不限于此。朱熹提出："仁者爱之理。"（《朱子语类·论语二》）仁乃理在"爱"中的体现，故理优先于仁。理之优先性突出表现在比仁更开阔的公共性上。先秦儒家已开显仁之公共性，程颐亦指出仁道惟公、惟公近仁。此皆揭橥了仁具有公共性，而对仁与公关系本质的阐释仍然含混不清。朱熹则明白主张"仁是天理，公是天理"（《朱子语类·性理三》），但先公而后才能仁。他首先强调了公私、理欲之分，"将天下正大底道理去处置事，便公；以自家私意去处之，便私"（《朱子语类·学七》），进而指出：

> 无私，是仁之前事；与天地万物为一体，是仁之后事。惟无私，然后仁；惟仁，然后与天地万物为一体。要在二者之间识得毕竟仁是甚模样。欲晓得仁名义，须并义、礼、智三字看。欲真个见得仁底模样，须是从克己复礼做工夫去。今人说仁，如糖，皆道是甜；不曾吃着，不知甜是甚滋味。圣人都不说破，在学者以身体之而已矣。（《朱子语类·性理三》）

朱熹此论，有三处值得深究。

一是"无私，是仁之前事"，强调公乃仁之前件。若非持之以公，仁便极可能只是差序格局之下小圈子的爱欲和德性，实难真正由"爱自亲始"（《礼记·祭义》）扩充至泛爱群生。所谓爱天下人，必于由亲近之人向外推及陌生人、异己者的过程中，泛化为稀薄浅陋的道德意气，乃至沦为一种空洞伪善的道德说辞。唯以公为道德前提，方可推演出"不独亲其亲，不独子其子"（《礼记·礼运》）的大同之境。更重要的是，公理被设定为宇宙万物之本体，是世界本然的存在法则，故公而后仁非为单纯的美德感召，而是君主治天下、大人行于世的生命历程中"自家本来合如此"（《朱子语类·大学四》）之事。作为"道理合如此做"（《朱子语类·大学五》）之事，奉公为行仁、充实仁之公共性提供了本体论保障。

二是"惟仁，然后与天地万物为一体"，强调公以仁为支撑。公先于仁之说潜隐着一个理论风险：公而不仁或公而假仁。法家即以"公法"为天下纲纪，而废仁义爱惠或徒留仁的名义。墨家的兼爱和"爱无差等"，亦不免沦为形式主义、功利主义的政治和社会情感。即使在儒家内部，如浙东事功学派对仁义的热情就不那么炽烈，而甘为霸道政治和功利主义辩护，认为霸业亦可裨益天下之公。陈亮力主王霸并用："王霸之杂，事功之会，有可以裨王道之阙而出乎富强之外者。"（《问皇帝王霸之道》）在他目中，"汉唐之君本领非不洪大开廓，故能以其国与天地并立，而人物赖以生息"（《又甲辰秋书》）。理学空谈"学道爱人"，却不识"天下，大物也，须是自家气力可以斡得动、挟得转，则天下之智力无非吾之智力，形同趋而势同利，虽异类可使不约而从也"（《壬寅答朱元晦秘书》）。此言天下功业须由实干成就，势利同仁义一样可使人"不约而从"。王道也好，霸道也好，只要实干兴邦、生养人民，皆属仁义之行。若单取王道、空谈仁义，而不察霸道实干和势利之功，则社会无由进步。

朱熹对此提出激烈批评，深斥事功学派以"功"为"公"，倒退至先秦"以力假仁"的历史旧路，此非"行仁"，实为"假仁"。他对二者有精细的区分："如行仁，便自仁中行出，皆仁之德。若假仁，便是恃其甲兵之强，财赋之多，足以欺人，是假仁之名以欺其众，非有仁之实也。"（《朱子语类·孟子三》）行仁即"由仁义行"，假仁即"行仁义"。前者由仁义出发，"拯民于水火之中"；后者则以仁义为道德资源和政治工具，"终无拯民涂炭之心"（《朱子语类·孟子三》）。为此，公理须以行仁、由仁义行支撑，非若汉唐一般假仁、行仁义。朱熹特别提示学生和论敌，要注意程颐"仁道难名，惟公近之"之论的后半句："不可便以公为仁"（《朱子语类·性理三》）。事实上，二程早就指出若弃仁道不顾，"天下"

便只落得"公"的虚名。"先王之世,以道治天下,后世只是以法把持天下"(《近思录·治体》),"三代之治,顺理者也。两汉以下,皆把持天下者也"(《二程遗书·卷第十一·明道先生语一》)。

三是明理行仁的功夫在于"以身体之"。在何以获得理或公理的问题上,朱熹提出了"以身体之"——通过身心修养来体契真理的功夫论。"功夫"本为佛道二家常用术语,意指用以抵达终极之境,如明心见性、大道逍遥的身心修行和存养方法。在同佛道二家的竞争、融合中,宋明理学意识到儒家亦须掌握切实的"为学之方",以期上学因之通下,下学亦可达上,贯通思想主张与修养实践。当他们回溯先秦儒学时,发现孔子"克己复礼"、孟子"求放心"诸论不应只在道德哲学层面作解,亦可理解为儒家修炼内圣外王之境的心性功夫。以朱熹为例,他的功夫论源出孔孟,奉《大学》为经典,形成了格物致知以穷理、诚意正心以明德、修齐治平以立世的方法体系。具言如次:

> 然身不可以徒修也,深探其本,则在乎格物以致其知而已。夫格物者,穷理之谓也。盖有是物,必有是理,然理无形而难知,物有迹而易睹,故因是物以求之,使是理了然心目之间而无毫发之差,则应乎事者,自无毫发之缪(通谬)。是以意诚心正而身修,至于家之齐、国之治、天下之平,亦举而措之耳。此所谓《大学》之道,虽古之大圣人生而知之,亦未有不学乎此者。(《癸未垂拱奏劄》)

此一功夫次递,首先是格物穷理,之后为诚意正心——朱熹称之为"主敬工夫"(《朱子语类·朱子十四》),进而主敬与修身合一,直至体认真理。在此功夫阶梯上勇猛精进,个体可由私心之偏、人欲之暗,抵达道心之公、天理之明。再从个体推扩开来,实现"仁及一家""仁及一国"

"仁及天下"（《朱子语类·论语十五》）。对此推扩过程，朱熹强调既要"以天下之心审自家之心"，又当"以自家之心审天下之心"（《朱子语类·大学二》），达成自心与公心——天下之心同在合一。这就将个体之自我超越、共同体之价值关怀、天理之终极临照结合为一体，形成了由自身体认和修养实践出发，契入共同体价值，进而会通客观天理的内外互通型共识机制。谓之内外互通，是为了区别于纯粹的内生型共识和外铄型共识。前者如孟子心性论，相信纯由内在的道德存养即可达人人"心所同然"的共识之境；佛道二家在主流上同样主张自心与他心相互印契。后者如在董仲舒那里，宗教性天道对共识的导引更为强势；在韩非那里，法度刑罚乃齐民的主术：此二者皆为外铄之力施加的同一。

宋明理学及其功夫论带来了两个重要改变：在存在论预设上，天理保留天道之公共性而祛除其宗教性，充当共识之真理性凭据；在价值论安排上，天理可由人居敬格物而被体认、契入，这就越过汉唐而复返先秦儒家人文主义，重彰了人之于自我存在和公共生活的价值主体地位。天理是客观的、外在的，但人可以内在切身体认，内外照应互通，达成持久广大共识。《周易·系辞上》谓乾坤大道"易知""易从"，"知则同心，从则协力。一于内故可久，兼于外故可大"（《朱子语类·易十》）。朱熹释曰："'一于内'者，谓可久是贤人之德，德则得于己者；'兼于外'者，谓可大是贤人之业，事业则见于外者故尔。"（《朱子语类·易十》）德一于内，持之久远；道兼于外，行之大公。内外两厢成就，则天下同心协力。

阳明心学沿着"以身体之"的路向纵深开拓，将心与理合于一处，主张"心即理"。天理与心体——良知不二，并无外在于心的理可求。循天理即致良知，良知现前则天理自得。宇宙万物确有终极之理存在，却不外在于人，而存乎此心之间。"此心无私欲之蔽，即是天理，不须外面添一分。以此纯乎天理之心，发之事父便是孝，发之事君便是忠，发之交友治民，便是信与仁。"(《传习录》卷上）从个体人生修养看，"心即理"乃孔孟心性论真正的复返和光大，切实挺立了人之主体性。从公共生活和社会交往看，由于"这良知人人皆有"(《传习录》卷下），只要"各人尽着自己力量精神，只在此心纯天理上用功"(《传习录》卷上），即可个个圆成本来相通的天下之心。"心学之思的根本目的不是'独善其身'，而是'觉民行道'，心学的发明是为了构建良好的公共生活与公共秩序。"① 在公共生活层面，"觉民行道"即借由明人心、致良知而一天下、求大同。在《大学问》篇，阳明谓：

> 大人者，以天地万物为一体者也。其视天下犹一家，中国犹一人焉。若夫间形骸而分尔我者，小人矣。大人之能以天地万物为一体也，非意之也，其心之仁本若是。其与天地万物而为一也，岂惟大人，虽小人之心亦莫不然，彼顾自小之耳……其一体之仁也，虽小人之心亦必有之。是乃根于天命之性，而自然灵昭不昧者也，是故谓之明德。

大人以天地万物为一体，视天下如一家、中国如一人，这并非因为大人有意造作如此——譬如主观上刻意唤起天下归仁的公共理想，而是仁德作为心体良知内在规定性的本然之功。小人之所以分彼我、"间形骸"，不过是因为孜孜顾于小我而蔽于心性。小人之心亦可去蔽，因为人之本心灵昭不昧，但用存养功夫，同样可臻于"我心光明"之境。"虚灵不昧，众理具而万事出。"(《传习录》卷上）一如前述，这不单是个体生命的觉醒之路，而且是相安相养、济于大同的共同体精神的升进方案。为此，阳明

---

① 朱承.王阳明哲学中的"公共性"思想 [J].浙江社会科学，2018 (8)：129－136，160.

疾呼"豪杰同志之士"知行合一、扶持匡翼，"共明良知之学于天下，使天下之人皆知自致其良知，以相安相养，去其自私自利之蔽，一洗谗妒胜忿之习，以济于大同"（《传习录》卷中）。心学路向的共识机制明显亲近孟子，注重内生的心所同然，其优越处是深沉而持久。当然，这也埋下了后文将述及的传统共识机制的祸根。

理一分殊

综上以观，由先秦至宋明，共识的价值之源经历了一大变、两小变。大变即从天道转向天理，或曰由公道迁转至公理。先秦汉唐以天道统理宇宙万物，落实于政治和社会理想上，便为构建天下为公的大同世界。对"公"的特殊强调使天道成为公道，君主、士人以之凝聚天下之心。此间有一小变，即由先秦多重义涵——道德的、宗教的、自然的天道，转向汉唐神秘且势利、偏离儒家道统、服务于帝国治术的天道。宋明理学致力于扫除终极存有问题的宇宙论迷障，将神秘主义天道移换为澄明的天理。共识生成机制亦由宇宙论式普遍认可，转变为对公理、真理的同一性体认。此间亦有一小变，即共识的价值之源由外在天理内置为"此心"。前者主张人尽达理，后者强调人皆心通——用王阳明从佛教借来的说法就是心印，即以心印心、济于大同。

以上乃就变化论之，此间亦有不变者，譬如宋明理学所持的一个关键命题：理一分殊。程颢认为《中庸》的逻辑主线是"始言一理，中散为万事，末复合为一理"（《四书章句集注·中庸章句》），即一理散于万事，万事归于一理。论及张载《西铭》篇的思想贡献，程颐将其概括为"理一分殊"（《朱子语类·理气上》）。清儒陆世仪（1611年—1672年，字道威，号刚斋）评价此四字，"真是千圣千贤传心要诀"（《思辨录辑要》卷二十八）。张载在宇宙论层面——宋明儒学早期仍有宇宙论余绪——提出了性理无二，在天为理，在人为性，天人性理同一，由此推出"民吾同胞，物吾与也"（《正蒙·干称篇》）。此即著名的"民胞物与"论，主张人人各正性命而"大其心"（《正蒙·大心篇》），于宇宙论上尽归天理，于道德论上一体同心。这就为因气质禀赋不同而万殊的个体，提供了一体共在的形而上依据。人与万物共持一理，同为一气之聚散，而"聚亦吾体，散亦吾体"（《正蒙·太和篇》），正所谓"一能合异"（《正蒙·干称篇》）。

事实上，先秦以降的中国哲学宇宙论、道德论及与其适配的政治哲学——包括共识和秩序思想，最为清晰、稳定的观念之一便是理一分殊。张载的贡献是以儒家视角对此进行了本体层面的阐发和概括：宇宙万物存在某一共同的终极本质，此即先秦至宋明理学早期的宇宙论天道和程颐、朱熹之后的真理性天理，这就是"理一"；万物虽共持一理，但因气、阴阳等形而下因素的和合变化，加之语言、风俗、教化等后天因素的分别差异，物物、人人又各有其造化和禀赋，这就是"分殊"。一理生成并内蕴于万物，万物各得其宜而又尽归一理，前者如月映千江，后者如千江映月。在大多数情况下，儒家存在论与价值论是贯通的，常由天道或天理直接推导出以仁义为中心的道德主张。终极存在不是无情物，它充盈着至善价值。道散于万物仍是一个道，德化用于人间亦不失其仁之宗本。换言之，任大千世界、人间社会纷然无常——"分殊"，总有根本大道和牢靠的道德基础——"理一"，于存在论和价值论上凝聚共识、创生秩序。

宋明儒家常借孔子"吾道一以贯之"的说法强调理的贯通性。南宋陈淳谓："自其浑沦一理而言，万理无不森然具备。自其万理着见而言，又无非即此一理也。一所以贯乎万，而万无不本乎一。"（《北溪字义·卷上·一贯》）依陈淳解释，理乃浑然自成的"一个大本处"，与"圣人之心"相通；贯即贯串，"是这一理流出去"，进而通乎万事万物之间，连接起天地赞化之理与洒扫应对等日常生活。所谓千条万绪、百行万善，无非"此一大本流行贯串"（《北溪字义·卷上·一贯》）。朱熹亦谓："夫子言'一贯'，曾子言'忠恕'，子思言'小德川流，大德敦化'，张子言'理一分殊'，只是一个。"（《朱子语类·论语九》）孔子之道，散于忠恕而贯通之；小德若川流，终归若海之大德。此皆与张载道破的理一分殊，说的是一回事。朱熹特别指出，认定一个终极存在并不困难——"理一"是自明的，关键是如何贯通万殊："不愁不理会得'一'，只愁不理会得'贯'。"（《朱子语类·论语九》）"一"如绳索，"贯"如"散钱"，释老虽也讲"万法归一"，但未能以一理贯通真实的政治、社会生活和个体生命境遇，而选择逃避世俗、退守山林，犹如散钱失了索子。

朱熹对释老的态度在宋明儒家中颇有代表性，即一面借鉴佛道的心性哲学思想和修养方法，一面又深恐失去儒家本色或被指斥"混同"，而未免过分敏感地批判佛道。实际上，佛道二家亦持理一分殊之宗旨，以各自确认的终极之理"随缘应物"或"任顺自然"。宋明儒者偏爱的"月映千江""以心印心""理事圆融"等惯用语，皆来自释老尤其是本土禅宗经典之论。这在阳明心学中体现得更加显著，"心即理""养得此心纯是天理"（《传习录》卷上）与禅宗"心即佛"、心物不二、反求诸己等主张于"大本处"浑然会通，皆强调对终极真理的体认，离不开对此心的照管和明悟。只是在对待政治、社会生活和人情世故上，佛道不若儒家那般热腾腾地奔赴并卷入。

从先秦至宋明，从儒家至佛道，理一分殊横竖观之皆可谓中国传统宇宙论、伦理学、政治学和社会学思想的一个元判断。传统共识观、秩序观亦筑基于此一判断，以之处理个体存在和公共生活中"一"与"多"的复杂关系。它是一个几近完美的思想预设：既有"理一"、公理之普遍通约，又承认、包容个体之万殊差异，二者"贯串"即可生成中和位育的人间秩序。多元个体各正性命、成己成物、生生不息，彼此之间又有普遍、稳定、深沉的共识，当真称得上能群善群、群而不党的完美中道了。此言完美，全系于"理一"之预设上。需要极度警惕的是，一旦关于"理一"的预设出现偏畸或变得可疑，势必导致共识观、秩序观的摇荡坍塌。且观如下可疑处。

一是"理一"与"分殊"孰轻孰重？朱熹等之所以不厌其烦地重申"一贯""贯串"，正因"理一"与"分殊"确乎存在二元分立风险。放任百虑万殊则难以"执一"，如焦循所称"以途既殊，则虑不可不百，虑百则不执一也"（《雕菰集・卷九・一以贯之解》）；而偏执理一归元则或将造成对多样性、差异性的压制，以一制多、以理灭殊。从儒家主流传统看，后一种风险——"理一"凌驾"分殊"之上更为常见。以宋明为例，张载、朱熹等宋儒尚在学术修辞上小心翼翼地平衡一多、同异、体用关系，而其后的心学则力崇"理一"优先。如王阳明认为哪有工夫纠结"一草一木之理"的具体识见——"夫我则不暇"，而应在"能尽人之性，则能尽物之性"（《四书章句集注・中庸章句》）上用全功。阳明弟子陈白沙亦言："君子一心，万理完具。事物虽多，莫非在我。"（《陈献章集・卷一・论前辈言铢视轩冕尘视金玉》）这不仅在思想构造上潜隐以体代用之患，亦可能为帝国统治提供求同泯异的理由。此非空穴来风的忧思。

及至清初，康熙明确提出"理一"在先而"分殊"在后："大抵天下事物，皆本于一。其后散而分之"（《日讲易经解义》卷九）。如此先后之分，实为基于帝王视角对道德和政治秩序的考量："理一"才有秩序，一如君权一统方能图治。康熙补充说："常人徇末而忘本，拘于形气之私，嗜欲好恶，纷争侵夺，不相为下，遂终于睽而不合。"（《日讲易经解义》卷九）

二是何以安放终极之理？在对先秦心性论的复归之路上，心学一脉走得最远。以心性为田地，心学重整而非原样恢复了儒家精神世界。在孟子那里，天道与心性可说是一体相应，却难言"只是一个"。天生万物，"四海之内，其性一也"（《郭店楚简·性自命出》）。人之心性是天给予的，"此天之所与我者"（《孟子·告子上》）。同时，人亦可通过复性——反身而诚，领受、求存天道，以达性天合一，"求则得之，舍则失之，是求有益于得也，求在我者也"（《孟子·尽心上》）。朱熹意义上的天理乃以心穷究的外物，此心做得主，便识得、持存天理；做不得主，天理便为欲所迷。心学登场后，天理不再外在于人心，亦非与心相通之物。天理即此心，明心即体道。王阳明越过朱熹，像孟子一样将心与理连接起来，并且更加彻底地将二者由"合一"关系，转换为"本来一物"。所谓"心即理"，不是理对心的给予，亦非心对理的复返或符合，终极之理本来就安放于此心。

前已指出，这一内向转换埋藏了祸根，即以一己之心测度、解释乃至替代天理。王阳明辞世后，心学随即分化。后学中超凡入圣者少，空谈天理心性者多，妄称"我悟了"的"狂禅"一时风行。在未悟言悟之下，"心即理"瓦解了理的超越性和客观性——天理不过是凡夫心中的"意见之理"。当终极之理沦为纷纭的主观意见，自然失去了凝摄、会通天下万殊的公理之力。"理一分殊"的共识和秩序生成机制亦随之破产。

三是天上人间果有终极之理乎？传统存在论与价值论合一，存在之理亦内蕴终极价值。而此理与价值皆属人主观建构之物，非为"确证"的客观真理法则，端赖人们普遍"确信"方立得住。王阳明自言："我此论学是无中生有的工夫。诸公须要信得及，只是立志。"（《传习录》卷上）对心体良知的建构、体认和阐释，实为"无中生有"的功夫，须以全信和刚强志念深入之，所谓"唯信能入"。此一"确信"而非"确证"的存在论与价值论体系，在明末清初遭到了一批先锋士人的质疑。

黄宗羲、戴震等拥有超前近现代意识的士人，对终极实存和最高价值生出了大疑惑——世上真有凝摄一切的终极理则存在吗？即使答案是肯定的，终极理则可由人心完全把握甚或等同于此心吗？此乃釜底抽薪之问。若终极理则不存在，或者为人心所不及，则宋明理学尤其是心学所树立的理一分殊信念便不再可信。及至清末民初，知识分子对终极之理的"信"与"志"彻底动摇，传统存在论和价值论遂遭连根拔起，理一分殊也就成了无稽之谈。清末民初之历史乱局更强化了士人的此般认识，天下似乎并无能够齐和大众的一理存在，"引导全体人心朝着一个方向努力"①。

三、公议确证：意见之理与公定是非

关于天理的无上超越性及其对人间社会的普遍凝摄，在朱熹时代即有人表示强烈质疑。浙东学派虽未直接批判筑基于天理至善恒一的王道政治思想，但强调王霸相杂、义利双行的正当性，实质上承认了世俗层面多元道德选择和利益主张的合理性。在陈亮等人看来，作为宇宙法则的天理就算至高无上，亦难完全覆盖或替代人间法则。譬如无论怎样强调天理至善，都不可轻忽世俗功利、利欲对构建政治和社会秩序原始而强劲的驱力。陈亮认为朱熹等道学家惯将上古三代描述成道德乌托邦，生活着"都无利欲，都无要富贵底人"。《诗》《书》对于历史"载得如此净洁"，几乎抹掉了"才有人心便有许多不净洁"的事实。在他看来，古今之人"其实则是利欲场中走"（《又乙巳秋书》）。陈亮并不反对天理预设，但他意识到不可仅凭天理及其化成的价值和道德法则规约世俗生活，功利亦为政治、社会共识和秩序的底层架构者。而这正是朱熹所忧惧处，他断言若非以至

---

① 陈固廷.“舆论”究竟是什么［J］. 留东学报，1936，1（4）：1-7.

纯至善之天理为价值泉源，私欲必将坏了人心和王道。恰如他诗中所言："问渠哪得清如许，为有源头活水来。"（《观书有感》）

陈亮的批判是外部性的，指出了存在论天理法则和价值论道德至善的局限，强调尚有现实功利调适人间社会。明末清初一批士人则着力批判了理学的学风及其历史后果。宋明理学特别是心学后期日渐流于"空""俗""禅""伪"，自称程朱门人、陆王后学和芸芸趋慕者，制造了浮华、虚假的学术繁荣。杨慎斥朱熹及后世效之者"玩瓶中之牡丹，看担上之桃李"（《升庵集·卷六·答重庆太守刘嵩阳书》）、"害人惨于鸿（通洪）水猛兽"（《升庵集·卷四十一·噬嗑解》）；李贽（1527年—1602年，字宏甫，号卓吾）认为理学门徒多为"口谈道德而心存高官，志在巨富"（《焚书·卷二·又与焦弱侯》）之辈；李塨将明亡归因于理学全面浸染政治风气和士人精神，导致空谈误国，"纸上之阅历多，则世事之阅历少；笔墨之精神多，则经济之精神少"（《李恕谷先生年谱》卷二）；顾炎武也认为宋明理学实为空疏之学，真正有良知的士人当转向"有益于天下，有益于将来"（《日知录·卷十九·文须有益于天下》）的经世致用之学，在此务实学风之下，像朱熹、阳明那样动辄"曰'一贯'"，"曰'无言'"，"以明心见性之空言，代修己治人之实学"（《日知录·卷七·夫子之言性与天道》），已然面目可憎了。

心所同然

顾炎武等人的批判同样是外部性的，旨在扫除宋明理学空虚放诞的学风。戴震则深入理学内部，在其思想中心地带发起猛攻。他提出了一个根本问题："心即理"终将沦为"意见之理"。在《孟子字义疏证》中，戴震27次提及"意见"一词，皆针对"理"的由来问题而去。典型说法如下：

是故明理者，明其区分也；精义者，精其裁断也。不明，往往界于疑似而生惑；不精，往往杂于偏私而害道。求理义而智不足者也，故不可谓之理义。自非圣人，鲜能无蔽；有蔽之深，有蔽之浅者。人莫患乎蔽而自智，任其意见，执之为理义。吾惧求理义者以意见当之，孰知民受其祸之所终极也哉！（《孟子字义疏证·卷上·理》）

戴震将求理视为一个在智识上去蔽的过程，所持的功夫是明澈、精纯的区分裁断。以智识去蔽而非在心地上扫尘除翳，以精明判断而非身心体悟求理，说明戴震意义上的"理"发生了由存在论到认识论的转向。"理"不再是由主观冥契或道德反思得来的某种终极实存，而是靠人之理性智识确证的普遍法则。根据戴震，详辨、解析天下万物后，所得不变之法则即为理。"分之，各有其不易之则，名曰理。"（《孟子字义疏证·卷上·理》）此一认识论转向具有重要的思想史价值：摆脱对存在之理（未免过度）的直觉主义、主观体契甚或迷信，理性地认识万物法则，产出能够经世济用、改造世界的确定知识。

戴震认为"心即理"之本体论预设存在明显的局限和风险，且将引发严重的思想文化和社会历史后果。人非圣贤，道德情智必有深浅不同之遮蔽。倘以我执之见为本然天理，且顽固恣意，必为祸斯民。将"心之意见""己之意见"当作天理——"以意见为理"（《孟子字义疏证·卷上·理》），且"执其意见"不放，"小之一人受其祸，大之天下国家受其祸"（《孟子字义疏证·卷下·权》）。思想上的祸害是欲求真实、普遍之理，反而堕入主观意见，自以为得，自是其是；人伦、社会和政治上的祸害则更大，自恃天理者"悖戾恣睢"（《孟子字义疏证·卷上·理》），常致空谈无休、相争无已，极端则如明末党争引发共识断裂、天下失序。戴震特别指出，那些自信品德高尚——"廉洁自持""心无私慝""必敬必正"的尊者、长者、贵者，更易假借天理此心之名，真诚而愚蠢地固执"意见之偏"（《孟子字义疏证·卷上·理》），直至"以理杀人"（《孟子字义疏证·与某书》）。

戴震并未通盘否定心之于理的价值。他回叩孟子心性论来解释理，但这只是一个学术策略。孟子曰："口之于味也，有同耆（通嗜）焉；耳之于声也，有同听焉；目之于色也，有同美焉。至于心，独无所同然乎？心之所同然者何也？谓理也，义也。"（《孟子·告子上》）孟子认为天下人既有同好之味、同听之声、同美之色，心亦有同然者，即理和义。戴震以此为权威论据，提出"心之所同然始谓之理"（《孟子字义疏证·卷上·理》）。但他随即强调了两个问题：理须由"见心"识得，理应当众所认同。

"见心"即识见之心，系指心的认识活动和功能。在儒释道功夫论中，常以"见心"区别于"本心"，后者乃恒明不动之心体，前者则为心体之用——觉知、认识外部世界。鉴于修行的最高境界是复返本心，外索的见心或曰识心常被视为惑乱本心、明理存道的障碍。而戴震恰恰申明了见心之于求理的价值，即操运理性心识，明智辨析、裁断万物法则。个体的识见——即使是理性的——并不可靠，理的确证仍须众皆认同、"心所同然"的担保。"凡一人以为然，天下万世皆曰'是不可易也'"（《孟子字义疏证·卷上·理》），方可谓之"同然"之则，亦即理。故戴震之"理"，实为理性判断、心所同然的超时空——天下万世不易法则。

那么，何以克服意见之偏、增广智识以达心所同然之理？戴震的方案是"去私"和"解蔽"。在这一点上，戴震认可朱熹的结论："私出于情欲，蔽出于心智"（《孟子字义疏证·卷下·权》），私乃"欲之失"，蔽为"知之失"（《孟子字义疏证·卷上·理》）。二人所异者，是戴震大胆承认情欲的合理性，直面心智的局限性。他认为问题的解决之道不是回避、仇视人之私与蔽，而是找到去私解蔽的方法。这个方法并不新鲜，先贤早已明白道出，即品学兼修的"仁且智"。具言之，去私靠仁，解蔽靠智。在求索同然之理的路上，行仁的关键是强恕——宽明包容，培智的关键是好学——学而时习之。戴震谓："去私莫如强恕，解蔽莫如学。"（《原善》卷下）

戴震借用了孔子对仁恕、孟子对强恕的解释。"反身而诚，乐莫大焉；强恕而行，求仁莫近焉。"（《孟子·尽心上》）孟子所称强恕，即勉力行于仁恕之道，重点是孔子倡导的"己所不欲，勿施于人"。去私行仁求理亦如是，不假真理之名固执己见，不将己见强加于人，包容并举以去偏私，则可共同识见真理。解蔽的路径是好学不殆，增广智识见地。强恕者仁，好学者智，"仁且智者，不私不蔽者也"（《原善》卷下）。戴震再度引述孟子说，心性智识"其光大者，其照也远，得理多而失理少"（《孟子字义疏证·卷上·理》）。

问题并未结束。戴震认为要做到德性上仁恕、智识上好学，务须用上克己复礼的功夫。克己即对自我进行省思节制，以深察天下至理而不疏隔："能克己以还其至当不易之则，斯不隔于天下。"（《孟子字义疏证·卷下·权》）复礼即信守礼的精神和节度，循礼而求理："礼之设所以治天下之情，或裁其过，或勉其不及，俾知天地之中而已矣。"（《孟子字义疏证·卷下·仁义礼智》）克己可使德性纯粹、心脑清明，至意见不偏；复礼可达事事不爽其条理，"公言言义，动止应礼"（《原善》卷下），从而由礼达理。再往下便是克己复礼功夫的落实，戴震重申了《中庸》的为学之道：博学、审问、慎思、明辨、笃行，"果能此道矣，虽愚必明，虽柔必强"（《孟子字义疏证·卷下·道》）。

在心与理的关系上，戴震更多强调了心之"仁义礼智全矣"（《孟子字义疏证·卷上·理》）的道德判断力和智识判断力，特别是众智同心求理之功。心有理性致知的功能，人们对万物法则获得心所同然的认知，也就得了理。当然，戴震并未轻忽心的价值功能，只是不再单一标举或片面放大之。在依循儒家传统强调仁德时，他更多的是将仁心作为正知、正见以求理的道德条件。凭借仁且智，人与人可实现同心同理。也正因为共同、普遍之理的统合，人与人可各自调适其仁心——道德判断力和见识——智性判断力，达及心所同然。故仁而不智，恕而不学，去私而不去蔽，或为了突出行的重要性而贬抑知——重行不重知，皆非圣学之道。智识去蔽，方可心明，辨察至理。此一对"智"的拔升，乃儒家德优胜于智之传统的一次重要自我修补和矫正。戴震谓：

> 圣人之言，无非使人求其至当以见之行；求其至当，即先务于知也。凡去私不求去蔽，重行不先重知，非圣学也。孟子曰："执中无权，犹执一也。"权，所以别轻重。谓心之明，至于辨察事情而准，故曰权。学至是，一以贯之矣，意见之偏除矣。（《孟子字义疏证·卷下·权》）

从理与意见的二分，到理性致知、心所同然、不易之则等真理标准的设定，再到去私与解蔽、仁且智、强恕与好学等求理方法的确立，以及克己复礼功夫路径的选择，戴震完成了对宋明理学的批判，建立了认识论取向的真理观。这也透露了他的共识观与秩序观。基于戴震的设计，政治和社会共识的生成机制已明显逸出早前理一分殊的总体安排。相异之处有如下数端。

一是"理"仍为共识的来源和归处，但其属性有根本转变。先秦、汉唐和宋明儒学思想中，真理——天道、天理即使包含客观成分，也不过是一种由体验和确信建构的绝对、恒常、精神性的"理念"。相对于上古朴素的宇宙论，先秦心性论的进步性体现于性天合一的本体论建构，推动了观念世界的人文主义转向；相对于汉唐神秘的天道观，宋明理学的进步性在于将天理再度纳入心中，彰显了人的主体性。但真正的主体性，不是混同心与理，而是人对真理——宇宙自然、社会人生法则的真确认识和实际把握。

在《原善》《孟子私淑录》等著述中，戴震亦常混用"理"与"天理"二词，而其内涵既非宗教性天道，亦非朱熹、王阳明意义上"以身体之"或"与心不二"的超验道理。"心即理"被改造为"理即则"。戴震指出："举凡天地人物事为，不闻无可言之理者也。《诗》曰'有物有则'是也。就天地人物事为，求其不易之则，是谓。"（《孟子私淑录》卷上）理就是事物的法则，或对法则加以"虚"化——抽象后的确定规律。明理非自我内索的过程，不能全然交付给道德心灵上的信仰、理想或激情，而是对天地、人物、事为不易之则的理性、客观、真确探究。心与理皆失去了道德哲学上的本体地位，二者也不再是囫囵一体的终极实存。理仍具有先验性和普遍性，但不再是神秘主义的宇宙真理、内在主义的道德真理，而成为须凭智识——"先务于知""求其至当"（《孟子字义疏证·卷下·权》）的知识真理。

从先秦出现人文主义转向，孔孟心性论将高高在上的天道纳入人之心性，到汉唐儒学将天道外推，再到宋明理学再度会通天理此心，心与终极之道或理的关系——突出表现为道或理相对于心的位置——一直在恢阔的思想史时空中摇摆。当观念之机柄传至戴震手中，他又将理从心内旋转至心外。但这不是一次简单的思想史复返或回旋，戴震将理从存在论之域迁转至认识论范畴。如是，天下共识和秩序的依据便由宇宙论、心性论天道或天理许诺的"善"，转向了认识论真理求索的"真"。"戴震超过前人的地方，在于认识到人不只是实践道德的主体也是认知的主体，并且将道德的'善'建立在客观认知的'真'的基础上。"①

二是共识建构中存在真理与意见的紧张关系。以现代眼光看，真理和意见皆为通往共识之路必不可少的力量。真理乃达成共识的依据，意见之交锋、协商及其明辨真理的过程则为共识建构的重要机制和方式。在二者关系上，戴震认识到真理一旦混同于存在论的此心，必堕为主观意见。纷杂、多变的一己或众人之见即使包裹一些真理颗粒，亦难保全普遍、完整、恒常的真理价值。戴震虽未明言，但依他的见解，共识应来自真理朝向所有人的敞开，而非意见的混战和冲撞。当然，真理之路可靠而难行。传统儒家相信一即多、多即一，"宇宙之间，一理而已"（朱熹《读大纪》）。

洞察了"一"，也就开了窍——明心即可明悟万事万物。反之，"多"亦可达"一"，格致万物亦可悟见天理。戴震也相信人可以把握真理，但理性致知并不容易，"必就事物剖析至微，而后理得"（《孟子字义疏证·卷下·权》）。个体如是理性、精微识断，又经众人艰难求索而达心所同然，理才能得以确证。如此艰难求得之理，也才能指引人对世界的认识，形塑共识，范导秩序。

鉴于一己之见必有偏私遮蔽，众人之见难免喧杂相争，未免伤害真理和秩序，戴震放弃了基于公共讨论、多元意见竞争寻求真理和共识的可能性。他只需向前一步，即可得出真理闪现于多元意见的交换、交锋之中的结论，或阐明现代意义上到个体间寻求共识可能性的"多元共识"机制。尽管常有学者称赞戴震的思想显得"过度现代化"②，但他终究未走出这一步。为了批判宇宙论、心性论天理——它们在交往实践中只是一种主观

① 王萍. 戴震与朱熹之分歧的学理辨析 [J]. 江苏教育学院学报（社会科学版），2007（2）：64-67.
② 葛兆光. 有关戴震研究的学术史 [J]. 理论与史学，2015（1）：99-119.

意见，也为了突出作为万物之则的真理，戴震从未赋予意见以正面义涵。他所谈论的意见，总是与私、蔽联系在一起，与真理处于紧张对立的两极。在真理之路与意见之路的选择上，他义无反顾走向了前者。

三是从宇宙真理到道德真理再到认识论或曰知识真理，关于理性与共识关系的认识渐行至普遍性与公共性的分野地带。先秦儒家存在论和共识观是以公道为中心的，即认定宇宙存在一终极天道，天道具有普遍性、统摄性和超越性，由此设推大道之行、天下为公，进而以公道及其在人间的展现——仁道凝聚天下共识。先秦天道观来自宇宙论预设，含有宗教性、自然性和道德性等多维指向；汉唐总体上强化了天道的宇宙论色彩和宗教性威德，以构建大一统共识和秩序；宋明理学重彰先秦儒家心性论，将终极之理从混沌宇宙论中解放出来，主张以身体之或与心同一。理获得了真理意味，且由心纳之，人之于理的主体地位由是挺立。天下之所以可以生成共识和秩序，正在于人可以主动地凭借此心体认"只是一个"的公理。明末清初士人觉察理学之"理"不过是一种空谈空转的意见之理，故产生了务实求理的冲动。戴震搬出孟子的心所同然之论，将理定义为普遍认同的万物法则。理有其客观性，乃由人主动凭理性区分裁断可得的普遍知识。求真理即求同心共知——智识与知识上的互通，求同心即求共知真理——获得对理由的普遍认识。经过戴震的改造，心所同然已隐去心性本体相通之义，而转向智识上对真理法则的共知共见共识了。

从孔孟、董仲舒降至戴震，关于终极之理的观念发生了重要转向，但都坚持了对理之"公"的强调。理只有是"公"的，方有普遍凝摄、整合、通约之力，可堪宇宙和人间秩序生成和运转的依据。但他们所称的"公"，实为一种普遍性而非公共性，二者关联甚密却不可混同为一。为行文需要，本章截至目前并未严格区分普遍性与公共性，以下则深究之。

普遍性意味着遍覆无遗，万物本质同一，一即一切。绝对的普遍性——康德意义上的"物自体"，只能是抽象、先验、超越性的，存在于信仰、道德或审美领域，靠人之确信、感受、体契维系其存在价值。若以绝对普遍性指导世俗生活，譬如规范交往、共识和秩序，则离不开权威对此抽象存在的解释。作为思想构建的过程，解释无以避免权力和道德意志的介入。当某种普遍价值领受历史的"好运气"，被纳入道统、治统，落实为礼法体系，也就成了维持权威共识和秩序的工具。因此，普遍性存乎信仰之中，亦为权威话语所建构之物。如韩非主张的普遍性——公义，实为君主欲成就天下秩序的权力意志，即"人主之公义"（《韩非子·饰邪》）。以普遍价值构建普遍共识，最理想的状态是人皆信仰终极实存，由贤君和无私蔽的君子觉解、阐释之，再将之转换为道德和礼法规范。反之，最糟的境况便是信仰无存，掌权者更将私欲表达为普遍价值。

公共性也意味着某些共同、互通的规范或价值，但它须由社会交往、公共讨论得来，实为协商的产物。在功能论上，公共性和普遍性皆属从总体上认识、把握世界的概念，即确立普适规范或价值来整合社会、架构政治。而从生成论看，公共性源出多元主体的公开阐释和协商，非若普遍性那般由天道和人间的权威给定。当然，这并不意味着普遍性与公共性全然是两码事。给定的普遍性在其世俗适用中，不同权威之间共时或历时的观念阐释和竞争，大众的接纳或抗拒，也会为之注入公共性。如在普遍价值向社会交往规范的转化上，儒家内部有关仁礼关系的阐释并不相同。孔孟之礼乃仁的外化，偏向道德主义。荀子之礼更近于法，趋于制度主义。李觏进一步抬升礼的地位，以之对内统摄仁义智信，对外统理乐政刑。朱熹主张"礼即理"（《答曾择之》），而朱熹之理与先秦天道及其德性——仁又有异趣。礼之所以能够连接形而上与形而下、内在与外在价值，成为漫长世代共持的公共规范，正得益于不曾中辍的公共阐释和主流化建构。在权威阐释之外，礼又经语言、地域、风俗、时势、实利、交往情境等复杂因素的迎拒和改造，而在大众生活中成为通约性的日用规范。

戴震否定了宇宙论、心性论天理——给定的普遍性，也发现了意见竞争的必然性，却退回儒家立场，建议人们克己复礼，以仁且智的修为认识真理。倘若戴震顺势向前，他或可擦亮如下问题：是否存在将意见竞争升进为公共协商的可能性？是否存在基于公共协商竞争寻求真理，进而以真理得共识的可能性？是否存在将共识的来源由给定的普遍性转换为可协商的公共性的可能性？回答此三问，前提是能否正确对待、理解意见与真理的关系。戴震恰在此处止步折返：意见是不可靠的，意见之路乃真理之路上的歧途。问题是，对身处清中前叶的戴震提出"向前一步"的要求是否过于苛刻？

公定是非

若将目光投向同时代的欧洲，启蒙思想家们正在为走出中世纪，创设现代思想和制度条件而激辩。几乎与戴震同龄的卢梭在呼应洛克、反驳霍布斯时提出，共识和秩序应筑基于公共性，而公共性非由上帝及其人间代理人——统治精英确立，乃自众意——公共舆论生发、涵养而来。掌权者所欲施加的规范，仅表达了权力意志的统一性、普遍性。作为多元意见的汇总，舆论可于意见竞争中凝结公意，沉淀公共性，进而订立社会契约，维系由社会成员内生的稳定共识和秩序。以此平行目光比量卢梭和戴震，或显简单粗糙。毕竟康雍乾时代并未出现热诚拥抱近代性、现代性的总体思想倾向，即使对送上门的西方近现代科学和人文思想，亦多薄待之。让"寒素贩卒"出身的书生戴震扮演先知，孤身开启新世界，似为强加给他的不合时宜的历史重负了。

但情况并非全然如此。明清易代之季，尚有群体性的思想家转向了对意见、真理与公共性相关问题的讨论。此一转向是由其时士人怀旧、愧疚、激愤的复杂心态驱动的士大夫政治。崇祯皇帝"文臣误我"之遗言即使属实亦未必公允，但明末士人的愧疚却是真切的。他们承认要对空谈误国、党争无休的后果——不唯改朝换代，而且是"华夏陆沉""天崩地解"——负责。他们发起对宋明理学的批判和改造，引发了对传统天理价值的怀疑，振作了直面问题、务实求理的新士人精神。同时，面对明末政治和道德败坏尤其是君主的糟糕表现，黄宗羲等卓异分子终于走出对具体时弊的激愤针砭，寻求包括公议在内的君权体系革新方案。

梁启超直接拿卢梭比量黄宗羲，认为《明夷待访录》中"《原君》、《原臣》诸篇，几夺卢梭《民约》之席"[①]。黄宗羲被引述最多的观点是"天下为主，君为客"（《明夷待访录·原君》），此非对孟子"民为贵，社稷次之，君为轻"之论的简单改装。孟子的"轻君"主张只能落实于道德约束，无外乎君主自明自律，或由士人道德规谏，在极端情况下民众可"如诛一夫"一般除之。黄宗羲则未停留在对君权的道德批判上，他认为要改变"天地之大，于兆人万姓之中，独私其一人一姓"（《明夷待访录·原君》）的专制格局，须以置相分权、更法建制、众治公议等民主性安排为保障。此中，众治公议不是对传统议政遗风的复唱，或基于君臣道德义务和"祖宗家法"约定的内部权力协商，它超越了君权体系内部以自我矫正和革新为旨归的共议。侯外庐认为，黄宗羲以"近代推论的思维方法"，提出了颇近西方启蒙运动的政治民主和"平权要求"[②]。这个要求就是以公议定是非，形成"以权力制约权力"[③]的民主协商体系。

黄宗羲首先找到了相对独立于皇权体系之外的公议空间——从太学到

① 梁启超.论中国学术思想变迁之大势 [M] //梁启超全集：第3卷.北京：北京出版社，1999：607.
② 侯外庐.中国早期启蒙思想史 [M].北京：人民出版社，1956：155-165.
③ 李存山.从民本走向民主的开端：兼评所谓"民本的极限" [J].华东师范大学学报（哲学社会科学版），2006（6）：1-8，55.

郡县乃至所有"烟火聚落之处"的学校。为什么是学校而非庙堂之内或其他可能的公共空间？黄宗羲的理由是"治天下之具皆出于学校"（《明夷待访录·学校》）。牟宗三认为黄宗羲目中的理想学校，可出三种治天下之工具：司教，养士，议政①。司教之主旨在传道，以平衡道、君、士三角关系。道尊于势，君尊于士，而士人从道不从君，以道为言说和行动资源规训君权威势。学校另一职能是养士，即造就胜任公议政治的行动主体。这些士人不可"科举嚣争，富贵熏心"，须如东汉太学生、两宋诸儒生一般，"危言深论，不隐豪强，公卿避其贬议"，"伏阙捶鼓，请起李纲"（《明夷待访录·学校》）。黄宗羲赞赏的李纲乃两宋之际名相，尝言："国之治乱存亡而君子小人之所以劝沮消长者，皆系乎清议。清议者，出于人心之同然而合天下之公论者是也。"（《清议说》）

司教、养士皆属儒家以学领政的传统政治设计，黄宗羲的超越处在于将学校构造为公议空间：公其非是于学校。由学校公议是非，是为了从根本上改变"三代以下，天下之是非一出于朝廷"（《明夷待访录·学校》）的权力与真理同构的话语格局。明代对知识分子的苛酷，令一些士人无限怀念宋代力倡公论、公议、"道理最大"和"共定国是"之风，意欲复苏"常随天下公议"（《宋史·苏轼传》）的政风和言制安排。黄宗羲显然也在此等士人之列，但他的目光更超前、更深远。既然天下道理最大，则应由天下人及其代表——士人公议，且应辟出权力体系之外的公议空间——学校。黄宗羲对此的说明是：

> 学校，所以养士也。然古之圣王，其意不仅此也，必使治天下之具皆出于学校，而后设学校之意始备。……盖使朝廷之上，间阎之

---

① 牟宗三. 政道与治道 [M]. 桂林：广西师范大学出版社，2006：150.

细，渐摩濡染，莫不有诗书宽大之气。天子之所是未必是，天子之所非未必非，天子亦遂不敢自为非是，而公其非是于学校。是故养士为学校之一事，而学校不仅为养士而设也。（《明夷待访录·学校》）

此论有三个要领：学校的本职是司教养士，但又不限于此，而能出治天下之具；学校之教育教化，可于渐摩濡染之间，从朝廷至闾阎养成诗书宽大之气；学校的另一使命是公议，天下之是非不唯天子所定，而应公其是非于学校。黄宗羲希望司教养士的学校以道为资，公开讨论政事缺失，"小则纠绳，大则伐鼓号于众"（《明夷待访录·学校》）。他精详设计了各级学官选拔机制，强调了学官外在于君权体系，"不隶属于提学"（《明夷待访录·学校》）的独立性。即使天子幸太学，亦须"就弟子之列"（《明夷待访录·学校》）。学校内部施行民主管理，学官若不胜任，则当由"士子哗而退之"（《明夷待访录·学校》）。

综合《明夷待访录》《明儒学案》等著作，当代学者认为黄宗羲意在建构一个民主、正义的公议社会[1]，形塑一种以学校议政和舆论监督驯化政治权力、制约政治权威的宪治主义[2]，使权力合法性安立于民主性——平等、同意、参与之上[3]。此言民主，并非西方意义上基于程序公正、机会平等而落实为票决的政治参与，实为充溢中国政治思想气质的协商民主。与票决民主以投票多寡代替意见的实质表达不同，协商民主旨在通过公开、平等的慎议、熟议，让参与者各自的意见得以实质表达，并逐渐形

① 彭国翔．公议社会的建构：黄宗羲民主思想的真正精华：从《原君》到《学校》的转换 [J]．求是学刊，2006（4）：44-49.
② 官茂元．用"学校"规驯权力：黄宗羲"以学领政"的权力驯化思想 [J]．湖北行政学院学报，2018（2）：34-39.
③ 顾家宁．儒学与民主关系的再思考：以黄宗羲政治思想之"民主性"问题为中心 [J]．政治思想史，2018（4）：18-36，197，198.

成多数乃至全体心所同然、不得不然的主流意见，以达成决策和权力运施之共识。

黄宗羲对借由公议明定是非颇为乐观。《明儒学案》记载了东林党人顾宪成与炎江有关明末"怪事"的一段对话，二人谈及当时"内阁所是，外论必以为非；内阁所非，外论必以为是"，"外论所是，内阁必以为非；外论所非，内阁必以为是"（《明儒学案·东林学案一》）的舆论怪局。黄宗羲认为怪局非由公议本身引发，恰为朝廷未能善待善用公议，必仇之而后快所致："有所非也，则朝廷必以为是而荣之；有所是也，则朝廷必以为非而辱之。"（《明夷待访录·学校》）不只黄宗羲，积极投身学校公议的东林党人多有此确信。如缪昌期（1562年—1626年，字当时，一字又元，号西溪）谓："天下之论，不过是非两端而已。一是一非，一非一是，谓之异，不谓之公。一是偕是，一非偕非，谓之同，不谓之公。公论者，出于人心之自然而一，似有不得不然。"（《从野堂存稿·卷二·公论国之元气论》）在公议中，是非纷杂、异见纷然不是"公"，一边倒趋同也不是"公"。缪昌期所言公论为名词，同于公理，须由"天下之论"——对是非、同异、公私的讨论中得来，即公共讨论所确证的心所同然、不得不然之理。

除了对公议自身力量的信任，黄宗羲的乐观亦来自对公议主体的信心。狄百瑞（William Theodore de Bary）指出，黄氏公议以士人为主体，"是与非的确定最终由学校里的知识分子哲人来决定，因为他们是真理的守卫者，这个真理是唯一的不可分的"①。在典型的儒家观念中，士人乃知识、道德和政治精英的合体者，是道统的阐释者和护持者，他们——往往也只有他们——能够担荷对真理的责任。《明夷待访录》长篇讨论了养士取士之策，寄望于士人把握真理、公定是非。故黄氏公议社会方案，实

---

① 狄百瑞. 从17世纪看中国君主专制与儒家理想［M］//费正清. 中国的思想与制度. 郭晓兵，等译. 北京：世界知识出版社，2008：195.

为一种基于贤能协商的政治安排。此一方案的进步性，乃于权力体系之外设置精英协商机制，以公议力量节制君权、明定是非。

这明白显露了黄宗羲强烈的民主取向——分权与平权，亦展现了其以公共协商构建社会共识和权力合法性的秩序观念。自清末始，学界多强调黄宗羲思想中启蒙、民主乃至反君权的一面，而常忽视其秩序观念，未免有过度"为我所用"之嫌。黄宗羲的全部政治运思皆以对治明末衰乱，重建精神、道德和政治秩序为缘起。他反对理学空谈，反对庸聩之君，反对独断是非的权力结构，欲建立一个务实、正义、民主的政治秩序。"黄宗羲的思考包含了三个层面：以道德事功为主轴的精神秩序的重建，以天下公义为旨归的法原重构，以混合政体为中心的政制更革。"①

黄宗羲政治思想的光芒常掩盖其在哲学上的作为。同明末清初诸遗老一样，他激烈批判朱熹理本论，尝试给人生和世界带来新解释。以理本论指引世俗生活，其极致便为反人性的"存天理，灭人欲"。《明夷待访录》开篇即发起公私问题批判："有生之初，人各自私也，人各自利也。天下有公利而莫或兴之，有公害而莫或除之。"（《明夷待访录·原君》）这是一个冲突性问题。黄宗羲一方面承认人之私欲功利，且视之为霍布斯、卢梭意义上的自然权利——与生俱来；另一方面主张兴公利、除公害。传统儒家特别是理学对待公私之问，主调是基于公理的存在论和价值论预设，强调道德实践中公之于私的优先性，即以公灭私、大公无私。黄宗羲所称的兴公利、除公害，一反理学公先于大于私的道德定式。他给出的答案是大公有私。同代的顾炎武提出了著名的"合私为公"论，既肯定私，又主张将其整合为公。面对"自天下为家，各亲其亲，各子其子，而人之有私，固情之所不能免矣"的事实，顾炎武主张"合天下之私，以成天下之公"

① 顾家宁.秩序重建的政治之维：黄宗羲与近世政治思维的突破［J］.政治思想史，2012(2)：22-38，197.

（《日知录·卷三·言私其豵》）。此中，天子乃公共性最主要的代表者和行动者，要承纳、响应、调和天下之私，"天下之私，天子之公也"（《郡县论五》）。

黄宗羲则未像顾炎武那样将调和公私的希望押在天子身上。在政治之维，他提出旨在平衡多与一、私与公的公议设计，即让个体利益和价值获得公开、实质表达，并于多元协商中共同确证公利是非。在哲学之维，他破理立气，以中性之气替代作为最高主宰的至纯至善之理，或曰气才是理，理气"二名"（《明儒学案·泰州学案五》），此即气本论。"盈天地间皆气"（《明儒学案·北方王门学案》），而气有阴阳、清浊、升沉之分，故人之善恶、公私之别亦属合理。对作为主体的人而言，心亦盈天地间，气在心中，故又可推出"心即气"，是为以正人心为宗旨的心本论。从理本论、气本论到心本论，黄宗羲批判了朱熹理学，却在广义上归于王阳明、湛甘泉心学。故在理、气与心的关系上，黄宗羲并未走出本体论域限。

以礼代理

真正完成本体论批判的是戴震。如前所述，他意识到理一旦收纳于心，终为一种主观意见。遗憾的是，戴震发现、发显了意见，却未接续、延展身前百余年黄宗羲的公议思想，未免令人扼腕深叹。黄、戴皆重孟子之学，黄存《孟子师说》，戴著《孟子字义疏证》。加之戴震对理学及其批判脉络的熟悉，不大可能未曾留意明末清初思想领袖黄宗羲。戴氏避谈公议，或与其时政治空气有关。"戴震生活在雍正、乾隆时代，大体上说，这个时代的特点是政治严厉、秩序稳定。"[1] 在严苛的政治环境和"盛世"

---

① 葛兆光. 有关戴震研究的学术史［J］. 理论与史学, 2015 (1): 99-119.

太平秩序之下，公议分权之论既有危险又无市场。

另一种可能，便是前述戴震对于天下尽逞己之意见而为祸斯民的忧惧。胡适对戴震哲学有个"伤心的结论"："我们还是'好高而就易'，甘心用'内心生活'、'精神文明'一类的揣度影响之谈来自欺欺人呢？还是决心不怕艰难，选择那纯粹理智态度的崎岖山路，……而努力改造一种科学的致知穷理的中国哲学呢？"① 胡适赞美戴震突破传统心性论只照管内心的局限，注重以智识求真理，同时亦感叹其未完全走向纯粹理智之路。那么是否存在一条用理性的锁链缚住飘忽、狂野的意见，进而公定是非、抵达真理的意见之路呢？

若将黄、戴思想连成一片，则可绘出有鲜亮启蒙底色的观念谱系：否定本体层面的终极之理——被建构和强加的普遍性，批判权力主宰真理是非——真理话语垄断；承认私欲与功利的合理性、正当性——保全个体价值，接纳多元意见竞争——务实地面对问题、差异和矛盾；强调以智识和道德理性裁断真理法则——仁且智地求取心所同然或不得不然；主张以公议定是非、出公论、达公义——基于多元协商寻求公共性。此一谱系乃对传统共识观的革命性改造。作为共识终极来源的超越性天理、心性退场，真理法则成为共识的依据和内容，先验价值让位给协商价值；由外部权威施加和主体内心体认的共识方案式微，基于个体理性致知和多元协商的共识之路开启，普遍性让渡为公共性。

这还算不得一个完整的观念谱系。公共性生发于意见竞争和多元协商，而后二者实赖公共理性的柱撑。若无理性加持和规约，公议便极易卷入情绪激风，引发观点混战，甚或造成底线共识和秩序的崩解。理性从何而来？黄宗羲对此并无专论，而观其思想大要，他对士人精神及其道德理

① 胡适 . 戴东原的哲学［M］//胡适文集：7. 北京：北京大学出版社，1998：342.

性是有信心的。此等信心显然是盲目的。在黄宗羲亲历的明末灾难性党争中，只见过剩的道德意气和你死我活的利益冲撞，罕有理性的絜矩规约。秦晖认为，黄宗羲的所谓学校政治"并不包含程序民主，只是高度泛道化的政治"，东林党亦不过是"特殊主义的小圈子"①。与黄宗羲不同，戴震显然不信任个体心性道德的可靠性。天理尚可沦为个人意见，理性自然不能全凭德性。他转而诉诸个体智识的增广，以拓展人之理性致知能力。然而，公议虽离不开个体理性的保障，却不可将公共交往中的个体理性混同于公共理性。个体理性总有其局限，公共理性亦非个体理性的简单加总。

若言戴震全然未注意到公共理性问题，则又是不公平的。他对克己复礼的重申，实则潜藏了一条破理立礼、由礼达理的线索：恢复荀子意义上的制度主义之礼，以之规范公议、协商。将此暗线挑明的，是私淑戴震的徽歙同乡凌廷堪（1757年—1809年，字仲子）。在《复礼》三篇中，凌廷堪征实崇礼，举起了以礼代理的旗帜：

> 故曰道者，所由适于治之路也，天下之达道是也。若舍礼而别求所谓道者，则杳渺而不可凭矣。而君子之行礼也，本之知、仁、勇，三者皆为斯人所同得。故曰德者，得也，天下之达德是也。若舍礼而别求所谓德者，则虚悬而无所薄矣。盖道无迹也，必缘礼而著见，而制礼者以之；德无象也，必借礼为依归，而行礼者以之。

凌廷堪认为道杳渺无迹，德虚悬无象，皆属想象和体认的观念之物——此论呼应了李觏，真正可缘附依皈者唯有礼。礼乃道德的凝结、显化，是切实可靠的个体成长和公共交往规范。舍礼而别求道德，则无所依

① 秦晖.传统十论 [M].上海：复旦大学出版社，2003：225.

凭。此论粗察之，颇似朱熹"理即礼"之论，其实不然。朱熹对礼的重视说到底是为了落实理的主宰地位，礼乃理用以支配人间秩序的工具。且理的至善完满，迫使礼成为"去人欲"的道德枷锁。絜矩与枷锁皆有约束之意，而前者指向理性规范，后者则为戴震指控的以理杀人。清末俞樾批评宋儒所论理礼关系说："圣人之于人，绳之以礼，不绳之以理也。故中材而下，皆可勉而及也。后之君子以理绳人，则天下无全人矣。"又言："舍礼而言理，是治狱也。治天下非治狱也。以治狱者治天下，而人伦之变滋矣。"（《礼理说》）俞樾讨伐了朱熹，也道破了凌廷堪复礼论的宗旨：以礼代理，即以外在制度性规范取替道德迫加。

不唯凌廷堪，以礼代理乃阮元、焦循、钱大昕等乾嘉学者的共识。这场思想运动不单是明末清初理学批判——破理的延续，且为立礼而来。破理走出"理学家的道德主义狂热"，"更加关注具体人的存在"，立礼则将"对社会问题的根本关注由内在的精神层面转向外在的制度层面"①。乾嘉学者多主张征实崇礼，即务实对待公私、义利、王霸、一多、群己等千古之问，将解决方案由心灵拷问、德性检讨，拉到具体的生活和生命实践中来，直面真实的社会人生问题，强调以外在规范——礼式节文导引、调和社会矛盾与冲突。凌廷堪承认这是对荀子"学至乎礼而止"（《荀子·劝学》）思想的遥应，直吁复兴荀学。

在理本论者、心本论者那里，荀子一度遭遇了严厉的道德指控，被视为重礼法、轻义理的狂徒逸轨者。朱熹集成四书——《论语》《孟子》《大学》《中庸》，直将《荀子》排除在外。凌廷堪则认为荀子以礼为本之论解除了儒家的道德迷障，因为"本礼言仁，厥性乃复"（《荀卿颂》）。礼"如范范金，如绳绳木"，舍礼法而论仁义，如炼金而失了模范，绳木而失了绳矩，"徒手成

---

① 王世光. 清代中期"以礼代理"说刍议［J］. 孔子研究，2004（2）：92-99，128.

器，良工不能"（《荀卿颂》）。对待公私、群己诸二元关系亦如是，与其守在心性幽玄处或立于道义高地空言天理人心的旧调，不若放眼礼法施设，以可守之规、堪立之则直面修己安人和公共交往中的利益和道德困境。

以黄宗羲、戴震和凌廷堪为代表，明末至清中叶一批思想家的共识观和秩序观出现了几个关键转向：在心所同然的凭据或动力上，从领受、契应天理，转向确证、识断真理；在共识内涵的指涉上，从公道、公理及与其一体建构的权力话语的普遍性，转向基于意见竞争和多元协商的公共性；在共识形范的保障上，从内在心性体认和道德省思，转向智识训练和外在制度性规范。最后一个转向看似退回到法古的老路上——重申荀子制度主义群学，实则以儒家惯用的借古开今之策，初描了现代社会建构的观念脉络：以交往伦理和程序理性促进公共协商，寻求多元共识，维系一多、群己、自由与秩序关系的动态平衡。随着现代之门被敲响，新的时代理性之声亦随之应和。

公德合群

荀子群学的复兴一直延展至清末民初，渐与西来的社会学、进化论合流。严复认为能群善群正是天演、进化之道，"盖人由散入群，原为安利……夫既以群为安利，则天演之事，将使能群者存，不群者灭；善群者存，不善群者灭"[1]。康有为亦称变法图强须以社会整合为前提："必合大群而后力厚。"[2] 梁启超青年时代曾与谭嗣同、夏曾佑发起"排荀运动"——为打倒清代学术之故，"便用'擒贼擒王'的手段去打他们的老

① 赫胥黎. 天演论 [M]. 严复，译. 北京：华夏出版社，2002：66.
② 康有为. 康南海自编年谱（外二种）[M]. 北京：中华书局，1992：29.

祖宗——荀子"①；中年后则态度逆转，赞叹荀子"论社会起原最为精审"②，堪为"社会学之巨擘"③。他将中国之积弱归因为"人人心目中但有一身之我，不有一群之我"④，故个体应"绌身而就群"，小圈子应"绌小群而就大群"⑤。在优胜劣汰法则之下，国族存亡之道不一端，"而能群与不能群实为其总原"⑥。

清末民初对荀子群学的呼唤，进一步超越凌廷堪等在儒家思想体系之内的礼治重振和修补，而致力于探究现代情境下能群的规范和理性。梁启超认为开启社会的重点是培育合群之公德："公德者何？人群之所以为群，国家之所以为国，赖此德焉以成立者也。"⑦ 合群不易，"非空谈高论曰群之群之，而遂能有功者也。必有一物焉贯注而联络之，然后群之实乃举，若此者谓之公德"⑧。公德从何而来？梁启超谓："人人相善其群者谓之公德。"⑨ "夫公德者，就其本体言之，谓一团体中人公共之德性也；就其构成此团体之作用言之，谓个人对本团体公共观念所发之德性也。"⑩ 国家层面当倡导公德、培育新道德以"新民"："知有公德，而新道德出焉矣，而新民出焉矣。"⑪ 在个人层面则应开民智，振起国民自主自治的精神和能力，参与公共舆论，介入公共事务。

从《霍布士学案》《卢梭学案》和《五十年来中国进化概论》诸篇可察，梁启超公德论乃霍布斯秩序观、卢梭民约论和舆论思想，以及其时流

---

① 梁启超. 亡友夏穗卿先生［M］//梁启超全集：第18卷. 北京：北京出版社，1999：5207.
② 梁启超. 先秦政治思想史［M］. 南昌：江西教育出版社，2018：99.
③ 梁启超. 中国法理学发达史论［M］//梁启超全集：第3卷. 北京：北京出版社，1999：1257.
④ 梁启超. 中国积弱溯源论［M］//饮冰室全集：第4册. 北京：中华书局，1916：24.
⑤ 梁启超. 十种德性相反相成义［M］//饮冰室全集：第4册. 北京：中华书局，1916：8.
⑥ 同⑤.
⑦ 梁启超. 新民说［M］. 北京：商务印书馆，2016：19.
⑧ 同⑦.
⑨ 同⑦.
⑩ 同⑦25.
⑪ 同⑦23.

行的社会达尔文主义的综合物。此等西式启蒙思想与荀子群学嫁接，强调以公德合群、以舆论求公意，促成国族现代化。"'群'的观念与'公'或'公理'的观念在晚清中国的语境中是可以互换使用的概念。这一概念的流行与社会的观念和进化论的观念具有紧密的联系。"① 同彼时的很多知识先锋一样，梁启超也认为包括进化论在内的西学思想代表了人类文明和国族现代化的公理。章太炎则对这种半中半西的进化论逻辑的群学和公德论极其警惕。他对此提出了三个疑问：

一是用以"贯注和联络"个体的公理、公德，是否仍为一种压迫性天理？果如是，章太炎表达了戴震式担心：此将重蹈宋明理学以理杀人——章太炎的说法是"以理缚人"② ——之覆辙。同时，他也忧惧所谓公理沦为意见之理："非以众所同刉（认）为公，而以己之学说所趣为公。"③ 倘若公理并非众所同认，则将出现两种风险：要么沦为权威的独断宣称，滑入霍布斯权力即公理的思想诡计；要么人人和各个团体皆以自认的公理，依所谓进化论之优胜劣汰法则展开力量角逐和观点混战，则此又将沦为"以强陵（凌）弱""以众暴寡""多数专制"的"公理群体主义"④。清末民初波云诡谲的政治格局和舆论生态，几乎全程展演了章太炎的论断。梁启超后来也认识到公共舆论未必走向理性协商，反而常堕群体性的偏执、冲动和迷狂⑤。

二是西学所论的进化和现代化公理，是否以唯科学论为主调？这是章太炎与其论敌"新世纪派"围绕公理问题激辩的焦点之一。新世纪派宣

---

① 汪晖. 现代中国思想的兴起：下卷第1部 [M]. 北京：生活·读书·新知三联书店，2008：1023.

② 章太炎. 章太炎全集：第4册 [M]. 上海：上海人民出版社，1985：262.

③ 同②444.

④ 同②449.

⑤ 梁启超. 国风报叙例 [M] //梁启超全集：第4卷. 北京：北京出版社，1999：2211.

称："科学公理之发明，革命风潮之澎涨（膨胀），实十九、二十世纪人类之特色也。"① 以今日眼光看，此论反映了新世纪派"对科学有着未经反省的信仰，混同了自然规律与社会自然法则的差别，带有较强的唯科学主义色彩，是后来唯科学主义思潮的先声"②。章太炎也发出了时代先声。他不反对科学——反而常以原子论等科学原理作为论据，但他批判西方片面强调科学主义，尤其是将唯科学论上升为公理压制个体生命价值。"科学者流，乃谓道德礼俗皆须合于科学。此其流弊，使人玩物丧志，纵欲以败度。"③ 科学有其所适领域，一旦以公理之名越界侵凌道德礼俗、心灵情志，则必致物欲炽盛、工具主义至上的文明之祸。

显然，章太炎的看法已近通同时代西人马克斯·韦伯（Max Weber）对启蒙理性的批判——工具理性炽盛而价值理性凋零。在 20 世纪，告别古典理性泛化为一种强烈的世界性情绪，西方的说法是"上帝死了"，中式断言为"大道既隐"。个体生命因摆脱传统价值理性规约而求得自由解放，却也失去了向上升腾的同一归处。共识亦随之失去根本价值依凭，遂下沉、具化为个体间临时、表面、场景化的协商性约定。及至世纪末叶，本书第六章述及的学术景观出现了：罗尔斯重操霍布斯和卢梭的公共性、公共理性等概念，试图构建某种程序规范以重构现代共识机制。哈贝马斯意欲拓展一套适用于公共领域的对话伦理，为多元交往和共识塑造提供程序理性。伽达默尔同意以对话作为挽救现代理性与共识危机的方案，但对话不应局限于多元主体当下的交往，且须促成传统与现代会通。他不相信程序理性能够挽救价值和共识危机，故主张重振传统，尤其是那些无数世代凝结的人文价值，以助益公共理性的教化和养成。若无传统价值的转

① 吴稚晖，李石曾. 新世纪之革命 [J]. 新世纪，1907 (1)：2-3.
② 马永康. 章太炎的"公理"批判与"成就感情" [J]. 开放时代，2019 (5)：103-111，8.
③ 章太炎. 章太炎讲演集 [M]. 石家庄：河北人民出版社，2004：189.

化、创造和滋养，现代理性只能被进一步窄化、削平至工具和程序理性，共识亦不免沦为无涉超越性、淘空意义感、抽离积极信任的整体冒险。

　　章太炎反对天理压迫，却未全盘否定传统价值。为克服以理缚人、唯科学论，他指引的一条线索是"成就感情"。"第一要在感情，没有感情，凭你有百千万亿的拿破仑、华盛顿，总是人各一心，不能团结。"① 此言感情，实乃中国传统道德情智，即寄望于传统人文价值发挥再造共识和团结之功。章太炎认为，要使人人担起社会建设的责任，"其所重者，乃在保持道德"② 他选择的具体方案——"用宗教发起信心，增进国民的道德""用国粹激动种性，增进爱国的热肠"③ 未必令人信服，但在致思理路上是有启发的。譬如传统共识机制由仁——达道通情之爱出发，构建从个体存在、我他心通，到公共交往、人天往来一体贯通的道德情感体系，仍可为今日所资鉴。

　　在本章溯源中，中国传统共识观经历了由"公道凝摄—天下归仁"到"公理体认—理一分殊"再到"公议确证—以礼代理"，即由公道共识到公理共识再到公议共识的三次重要转向。历代持续推演的人天、群己、和同、名实关系之辨，以及对仁义、礼法、理礼、情智问题的深究，牵涉今日社会共识构建中的诸多关键范畴：超越性与世俗性、普遍性与公共性、同一性与多样性、价值理性与工具理性、真理与意见等。古今思想之镜，各自所照世相不同，而在彼此辉映中亦可识见某些恒常共相，为新旧问题杂生的共识危机去蔽。此中一条进取之路，正是促成历经悠久世代凝结的传统价值的创造性转化。

① 章太炎. 东京留学生欢迎会演说辞 [M] //章太炎诗文选. 成都：巴蜀书社，2011：98.
② 章太炎. 革命之道德 [M]. 北京：中国戏剧出版社，2001：33.
③ 同①.

主要参考文献

一、古籍

《尚书》　　　　　　　　　　　　《左传》

《周易》　　　　　　　　　　　　《庄子》

《老子》　　　　　　　　　　　　《荀子》

《国语》　　　　　　　　　　　　《吕氏春秋》

《论语》　　　　　　　　　　　　《韩非子》

《管子》　　　　　　　　　　　　《孟子》

《墨子》　　　　　　　　　　　　《淮南子》

《史记》　　　　　　　　《续资治通鉴长编》

《春秋繁露》　　　　　　《四书章句集注》

《礼记》　　　　　　　　《朱子语类》

《盐铁论》　　　　　　　《传习录》

《战国策》　　　　　　　《呻吟语》

《汉书》　　　　　　　　《明夷待访录》

《抱朴子》　　　　　　　《孟子字义疏证》

《二程遗书》　　　　　　《原善》

《资治通鉴》

二、学术著作

陈来．传统与现代：人文主义的视界［M］．北京：生活·读书·新知三联书店，2009.

陈国明．中华传播理论与原则［M］．台北：五南图书出版公司，2004.

金冠军，戴元光．中国传播思想史［M］．上海：上海交通大学出版社，2005.

冯友兰．中国哲学史［M］．北京：中华书局，2014.

葛兆光．中国思想史［M］．上海：复旦大学出版社，2001.

关绍箕．中国传播理论［M］．台北：正中书局，1994.

侯外庐，等．中国思想通史［M］．北京：人民出版社，1957.

胡适．中国哲学史大纲［M］．上海：上海古籍出版社，1997.

劳思光．新编中国哲学史［M］．北京：生活·读书·新知三联书店，2015.

梁启超．梁启超全集［M］．北京：北京出版社，1999.

林毓生．中国传统的创造性转化［M］．增订本．北京：生活·读书·新知三联书店，2011.

林语堂．中国新闻舆论史（1968 年版）［M］．王海，译．广州：暨南大学出版社，2011.

钱穆．国史大纲［M］．北京：商务印书馆，1996.

牟宗三．历史哲学［M］//牟宗三先生全集：第 9 册．台北：联经出版公司，2003.

孙旭培．华夏传播论［M］．北京：人民出版社，1997.

唐君毅．中西哲学思想之比较研究集［M］．台北：正中书局，1943.

韦政通．中国思想史［M］．长春：吉林出版集团有限责任公司，2009.

汪晖．现代中国思想的兴起［M］．北京：生活·读书·新知三联书店，2008.

谢无量．谢无量文集［M］．北京：中国人民大学出版社，2011.

徐复观．中国思想史论集［M］．北京：九州出版社，2014.

杨国荣．成己与成物：意义世界的生成［M］．北京：北京大学出版社，2011.

彼得斯．对空言说：传播的观念史［M］．邓建国，译．上海：上海译文出版社，2016.

伽达默尔．真理与方法［M］．洪汉鼎，译．北京：商务印书馆，2007.

哈贝马斯．交往与社会进化［M］．张博树，译．重庆：重庆出版社，1989.

哈贝马斯．在事实与规范之间：关于法律和民主法治国的商谈理论［M］．童世骏，译．北京：生活·读书·新知三联书店，2003.

海德格尔．存在与时间［M］．王庆节，陈嘉映，译．北京：生活·读书·新知三联书店，2000.

康德 . 判断力批判［M］. 邓晓芒，译 . 北京：人民出版社，2002.

李普曼 . 幻影公众［M］. 林牧茵，译 . 上海：复旦大学出版社，2013.

李普曼 . 舆论［M］. 常江，肖寒，译 . 北京：北京大学出版社，2018.

卢梭 . 政治经济学［M］. 李平沤，译 . 北京：商务印书馆，2013.

史华兹（史华慈）. 古代中国的思想世界［M］. 南京：江苏人民出版社，2004.

理性、共识及其对话转向（代后记）

　　本书所欲处理的核心问题，是传播与秩序的关系。中国传播思想史整体图景的描摹，是由传播与秩序之间的合力与张力扩充而来的。在中国传统观念中，道（包括其显用之德）、传播、共识与秩序于存在论和价值论上一体相应，有其内生的观念合力。而在问题的另一面，传播——言说、交往亦潜隐既深且巨的解构之力，如违离大道，败毁德纲，离散共识，引发秩序的紧张崩解。

　　在此张合之间，传播与秩序的勾连实可辟出两条线索：在观念或曰逻辑层面，道、传播与秩序的关系；在历史或曰实践层面，传播、自由与秩序的关系。传播载道成道、构建秩序，秩序之持存未免以贬抑自由为代价；同时，言说、交往乃人之主体性和自由意志的达成方式，自由之伸张常以解构秩序为成本。故中国传播思想史的基源问题——传播成就秩序，实可更明确地表述为传播何以在观念上连接道与秩序，何以在实践中平衡自由与秩序。

传播对自由与秩序问题的介入，还牵涉另外一条思想史线索：理性与共识。自由与秩序能否皆有保障而非顾此失彼，关键在于言说、交往能否获得理性的担保并抵达共识。一种正当、合宜、有效的理性，可规范、导引传播走向共识，确保自由而不致失序，有序而不致侵夺自由。传播依理性规范和共识建构而平衡自由与秩序。实际上，文明史就是一部人类——共在的交往者运用理性、寻求共识，致力于促成个体自由全面发展，且持存、更新和合理化共同体秩序的历史。

此一历史主题，在现代社会并未消失。现代性并非完满的观念，现代化亦有其成本。针对现代性的诸多反思和批判，仍然是围绕着理性与共识、自由与秩序、个体与共同体等在前现代早已昭示的问题展开的。譬如从韦伯到鲍曼，思想界对现代理性发起了激烈批判：现代社会工具理性炽盛而价值理性凋零，并由此引发了诸如意义消逝、共识惟艰、共同体破败、秩序危脆等现代病症。人们不断重复韦伯的结论："我们这个时代，因为它独有的理性化和理智化，最主要的是因为世界已被祛魅，它的命运便是，那些终极的、最高贵的价值，已从公共生活中销声匿迹"①。至于对治方案，无外乎倡导节制工具理性，重彰价值理性。此等批判和呼吁，过于空泛而无以措手足，说多了便沦为一种正确的陈腔滥调。

现代理性最显著的特征是告别传统理性，挺立人之主体性。依现代的

---

① 韦伯.学术与政治 [M].冯克利，译.北京：生活・读书・新知三联书店，1998：48.

眼光，传统理性实为一种"客观理性"——某些终极真理或价值，"代表着普遍性的、强制性的外在客观价值尺度，为传统社会的存在合法性提供着价值规范基础"①。而现代理性乃人之"主观理性"，强调人为自我和自然立法。康德对人认识自己、为世界立法充满信心。他相信人内在、先验、普遍地拥有一种理性精神，通过"理性的公共运用"（the public use of reason）②，个人可以主动认识世界、让真理敞开，亦可在道德实践中把握绝对道德律令。黑格尔则对人之主体理性做出了最早的省思和批判。他认为自笛卡儿提出"我思"后，自我意识便成为"真理的主要环节"③，而整个现代世界皆以"主观性的自由为其原则"④。

主体理性带来了人的自由和解放，却也"意外"造成了唯理主义、唯我主义和工具理性独尊等危机。譬如人人欲求自我之主体地位，必将自然、他者、社会简化为可供利用的工具或对象，导致人与自然、人与人、人与社会紧张冲突，直至形成遍在的斗争哲学。理性被削平为工具理性，即以自我为中心，以利益计算、支配、征服为旨归的锋利刚脆的片面理性。直觉、超越性价值和康德意义上的审美理性尽遭否决，至少被排除在"理性"之外。主体性纵驰为唯我论，自我获得了最大优先权，"即便是理性的公共运用，也不过是一个人运用自己的理性而已"⑤。

换作中国传统话语，在"大道既隐"后，现代理性颠倒了传统时代心与物、德与智的关系。心与物裂为两截，先是物欲压倒了心性，随后物本身成为一种宗教，惑乱心灵之清明。德性失去本体论价值的支援，下坠为

---

① 贺来."关系理性"与真实的"共同体"［J］.中国社会科学，2015（6）：22 - 44，205 - 206.

② 康德.历史理性批判文集［M］.何兆武，译.天津：天津人民出版社，2014：24 - 25.

③ 黑格尔.哲学史讲演录：第4卷［M］.贺麟，王太庆，译.北京：商务印书馆，1978：59.

④ 黑格尔.法哲学原理［M］.范扬，张企泰，译.北京：商务印书馆，1961：55.

⑤ 谭安奎.公共理性与民主理想［M］.北京：生活·读书·新知三联书店，2016：6.

主观的伦理和情感选择，其反思、更化远追不上聪明的科技和市场的翻腾跳跃。与此相应，自我、自由单向度膨胀，而共同体和秩序衰微。在工具理性独尊的境况下，现代社会只能靠各种刚性的规则、契约和程序维系埃米尔·涂尔干（Émile Durkheim）、斐迪南·滕尼斯（Ferdinand Tönnies）所称的"机械团结"，或吉登斯批判的"消极信任"。实际上，当崇高价值和道德心灵在共同生活中变得若有若无或沦为一种主观恣意，深沉持久的"有机团结"和"积极信任"已难复现。

阿佩尔、哈贝马斯、罗尔斯等人认识到主体理性乃现代理性与共识危机的根源所在。他们重返康德道德基础主义，主张确认一种普遍的道德基础或公共理性："我们今天面临的问题皆为全球性问题，这就要求一种普遍伦理学。"① 但是，此种理性不能再度陷入唯我、主观的迷思。阿佩尔提出重建对话前提，使之"作为逻辑论辩之主体的个人的相互承认的要求——而不是对于个体合乎逻辑的理智使用的要求"②。哈贝马斯将单一主体性改造为"主体间性"，寄望于不同主体基于交往理性、对话伦理寻求共识。罗尔斯的方案是构建作为公共交往指南的公共理性，范导多元主体达成"重叠共识"。

问题是，对话之前提、伦理或曰理性从何而来？他们共同的回答是对话，即在对话中复造对话的理性基础。此即理性的对话转向。哈贝马斯宣称的对话伦理，一方面是指对话的伦理规范，即如何有德性地对话；另一方面则为伦理的对话范式，即以对话的观念、原则和方法生成多元社会的伦理道德。基于对话养成对话伦理，复又基于对话伦理展开对话，如是交相砥砺，则有望以交往理性替代工具理性。在哈贝马斯看来，对话是生产

---

① APEL K-O. What right does ethics have?：public philosophy in a pluralistic culture ［M］. Amsterdam：VU University Press，1990：1 - 2.

② 阿佩尔 . 哲学的改造 ［M］. 孙周兴，陆兴华，译 . 上海：上海译文出版社，2005：288.

理性规范的"元程序"和"元制度"。阿佩尔亦称，对话乃"一切制度的制度"①。此一思想脉络上的代表人物还有罗尔斯、吉登斯和鲍曼等，他们都相信对话潜隐着重构现代理性与共识机制的希望。

对话转向的愿景是值得期待的。理性不再像传统时代一样由宇宙、神明或人间的权威给定，亦不似现代主体理性一般唯我而恣意。对话意味着理性在人与人之间的交往关系中创生和养成，是属人的、敞开的、关系导向的理性。人是对话的存在，对话朝向了人生在世——包括道德心灵在内的所有面向，而不单是某些特定的外部规范。恰在属人、人生、人格等关键问题上，哈贝马斯等人推动的理性的对话转向暴露了两个破绽：导向程序理性，行动者的消失。

交往理性所应许的共识，乃主体在对话中分享一致的理解，或对主体言说行为的有效性论证达成认可。哈贝马斯更看重后者，即对论证有效性——对话程式和论证规范达成共识。他认为在多元价值激荡的现代社会，普遍、统一的实体共识已成奢望，政治和立法唯有程序共识可求。②罗尔斯标举的公共理性亦倚重公共推理的规则与方法，以确保各方得以自证观点且证成公共理由③。故以交往理性、公共理性替代或节制工具理性，实将共识托付给被普遍接纳的对话程序，而皈依共同价值。由工具到程序——须知程序亦属一种工具——未免与重彰价值理性相去过远，至少不是一个掘井及泉的方案。

另一个较少被提及实则紧要的问题，是交往理性、公共理性的行动者——作为对话主体的人消失了。此二种理性皆为偏重外在程序的理性规

---

① 阿佩尔. 对话与责任：向后传统道德过渡的问题 [M]. 钟汉川，安靖，译. 杭州：浙江大学出版社，2018：110.
② 哈贝马斯. 交往行为理论 [M]. 曹卫东，译. 上海：上海人民出版社，2004：100.
③ 罗尔斯. 公共理性理念新探 [M]//谭安奎. 公共理性. 杭州：浙江大学出版社，2011：122.

范，施加于抽象、均质、非思的对话主体之上。尽管哈贝马斯、阿佩尔、罗尔斯等人使用了主体间性、真诚、正当、公平、正义等概念修饰对话关系，但他们太看重语言、话语和程序，又太看轻实体价值复兴的可能性。这些漂亮的修饰仅服务于建构一套调适对话关系的外在规范，而非照亮人本身。对话者的道德、人格、心灵被合理化对话的规范遮蔽了。非思的主体即使真诚地依循交往理性对话，亦可能堕入愚蠢的共识，而不对实质后果的正当性负责。

"非思"不是"无思"。哈贝马斯强调交往主体基于对客观世界、主观世界和社会世界的明智思考，才能做出符应对话伦理——真实、真诚、正当和可理解的表达。罗尔斯也要求协商主体在介入公共证成时获得"反思的平衡"。换成中国思想话语，"非思"实为"空心"。作为真实、具体存在的对话主体，他们的道德、心灵和人格被忽视了，或仅被视为规范的对象。空心的主体，空心的对话，自然难以改造、升进空心的现代化。哈贝马斯等人只是在既成的现代性之路上挪了一步，以程序和工具之间的转换替代价值重建，一如伽达默尔所言"以方法替代真理"。经此替代，现代人和现代性的"心"仍然空荡无依。

价值的创生依赖程序或工具——譬如中国传统时代仁义价值的实现离不开礼制的承载、显化和作用，真理探究亦须以方法为撑持，但价值或真理问题不能被混同或窄化为程序、工具或方法问题。当我们谈论真理之树常青，主要的致思、留心之处当在真理之树自身的生养，而非双目紧锁于某种科学的浇灌方法，尽管后者是重要的。子曰："绘事后素。"（《论语·八佾》）先立仁义价值之基，而后定礼乐规范，恰如先有素底而后彩绘。哈贝马斯等人有此局限并不意外，既然传统时代凝摄一切的客观理性已离席而去，现代主观理性又深陷唯理、唯我和工具主义泥潭，那么当从语言、对话本身抽取理性成分，再将之筑就为客观化的交往规范，以维系多元社会最低限度的共识。这条路不止迂曲，而且难说是登陆价值理性的正途。

再回到对话问题上来。在 20 世纪的对话转向思潮中，马丁·布伯和伊曼努尔·列维纳斯选择了另外一条路。与哈贝马斯等人向规范求解不同，布伯、列维纳斯重返了主体的心灵、人格和意义世界。布伯将对话理解为"我与你"而非"我与它"之间的心灵交往。"它"是对象性的，"你"——包括"你"的面孔、声音、言语则构成了与"我"同在的世界。对话承认主体乃独特、具体的存在，鼓励"我与你"相遇、接触、凝视、感受，让彼此还原为"人格化"存在，对话恰于此刻发生。① 在布伯那里，对话能够达及灵魂同一，"我与你"进入"冥蒙难辨"的心灵互通之境。此乃心灵上的直接进入，而不依靠规范的节制或加持，"尺规和比较业已消失"，"我魂之魂"于你我共在的世界敞开。②

列维纳斯亦从心灵、人格而非规范上重思对话，但他在意的是"同中之他"，即寻求可能的互通，同时也承认差异——他异性。对话中的他者并非"他我"——与"我"同一的另一个"我"，"他"与"我"是分离的。从日常道德经验可知，每个主体都无法全然从外部观看和言说自己，"我"因之对自己享有道德和表达上的优先权；他者亦享有优先于"我"的相应权利。在对话关系上，我他之间存在正当且难以消弭的"形而上学的不对称"③。为此，列维纳斯建议将对话人称由布伯的"我与你"改换为"我与您"，"您"的称呼保留了对话者的距离和他异性。对话正是在主体间不对称的他异性中开启的，"我"运用自己的理性和权利，也承认"您"的正当优先权。"我与您"借由交往各自成就，亦彼此理解，且有望创造新价值和新世界。

---

① 布伯. 我与你 [M]. 陈维纲，译. 北京：商务印书馆，2015：28.
② 同①32.
③ 列维纳斯. 总体与无限 [M]. 朱刚，译. 北京：北京大学出版社，2016：27.

　　布伯标举了对话的最高理想，即灵魂上的平等互通、相与为一，对话被奉为超越或泯除差异的一种人格化和人道主义努力。此一理想带有强烈的古典存在论色彩：布伯是在传统犹太教有关人与上帝同在且直接对话的信念下，推导出唯灵论式对话观念的。上帝为人与人灵魂相融提供了神秘主义的终极担保。当然，诚如彼得斯批评的那样，过强的对话主义理想未免不顾差异而强求灵魂的缠绕与融合，最终不过是一场虚妄或沦为一种控制①。列维纳斯直面现代社会交往和道德实践境况，倡导了日常经验层面——或许是最低限度的对话精神，即持存主体间的他异性，认识自我，亦理解他者。对话的宗旨未必是同化，恰恰是对他异性的承认，让理解自我、理解他者成为可能。

　　若统观布伯和列维纳斯的对话观念，则可关联想象中国传统时代处理共在关系的一个价值基准：和而不同。在致思理路上，此非简单附会。布伯相信存在论意义上的心性（他使用的词是灵魂）本质同一，相信终极价值在相遇、交往时刻的神秘降临和会通，也相信人的直觉、诚敬和体契。以价值预设观之，这与和而不同之"和"的理路近通，即于存在论层面对同一性做出许诺。列维纳斯积极肯认客观实存的差异性和多样性，以之为开启对话、达成理解的条件和动力。这在大方向上契应了和而不同之"不同"。

　　更进一步，若将布伯和列维纳斯人格、意义取向的对话，同哈贝马斯等人程序、规范取向的对话并置，则颇近仁义与礼法的连接。仁乃性天合一之德，是存在论天道与心性同构的内在价值之源。义是心灵通往他者、外部世界的户牖，彰显义理，调节正当合宜关系。仁义为道德心灵价值之所由出，礼法则为仁义之所出，提供人际和公共交往规范。此等古今中西

---

① 彼得斯.对空言说：传播的观念史［M］.邓建国，译.上海：上海译文出版社，2016：49-50.

对照，绝非为了表明"人家有的，我们也有，且早已有之"，或宣称"答案早已由历史告诉未来"。现代不是古代的翻版，古代亦非只是现代在历史时序上早慧的童年。

对照的目的是对话。古今互为他者，当在对话中确认"同中之他"，以增进人类对自身的历史性理解。所谓历史性理解，是将包括理性与共识观念史在内的人类文明进路视为一个整体，古今中西同题共答，以应对现代理性危机，开启有生机的未来。传统与现实是相互隶属且可对话的，"彼此相互隶属，同时意指彼此能够相互听取"①。若将古今仍作二分、断为两截，则将陷入非此即彼的思想史摇摆和震荡之中：现代理性一遭遇危机便转身眷顾甚或过度浪漫地想象古典观念，一如当初激进挺立现代理性而急于告别传统理性。

如果把理性定义为对宇宙人生根本问题进行探究和反思的能力，那么中西理性观念皆源自对终极存在的寻觅和确信。无论此一存在是先秦的"道"还是古希腊的"理念"，都提供了世界创生、演进的原初动力和终极法则，亦为人之理性与共识的依据。此一依据是先验的、普遍的、客观的，由其主导的人间秩序亦应是整体的、统一的。不唯本书呈现的先秦秩序观如此，柏拉图在《理想国》中亦言："对于一个国家来说，还有什么比闹分裂化一为多更恶的吗？还有什么比讲团结化多为一更善的吗？"②

西方在其思想史进路中逐渐区分了存在论、认识论和价值论，譬如在哲学上基于思辨致知将凝摄一切的客观理性锁定为"逻辑"，而存在论与价值论糅合一体的神圣理性——它同样是客观、权威、不容撼易的——则主要存续于宗教和审美领域。在现代性的开端——文艺复兴和启蒙运动

---

① 伽达默尔.诠释学Ⅱ：真理与方法：补充和索引[M].修订译本.洪汉鼎，译.北京：商务印书馆，2017：510.

② 柏拉图.理想国[M].郭斌和，张竹明，译.北京：商务印书馆，1986：197.

中，神圣理性被祛魅。以逻辑为中心的客观理性及其背后的各种传统形而上学亦渐趋松动，及至 19、20 世纪，则于哲学领域尽遭扫荡。当然，此间也伴随着从黑格尔到韦伯对现代理性的深切反思，以及 20 世纪后期哈贝马斯、布伯、列维纳斯、伽达默尔等挽救现代理性危机的尝试——推动理性的对话转向。

从先秦至宋明，中国传统思想一直走在存在论与价值论合一的道路上。道既是终极存在，亦含藏至善。即使宋明出现道的认识论真理转向，同样不曾拆解真理与道德之一体同构。道是宇宙真理、道德真理、知识真理，可"以身体之"或与心不二。作为"天下最大"的理性，道为个体道德心灵乃至"天下之心"提供了恒常不灭的价值临照，一体澄明，心心相通。道不孤悬，内由仁义，外依礼法，织绘了绵密的人生意义网络和社会规范网络。在道、仁义、礼法的共同担保下，天下的整体秩序是理一分殊，和而不同。个体则从安身立命做起，修己安人，达于治平，过上安宁有序的私人和公共生活。

在对治现代理性危机的方案中，传统究竟扮演何种角色？布伯径返犹太传统，哈贝马斯沿着阿伦特指示的路线转借部分希腊传统——如再造雅典广场式的公共领域，伽达默尔则将传统人文价值定位为可公共阐释的历史文本，于古今对话中重构真理、理性和价值。对于哈贝马斯、罗尔斯等人将对话理性窄化至程序理性，伽达默尔认为这是一种过于消极的方法论层面的选择。欲重振价值理性，当视传统为现代的"前见"，因为我们对当下问题的回答，总是不自觉地"已经陷入了前见"①。就生存论而言，当一个人存在时，他所处的世界早已存在或"存在过了"，"向其能存在筹

① 伽达默尔. 诠释学Ⅱ：真理与方法：补充和索引 [M]. 修订译本. 洪汉鼎，译. 北京：商务印书馆，2017：63.

划自身的此在总是已经'存在过的'（gewesen）"①。

个体运用理性、把握世界并与他者达成共识，必须诉诸理解的前见，如文化、道德、宗教和其他权威价值传统。正是作为前见、前理解的传统，潜隐着养成现代社会共通感、理智判断力和共同趣味的生机。以传统为前见是否意味着将传统理性再造为权威，让旧理性重新宰制现代生活，以致终将重返强制共识或制造"伪共识"？伽达默尔辩护说，将权威与理性对立起来本身就是一种教条式偏见，权威的地位未必来自人们对权威的服从，而可能源于自主、自由的认可。重振传统不是照搬传统，这是一个持续诠释、对话和教化的过程，以内在地生成同广阔的历史相联系的"一种普遍的感觉"②。

西学欲返西方传统——激活前见、再造理性，我们亦当复返本初，促成自家传统的创造性转化。无止境地引述西方有关现代理性的批判话语，虽可揭示问题，却未必能找到于己对症的良方。中西思想理路和现实问题既有殊隔，全然以西学理解中国，除了学术尊严和自主性侵夺之忧，更有《说苑·杂言》所谓"非其地而树之"之患。中国传统人文主义、价值理性的沛然充盈与养成，自然秩序、心灵秩序与社会秩序的整全建构，直觉、体契、存养之功与规范、制度、权威之力的内外共铄，对一与多、义与利、公与私、德与智、理与礼、自由与秩序、形而上致思与形而下伦理诸复杂关系的精微调适，尽可充当理解现实问题的前见。前见未必完美，但理应焕发生机——可供"照着讲"或"接着讲"，让国家现代化、民族复兴获得深植的文化根底、融贯的价值谱系和整体性的历史理解。

本书已经申明，构建中国学术话语不单是为了自主自恃，且当以自身

---

① 伽达默尔.诠释学Ⅱ：真理与方法：补充和索引［M］.修订译本.洪汉鼎，译.北京：商务印书馆，2017：376.

② 同①31.

禀赋关怀人类共同命运。故于冯友兰规划的"照着讲""接着讲"之外，尚应拓展古今中西"合着讲"，以及伽达默尔寄望的视域融合："理解其实总是这样一些被误认为是独自存在的视域的融合过程。"①譬如中国传统存在论与价值论混同，确乎阻扼了认识论的发达，当唤起西方那般思辨致知、求取知识真理的自觉和勇气。而以今日目光审辨之，存在论与价值论合一仍有其世界意义：现代文明正应召回宇宙意识，强调人与宇宙自然同运共生；现代化的目标预设亦应超越物质解放，让存在与价值再度相拥。

再如中国传统辩证法是一种中道思维，承认问题的两面性，而强调两面的转化、互生以及在本体层面的融通。阴极生阳，阳极生阴，阴阳和合，上达于道，下以生生。古希腊辩证法则以语言和逻辑为中心，于提问、应答、反诘、再应答的持续对话中找寻确定知识。本书多次对二者有专门比较，此处特别指明以下两个问题。

一是关于矛盾的解决。始自先秦的中式辩证法预置了两面——分殊、矛盾、冲突最终会通、统一的可能性，即合乎道。道周行不殆，非静止、固化的存在，两面亦非简单的斗争、征服关系，而是时刻等待着转化互生、中和位育的枢机，故此会通是和谐、创生性的统一。古希腊辩证法以两面为二元，强调是则是、非则非，利于确证知识和真理，而未免鼓励二元分立和斗争，统一常是一元征服另一元的结果。在对现代理性的反思中，黑格尔意识到应确立一种新的统一性，"为主观理性和客观理性的统一提供契机"②。此即思辨理性，它是纯粹、绝对的，也尊重人之主体性，

---

① 伽达默尔.诠释学Ⅱ：真理与方法：补充和索引［M］.修订译本.洪汉鼎，译.北京：商务印书馆，2017：433.
② 蔡子鸿.黑格尔的思辨理性［M］//张一兵.社会批判理论纪事：第10辑.南京：江苏人民出版社，2021：193-204.

扬弃了传统客观理性和现代主观理性的局限，使"两者在思辨中统一"①。

在法兰克福时期，青年黑格尔用"爱"而非"思辨理性"指称那个能够实现有机统一的神秘精神力量。爱对人之生命而言，是普遍、统一和超越性的存在，是结合生命、排除对立的力量。"真正的结合、真正的爱只出现于生命的存在中，这些有生命的存在具有同等的力量，并彼此相互承认对方是有生命的，没有一方对对方来说是死的。这样的真正的爱排除了一切对立。"② 爱之所以能越过差异和对立，乃因其"作为最高的道德"而存在，"超越了律法和义务"③。当我们说"爱胜利了"，同说"义务胜任了"不是一回事。担起义务或责任意味着"征服了敌人"——无论敌人是自身还是某个对象，而爱的获胜则表明克服了主客体间的"敌对性"。因此，"那将是一种对爱不光彩的事，如果爱是被命令的"④。

尽管黑格尔对孔子成见颇深，但他的爱与儒家之仁是遥契的。仁是道，也是德，乃具体的形而上道德。作为性天合契之全德，仁统领、导引生命存在，结合个体，整合社会，且将宇宙自然与社会人生连接为一体。仁者爱人不只是一种生命义务，因为仁而恕、仁且智、由仁及公的"亲爱"和"泛爱"乃天人之道的自然流行化用。仁者因"安仁"而"安人"，天下万殊因克己复礼——融解敌对性——而"归仁"，实为"天理合如此"之事。这对今日调适工具理性与价值理性、唯我论与共同体精神、自由与秩序冲突仍有启迪意义，至少指示了超越冲突、斗争和断裂的"统一性"观念之所在。

二是重新发现主体。中国传统宇宙论、价值论、人生论、政治和社会

---

① 黑格尔. 费希特与谢林哲学体系的差别 [M]. 宋祖良，程志民，译. 北京：商务印书馆，1994：29.

② 黑格尔. 黑格尔早期神学著作 [M]. 贺麟，译. 上海：上海人民出版社，2012：425.

③ 同②309.

④ 同②331.

思想从未离开对人之存在的讨论。仍以辩证法之分殊为例，西学在辩证中走向无人的知识之域，而中国思想则未放任语言和逻辑直抵终极之境。中国人是坐在天地生灵烟火处，想象、体认九霄云外的。道是人之道，人是行道者。《论语》对宇宙人生、家国天下根本问题的追索，是从"学而时习之""有朋自远方来""人不知而不愠"等当下心、眼前人、寻常事谈起的。具体的人在安身立命、修己安人的日常生活实践中，成为历史的行动者。

现代理性的初心是成就"大写的人"。在个体权利上，此一目标已经部分实现。而在理性不及处——信仰、心灵、审美、友谊和神圣性上，在个体日常生活和共同体命运的铺展上，现代理性则缺少真诚的关怀，甚或走向了反面。它只造就了"大个儿的人"，即唯我论的单一主体。为了走出理性危机，唯有重新发现主体，从个体生命和生活、共在者的交往关系本身寻找新世界的入口。

在个体存在的现实性和共同体的价值选择上，中国传统思想、前述西学的对话转向与马克思主义是可以结合的。马克思指出："全部人类历史的第一个前提无疑是有生命的个人的存在。"[①] 而个体不能被抽象地讨论——人不是空心的存在，历史的行动者只能是现实的人，是"从事实际活动的人"[②]。真正的共同体是自由人的"联合体"，"在那里，每个人的自由发展是一切人的自由发展的条件"[③]。

马克思在《科隆日报》一篇社论中这样描述个体与共同体、自由与秩序的理想关系：

---

① 马克思，恩格斯. 马克思恩格斯选集：第1卷［M］. 3版. 北京：人民出版社，2012：146.
② 同①152.
③ 同①422.

把个人的目的变成普遍的目的，把粗野的本能变成合乎道德的意向，把天然的独立性变成精神的自由；使个人以整体的生活为乐事，整体则以个人的信念为乐事。[①]

此一理想，必由交往、对话成就之。传播学既以交往为研究对象，正应积极介入人之存在的重大、基本问题，提供从问题到理想的学术线索。

胡百精

二〇二二年四月五日

于人大明德楼

[①] 马克思，恩格斯．马克思恩格斯全集：第 1 卷 [M]．2 版．北京：人民出版社，1995：217．

图书在版编目（CIP）数据

共识与秩序：中国传播思想史/胡百精著. -- 北
京：中国人民大学出版社，2022.9
ISBN 978-7-300-30801-2

Ⅰ.①共… Ⅱ.①胡… Ⅲ.①传播学-思想史-中国
Ⅳ.①G206-092

中国版本图书馆 CIP 数据核字（2022）第 128123 号

共识与秩序

中国传播思想史

胡百精　著

Gongshi yu Zhixu

出版发行	中国人民大学出版社				
社　　址	北京中关村大街 31 号		**邮政编码**	100080	
电　　话	010 - 62511242（总编室）		010 - 62511770（质管部）		
	010 - 82501766（邮购部）		010 - 62514148（门市部）		
	010 - 62515195（发行公司）		010 - 62515275（盗版举报）		
网　　址	http://www.crup.com.cn				
经　　销	新华书店				
印　　刷	北京联兴盛业印刷股份有限公司				
规　　格	170 mm×240 mm　16 开本		**版　　次**	2022 年 9 月第 1 版	
印　　张	28.25 插页 3		**印　　次**	2022 年 9 月第 1 次印刷	
字　　数	356 000		**定　　价**	128.00 元	